EUROPA-FACHBUCHREIHE
für wirtschaftliche Bildung

# PRÜFUNGSVORBEREITUNG AKTUELL

# Büro 2.1

## Prüfungsvorbereitung Kaufmann/Kauffrau für Büromanagement

### Gestreckte Abschlussprüfung – Teil 2

**5. Auflage**

Camin Colbus Debus Gieske Keiser Scholz

VERLAG EUROPA-LEHRMITTEL
Nourney, Vollmer GmbH & Co. KG
Düsselberger Straße 23
42781 Haan-Gruiten

**Europa-Nr.: 72931**

## Autoren

Britta Camin — Ketsch
Gerhard Colbus — Weihmichl/Unterneuhausen
Martin Debus — Recklinghausen
Anita Gieske — Staudt
Dr. Gerd Keiser † — Gelsenkirchen
Annika Scholz — Recklinghausen



## Verlagslektorat

Anke Hahn

5. Auflage 2021

Druck 5 4 3 2 1

Alle Drucke derselben Auflage sind parallel einsetzbar, da sie bis auf die Behebung von Druckfehlern identisch sind.

ISBN 978-3-8085-4657-4





Satz: Grafische Produktionen Jürgen Neumann, 97222 Rimpar

Umschlag: MediaCreativ, G. Kuhl, 40724 Hilden

Druck: Plump Druck und Medien GmbH, 53619 Rheinbreitbach

## Vorwort

Die **„Prüfungsvorbereitung Aktuell – Teil 2“** deckt den **Teil 2 der gestreckten Abschlussprüfung** mit den beiden Prüfungsbereichen **„Kundenbeziehungen“** und **„Wirtschafts- und Sozialkunde“** vollständig ab. Der Titel umfasst die prüfungsrelevanten Inhalte und orientiert sich konsequent am Prüfungskatalog und den Musteraufgaben der AkA sowie an den Originalprüfungen.

Der Titel richtet sich an

- Auszubildende und Lehrende im Beruf Kaufmann/Kauffrau für Büromanagement,
- Teilnehmerinnen und Teilnehmer sowie Dozentinnen und Dozenten von Fort- und Weiterbildungen zum Erwerb unterschiedlicher Qualifikationen im Büromanagement.

Diese Prüfungsvorbereitung eignet sich zum **Selbststudium** ebenso wie zur unterrichtsbegleitenden **Einübung und Vertiefung der Prüfungsinhalte.** Die Prüfungsaufgaben ermöglichen es den Lernenden, sich systematisch auf die Aufgabenstellungen des Teils 2 der gestreckten Abschlussprüfung vorzubereiten, um später die reale Prüfungssituation leichter zu meistern.

Das **Inhaltsverzeichnis** bildet die **Vorgaben des AkA-Prüfungskatalogs** ab, sodass die Lernenden leicht bestimmen können, zu welchem Abschnitt des AkA-Prüfungskatalogs sie anhand der Aufgaben Inhalte wiederholen und vertiefen möchten. Die Prüfungsteilnehmer können ihr Wissen gezielt in einzelnen Themengebieten oder über den gesamten Prüfungsstoff hinweg testen. Stärken können ausgebaut, Wissenslücken identifiziert und nachgearbeitet werden, sichere Themen lassen sich „abhaken“.

- Der erste Teil der vorliegenden Prüfungsvorbereitung umfasst den **Prüfungsbereich „Kundenbeziehungen“** mit seinen drei Themengebieten: **„Kundenorientierte Auftragsabwicklung“, „Personalbezogene Aufgaben“** und **„Kaufmännische Steuerung“.** Jedes dieser Themengebiete wird inhaltlich durch Situationen strukturiert: Einer kurzen Situationsbeschreibung folgen – so, wie von der AkA vorgegeben – **Aufgabenstellungen vorwiegend in ungebundener (offener) Form;** einige gebundene (geschlossene) Aufgaben reichern das Übungsspektrum hier an.
- Der zweite Teil der vorliegenden Prüfungsvorbereitung umfasst den **Prüfungsbereich „Wirtschafts- und Sozialkunde“** mit dem Themengebiet **„Berufs- und Arbeitswelt“,** das in fünf **Unterkapitel (A – D)** gegliedert ist. Um den Vorgaben der AkA zu entsprechen und eine möglichst realistische Prüfungsvorbereitung zu gewährleisten, liegen in diesem Prüfungsbereich die **Übungsaufgaben durchgehend in gebundener Form** vor.
- Im dritten Teil ermöglichen zwei **Musterprüfungen** mit den Prüfungsbereichen „Kundenbeziehungen“ und „Wirtschafts- und Sozialkunde“ die Simulation der Prüfungssituation.

Zur Überprüfung der Ergebnisse befindet sich am Ende dieses Prüfungsvorbereitungsbuches ein **umfangreicher Lösungsteil:** Im Lösungsteil zum Prüfungsbereich **„Kundenbeziehungen“** bieten ausführliche **verbale Lösungen** und **nachvollziehbar dokumentierte Rechenwege** Gelegenheit, die eigene Lösung am Erwartungshorizont zu messen und ggf. zu korrigieren. Die Lösungen zu den gebundenen Aufgaben im Prüfungsbereich **„Wirtschafts- und Sozialkunde“** lassen eine einfache Selbstkontrolle zu. Auch zu den **„Prüfungssimulationen“** sind detaillierte Lösungen am Ende des Lösungsteils abgebildet.

Die **übersichtliche Menüführung** gewährleistet jederzeit einen guten Überblick über alle Themengebiete und erleichtert ein schnelles Auffinden der Lösungen und Lösungswege; ein **Einleger mit Kontenplan und Formelsammlung** unterstützt das konzentrierte Arbeiten.

Die Aufgaben sind von einem erfahrenen Autorenteam aus Berufsschullehrerinnen und Berufsschullehrern und IHK-Prüfungsausschussmitgliedern sorgfältig ausgewählt worden, um eine gezielte Vorbereitung auf die Abschlussprüfung zu unterstützen.

### Neu ab der 5. Auflage

➔ Erweiterte, aktualisierte und korrigierte Neuauflage

➔ Musterlösungen mit noch detaillierteren Lösungswegen

➔ 2 umfangreiche Musterprüfungen zur Simulation der Prüfungssituation

**Ihr Feedback ist uns wichtig.**

Ihre Anmerkungen, Hinweise und Verbesserungsvorschläge zu dieser Prüfungsvorbereitung nehmen wir gerne auf. Schreiben Sie uns unter lektorat@europa-lehrmittel.de.

Frühjahr 2021

Das Autorenteam

# Inhaltsverzeichnis



# Unternehmensbeschreibung

## Bavaria Fahrradwerke KG

| | |
|---|---|
| **Name:** | Bavaria Fahrradwerke KG |
| **Geschäftssitz:** | Weilerstr. 12, 84032 Landshut |
| **Betriebsform:** | Herstellung und Vertrieb von Fahrrädern und kleinmotorigen Zweirädern |
| **Handelsregister:** | Landshut, HRA 123459 |
| **USt-Identifikationsnummer:** | DE 877008837 |
| **Mitarbeiter:** | 116, davon 10 in der Verwaltung |
| **Gesellschafter:** | Hans Oberpriller, Komplementär<br>Ulrich Bentz, Kommanditist |
| **Geschäftsführer:** | Hans Oberpriller |
| **Bankverbindung:** | HVB Landshut<br>IBAN: DE92 7432 0073 0033 4767 32<br>BIC: HYVEDEMM433<br>Sparkasse Landshut<br>IBAN: DE18 7435 0000 0000 0999 99<br>BIC: BYLADEM1LAH |

# Prüfungsbereich Kundenbeziehungen

## 01 Kundenorientierte Auftragsabwicklung

A Kundenbeziehungen; Kommunikation

B Auftragsbearbeitung und -nachbereitung

## 02 Personalbezogene Aufgaben

## 03 Kaufmännische Steuerung

# 01 Kundenorientierte Auftragsabwicklung

## A Kundenbeziehungen; Kommunikation

### Situation 1

Kundenbeziehungen müssen gepflegt werden. Kostenaspekte dürfen aber nicht außer acht bleiben. Als Mitarbeiter in der Verkaufsabteilung der Bavaria Fahrradwerke KG beschäftigen Sie sich mit dem Marketinginformationsbedarf und der Kundenstruktur.

**1. Unterscheiden Sie Sekundärforschung und Primärforschung.**

**Sekundärforschung:**

**Primärforschung:**

**2. In der Sekundärforschung werden interne und externe Quellen genutzt. Geben Sie jeweils drei Beispiele für interne und externe Quellen.**

**Interne Quellen:**

**Externe Quellen:**

**3. In der Primärforschung werden oft Beobachtungen eingesetzt. Nennen Sie drei Vorteile von (verdeckten) Beobachtungen.**

**4. Nennen Sie vier Ziele, die mit einer Befragung erreicht werden können.**

**5. Der Verbraucherschutz regelt wichtige Vorschriften im Rahmen von Befragungen. Welche Vorschrift schützt den Verbraucher nicht?**

a) Die Anonymität des Befragten ist strikt zu wahren.

b) Bei Einholung der Einwilligung ist auf den Zweck und die Freiwilligkeit der Befragung in angemessener Weise hinzuweisen.

c) Anrufe zu Werbe- oder Verkaufszwecken sind auch zulässig, wenn keine Vertragsbeziehung besteht.

d) Bei Ablehnung ist eine nochmalige Kontaktaufnahme nicht zulässig.

**6. Personenbezogene Daten werden durch das Bundesdatenschutzgesetz vor Missbrauch geschützt. Auf welches der folgenden Rechte haben natürliche Personen keinen Anspruch?**

a) Löschung unzulässig gespeicherter Daten

b) Berichtigung von unrichtigen Daten

c) Auskunft über die Speicherung ihrer Daten

d) Entgelt für die Erlaubnis zur Speicherung ihrer Daten

e) Sperrung von Daten, wenn weder deren Richtigkeit noch deren Unrichtigkeit nachgewiesen werden kann

**7. Welche Maßnahme trägt zur Neukundengewinnung bei?**

a) Altkunden unliebsame Veränderungen mitteilen

b) Beschwerde nicht ernst nehmen

c) Beschwerde nicht bearbeiten

d) Beschwerde ernst nehmen und bearbeiten

**8. Die Kundendatei weist A-, B- und C-Kunden aus. Erklären Sie die unterschiedlichen Kundengruppen.**

**A-Kunden**

**B-Kunden**

**C-Kunden**

## Situation 2

Sie sind in der Verkaufsabteilung der Bavaria Fahrradwerke KG eingesetzt. Rechtzeitig zur kommenden Saison soll das neue E-Bike „Easy Bike 2.0" den Privat- und den Geschäftskunden des Unternehmens angeboten werden.

**1. Der Trend zum E-Bike ist noch relativ neu. Nennen Sie fünf Gründe, weshalb die Bavaria Fahrradwerke KG E-Bikes in ihr Sortiment aufgenommen haben könnte.**

**2. Unternehmen bieten ihren Kunden immer häufiger Serviceangebote an. Nennen Sie jeweils ein Serviceangebot im Zusammenhang mit den E-Bikes in Bezug auf …**

| | |
|---|---|
| **… die Information.** | |
| **… die Bezahlung.** | |
| **… die Bequemlichkeit.** | |
| **… die Sicherheit.** | |

**3. Die Geschäftsleitung überlegt zusätzlich zu den bestehenden Serviceangeboten, Stammkunden probeweise E-Bikes für ein Wochenende kostenlos zur Verfügung zu stellen. Erläutern Sie, welche Ziele das Unternehmen mit dieser Maßnahme erreichen möchte.**

4. Die Privat- und Geschäftskunden der Bavaria Fahrradwerke KG sollen über das neue E-Bike „Easy Bike 2.0“ informiert werden. Hierzu plant das Unternehmen verschiedene Maßnahmen: Versendung eines Informationsschreibens/Flyers, Anruf bei den Kunden, mündliche Information im Ladengeschäft. Notieren Sie in der folgenden Tabelle, welche Maßnahme(n) Sie für welche Kundengruppe als geeignet ansehen. Begründen Sie Ihre Meinung.

| Kundengruppe | Informationsmaßnahme | Begründung für die Wahl |
|---|---|---|
| Privatkunden | | |
| Geschäftskunden | | |

5. Bei der Vorbereitung der Verkaufsaktion macht die Geschäftsleitung deutlich, dass die Ziele der Beratungsgespräche im Vorfeld festgelegt werden sollen. Erläutern Sie, weshalb die vorherige Festlegung von Gesprächszielen wichtig ist.

6. Gesprächsziele lassen sich in unterschiedliche Hierarchiestufen untergliedern. Für das Verkaufsgespräch mit dem Fahrrad-Einzelhandelsunternehmen Top-Fahrrad e. K. wurden folgende Ziele festgelegt. Nennen Sie die jeweilige Hierarchiestufe.

| | |
|---|---|
| Top-Fahrrad e. K. kauft ein E-Bike „Easy Bike 2.0“. | |
| Top-Fahrrad e. K. kauft zehn E-Bikes „Easy Bike 2.0“ und erhält 5 % Rabatt. | |
| Top-Fahrrad e. K. kauft 50 E-Bikes „Easy Bike 2.0“, erhält 5 % Rabatt und eine Garantie von drei Jahren auf die Akkus. | |

7. Damit die Gesprächsziele erreicht werden, müssen sie gegenüber dem Gesprächspartner so formuliert werden, dass er die Argumente für sich als Vorteile erkennt. Bilden Sie unter Zuhilfenahme des folgenden Ziels eine vollständige Argumentation.

Ziel: Top-Fahrrad e. K. kauft 50 E-Bikes „Easy Bike 2.0“, erhält 5 % Rabatt und eine Garantie von drei Jahren auf die Akkus.

8. Im Ladengeschäft möchten Sie einem Kunden, der an dem Aktionsstand für das „Easy Bike 2.0“ vorbeikommt, das neue Modell vorstellen. Er reagiert empört mit den Worten: „E-Bikes? Das ist doch was für alte Leute!“ Bestimmen Sie mithilfe des 4-Ohren-Modells, welche vier möglichen Aussagen in der Äußerung des Kunden stecken. Tragen Sie diese Aussagen in die Tabelle ein.

| Ebenen des 4-Ohren-Modells | mögliche Aussagen |
|---|---|
| Sachinformation | |
| Selbstkundgabe | |
| Beziehungshinweis | |
| Appell | |

**9. Im Rahmen einer Teambesprechung stellen die Kundenberater fest, dass sich Kunden bis zu einem Alter von etwa Ende 50 Jahren eher nicht für das Angebot des E-Bikes begeistern lassen. Ein Informationsflyer fasst die Vorteile für diese Generation zusammen:**

> **Das E-Bike „Easy Bike 2.0“ – das Fahrrad der neuen Generation!!!**
>
> Sein Design besticht durch Sportlichkeit: Es ist als Trekking- bzw. Cross-Bike konzipiert. Leicht und dennoch robust für Berg, Tal und Stadt geeignet.
>
> Je nach Lust und Laune oder Tagesform können Sie bequem über das Display den Akku aus- und anschalten.
>
> Dieses Rad macht einfach nur Spaß!

**Um diese Zielgruppe im Gespräch doch für das neue Modell interessieren zu können, bereiten Sie sich mithilfe des Flyers auf mögliche Kundeneinwände vor.**

a) Formulieren Sie eine Argumentation für diese Zielgruppe, die den Einwand, dass sie noch zu jung für ein E-Bike sei, aufgreift, bevor er genannt wird (Einwandsvorwegnahme).

b) Formulieren Sie eine geeignete Reaktion (in wörtlicher Rede) für folgenden Einwand: „Ein E-Bike lohnt sich für mich nicht. Ich fahre viel zu selten Fahrrad.“ Nennen Sie auch die Methode, die Sie angewendet haben.

**Methode:**

c) Ein Kunde äußert folgenden Einwand: „Das Angebot ist mir zu teuer.“ Der Verkäufer reagiert darauf: „Wenn Sie es mit einem Motorrad vergleichen, dann ist die Investition in ein E-Bike sehr günstig.“

Beurteilen Sie die Äußerung des Verkäufers.

10. **Der gezielte Einsatz von Fragetechniken ist bei Informations- und Beratungsgesprächen ein wichtiger Aspekt. Erläutern Sie, in welchen Phasen des Gesprächs Sie vornehmlich die folgenden Fragetechniken einsetzen. Nennen Sie auch jeweils ein Beispiel in wörtlicher Rede für ein Beratungsgespräch über das E-Bike.**

| Fragetechnik | Einsatz | Beispiel |
|---|---|---|
| Offene Frage | | |
| Geschlossene Frage | | |
| Entscheidungsfrage | | |
| Kontrollfrage | | |

11. **Im Verkaufstraining haben Sie als Fragetechnik u. a. die Suggestivfrage kennengelernt. Welche beiden Aussagen treffen auf die Suggestivfrage zu?**

a) Suggestivfragen entsprechen in der Form der offenen Frage.
b) Suggestivfragen signalisieren Wertschätzung.
c) Suggestivfragen schränken die Entscheidungsfreiheit des Gesprächspartners stark ein.
d) Suggestivfragen verdeutlichen dem Gesprächspartner, wie man seine Äußerung interpretiert.
e) Suggestivfragen manipulieren den Gesprächspartner.

12. **Die Bedarfsermittlung vollzieht sich i. d. R. in drei Schritten. Geben Sie die richtige Reihenfolge der Schritte an.**

a) Dem Gesprächspartner geschlossene Fragen stellen
b) Dem Gesprächspartner offene Fragen stellen
c) Das Gesagte zusammenfassen

13. Nicht immer äußert der Gesprächspartner klar und deutlich seine Wünsche oder Befindlichkeiten. Das aktive Zuhören hilft dabei, dieses Problem zu lösen. Notieren Sie die drei Bestandteile des aktiven Zuhörens.

14. Auch der Kunde muss die Möglichkeit haben, den Äußerungen seines Gesprächspartners gut folgen zu können. Formulieren Sie fünf Regeln, wie ein Mitarbeiter Sprache in Informations- und Beratungsgesprächen sinnvoll einsetzen sollte.

15. Sie haben gelernt, dass neben der Sprache auch das nonverbale Verhalten zum Gelingen von Gesprächen beiträgt. Nennen Sie drei Aspekte Ihres nonverbalen Verhaltens, die zum Gelingen von Informations- und Beratungsgesprächen beitragen können.

16. In der Teambesprechung wird vereinbart, dass bei Beratungsgesprächen zukünftig noch gezielter auf gutes Gesprächsverhalten zu achten ist. Hierzu soll eine Checkliste erstellt werden. Notieren Sie in der Checkliste sechs konkrete Beobachtungskriterien.

✓

✓

✓

✓

✓

✓

17. Formulieren Sie für jede der folgenden Aussagen jeweils eine kundenorientierte Reaktion.

| | |
|---|---|
| a) „Sie haben den Akku des E-Bikes nicht richtig aufgeladen. Kein Wunder, dass Sie dann damit nicht weit kommen.“ | |
| b) „Frau Müller, der Computer braucht jetzt so lange, um Ihre Bestellung zu finden, weil Sie den Bestellschein nicht vollständig ausgefüllt haben.“ | |
| c) „Nun entscheiden Sie sich doch für unser neues E-Bike. Sie werden es nicht bereuen.“ | |

18. Nicht alle Informations- und Beratungsgespräche enden mit einem Vertragsabschluss. Um sich bei weiteren Gesprächen auf Inhalte und Absprachen beziehen zu können, ist es wichtig, Wesentliches zu notieren. Welche Angaben sollte die Gesprächsnotiz enthalten?

19. Menschen agieren unterschiedlich in Gesprächen. Finden Sie eine geeignete Reaktion (in wörtlicher Rede) für folgende Kundenäußerung: „Das ist ja toll, dann könnte ich ja mit einem solchen E-Bike endlich mal wieder größere Touren machen. Erst letztens habe ich da einen wirklich interessanten Reisebericht gelesen über eine Drei-Länder-Tour: Deutschland – Frankreich – Schweiz. Das soll ja nicht nur landschaftlich sehr interessant sein. Wussten Sie ...?“ Nennen Sie auch den Kundentyp, der sich hinter dieser Äußerung verbirgt.

Reaktion:

Kundentyp:

20. In der nächsten Woche erwartet die Bavaria Fahrrad KG italienische Geschäftspartner, um ihnen die neue E-Bike-Generation vorzustellen. Ihr Kollege beschreibt sie, wie in der Tabelle angegeben.

Notieren Sie das entsprechende „typisch deutsche" Verhalten und Vorschläge, wie Sie und Ihre Kollegen mit den italienischen Verhaltensweisen umgehen sollten.

| Italienische Verhaltensweise | Deutsche Verhaltensweise | Vorschlag |
|---|---|---|
| „Sie sind nicht so pünktlich, erwarten aber Pünktlichkeit von uns Deutschen." | | |
| „Ohne Small Talk geht gar nichts." | | |
| „Berufliches und Privates trennen sie nicht unbedingt klar voneinander." | | |

## Situation 3

Sie sind in der Verkaufsabteilung der Bavaria Fahrradwerke KG beschäftigt . Zukünftig will das Unternehmen auch verstärkt im Bereich Kinderfahrräder aktiv sein. Geplant ist für den Sommer ein Kinderfest auf dem Firmengelände in Landshut mit vielen Attraktionen für Kinder und natürlich auch mit dem Verkauf der Kinderfahrräder. An potenziell interessierte Kunden sollen Einladungen und Broschüren mit Informationen über die Angebote verschickt werden.

1. Legen Sie die Zielgruppe fest, an die Einladungen verschickt werden sollen.

Alter:

Geschlecht:

Familienstatus:

Wohnort:

**2. Wählen Sie aus dem Produktportfolio die drei Produkte aus, die auf dem Kinderfest vorgestellt werden sollten.**

a) Neueste E-Bike-Trends
b) Kinder- und Jugendräder
c) Laufräder
d) Boards
e) Motorräder
f) Lastenanhänger
g) Kinderfahrradanhänger

**3. Nennen Sie drei Unterlagen, die Sie für das Kinderfest bereithalten sollten, damit Sie die Kunden umfassend informieren können.**

✓

✓

✓

## Situation 4

Sie sind in der Verkaufsabteilung der Bavaria Fahrradwerke KG beschäftigt. Kundenzufriedenheit und Kundenbindung sind ein wichtiges Thema in Ihrer Abteilung. Die Abteilungsleitung regt an, eine Kundenzufriedenheitsbefragung durchzuführen.

**1. Nennen Sie vier mögliche Formen der Befragung.**

**2. Die Abteilungsleitung beschließt, dass die Kunden im Ladengeschäft angesprochen und befragt werden sollen. Nennen Sie zwei Vorteile und zwei Nachteile dieser Befragungsform.**

**Vorteile:**

**Nachteile:**

**3. Die Abteilungsleitung will die Zufriedenheit der Kunden feststellen. Der Kunde soll im Rahmen einer Skala von 1 = sehr zufrieden bis 6 = unzufrieden antworten können. Entwerfen Sie für den Fragebogen jeweils zwei Fragen zu den angegebenen Bereichen.**

| Bereich | Fragen |
|---|---|
| Produkte und Dienstleistungen | |
| Mitarbeiter | |
| Abwicklung | |

## Situation 5

Sie sind in der Verkaufsabteilung der Bavaria Fahrradwerke KG eingesetzt. Bei einer Teambesprechung teilt Ihnen Ihre Abteilungsleitung mit, dass das Unternehmen zukünftig Beschwerden gezielter bearbeiten wolle.

**1. Welches der nachfolgenden Argumente spricht für die Entscheidung, ein Beschwerdemanagement einzurichten?**

a) Es ist wichtig, dass Kunden keine Beschwerden haben.

b) Kunden, deren Beschwerde zufriedenstellend bearbeitet wurde, testen gerne, ob das bei anderen Unternehmen auch so gut klappt.

c) Eine zur Zufriedenheit des Kunden gelöste Beschwerde ist ein wichtiger Bestandteil der Kundenbindung.

d) Neue Kunden für das Unternehmen zu gewinnen ist wesentlich einfacher, als unzufriedene Kunden zu halten.

**2. Erläutern Sie den Unterschied zwischen Beschwerde und Reklamation.**

**3. Für das Beschwerdemanagement sollen Mitarbeiter fortgebildet werden. Welche drei Soft Skills sollten diese Mitarbeiter besitzen?**

a) Empathie

b) Impulsivität

c) Introvertiertheit

d) Sensibilität

e) Arroganz

f) Selbstbeherrschung

4. **Der Umgang mit Beschwerden ist nicht einfach. Manchmal lassen sich Konflikte nicht von vornherein vermeiden. Wann spricht man von einem Konflikt?**

5. **Für die Bearbeitung des Konfliktes ist es wichtig, dass man sich bewusst macht, welche Ursache sich hinter dem Konflikt verbirgt. Beschreiben Sie in diesem Zusammenhang das Eisbergmodell der Konflikte.**

6. **Konflikte lassen sich bestimmten Bereichen zuordnen. Unterscheiden Sie (1) Wertekonflikte und (2) Zielkonflikte und ordnen Sie die folgenden Situationen dem jeweiligen Bereich zu.**

   a) Sie ärgern sich, dass Ihr Gesprächspartner zehn Minuten zu spät zum Treffen erscheint. ☐

   b) Sie wollen, dass die Ware heute noch in die Regale geräumt wird, damit sie den Kunden möglichst schnell zugänglich ist. Ihr Kollege möchte das erst morgen erledigen. ☐

   c) Ein Kunde beschwert sich darüber, dass der versprochene Rückruf nicht rechtzeitig erfolgt sei. ☐

   d) Ein Kollege berichtet empört, der neue spanische Geschäftspartner habe so viel über sein Privatleben wissen wollen, dass Geschäftliches bei dem Treffen zu kurz gekommen sei. ☐

7. **Beschwerdegespräche sollen drei Phasen durchlaufen. Formulieren Sie zu jeder Phase zwei Verhaltensweisen, die der Mitarbeiter zeigen sollte, damit das Gespräch gelingt.**

| Phase | geeignete Verhaltensweisen des Mitarbeiters |
| --- | --- |
| Das Anliegen des Kunden verstehen und wahrnehmen. | |
| Die emotionale Ebene klären. | |

| Phase | geeignete Verhaltensweisen des Mitarbeiters |
|---|---|
| Eine akzeptable Lösung finden. | |

8. Die Unternehmensleitung hat Ihnen mehrere Äußerungen von Mitarbeitern vorgelegt, die von Kunden als unangemessen betrachtet wurden. Formulieren Sie für jede Aussage eine angemessene Reaktion in wörtlicher Rede.

| Unangemessene Aussage | Angemessene Reaktion |
|---|---|
| a) „Da kann ich Ihnen nicht helfen. Ich bin nur die Kassiererin." | |
| b) „So von jetzt auf gleich geht ein Akku nicht leer. Da haben Sie bestimmt einen Fehler gemacht." | |
| c) „Da kann ich doch nichts dafür, wenn Sie mein Kollege falsch berät." | |

9. Die Methode der Gewaltfreien Kommunikation greift die Möglichkeiten des aktiven Zuhörens und der Ich-Botschaften auf. Der Ablauf erfolgt in vier Schritten. Sie haben sich schon häufiger über eine Kollegin geärgert, die schwierige Kunden immer zu Ihnen schickt. Das Problem möchten Sie ansprechen. Formulieren Sie Ihr Anliegen nach dem Schema der Gewaltfreien Kommunikation.

**10.** **Zu einem vollständigen Beschwerdemanagement gehört mehr, als nur fachgerechte Beschwerdegespräche zu führen. Nennen Sie zwei weitere Bestandteile des Beschwerdemanagements.**

**11.** **Erläutern Sie, weshalb ein professionelles Beschwerdemanagement ein Instrument der Kundenbindung darstellt.**

**12.** **Ursachen von Beschwerden können produkt- bzw. dienstleistungsbezogen (1), mitarbeiterbezogen (2) oder abwicklungsbezogen (3) sein. Ordnen Sie die folgenden Beschwerden dem jeweiligen Bereich zu.**

a) Der Mitarbeiter verhält sich gegenüber dem Kunden unfreundlich. ☐

b) Die Reparatur des Fahrrades wird nicht fachgerecht ausgeführt. ☐

c) Der Kunde stellt beim Auspacken der Ware fest, dass ihm anstelle von 50 Fahrradschlössern nur 40 geliefert wurden. ☐

d) Die Ware wird an eine falsche Adresse geliefert. ☐

e) Die Ware wird nicht zum vereinbarten Liefertermin geliefert. ☐

**13.** **Im Rahmen des Qualitätsmanagements des Unternehmens sollen Kundenbeschwerden zukünftig statistisch erfasst und ausgewertet werden, um dann ggf. Maßnahmen zu einer dauerhaften Verbesserung einzuleiten. Nennen Sie drei Gesichtspunkte, die im Zusammenhang mit Beschwerden erfasst und ausgewertet werden sollten.**

# 01 Kundenorientierte Auftragsabwicklung

## B Auftragsbearbeitung und -nachbereitung



### Situation 1

Sie sind als Mitarbeiter der Bavaria Fahrradwerke KG für die kundenorientierte Auftragsabwicklung zuständig. Dazu gehört auch die Bearbeitung von allgemeinen und bestimmten Anfragen.

1. **Unterscheiden Sie allgemeine Anfrage und bestimmte Anfrage.**

2. **Stellen Sie fest, ob eine Anfrage eine rechtsbindende Wirkung hat.**

3. **Nennen Sie drei Merkmale, anhand derer Sie die Bonität eines Kunden überprüfen können.**

4. **Welche Stellen können möglicherweise Auskunft über die Bonität eines Kunden liefern?**

**5. Was versteht man im rechtlichen Sinne unter einem Angebot?**

**6. Warum ist ein „freibleibendes Angebot" im rechtlichen Sinne kein Angebot?**

**7. In welchem Fall handelt es sich um ein Angebot im rechtlichen Sinn?**

a) Eine Ware wird einem Kunden von seinem Lieferer durch Zusendung von Prospekten mit Preisliste angeboten.

b) Eine Ware wird auf einer Messe ausgestellt.

c) Eine Ware wird in der Anzeige einer Fachzeitschrift beschrieben, wobei Preis, Beschaffenheit und Lieferbedingungen genannt werden.

d) Eine Ware wird mit genauen Angaben durch eine Postwurfsendung angeboten.

e) Eine Ware wird im Schaufenster ausgestellt.

**8. Ein Angebot ist grundsätzlich bindend. Wie kann die Bindung dennoch eingeschränkt werden?**

**9. Wann muss ein wirksamer Widerruf eines Angebotes spätestens erfolgen?**

**10.** **Unterscheiden Sie verlangtes und unverlangtes Angebot.**

**11.** **Die Bavaria Fahrradwerke KG muss ihre Kunden mit ihren Produkten und Serviceleistungen überzeugen. Nennen Sie fünf Beispiele für überzeugende Produkt- und Serviceleistungen.**

**12.** **Die Bavaria Fahrradwerke KG speichert bei Kundenaufträgen personenbezogene Daten mit Erlaubnis der Betroffenen. Welches Recht gehört nach der Datenschutzgrundverordnung nicht zu den besonderen Schutzrechten?**

a) Recht auf Auskunft

b) Recht auf Berichtigung

c) Recht auf Schadenersatz

d) Recht auf Effizienz

e) Recht auf Löschung

## Situation 2

Aufgrund einer Anfrage erhalten Sie den Auftrag, ein Angebot zu erstellen.

**1.** **Welche wesentlichen Informationen gehören in ein Angebot?**

**2.** **In welcher Weise können Art, Güte und Beschaffenheit der Ware näher bestimmt werden?**

**3.** **Was bedeutet ein Gütezeichen?**

a) Einen Garantieausweis für konkurrenzfähige Ware

b) Ein Zeichen, das auf den Hersteller hinweist

c) Eine verlängerte Gewährleistung

d) Einen Garantieausweis für eine bestimmte Mindestqualität

e) Ein Zeichen für ein deutsches Produkt

**4.** **Unterscheiden Sie die folgenden Preisnachlässe: Rabatte, Boni, Skonti.**

**5.** **Die Zahlungsbedingung aus einem Kaufvertrag lautet: innerhalb von 10 Tagen 2 % Skonto, innerhalb von 60 Tagen ohne Abzug. Welchem Jahreszinssatz entspricht die Skontobedingung?**

6. Ein Kunde bezieht Waren im Wert von 12 000,00 EUR netto (USt 19 %). Die Zahlungsbedingung lautet: bei sofortiger Zahlung 2 % Skonto, bei Zahlung innerhalb von 30 Tagen netto Kasse. Wie viel EUR spart er, wenn er für die Zahlung des skontierten Rechnungsbetrages einen Bankkredit zu einem Zinssatz von 10 % p. a. aufnimmt?

7. Erstellen Sie das Kalkulationsschema zur Ermittlung eines Angebotspreises in einem Handelsbetrieb vom Listeneinkaufspreis bis zum Listenverkaufspreis.

8. Erstellen Sie das Kalkulationsschema zur Ermittlung eines Angebotspreises in einem Industriebetrieb von den Herstellkosten bis zum Listenverkaufspreis.

9. In welcher Zeit kann nach der gesetzlichen Regelung der Gläubiger die Lieferung verlangen bzw. der Schuldner die Lieferung bewirken?

10. Wer hat nach der gesetzlichen Regelung die Kosten für die Schutz- und Versandverpackung und wer die Kosten für die Verkaufsverpackung zu tragen?

11. Als Beförderungskosten fallen an: Anfuhrkosten zur Verladestation (Rollgeld I), Verladekosten, Fracht, Entladekosten, Zustellkosten (Rollgeld II), Einlagerungskosten. Wer trägt welchen Teil der Beförderungskosten bei folgenden Vereinbarungen?

| | Beförderungs-bedingung | Kosten für Verkäufer | Kosten für Käufer |
|---|---|---|---|
| a) | frei Waggon | | |
| b) | ab Werk | | |
| c) | unfrei, ab hier | | |
| d) | frachtfrei | | |
| e) | frei Keller | | |

12. **Bei einem Auftrag lautet die Vereinbarung „frachtfrei". An Versandkosten fallen an: Bahnfracht 104,00 EUR; Hausfracht zum Versandbahnhof 30,00 EUR; Hausfracht ab Empfangsbahnhof bis zum Käufer 20,00 EUR. Wie viel EUR hat der Käufer zu zahlen?**

13. **Beim Versand einer Ware entstehen folgende Kosten: Fracht 90,00 EUR; Hausfracht vom Werk des Lieferers bis zum Versandbahnhof 40,00 EUR; Hausfracht vom Bestimmungsbahnhof bis zum Betrieb des Käufers 30,00 EUR. Die Lieferungsbedingung lautet „unfrei". Wie viel EUR hat der Käufer zu tragen?**

14. **Welche Beförderungsklausel ist für den Käufer am günstigsten?**

a) ab Bahnhof hier

b) frachtfrei

c) frei Waggon

d) ab Lager

e) unfrei

15. **Welche Zahlungsbedingungen hinsichtlich des Zahlungszeitpunktes können vereinbart werden?**

16. **An welchem Ort liegt nach der gesetzlichen Regelung der Erfüllungsort für die Waren- bzw. die Geldschuld?**

17. **„Für beide Teile sind Erfüllungsort und Gerichtsstand der Ort des Lieferers." Welche Bedeutung hat diese Klausel in einem Kaufvertrag?**

a) Die Ware ist zum Ort des Käufers zu liefern.

b) Der Lieferer trägt die Gefahr der Verschlechterung der Ware bis zum Ort des Käufers.

c) Die Warenschulden werden Schickschulden.

d) Die Geldschulden werden Holschulden.

e) Die Gefahr geht am Ort des Lieferers auf den Käufer über.

**18. Beim Abschluss des Kaufvertrags wurde folgendes vereinbart: Lieferung ab Werk mit Lkw der Bavaria Fahrradwerke KG. Welche Aussage ist richtig?**

a) Der Gefahrenübergang vollzieht sich an der Rampe der Bavaria Fahrradwerke KG, sie trägt aber die Beförderungskosten.

b) Der Gefahrenübergang vollzieht sich an der Rampe der Bavaria Fahrradwerke KG, die Beförderungskosten trägt der Kunde.

c) Der Gefahrenübergang vollzieht sich bei der Übergabe der Ware an den Kunden, die Beförderungskosten trägt die Bavaria Fahrradwerke KG.

d) Der Gefahrenübergang vollzieht sich bei der Übergabe der Ware an den Kunden, er trägt die Beförderungskosten.

e) Der Gefahrenübergang ist abhängig von den Lieferungsbedingungen, die Beförderungskosten trägt die Bavaria Fahrradwerke KG.

**19. „Warenschulden sind Holschulden." Was bedeutet dieser Merksatz?**

a) Der Käufer muss die gekaufte Ware immer selbst abholen.

b) Der Käufer kann bestimmen, mit welchem Transportmittel die Waren geschickt werden.

c) Der Käufer trägt die Beförderungskosten, wenn nichts anderes vereinbart ist.

d) Der Verkäufer muss die verkaufte Ware herbeiholen.

e) Der Merksatz ist ohne praktische Bedeutung.

**20. Welche Aussage über den gesetzlichen Erfüllungsort ist richtig?**

a) Bis zum Erfüllungsort muss der Käufer die Transportkosten übernehmen.

b) Der gesetzliche Erfüllungsort ist der Wohnsitz oder die gewerbliche Niederlassung des Gläubigers.

c) Der gesetzliche Erfüllungsort ist der Wohnsitz oder die gewerbliche Niederlassung des Schuldners.

d) Der Erfüllungsort wird vom Gerichtsstand bestimmt.

e) Jeder Kaufvertrag muss eine besondere Regelung über den Erfüllungsort enthalten.

**21. Was versteht man unter Allgemeinen Geschäftsbedingungen (AGB)?**

**22. Nennen Sie vier typische Beispiele für Vertragsbedingungen, die Gegenstand von Allgemeinen Geschäftsbedingungen sein können.**

**23.** **Die Bavaria Fahrradwerke KG legt in ihren AGB einen einfachen Eigentumsvorbehalt fest. Erläutern Sie den einfachen Eigentumsvorbehalt.**

**24.** **Der einfache Eigentumsvorbehalt erlischt zum Beispiel, wenn die Ware an einen Dritten weiterverkauft wird. Daher überlegt man in der Bavaria Fahrradwerke KG auf den erweiterten oder verlängerten Eigentumsvorbehalt umzustellen. Erläutern Sie die beiden Arten von Eigentumsvorbehalt.**

**25.** **Welche Aussage über die Allgemeinen Geschäftsbedingungen (AGB) ist richtig?**

a) Die AGB gelten nur für Verträge zwischen Kaufleuten.

b) Die AGB werden beim Verbrauchsgüterkauf Vertragsbestandteil, wenn der Verkäufer darauf aufmerksam macht und wenn ihnen nicht widersprochen wird.

c) Die AGB werden beim zweiseitigen Handelskauf Vertragsbestandteil und können nicht geändert werden.

d) Die AGB müssen zur Absicherung der gegenseitigen Rechtspositionen von Fall zu Fall neu aus-gehandelt werden.

e) Die AGB wurden vom Gesetzgeber zur Regelung des Wettbewerbs zwischen den Anbietern der gleichen Branche vorgegeben.

**26.** **Welcher Unterschied besteht zwischen Gewährleistung, Garantieleistung und Kulanzleistung?**

## Situation 3

Sie sind beauftragt, Kundenaufträge anzunehmen, zu bearbeiten sowie dabei die Rechtsvorschriften und Verfahrensregeln zu beachten.

**1. Bringen Sie die folgenden Schritte bei der Bearbeitung eines größeren Kundenauftrags in die richtige Reihenfolge.**

a) Prüfen auf Lieferfähigkeit

b) Bonitätsprüfung durchführen

c) Kundenanfrage geht ein

d) Angebot erstellen

e) Bestellung mit Angebot vergleichen

**2. Welche Fragen sind zur Feststellung der Lieferfähigkeit zu klären?**

**3. Welche Formvorschriften gelten beim Abschluss eines Kaufvertrages?**

a) Kaufverträge über 100 000,00 EUR müssen notariell beurkundet werden.

b) Grundsätzlich bestehen für Kaufverträge keine Formvorschriften.

c) Der Kaufvertrag muss schriftlich abgeschlossen werden, wenn der Kaufgegenstand einen Wert von über 100 000,00 EUR hat.

d) Der Kaufvertrag bedarf der Schriftform, wenn sich Käufer und Verkäufer noch nicht in allen Punkten geeinigt haben.

e) Jeder Kaufvertrag muss schriftlich abgeschlossen werden; ansonsten ist er ungültig, weil die Beweiskraft fehlt.

**4. Erläutern Sie, welche inhaltlichen Anforderungen eine Bestellung erfüllen muss, damit nach Abgabe eines Angebotes ein rechtlich verbindlicher Vertrag zustande kommt.**

**5. Ordnen Sie drei der folgenden Handlungen den Begriffen zum Kaufvertrag zu.**

a) Mitteilung vom Käufer an den Verkäufer, dass der Ware eine zugesicherte Eigenschaft fehlt

b) Ausstellen von Waren mit Preisangaben im Schaufenster

c) Willenserklärung an eine bestimmte Person, Waren zu den angegebenen Bedingungen zu liefern

d) Einigung zwischen Verkäufer und Erwerber, dass das Eigentum übergehen soll und Übergabe der Sache

e) Willenserklärung des Käufers, eine bestimmte Ware zu den angegebenen Bedingungen zu kaufen

f) Öffentliche Versteigerung einer mangelhaft gelieferten, verderblichen Ware durch den Käufer

g) Bestätigung, dass die bestellte Ware geliefert wird

Anpreisung ☐

Bestellung ☐

Angebot ☐

**6. Erläutern Sie, in welchen Fällen ein Kaufvertrag durch eine Auftragsbestätigung zustande kommt.**

**7. Geben Sie vier Gründe für eine Auftragsbestätigung an.**

**8. Wie lange hat der Käufer Zeit, ein Angebot rechtsverbindlich anzunehmen?**

**9. Welche Angebotsformulierung ist für den Verkäufer verbindlich?**

a) „Wir bieten Ihnen an ... solange der Vorrat reicht ..."

b) „Wir bieten Ihnen unverbindlich an ..."

c) „Wir bieten Ihnen freibleibend an ..."

d) „Wir bieten Ihnen an ..., Preis freibleibend ..."

e) „Wir bieten Ihnen an ..."

f) „Wir bieten Ihnen an ..., Liefermöglichkeit vorbehalten ..."

**10. Der Zweiradgroßhändler Grübel erhält mit der Briefpost vom 03.11. folgendes Angebot von der Bavaria Fahrradwerke KG: 35 Damenfahrräder, Marke Trialo XG, je 387,00 EUR + 19 % USt, Lieferung frachtfrei, Zahlung: 30 Tage Ziel, bei Zahlung innerhalb 10 Tagen 3 % Skonto. Bis zur vollständigen Bezahlung der Ware gilt Eigentumsvorbehalt. Am 27.11. bestellt der Zweiradgroßhändler Grübel 35 Damenfahrräder zu den genannten Bedingungen. Die Bavaria Fahrradwerke KG teilt drei Tage später telefonisch mit, dass sie die Ware nicht mehr liefern kann. Wie ist die Rechtslage?**

a) Weil der Liefertermin kalendermäßig nicht genau bestimmt ist, muss Grübel der Bavaria Fahrradwerke KG eine Nachfrist setzen, damit sie in Verzug kommt.

b) Grübel kann sich sofort bei einem anderen Lieferer mit der Ware eindecken. Einen möglichen Mehrpreis muss die Bavaria Fahrradwerke KG tragen.

c) Die Bavaria Fahrradwerke KG ist an das Angebot nicht mehr gebunden, da sie unter Eigentumsvorbehalt angeboten hat.

d) Die Bavaria Fahrradwerke KG ist an das Angebot nicht mehr gebunden, weil sie das Angebot durch den Anruf rechtzeitig widerrufen hat.

e) Die Bavaria Fahrradwerke KG ist an das Angebot nicht mehr gebunden, weil Grübel zu spät bestellt hat.

**11. Stellen Sie fest, ob eine Bestellung grundsätzlich in schriftlicher Form abgegeben werden muss.**

**12. Bezeichnen Sie die Pflichten von Verkäufer und Käufer aus dem Kaufvertrag.**

**13. Welche Aussage zum Kaufvertrag ist richtig?**

a) Waren hat der Verkäufer im Zweifel auf seine Gefahr und Kosten dem Käufer zu übersenden.

b) Der Eigentumsvorbehalt ist auch wirksam, wenn er nicht ausdrücklich vereinbart wurde.

c) Ist keine Vereinbarung über die Beschaffenheit des eingekauften Rohstoffes getroffen, hat der Lieferer Rohstoffe zu liefern, die sich zur gewöhnlichen Verwendung eignen und eine Beschaffenheit aufweisen, die üblich ist und die der Käufer nach der Art der Sache erwarten kann.

d) Ist für die Übernahme der Bezugskosten an einen anderen Ort als den Erfüllungsort keine Vereinbarung getroffen, gilt die Klausel „frachtfrei".

e) Der vertragliche Erfüllungsort richtet sich nach dem Gerichtsstand des Schuldners.

## Situation 4

Sie sind in der Bavaria Fahrradwerke KG für die Versendung der Waren und die auftragsbezogene Terminüberwachung verantwortlich.

**1. Vor Auslieferung der Ware ist die Kommissionierung der Warenlieferung zu erledigen. Was versteht man unter der Kommissionierung der Warenlieferung?**

**2. Kundenaufträge sollten möglichst termingemäß ausgeführt werden. Bringen Sie die in diesem Zusammenhang erforderlichen Arbeitsschritte in die richtige Reihenfolge.**

a) Kommissionierung der Lieferung

b) Einordnung des Kundenauftrags in das Produktions- und Lieferprogramm

c) Eingang der Anfrage

d) Versand der Ware

e) Abgabe des Angebots

f) Herstellung/Beschaffung der Produkte

g) Kontrolle des Zahlungseingangs

h) Eingang der Bestellung

3. **Es gibt unterschiedliche Arten, Waren zu verpacken. Unterscheiden Sie Transportverpackung, Verkaufsverpackung, Umverpackung.**

4. **Die Zustellung der Ware soll termingemäß und kostengünstig erfolgen. Nennen Sie drei unterschiedliche Möglichkeiten, mit denen der Versand grundsätzlich durchgeführt werden kann.**

5. **Was versteht man unter KEP-Diensten?**

6. **Was versteht man unter Sammelladungsverkehr?**

   a) Ein Spediteur übernimmt nur die gesamte Sendung eines Kunden.

   b) Ein Spediteur übernimmt eine Stückgutfracht.

   c) Ein Spediteur übernimmt eine ihm anvertraute Fracht von einem befreundeten Spediteur.

   d) Ein Spediteur stellt Stückgutfrachten mehrerer Versender zu einer Ladung für den gleichen Bestimmungsort zusammen.

7. Der Lieferschein ist als Warenbegleitpapier in der Regel Bestandteil der Warenlieferung. Welche Daten kann ein Lieferschein enthalten?

8. Für das Ausstellen der Rechnung schreibt das Umsatzsteuergesetz verbindliche Inhalte vor. Nennen Sie die wesentlichen Inhalte einer Rechnung.

9. Wie lange müssen Rechnungen lt. Gesetz aufbewahrt werden?

**10. Welche Unterlagen werden benötigt, um eine Rechnung an den Kunden auszustellen?**

a) Lieferschein, Bestellung des Kunden, Auftragsbestätigung

b) Lieferschein, Auftragsbestätigung, Empfangsbestätigung des Kunden

c) Lieferschein, Auftragsbestätigung, Anfrage des Kunden

d) Unser Angebot, Bestellung des Kunden, Auftragsbestätigung

e) Unser Angebot, Lieferschein, Auftragsbestätigung

**11. In welcher Reihenfolge wird der Rechnungsbetrag richtig ermittelt?**

a) Einzelpreis, Gesamtpreis, Rabatt, Skonto, Umsatzsteuer

b) Gesamtpreis, Rabatt, Bezugskosten, Umsatzsteuer

c) Gesamtpreis, Rabatt, Skonto, Bezugskosten, Umsatzsteuer

d) Einzelpreis, Gesamtpreis, Umsatzsteuer, Rabatt

e) Gesamtpreis, Rabatt, Umsatzsteuer, Bezugskosten

**12. Ein Auszubildender hat zum ersten Mal eine Rechnung erstellt (siehe Abb.). Sie haben die Aufgabe, zusammen mit dem Auszubildenden diese Rechnung zu überprüfen. Wie gehen Sie vor?**

a) Sie berichtigen zusammen mit dem Azubi die Rechnung, da der Umsatzsteuersatz an der falschen Stelle aufgelistet ist.

b) Sie berichtigen zusammen mit dem Azubi die Rechnung, da der Rabatt falsch berechnet ist.

c) Sie leiten die Rechnung weiter, da alles in Ordnung ist.

d) Sie berichtigen zusammen mit dem Azubi die Rechnung, da die Umsatzsteuer falsch berechnet ist.

e) Sie berichtigen zusammen mit dem Azubi die Rechnung, da der Rabattsatz gegen das Gesetz gegen den unlauteren Wettbewerb (UWG) verstößt.

| Artikel-Nr. | Menge | Artikelbezeichnung | Einzelpreis in EUR | Gesamtpreis in EUR |
|---|---|---|---|---|
| 4567 | 150 | Rad-Schuhe Tenno | 125,45 | 18817,50 |
| abzüglich Rabatt 15 % | | | | – 2822,63 |
| Nettopreis<br>USt 19 % | | | | 15994,87<br>+ 2559,18 |
| Bruttopreis | | | | 18554,05 |

**13. Es ist eine Ausgangsrechnung mit ausgewiesener Umsatzsteuer auszustellen. Es wurden 25 % Rabatt vereinbart. Der Rechnungsbetrag wird nach 30 Tagen fällig. Bei einer Zahlung innerhalb von 10 Tagen können 2 % Skonto abgezogen werden. In welcher Reihenfolge sind die Beträge in der Rechnung zu berücksichtigen?**

a) Listenverkaufspreis – Rabatt + Umsatzsteuer

b) Listenverkaufspreis + Rabatt – Skonto + Umsatzsteuer

c) Listenverkaufspreis + Umsatzsteuer – Skonto – Rabatt

d) Listenverkaufspreis + Umsatzsteuer – Rabatt

e) Listenverkaufspreis – Rabatt – Skonto

## Situation 5

Um Forderungsausfälle zu minimieren und die Zahlungsbereitschaft des eigenen Unternehmens zu sichern, wird in der Bavaria Fahrradwerke KG Wert auf ein funktionierendes Forderungsmanagement gelegt. Sie sind zuständig für die Überwachung der Zahlungseingänge und das Mahnwesen.



**1. Nennen Sie drei mögliche Überwachungssysteme für die Kontrolle von Zahlungseingängen.**

**2. Warum ist die pünktliche Zahlung der Kunden von großer Bedeutung für das Unternehmen?**

a) Bei pünktlicher Zahlung muss den Kunden Skonto eingeräumt werden.

b) Die pünktliche Zahlung ist eine wichtige Voraussetzung, um den eigenen Verbindlichkeiten nachkommen zu können.

c) Die pünktliche Zahlung führt zu einem steuerlichen Vorteil.

d) Durch pünktliche Zahlung wird der Eigentumsvorbehalt überflüssig.

e) Durch pünktliche Zahlung verkürzt sich die Gewährleistungsfrist.

**3. Welche Voraussetzungen müssen erfüllt sein, damit ein Käufer in Zahlungsverzug gerät?**

**4. Was versteht man unter der 30-Tage-Regelung?**

**5. Die Bavaria Fahrradwerke KG verlangt von ihrem Kunden, der Firma Müller e. K., der 30 Tage nach Rechnungserhalt noch nicht bezahlt hat, Verzugszinsen. Welche Aussage ist richtig?**

a) Sie kann Verzugszinsen verlangen und zwar 9 % über dem derzeit gültigen Basiszinssatz.

b) Sie kann Verzugszinsen verlangen und zwar 9 Prozentpunkte über dem derzeit gültigen Basiszinssatz.

c) Zinsen können grundsätzlich nur verlangt werden, wenn sie vorher vereinbart wurden.

d) Da keine Vereinbarung über Verzugszinsen getroffen wurde, darf die Bavaria Fahrradwerke KG Verzugszinsen in beliebiger Höhe verlangen.

e) Die Bavaria Fahrradwerke KG muss den säumigen Kunden erst in Verzug setzen. Dann kann sie nach 30 Tagen Verzugszinsen verlangen.

f) Die Bavaria Fahrradwerke KG kann höchstens den von der EZB vorgegebenen Basiszinssatz verlangen.

**6. Welche Rechte kann der Verkäufer bei Zahlungsverzug in Anspruch nehmen?**

**7. Beschreiben Sie eine gestufte Vorgehensweise im außergerichtlichen Mahnverfahren.**

**8. Ein Verbraucher ist in Zahlungsverzug geraten. Die Bavaria Fahrradwerke KG berechnet ihm Verzugszinsen. Welchen Zinssatz darf sie verlangen, wenn im Kaufvertrag darüber nichts geregelt ist?**

**9. Bringen Sie die folgenden Schritte im gerichtlichen Mahnverfahren in die richtige Reihenfolge.**

a) Gläubiger (Antragsteller) beantragt Mahnbescheid beim Amtsgericht (bzw. beim Zentralen Mahngericht).

b) Schuldner (Antragsgegner) erhebt Einspruch gegen Vollstreckungsbescheid.

c) Schuldner (Antragsgegner) reagiert auf Mahnbescheid nicht.

d) Gläubiger (Antragsteller) beantragt Vollstreckungsbescheid.

e) Schuldner (Antragsgegner) erhält Vollstreckungsbescheid.

f) Amtsgericht stellt Mahnbescheid zu.

**10. Eine Rechnung weist folgende Daten auf: eingegangen 12. Oktober; gebucht 14. Oktober; Rechnungsdatum 10. Oktober; Lieferdatum 08. Oktober; Bestelldatum 25. September. Ab wann gerät der Käufer in Zahlungsverzug, wenn folgende Zahlungsbedingung vereinbart war: zahlbar innerhalb 10 Tagen ab Rechnungsdatum mit 2 % Skonto, innerhalb 20 Tagen ab Rechnungsdatum netto Kasse?**

a) 25. September

b) 08. Oktober

c) 12. Oktober

d) 14. Oktober

e) 31. Oktober

**11. Bei welchem Gericht ist der Antrag auf Erlass eines Mahnbescheides zu stellen?**

**12. Innerhalb welcher Frist kann der Schuldner nach Zustellung des Mahnbescheids Widerspruch erheben?**

**13. Ordnen Sie drei der folgenden Beispiele den Rechtshandlungen zu.**

a) Offenlegung aller Vermögenswerte in einem Verzeichnis beim Amtsgericht

b) Pfändung von Sachen und deren Verwertung zu Gunsten des Gläubigers

c) Zwangsweise Vorführung des Schuldners aufgrund eines Haftbefehls zur Abgabe einer eidesstattlichen Versicherung

d) Einleitung eines gerichtlichen Mahnverfahrens

e) Vollstreckungsorgan für die Pfändung von Gegenständen

f) Gerichtliches Dokument, das dem Gläubiger gestattet, gegen den Schuldner die Zwangsvollstreckung zu betreiben

Zwangsvollstreckung

Vollstreckungsbescheid

Mahnbescheid

**14.** **Welche grundsätzlichen Möglichkeiten hat ein Schuldner, auf die Zustellung eines Mahnbescheides zu reagieren, und welche Wirkung hat sein jeweiliges Verhalten?**

**15.** **Innerhalb welcher Frist muss der Schuldner nach Zustellung des Vollstreckungsbescheids Einspruch erheben?**

**16.** **Die Bavaria Fahrradwerke KG, Landshut, liefert ihrem Kunden, der Zweirad Gürtner KG in Nürnberg, Fahrräder. Die Rechnung inklusive Umsatzsteuer beläuft sich auf 1649,34 EUR. Da der Kunde nicht rechtzeitig bezahlt, veranlasst die Bavaria Fahrradwerke KG die Zusendung eines Mahnbescheids. Diesem widerspricht der Kunde fristgerecht. Welches der folgenden Gerichte ist für das Klageverfahren über die offene Rechnung zuständig, wenn keine vertraglichen Vereinbarungen zum Gerichtsstand getroffen wurden?**

a) Landgericht Landshut

b) Landgericht Nürnberg

c) Amtsgericht Landshut

d) Amtsgericht Nürnberg

e) Keines der genannten Gerichte, da keine entsprechende Vereinbarung getroffen wurde

**17.** **Sie haben einem säumigen Schuldner durch das Zentrale Mahngericht einen Mahnbescheid zustellen lassen. Der Kunde hat dagegen nichts unternommen und auch nicht gezahlt. Was müssen Sie jetzt veranlassen, um Ihre Forderung durchzusetzen?**

**18.** **Sie haben einen säumigen Kunden, bei dem Sie das Mahnverfahren durchführen wollen. Welche Maßnahme gehört zum außergerichtlichen Mahnverfahren?**

a) Der Versand einer weiteren Zahlungsaufforderung durch den Rechtsanwalt des Unternehmens

b) Das Beantragen eines Mahnbescheides

c) Die Zustellung eines Mahnbescheides

d) Der Einspruch gegen einen Vollstreckungsbescheid

e) Die Pfändung

**19.** Die Bavaria Fahrradwerke KG gewährt einem Firmenkunden mit Rechnung vom 20.04.20.. ein Zahlungsziel von 30 Tagen. Der Rechnungsbetrag beträgt 10200,00 EUR. Der Kunde zahlt den Rechnungsbetrag erst am 05.07.20.. Der Basiszinssatz beträgt – 0,5 %.

a) Welchen Zinssatz kann die Bavaria Fahrradwerke KG lt. gesetzlicher Regelung verlangen?

b) Für wie viele Tage können Verzugszinsen in Rechnung gestellt werden?

c) Berechnen Sie die Verzugszinsen.

d) Wie viel EUR Verzugskosten können dem Firmenkunden insgesamt in Rechnung gestellt werden?

**20.** Ein Kunde zahlt eine Rechnung über 6000,00 EUR, die am 10.06.20.. fällig war, am 10.07.20.. mit 6050,00 EUR. Ermitteln Sie den Zinssatz, der in Rechnung gestellt wurde.

**21.** Ein Kunde überweist für eine Rechnung, die seit 50 Tagen im Verzug ist, einschließlich Verzugszinsen 7295,00 EUR. Der Zinssatz beträgt 9,5 % p. a. Ermitteln Sie den ursprünglichen Rechnungsbetrag.

22. **Ein Kunde zahlt für eine Rechnung über 6400,00 EUR einschließlich Zinsen 6474,67 EUR. Der Zinssatz beträgt 10,5 % p. a. Ermitteln Sie die Dauer des Verzugs.**

## Situation 6

Im Rahmen des Forderungsmanagements sind Sie auch für die Prüfung der Verjährungsfristen zuständig.

1. **Was versteht man unter einer Verjährung?**

2. **Wie viele Jahre beträgt nach Verjährungsrecht die regelmäßige Verjährungsfrist?**

3. **Wann beginnt die regelmäßige Verjährungsfrist zu laufen?**

**4. Ordnen Sie die korrekte Verjährungsfrist zu.**

a) 2 Jahre
b) 3 Jahre
c) 4 Jahre
d) 5 Jahre
e) 10 Jahre
f) 30 Jahre

Ansprüche aus mangelhafter Lieferung ☐

Leistungen, die durch ein Gerichtsurteil festgelegt wurden ☐

Forderungen eines Einzelhändlers an einen Privatkunden ☐

**5. Wann beginnen die besonderen Verjährungsfristen „2 Jahre, 5 Jahre, 10 Jahre" zu laufen?**

______________________________

______________________________

______________________________

______________________________

**6. Welche Aussage zu den Verjährungsfristen ist zutreffend?** ☐

a) Die grundsätzlich auf 2 Jahre festgelegte Verjährungsfrist bei Mängelansprüchen kann im Verbrauchsgüterkauf auch bei neuen Gütern vertraglich verkürzt werden.
b) Die grundsätzlich auf 3 Jahre festgelegte Verjährungsfrist bei Mängelansprüchen kann nie vertraglich verkürzt werden.
c) Die Verjährungsfrist bei Mängelansprüchen ist grundsätzlich auf 2 Jahre festgelegt.
d) Die Verjährungsfrist für Mängelansprüche fällt auch unter die Regelverjährung von 3 Jahren.
e) Für Mängelansprüche gelten immer nur die Vorschriften des HGB.

**7. Welche Folge hat ein Neubeginn der Verjährung für die Verjährungsfrist?**

______________________________

______________________________

______________________________

______________________________

**8. Welche Folge hat eine Hemmung der Verjährung für die Verjährungsfrist?**

______________________________

______________________________

______________________________

______________________________

**9. Wodurch wird der Tatbestand des Neubeginns der Verjährungsfrist erfüllt?**

a) Durch Verhandlungen zwischen Gläubiger und Schuldner

b) Durch Zustellen eines Mahnbescheids

c) Durch Klageerhebung

d) Durch die Anerkennung des Anspruchs in Form einer Abschlagszahlung

e) Durch den Tod des Gläubigers

**10. Welche Wirkung hat die Hemmung der Verjährung?**

a) Die Verjährungsfrist beginnt von dem Tag an, an dem der Hemmungsgrund eingetreten ist, von neuem zu laufen.

b) Durch die Hemmung der Verjährung hat der Schuldner das Recht, die Leistung zu verweigern.

c) Ist der Tatbestand der Hemmung eingetreten, kann der Schuldner auf eine Verkürzung der Verjährungsfrist bestehen.

d) Der Tatbestand der Hemmung bewirkt, dass der Zeitraum, in der die Verjährung gehemmt war, nicht in die Verjährungsfrist eingerechnet wird.

e) Die bis zum Eintreten des Tatbestands der Hemmung abgelaufene Verjährungsfrist wird an die Regelverjährung angehängt.

**11. Welche Auswirkung hat die Zustellung eines behördlichen Vollstreckungsbescheids auf die Verjährungsfrist?**

**12. Obwohl bereits Verjährung eingetreten ist, begleicht ein Schuldner seine Schuld. Kann er seine Zahlung zurückverlangen?**

**13. Die Bavaria Fahrradwerke KG liefert am 14. Mai 2016 an einen Privatkunden ein Mountainbike und stellt mit gleichem Datum die Rechnung aus, auf der ein Zahlungsziel von 30 Tagen eingeräumt wird. Wann ist die Forderung der Bavaria Fahrradwerke KG verjährt?**

a) Am 01. Januar 2017

b) Am 15. Juni 2017

c) Am 15. Mai 2018

d) Am 01. Januar 2020

e) Am 15. Mai 2019

## Situation 7



Sie sind beauftragt, die Kalkulation von Handelswaren durchzuführen.

**1. Der Verkaufspreis für Handelswaren ist zu ermitteln. Bringen Sie die dazu erforderlichen Kalkulationsschritte in die richtige Reihenfolge, indem Sie die Ziffern 1 – 9 zuordnen.**

a) Listenverkaufspreis
b) Bezugspreis
c) Kundenskonto
d) Barverkaufspreis
e) Gewinn
f) Handlungskosten
g) Kundenrabatt
h) Selbstkosten
i) Zielverkaufspreis
j) Vertreterprovision

**2. Der Bezugspreis eines Artikels beträgt 392,00 EUR. Das Unternehmen kalkuliert mit 20 % Handlungskosten, 12,5 % Gewinn, 4 % Vertreterprovision und 2 % Kundenskonto. Wie viel EUR beträgt der Zielverkaufspreis?**

**3. Das Unternehmen hat folgendes Ergebnis erzielt:**

| | | | |
|---|---|---|---|
| Wareneinsatz | 4 500 000,00 EUR | sonstige Kosten | 990 000,00 EUR |
| Nettoumsatzerlöse | 5 710 000,00 EUR | Gewinn | 220 000,00 EUR |

**Wie viel Prozent beträgt der Zuschlagssatz für Handlungskosten?**

4. **Das Unternehmen hat folgendes Ergebnis erzielt:**

| | | | |
|---|---|---|---|
| Wareneinsatz | 4000000,00 EUR | sonstige Kosten | 650000,00 EUR |
| Nettoumsatzerlöse | 5100000,00 EUR | | |

**Wie viel EUR bzw. Prozent beträgt der Gewinn?**

5. **Entnehmen Sie die Handlungskosten und den Wareneinsatz dem Gewinn- und Verlustkonto. Mit welchem Handlungskostenzuschlagssatz muss das Unternehmen kalkulieren?**

| Soll | GuV | | Haben |
|---|---|---|---|
| Aufwendungen für Waren | 250000,00 | Warenverkauf | 200000,00 |
| Personalaufwand | 15000,00 | Provisionserträge | 120000,00 |
| Mieten/Pachten | 10000,00 | | |
| Betriebliche Steuern | 5000,00 | | |
| Büromaterial und Werbung | 15000,00 | | |
| Abschreibung | 20000,00 | | |
| Reingewinn | 5000,00 | | |
| | 320000,00 | | 320000,00 |

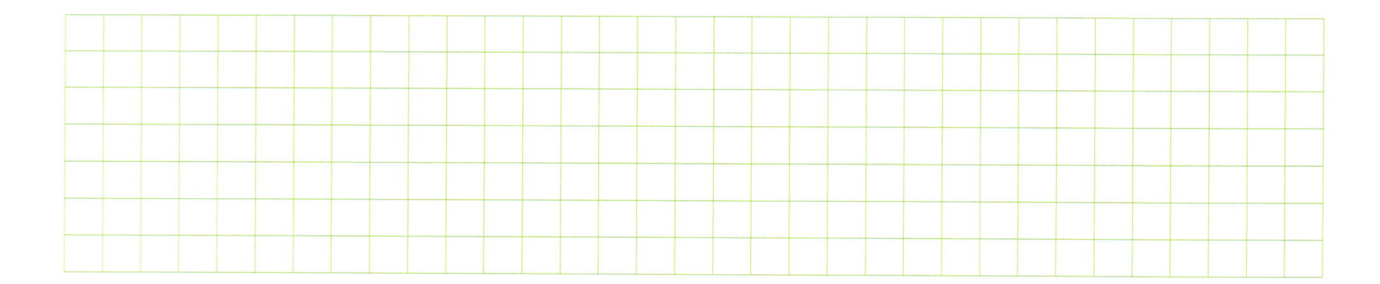

6. **Das Unternehmen gewährt seinen Kunden 2 % Skonto und 10 % Rabatt. Zu welchem Listenverkaufspreis muss es einen Artikel anbieten, wenn der Barverkaufspreis 441,00 EUR beträgt?**

7. Die Sonderanfertigung einer Maschine verursacht Selbstkosten in Höhe von 69 696,00 EUR. Über wie viel EUR lautet der Angebotspreis an den Kunden unter Berücksichtigung von 5 % Kundenrabatt und einem Gewinnaufschlag von 12,5 %?

8. Der Bezugspreis des Artikels A beträgt 144,65 EUR, sein Listenverkaufspreis 369,27 EUR. Zu welchem Listenverkaufspreis muss Artikel B angeboten werden, wenn auf den Einstandspreis von 15,54 EUR der gleiche Kalkulationszuschlagssatz berechnet wird?

9. Der Listenverkaufspreis einer Ware, für die ein Handlungskostenzuschlagssatz von 42 %, ein Kundenskonto von 1,5 % sowie eine Vertreterprovision von 0,5 % angesetzt wird, darf aus Konkurrenzgründen 199,95 EUR nicht übersteigen. Der Bezugspreis des Lieferanten liegt bei 135,00 EUR. Wie viel EUR beträgt der Gewinn?

10. Die Bavaria KG kalkuliert in der Warengruppe „Kinder-Laufräder“ mit einem Gewinnzuschlagssatz von 10 % und einem Handlungskostenzuschlagssatz von 21 %. Ihren Kunden gewährt sie 30 % Rabatt und 3 % Skonto. Mit

    a) welchem Kalkulationszuschlagssatz,

    b) welcher Handelsspanne

    wird in der Warengruppe „Kinder-Laufräder“ gerechnet?

11. In den Zielverkaufspreis eines Produktes von 380,00 EUR wurden 20 % Gewinn und 1 % Kundenskonto sowie 1 % Vertreterprovision eingerechnet. Auf wie viel EUR bzw. Prozent sinkt der Gewinn, wenn der Zielverkaufspreis um 5 % gesenkt werden muss?

12. In der Kalkulation werden ein Zielverkaufspreis von 210,00 EUR, ein Kundenskonto von 2 %, eine Vertreterprovision von 1 % und ein Selbstkostenpreis von 194,00 EUR ermittelt. Wie viel Prozent beträgt der Zuschlagssatz für den Gewinn?

**13.** Aus Konkurrenzgründen muss die Bavaria Fahrradwerke KG den ursprünglichen Barverkaufspreis von 1 065,00 EUR um 45,00 EUR senken. Wie viel Prozent Gewinn verbleiben, wenn der Bareinkaufspreis 720,00 EUR, die Bezugskosten 48,00 EUR und der Handlungskostenzuschlagssatz 25 % betragen?

**14.** Der Bezugspreis einer Ware beträgt 495,00 EUR, der Selbstkostenpreis 648,00 EUR, der Barverkaufspreis 900,00 EUR. Wie viel Prozent beträgt die Handelsspanne?

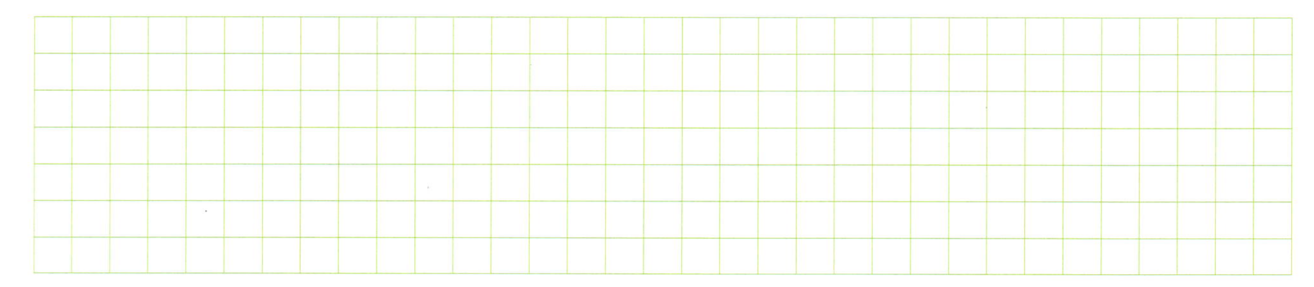

**15.** Wie lautet der jeweils zugehörige Kalkulationszuschlagssatz (zwei Nachkommastellen angeben) bzw. Kalkulationsfaktor (vier Nachkommastellen angeben)?

| | Kalkulationszuschlagssatz | Kalkulationsfaktor |
|---|---|---|
| a) | 20,63 % | |
| b) | | 1,8957 |
| c) | 120,24 % | |
| d) | | 3,0000 |
| e) | 324,27 % | |
| f) | | 11,0000 |
| g) | 1 534,67 % | |

**16.** **Eine Ware wird zum Listenverkaufspreis von 2 131,20 EUR angeboten. Wie viel Prozent beträgt die Handelsspanne bei einem Listeneinkaufspreis von 1480,00 EUR und einem Liefererrabatt von 20 %. Skonto wird nicht gewährt und es fallen keine Bezugskosten an.**

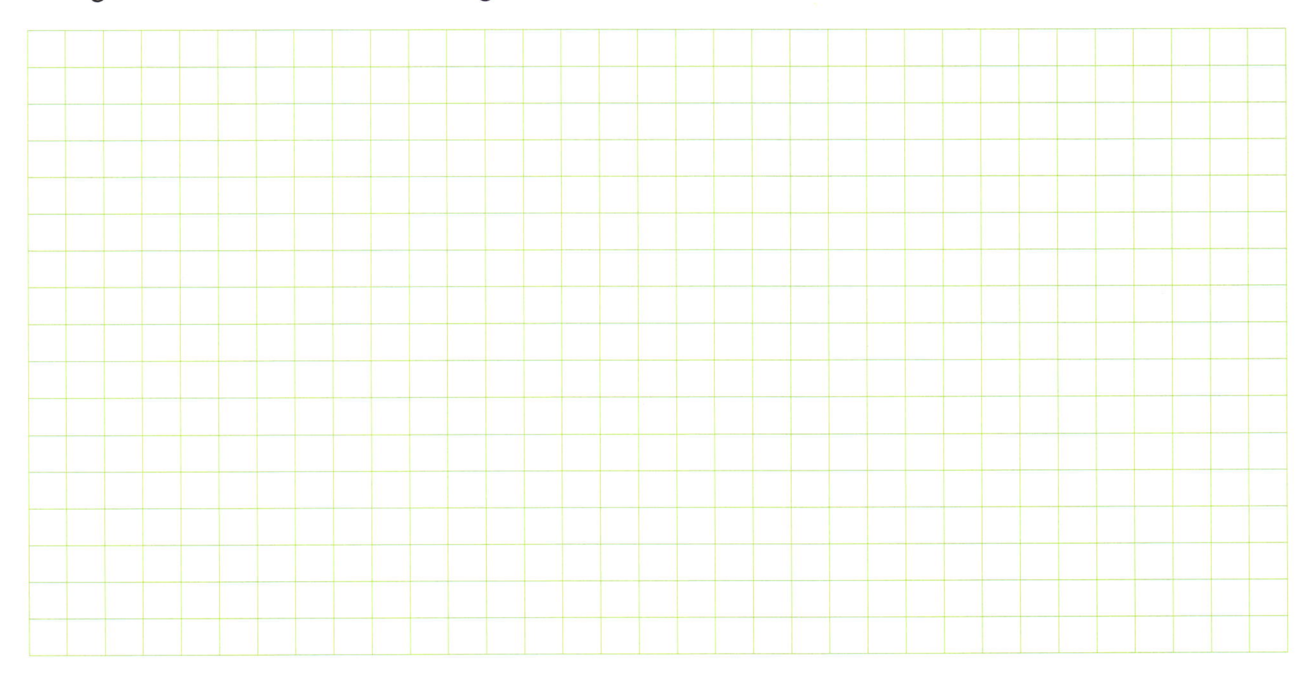

**17.** **Wie viel Prozent beträgt der Kalkulationszuschlagssatz?**

| | |
|---|---|
| Bezugspreis | 1 500,00 EUR |
| + 12,5 % Handlungskosten | 187,50 EUR |
| = Selbstkosten | 1 687,00 EUR |
| + 24,0 % Gewinn | 405,00 EUR |
| = Barverkaufspreis | 2 092,50 EUR |

**18.** **In der Bavaria Fahrradwerke KG beträgt der Einkaufspreis einer Handelsware 550,00 EUR. Der Lieferer stellt 15,00 EUR Bezugskosten in Rechnung. Welcher Kalkulationsfaktor liegt der Berechnung zugrunde, wenn die Ware für 949,20 EUR zum Verkauf angeboten wird?**

**19. Das Unternehmen kalkuliert seine Preise mit einem Kalkulationszuschlagssatz von 60 %. Wegen der starken Konkurrenz muss es den Verkaufspreis um 10 % senken. Wie viel Prozent beträgt der Kalkulationszuschlagssatz nach der Preissenkung?**

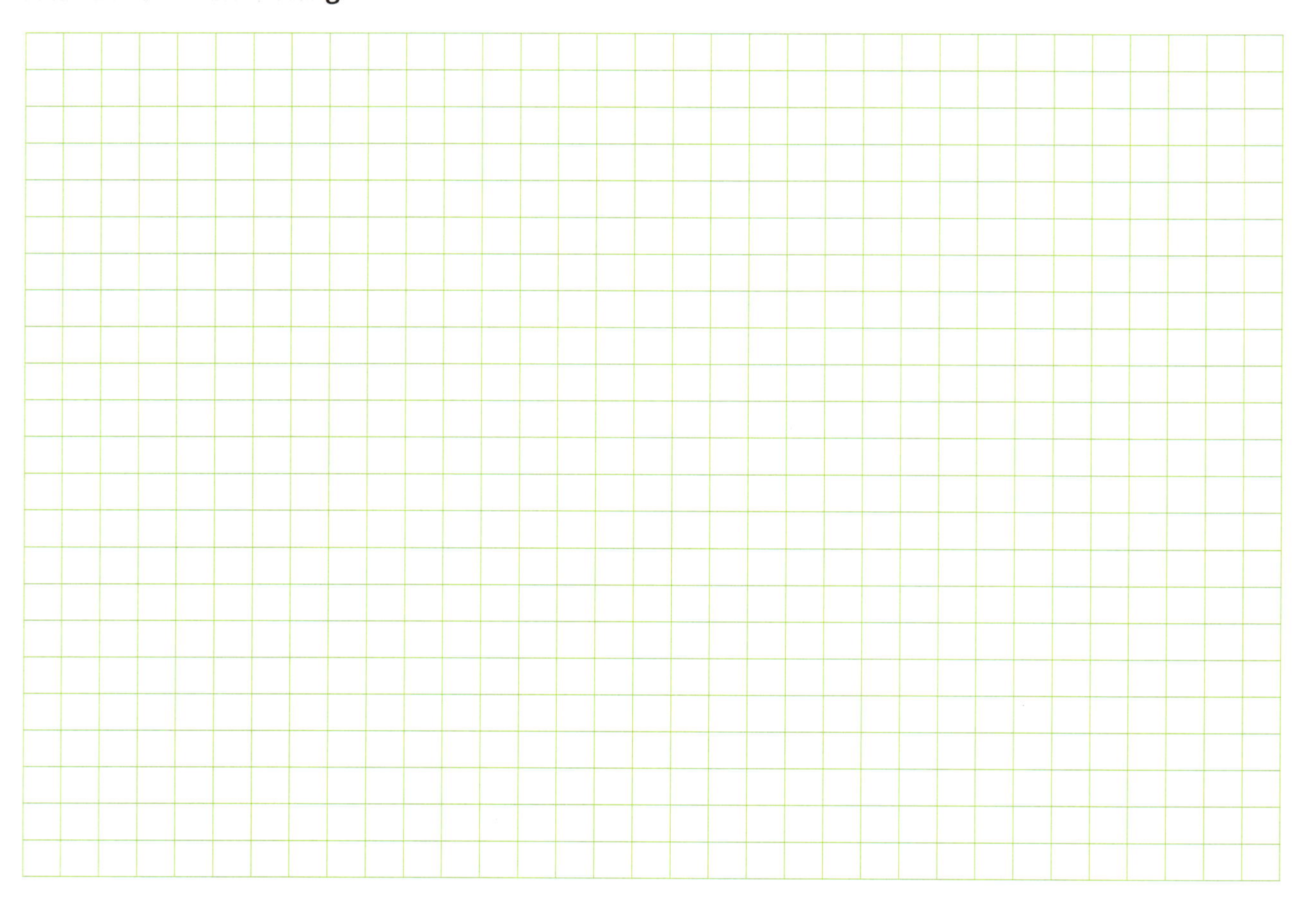

**20. Wie hoch ist der Kalkulationsfaktor?**

| | |
|---|---|
| Bareinkaufspreis | 372,40 EUR |
| + Bezugskosten | 27,60 EUR |
| = Bezugspreis | 400,00 EUR |
| + Handlungskosten | 80,00 EUR |
| = Selbstkosten | 480,00 EUR |
| + Gewinn | 24,00 EUR |
| = Barverkaufspreis | 504,00 EUR |

**21.** **Das Unternehmen kalkuliert die Artikel einer Warengruppe mit einer Handelsspanne von 35 %. Wie hoch ist der Kalkulationszuschlagssatz?**

**22.** **Wie hoch ist der Kalkulationszuschlagssatz bei einem Listenverkaufspreis von 361,43 EUR und einem Bezugspreis von 210,00 EUR?**

**23.** **Das Unternehmen rechnet mit einer Handelsspanne von 16 $^2/_3$ %. Mit wie viel EUR muss der Listenverkaufspreis angesetzt werden, wenn der Bezugspreis 550,00 EUR beträgt?**

24. Die Bavaria Fahrradwerke KG hat ihr E-Bike „Panthra“ bisher zu 1250,00 EUR bezogen und den Listenverkaufspreis mit einem Kalkulationsfaktor von 1,2800 berechnet. Aus Konkurrenzgründen muss sie den ursprünglichen Listenverkaufspreis um 100,00 EUR senken. Um wie viel EUR muss der Bezugspreis sinken, wenn alle anderen Bedingungen gleich bleiben?

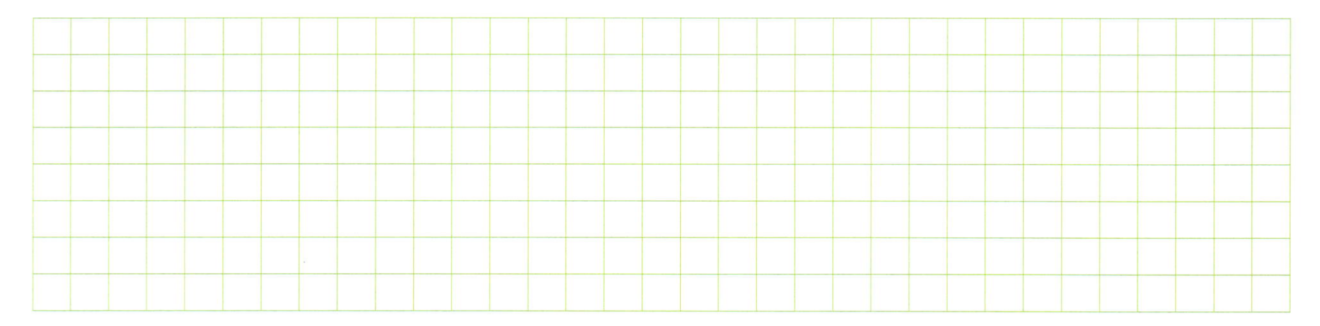

25. Der Listenverkaufspreis einer Ware beträgt 360,00 EUR. Wie viel EUR beträgt der Bezugspreis bei einer Handelsspanne von 40 %?

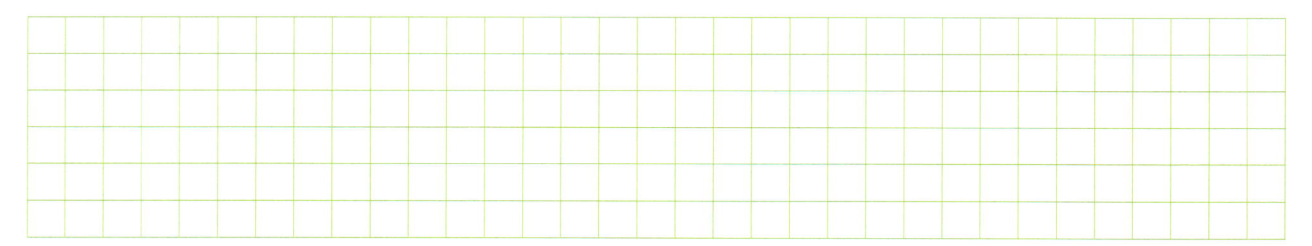

26. Das Unternehmen berechnet die Listenverkaufspreise einer Warengruppe mit einem Kalkulationsfaktor von 2,7500. Der Listenverkaufspreis eines Artikels dieser Warengruppe beträgt 1870,00 EUR. Wie viel EUR beträgt der Einstandspreis dieses Artikels?

27. Der Einkaufspreis einer Ware beträgt 180,00 EUR, die Bezugskosten belaufen sich auf 18,00 EUR. Wie viel EUR beträgt der Listenverkaufspreis bei einem Kalkulationsfaktor von 1,4500?

**28. Ordnen Sie drei der Begriffe der Kalkulation zu.**

a) Handelsspanne
b) Bezugskosten
c) Gewinnzuschlag
d) Kalkulationsfaktor
e) Handlungskosten
f) Kalkulationszuschlagssatz

Division Listenverkaufspreis durch Bezugspreis ☐

Differenz zwischen Bezugspreis und Listenverkaufspreis in Prozent des Bezugspreises ☐

Unterschied zwischen Bezugspreis und Selbstkosten ☐

**29. Die Kalkulation für ein Produkt sieht wie folgt aus:**

| | |
|---|---|
| Selbstkosten<br>+ Gewinn (25 %) | 245,00 EUR |
| = Barverkaufspreis<br>+ Kundenskonto (2 %) | |
| = Zielverkaufspreis | |

**Wie viel Euro beträgt der Zielverkaufspreis?**

**30. Ihnen liegen nachstehende Daten der allgemeinen Vorkalkulation sowie die Konditionen der Kalkulation für einen Großkunden vor:**

| | % | Vorkalkulation (EUR) | % | Kalkulation für Großkunden (EUR) |
|---|---|---|---|---|
| Selbstkosten | | 224 000,00 | | 224 000,00 |
| Gewinn | | | | |
| Barverkaufspreis | | 257 600,00 | | |
| Kundenskonto | | | 3 | |
| Zielverkaufspreis | | 262 857,14 | | |
| Kundenrabatt | | | 33 $^1/_3$ | |
| Listenverkaufspreis | | 350 476,18 | | 350 476,18 |

**(1) Wie viel Prozent beträgt laut Vorkalkulation der**

a) Gewinnzuschlagssatz,

b) Kundenskonto,

c) Kundenrabatt?

**(2) Im Kaufvertrag mit dem Großkunden werden 3 % Skonto und 33 $^1/_3$ % Rabatt festgelegt. Ermitteln Sie**

a) den tatsächlichen Gewinn in EUR,

b) den tatsächlichen Gewinn in Prozent,

c) den Gewinnrückgang in EUR gegenüber der Vorkalkulation.

## Situation 8



Sie sind in der Bavaria Fahrradwerke KG in der Auftragsbearbeitung und -nachbereitung für die Bearbeitung von Beschwerden und Reklamationen bei Lieferungsverzug zuständig.

**1. Die Bavaria Fahrradwerke KG erhält die Mahnung eines Kunden, in der dieser Lieferungsverzug feststellt. Was versteht man unter einem Lieferungsverzug?**

**2. Welche Voraussetzungen müssen grundsätzlich erfüllt sein, damit Lieferungsverzug eintritt?**

**3. Unter welche Voraussetzungen ist eine Mahnung für den Eintritt von Lieferungsverzug erforderlich bzw. entbehrlich?**

**4. Welche Aussage über den kalendermäßig bestimmten Kauf ist richtig?**

a) Beim kalendermäßig bestimmten Kauf erfolgt die Lieferung auf dem schnellsten Weg.

b) Beim kalendermäßig bestimmten Kauf wird die Menge zu einem späteren Zeitpunkt festgelegt.

c) Beim kalendermäßig bestimmten Kauf sind kürzere Nachfristen zu setzen, um vom Kaufvertrag zurücktreten zu können, wenn die Ware nicht pünktlich geliefert wird.

d) Beim kalendermäßig bestimmten Kauf kommt der Lieferer nur in Verzug, wenn dem Käufer tatsächlich ein Schaden entstanden ist.

e) Beim kalendermäßig bestimmten Kauf kann der Käufer ohne Setzen einer Nachfrist vom Kaufvertrag zurücktreten, wenn nicht termingerecht geliefert wurde.

**5. Welche Rechte kann ein Käufer ohne Nachfrist wahlweise geltend machen?**

**6. Welche Rechte kann ein Käufer mit Nachfrist wahlweise geltend machen?**

**7. Was versteht man unter einem Deckungskauf?**

**8. Welche grundsätzlichen Möglichkeiten der Schadensberechnung im Falle von Lieferungsverzug werden unterschieden?**

**9. Was versteht man unter einer Konventionalstrafe?**

**10. Bringen Sie die folgenden Arbeitsschritte beim Lieferungsverzug in die richtige Reihenfolge.**

a) Die Schadenshöhe wird ermittelt.

b) Da nach Ablauf der Nachfrist noch nicht geliefert worden ist, wird ein Deckungskauf vorgenommen.

c) Anhand der Bestelldatei wird festgestellt, dass noch nicht geliefert wurde.

d) Der Lieferer wird gemahnt, und es wird eine angemessene Nachfrist zur Nacherfüllung gesetzt.

e) Es erfolgt eine Rückfrage bei der Warenannahme.

f) Dem Lieferer wird die Schadenersatzforderung mitgeteilt.

**11. In welchem Fall bedarf es keiner Mahnung, um den Lieferer in Lieferungsverzug zu setzen?**

a) Wenn höhere Gewalt den Lieferungsverzug verursachte

b) Wenn der im Kaufvertrag kalendermäßig bestimmte Liefertermin nicht eingehalten wurde

c) Wenn der Käufer kein Interesse mehr an der Lieferung hat

d) Wenn der Lieferer trotz Vorauszahlung des Kunden nicht liefert

e) Wenn der Lieferer wiederholt nicht rechtzeitig lieferte

**12. Welche Aussage zum Lieferungsverzug ist zutreffend?**

a) Bei Nichterfüllung seiner vertraglichen Leistungen (Pflichtverletzung) hat der Lieferer Schadensersatz zu leisten, auch wenn er die Pflichtverletzung nicht zu vertreten hat.

b) Bei einer Pflichtverletzung seitens des Lieferers muss ihm nachgewiesen werden, dass er dies zu vertreten hat (= Beweislastumkehr zu Lasten des Lieferers).

c) Der Lieferer selbst muss den Beweis erbringen, dass er die Pflichtverletzung nicht zu vertreten hat.

d) Nur ein Gericht kann darüber entscheiden, ob der Lieferer die Pflichtverletzung zu verantworten hat.

e) Ist die Pflichtverletzung auf fahrlässiges Handeln eines Angestellten des Lieferers zurückzuführen, so ist der Lieferer dafür nicht verantwortlich zu machen.

**13. In einem zweiseitigen Handelskauf (beide Geschäftspartner sind Kaufleute) ist der säumige Lieferer durch den Gläubiger erfolgreich in Lieferungsverzug gesetzt worden. Welche Aussage zu den Folgen ist zutreffend?**

a) Der Lieferer muss in keinem Fall mit einer Schadensersatzforderung durch den Gläubiger rechnen.

b) Der Lieferer kann bei nachträglicher Erfüllung seiner Pflichten die Forderung nach Schadensersatz erfolgreich abwehren.

c) Der Lieferer muss damit rechnen, dass er neben der Erfüllung seiner Leistung auch noch Schadensersatz und Verzugszinsen in Höhe von 5 % über dem Basiszinssatz zu bezahlen hat.

d) Der Lieferer muss damit rechnen, dass er neben der Erfüllung seiner Leistung auch noch Schadensersatz und Verzugszinsen in Höhe von 9 % über dem Basiszinssatz zu bezahlen hat.

e) Verzugszinsen braucht der Lieferer nur dann zu bezahlen, wenn er in der Forderungsaufstellung auf die Folgen des Verzuges hingewiesen wurde und bereits 30 Tage nach Erhalt der Forderungsaufstellung vergangen sind.

## Situation 9

Sie sind in der Bavaria Fahrradwerke KG in der Auftragsbearbeitung und -nachbereitung für die Bearbeitung von Beschwerden und Reklamationen bei mangelhafter Lieferung zuständig.

**1. Ist bei Gefahrenübergang die Sache nicht frei von Sachmängeln, so liegt mangelhafte Lieferung (Schlechtleistung) vor. Welche Arten von Sachmängeln können unterschieden werden?**

**2. Welche Sachmängel werden im Hinblick auf die Erkennbarkeit unterschieden?**

**3. In welchem Fall liegt ein versteckter Mangel vor?**

a) Wenn Radtrikots statt in mittelblauer Farbe in hellblau geliefert werden

b) Wenn sich als farbecht bestellte Radtrikots im ersten Regen verfärben

c) Wenn die gelieferten Schrauben ein Rechtsgewinde anstatt des bestellten Linksgewindes aufweisen

d) Wenn eine vor vier Wochen gelieferte Sendung mit Rennrad-Sätteln ausgepackt wird und anstatt der Rennrad-Sättel Damensättel in den Kisten enthalten sind

e) Wenn eine gelieferte Bohrmaschine laut Typenschild für 110 V statt wie bestellt für 220 V ausgelegt ist

**4. 250 Fahrradklingeln wurden bei einen Zulieferunternehmen bestellt und geliefert. Auf dem Lieferschein stehen jedoch nur 200 Stück. Welche Aussage ist richtig?**

a) Es liegt ein Sachmangel im rechtlichen Sinn vor.

b) Es liegt kein Mangel im rechtlichen Sinn vor.

c) Es liegt ein versteckter Mangel vor.

d) Es liegt ein Mangel in der Qualität vor.

e) Es liegt ein Mangel in der Beschaffenheit vor.

**5. Welche Pflichten muss der Käufer erfüllen, um seine Rechte aus der Mängelhaftung geltend machen zu können?**

**6. Welcher Fall rechtfertigt eine Mängelrüge?**

a) Der Verkäufer liefert zu früh.

b) Der Verkäufer liefert zu einem niedrigeren Preis.

c) Der Verkäufer liefert zu einem höheren Preis.

d) Der Verkäufer liefert eine zu große Menge.

e) Der Verkäufer liefert an eine falsche Adresse.

**7. Was ist zu tun, wenn die auf dem Lieferschein angegebene Stückzahl größer als die tatsächlich gelieferte Stückzahl ist?**

a) Angelieferte Ware unverzüglich zurückschicken

b) Dem Lieferer unverzüglich eine Mängelrüge erteilen und ihm eine Frist zur Nacherfüllung setzen

c) Rechnung unter Berücksichtigung der Fehlmenge und Ausnutzung von Skonto zur Zahlung anweisen

d) Einen Deckungskauf vornehmen

e) Schadensersatzansprüche gegenüber dem Lieferer geltend machen

**8. Wie verhält sich ein Kaufmann richtig, der mangelhafte Ware erhält und beim Lieferer unverzüglich reklamiert?**

a) Er muss die beanstandete Ware sofort zurücksenden.

b) Er muss die beanstandete Ware aufbewahren und beim zuständigen Amtsgericht Klage erheben.

c) Er muss die mangelhafte Ware auf jeden Fall behalten, da er einen Preisnachlass erhält.

d) Er muss unverzüglich einen Selbsthilfeverkauf herbeiführen.

e) Er muss die beanstandete Ware aufbewahren und die Reaktion des Lieferers abwarten.

**9. Kennzeichnen Sie die Unterschiede zwischen der Prüfpflicht bei zweiseitigem Handelskauf und der Prüfpflicht bei Verbrauchsgüterkauf.**

10. Kennzeichnen Sie die Unterschiede zwischen der Rügepflicht bei zweiseitigem Handelskauf und der Rügepflicht bei Verbrauchsgüterkauf.

11. Was versteht man im Zusammenhang mit der Sachmängelhaftung beim Verbrauchsgüterkauf unter der „Umkehrung der Beweislast"?

12. In welcher Rechtsvorschrift sind die Rügefristen beim Verbrauchsgüterkauf geregelt?

13. Erklären Sie die vorrangigen Rechte des Käufers bei mangelhafter Lieferung.

**14.** **Wann gilt eine Nachbesserung in der Regel als fehlgeschlagen?**

**15.** **Ordnen Sie die folgenden nachrangigen Rechte des Käufers bei mangelhafter Ware zu.**

a) Minderung des Kaufpreises

b) Minderung und ggf. Schadensersatz neben der Leistung

c) Rücktritt vom Vertrag

d) Rücktritt und ggf. Schadensersatz statt der Leistung oder Ersatz vergeblicher Aufwendungen

| | **unerheblicher Mangel** | **erheblicher Mangel** |
|---|---|---|
| kein Verschulden des Verkäufers | | |
| Verschulden des Verkäufers | | |

**16.** **Eine Warenlieferung, die vereinbarungsgemäß zum 07.01. eingetroffen ist, weist Sachmängel auf. Welche Aussage zu den Rechten des Käufers ist zutreffend?**

a) Der Käufer kann zwischen Minderung des Kaufpreises und Nacherfüllung wählen.

b) Der Käufer kann sofort das Recht des Rücktritts wählen.

c) Der Käufer kann zwischen der Beseitigung des Mangels oder der Lieferung einer mangelfreien Ware wählen.

d) Der Käufer kann auf Schadensersatz bestehen, auch wenn er dem Lieferer keine Nachfrist zur Nachbesserung gesetzt hat.

e) Der Käufer kann in jedem Fall vom Vertrag zurücktreten, auch wenn eine Beseitigung des Mangels problemlos erfolgen kann.

**17.** **Ein Privatkunde kauft bei der Bavaria Fahrradwerke KG einen Tachometer. Erst nach 30 Monaten stellt der Kunde fest, dass das Gerät einen Fabrikationsfehler hat und aufgrund dessen nicht mehr funktionstüchtig ist. Welches Recht kann der Privatkunde geltend machen?**

## Situation 10

In einer betrieblichen Unterweisung werden die Auszubildenden der Bavaria Fahrradwerke KG mit den Vorschriften des Schuldrechts vertraut gemacht. Dabei steht ganz besonders das Thema „Mangelhafte Lieferungen und Leistungen der Vertragspartner" auf dem Programm. Sie sollen als Abschlusstest die folgenden Aufgaben lösen.

**1. Der Unternehmer A (= Lieferer) schuldet dem Unternehmer B (= Kunde) eine Warenlieferung laut Kaufvertrag. Unternehmer A hat aber inzwischen einem anderen Kunden (C) die Ware geliefert, da dieser sofort bar zahlte. Folglich kann Unternehmer A nicht mehr rechtzeitig an Unternehmer B liefern. Welche Aussage ist zutreffend?**

a) A wird von seiner Leistungspflicht befreit, da er nicht mehr liefern kann ( § 275 Abs. 1, BGB).

b) A wird von seiner Leistungspflicht befreit, da er das Eigentum an der Ware bereits an den Kunden C übertragen hat.

c) A wird von seiner Leistungspflicht befreit, da es für ihn mit sehr hohen Kosten verbunden ist, die Ware noch mal am Markt zu beschaffen, um sie dem Kunden B zu liefern (§ 275 Abs. 2, BGB).

d) A wird von seiner Leistungspflicht nicht befreit, weil Nichterfüllung seiner Leistungspflicht auf sein eigenes Verschulden zurückzuführen ist, da er der Erfüllung eines anderen Vertrages (mit Kunden C) Vorrang gab (§ 276, BGB).

e) A ist allein aus dem Grund von seiner Leistungspflicht befreit, da die Regelungen der Vertragsfreiheit ihm die Entscheidung überlassen, wem er seine Ware verkaufen will.

**2. Der Unternehmer A ist wegen höherer Gewalt (Blitzeinschlag in seinem Lager) nicht in der Lage, die Verpflichtung aus dem Kaufvertrag mit Unternehmer B zu erfüllen. Welche Aussage ist zutreffend?**

a) Der Unternehmer A hat die nötige Sorgfalt nicht walten lassen, denn dann hätte das Einschlagen des Blitzes vermieden werden können.

b) Der Unternehmer A hat es nicht zu vertreten, dass er nicht liefern kann. Somit ist er von seiner Leistungspflicht entbunden.

c) Vertragliche Abmachungen müssen immer eingehalten werden, auch wenn der Unternehmer A seine Lieferunfähigkeit nicht zu vertreten hat.

d) Der Unternehmer A ist zwar von seiner Leistungspflicht entbunden, muss aber den Schaden, den sein Kunde aufgrund der ausgebliebenen Warensendung erleidet, bezahlen.

e) Der Unternehmer A ist gezwungen, sich auf dem Markt anderweitig, wenn auch zu höheren Kosten, die Waren zu beschaffen, um seine Pflichten aus dem Kaufvertrag erfüllen zu können.

**3. Unternehmer A ist aufgrund eines Kaufvertrages zur Lieferung einer Warensendung verpflichtet. Er gerät jedoch in Lieferschwierigkeiten, die er auch zu vertreten hat. Er teilt dies seinem Kunden, dem Unternehmer B, mit und bittet diesen, den Liefertermin ca. 6 bis 8 Wochen zu verschieben, damit er die Waren nochmals anderweitig beschaffen kann. Welche Aussage ist richtig?**

a) Der Kunde B hat keine andere Möglichkeit, als der Bitte des Unternehmers A zu entsprechen.

b) Der Kunde B kann auf jeden Fall auf der Lieferung zum rechtzeitigen Termin bestehen.

c) Der Kunde B muss dem Unternehmer A eine angemessene Frist zur Nachlieferung setzen, die diesen 6 bis 8 Wochen entspricht.

d) Der Kunde B kann nur vom Vertrag zurücktreten, er hat aber nicht das Recht, den ihm aufgrund der ausgebliebenen Warenlieferung entstandenen Schaden einzufordern.

e) Der Kunde B kann sowohl vom Vertrag zurücktreten als auch Schadensersatz wegen nicht vertragsgemäß erbrachter Leistung verlangen.

**4. In einem Kaufvertrag wird vereinbart: „Lieferung ab Mitte Januar". Am 24.01. geht beim Verkäufer ein Schreiben ein, in dem die Lieferung angemahnt und bis zum 01.02. erbeten wird. Am 10.02. ist die Ware immer noch nicht eingegangen, weil beim Lieferer eine Spezialmaschine wegen Wartungsmängeln ausgefallen ist. Welche Aussage ist richtig?**

a) Für den Eintritt des Lieferungsverzuges war eine Nachfristsetzung mit der Mahnung nicht erforderlich, weil der Liefertermin kalendermäßig genau festgelegt war.

b) Dem Verkäufer wurde eine angemessene Nachfrist bis zum 01.02. gesetzt, danach kann der Käufer nur Schadensersatz statt der Leistung verlangen, aber nicht vom Vertrag zurücktreten.

c) Es liegt kein Lieferungsverzug vor, weil der Verkäufer den Lieferungsverzug nicht verschuldet hat.

d) Der Verkäufer befindet sich ab dem 02.02. in Lieferungsverzug; danach kann der Käufer vom Vertrag zurücktreten und Schadensersatz verlangen.

e) Der Verkäufer befindet sich ab dem 02.02. in Lieferungsverzug; danach kann der Käufer bei einer weiteren erfolglosen Nachfristsetzung Schadensersatz statt der Leistung verlangen.

**5. Ordnen Sie drei der folgenden Begriffserläuterungen den Rechten des Käufers bei mangelhafter Lieferung zu.**

a) Der Käufer verlangt Herabsetzung des Kaufpreises.

b) Der Käufer verlangt Ersatzlieferung mangelfreier Ware.

c) Der Käufer verlangt Rückgängigmachung des Vertrages.

d) Der Käufer verweigert Zahlung des vereinbarten Kaufpreises.

e) Der Käufer verlangt Ausbesserung der mangelhaften Ware.

f) Der Käufer verlangt Geldentschädigung, da trotz Nachfristsetzung keine Ersatzlieferung und keine Nachbesserung erfolgen.

Rücktritt

Minderung

Schadensersatz statt der Leistung

**6. Bringen Sie die folgenden Arbeiten beim Durchsetzen eines Schadensersatzanspruchs in die richtige Reihenfolge.**

a) Schadenshöhe ermitteln und Schadensersatz statt der Leistung geltend machen

b) Liefertermin gemäß Bestellung überwachen, Lieferung muss fällig sein

c) Nach Ablauf der Nachfrist Deckungskauf vornehmen

d) Wegen Schadensersatzanspruch Klage erheben

e) Lieferer eine Nachfrist zur Nacherfüllung setzen

f) Nachfrist erfolglos abgelaufen

**7. Bringen Sie die Anspruchsvoraussetzungen für „Schadensersatz statt der Leistung" in eine logisch richtige Reihenfolge.**

a) Fristsetzung zur Leistung der Nacherfüllung

b) Pflichtverletzung (in Form von Verzug oder Schlechtleistung)

c) Wirksamer Vertrag

d) Erfolgloser Fristablauf (Nichterbringung der gesamten Leistung oder Schlechtleistung)

e) Vertretenmüssen des Schuldners

f) Schadensanspruch

g) Leistungspflicht des Schuldners aus wirksamem Vertragsschluss

**8. Ein Fahrrad-Großhändler gerät gegenüber seinem Kunden, Hans Maier e. K., Fahrradfachhandel, mit der Lieferung von 20 Damenfahrrädern in Lieferungsverzug, den er auch zu vertreten hat. Der Kunde, der die Damenfahrräder dringend benötigt, besorgt sich, nachdem die in einer Mahnung gesetzte Nachfrist erfolglos abgelaufen ist, die Fahrräder bei einem anderen Lieferer zu einem höheren Preis. Er verlangt daraufhin vom Großhändler die Preisdifferenz. Welches Recht aus dem Lieferungsverzug macht der Kunde geltend?**

a) Rücktritt vom Vertrag und Schadenersatz statt der Leistung

b) Schadensersatz wegen verspäteter Lieferung

c) Rücktritt vom Vertrag

d) Erfüllung des Vertrages und Schadensersatz

e) Erfüllung des Vertrages

**9. Der Kaufvertrag zwischen einem Großhändler und einem Zweirad-Einzelhändler enthält keine Vereinbarung über den Liefertermin. Die Lieferung ist nach 4 Wochen immer noch nicht beim Einzelhändler eingetroffen. Welche Aussage ist zutreffend?**

a) Der Großhändler kann vom Einzelhändler in Lieferungsverzug gesetzt werden, indem er ihm mit einer Mahnung eine angemessene Nachfrist setzt, auch dann, wenn der Großhändler die Lieferverzögerung nicht zu vertreten hat.

b) Der Einzelhändler kann nach erfolglosem Ablauf einer angemessenen Frist, die er dem Großhändler mit einer Mahnung gesetzt hat, vom Vertrag zurücktreten und Schadensersatz verlangen, auch, wenn der Großhändler die Lieferverzögerung nicht zu vertreten hat.

c) Der Einzelhändler kann nach erfolglosem Ablauf einer angemessenen Frist, die er dem Großhändler mit einer Mahnung gesetzt hat, vom Vertrag zurücktreten und nur dann Schadensersatz verlangen, wenn der Großhändler die Lieferverzögerung zu vertreten hat.

d) Der Großhändler kann auch ohne Mahnung des Einzelhändlers in Verzug gesetzt werden.

e) Wenn die entsprechenden gesetzlichen Voraussetzungen (Pflichtverletzung durch Großhändler, Nachfristsetzung durch Mahnung, Verschulden des Großhändlers) gegeben sind, kann der Einzelhändler entweder nur vom Vertrag zurücktreten oder nur Schadensersatz verlangen. Beide Rechte schließen sich gegenseitig aus.

**10. Die Warenlieferung weist kleinere Schäden auf. Diese sind ohne Probleme vom Lieferer zu beseitigen. Welche Aussage zu den Rechtsansprüchen des Käufers ist zutreffend?**

a) Der Käufer kann in diesem Fall zunächst das Recht der Minderung für sich beanspruchen.

b) Der Käufer muss dem Lieferer die Möglichkeit der Mangelbeseitigung einräumen.

c) Der Käufer kann vom Vertrag zurücktreten.

d) Der Käufer kann auf Lieferung mangelfreier Ware (= Ersatzlieferung) bestehen.

e) Der Käufer kann auch in diesem Fall auf Schadensersatz bestehen.

**11. Der Gesetzgeber regelt die Ansprüche des Käufers bei Lieferung mangelhafter Ware. In welcher Zeile sind die Rechte genannt, die nur nachrangig vom Kunden durchsetzbar sind?**

a) Beseitigung des Mangels – Lieferung mangelfreier Ware

b) Minderung – Rücktritt – Schadensersatz

c) Minderung – Nachlieferung einer mangelfreien Sache

d) Mangelbeseitigung – Rücktritt

e) Schadensersatz – Mangelbeseitigung – Minderung

**12. Der Gesetzgeber räumt dem Lieferer, dessen Lieferung Sachmängel aufweist, unter Umständen ein Verweigerungsrecht wegen Unverhältnismäßigkeit ein. Bei welchem vom Kunden beanspruchten Recht kann vom Lieferer die Einrede der Unverhältnismäßigkeit geltend gemacht werden?**

a) Recht auf Minderung

b) Recht auf Schadensersatz

c) Recht auf Mangelbeseitigung

d) Recht auf Rücktritt

e) Recht auf Schadensersatz und Rücktritt

**13. In welchem Fall liegt ein Verbrauchsgüterkauf vor?**

a) Kauf einer beweglichen Sache eines Verbrauchers von einem Verbraucher

b) Kauf einer beweglichen Sache eines Unternehmers von einem Unternehmer

c) Kauf einer beweglichen Sache eines Unternehmers von einem Verbraucher

d) Kauf einer beweglichen Sache eines Verbrauchers von einem Unternehmer

e) Kauf einer beweglichen Sache bei einer öffentlichen Versteigerung

**14. Beim Verbrauchsgüterkauf gelten nach BGB besondere Vorschriften, die den Verbraucher schützen sollen. Welche Aussage zur Verjährung von Ansprüchen aufgrund von Sachmängeln ist zutreffend?**

a) Die Verjährungsfrist für Sachmängel kann auch beim Verbrauchsgüterkauf vertraglich unter die Frist von 1 Jahr festgelegt werden.

b) Bei Ansprüchen aus Sachmängeln hat der Verkäufer grundsätzlich während der Gewährleistungsfrist die Beweislast, dass die Kaufsache bei Übergabe frei von Mängeln war.

c) Bei Ansprüchen aus Sachmängeln hat der Verkäufer die Beweislast nur während der ersten sechs Monate.

d) Die Beweislast liegt immer beim Käufer.

e) Bei Auftreten von Sachmängeln während des ersten Jahres nach Übergabe der Ware liegt die Beweislast beim Verkäufer, während des zweiten Jahres liegt diese beim Käufer.

**15. Im BGB sind u. a. die Garantieerklärungen geregelt. Danach richtet sich der Umfang der Garantie aus der Garantieerklärung, die einfach und verständlich abgefasst werden muss. Welcher Hinweis bzw. welche Angabe ist nicht Inhalt einer Garantieerklärung?**

a) Hinweis auf gesetzliche Rechte des Verbrauchers

b) Hinweis, dass gesetzliche Rechte durch die Garantie nicht eingeschränkt werden

c) Hinweis, dass gesetzliche Rechte durch die Garantie eingeschränkt werden

d) Inhalt der Garantie

e) Angaben, die für die Geltendmachung der Garantie erforderlich sind, z. B. Dauer, räumlicher Geltungsbereich, Name und Anschrift des Garantiegebers

**16. Ordnen Sie die die Rügefristen entsprechend der gesetzlichen Regelung den Mängeln zu.**

a) Unverzüglich nach Lieferung

b) Innerhalb von 6 Wochen nach Lieferung

c) Innerhalb von 3 Monaten nach Lieferung

d) Innerhalb von 24 Monaten nach Lieferung

e) Unverzüglich nach Entdeckung, jedoch innerhalb von 24 Monaten nach Lieferung

f) Innerhalb von 12 Monaten nach Lieferung

g) Unverzüglich nach Entdeckung, jedoch innerhalb von 6 Wochen nach Lieferung

Versteckter Mangel bei zweiseitigem Handelskauf

Offener Mangel bei zweiseitigem Handelskauf

Versteckter Mangel bei Verbrauchsgüterkauf

# 02 Personalbezogene Aufgaben

## Situation 1

Sie sind Mitarbeiter in der Personalabteilung der Bavaria Fahrradwerke KG. Zu Ihren Aufgaben gehört auch die Personalplanung.

1. **Nennen Sie vier weitere Aufgaben der Personalwirtschaft.**

2. **Ein Auftragsrückgang zwingt Ihren Betrieb, die Mitarbeiterzahl anzupassen. Beschreiben Sie zwei Möglichkeiten, diese Anpassung ohne Kündigung vorzunehmen.**

3. **Nennen Sie drei praktische Beispiele, durch die ein Bedarf an zusätzlichen Mitarbeitern entsteht.**

4. **Im Zuge der geplanten Betriebserweiterung für das kommende Jahr muss die Bavaria Fahrradwerke KG den Personalbedarf planen. Welche Größe wird in diesem Zusammenhang mit dem folgenden Schema ermittelt?**

  geplanter Personalbestand
– derzeitiger Personalbestand
– Personalzugang infolge abgeschlossener Einstellungsverfahren
+ Personalabgang infolge bevorstehenden Ausscheidens aus dem Unternehmen
=

**5. Die Bavaria Fahrradwerke KG unterscheidet bei ihrer Personalplanung die abgebildeten Personalbedarfsarten. Welche Personalbedarfsart wird im Allgemeinen durch Auswerten von Fehlzeitenstatistiken ermittelt?**

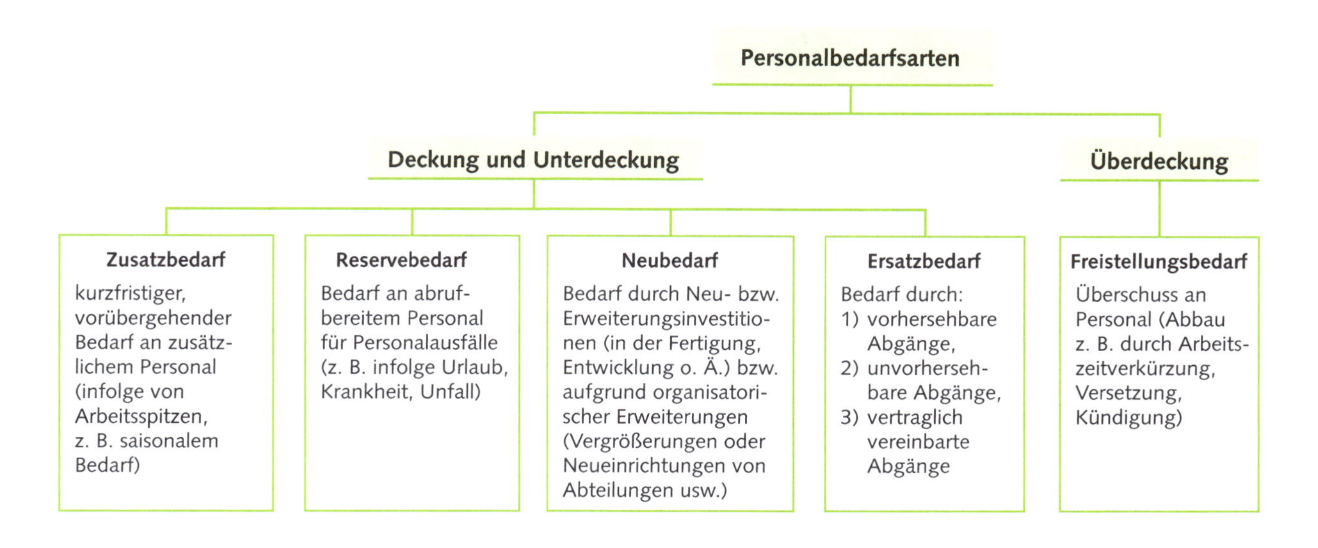


**6. Zu den Aufgaben des Personalwesens gehört es, den Nachwuchsbedarf für das Unternehmen zu ermitteln. Nennen Sie drei Kriterien, die die quantitative Personalbedarfsplanung bestimmen.**

**7. Bei der Bavaria Fahrradwerke KG gibt es ein unerwartetes Problem: Am Montagmorgen haben sich 5 von insgesamt 26 Mitarbeitern des Montagebereichs telefonisch krank gemeldet. Ein Auftrag über 280 Fahrradrahmen muss in dieser Woche unbedingt noch erfüllt werden. Welche Maßnahme zur Lösung des Problems schlagen Sie vor?**

**8. Ihnen liegt folgende Personalplanung für das kommende Geschäftsjahr vor. Berechnen Sie den Nettopersonalbedarf.**

| Bruttopersonalbedarf | Folgendes Geschäftsjahr | |
|---|---|---|
| Mitarbeiter | 120 | |
| | Voraussichtliche Personalabgänge | Voraussichtliche Personalzugänge |
| Einkauf | 3 | 2 |
| Produktion | 7 | 5 |
| Rechnungswesen | 2 | 1 |
| Controlling | 5 | 3 |
| Vertrieb | 1 | – |

9. **Führen Sie vier Gründe an, die zu den voraussichtlichen Personalabgängen geführt haben können.**

10. **Welche betriebliche Maßnahme beeinflusst unmittelbar die Personalbedarfsplanung?**

a) Herabsetzung der Arbeitszeit
b) Verbesserung der Public Relations
c) Inseratserie mit Stellenangeboten
d) Umstellung von Einzelbüros auf Großraumbüros
e) Einführung von Gleitzeit

## Situation 2

Die Bavaria Fahrradwerke KG ist aufgrund steigender Produktions- und Umsatzzahlen gezwungen, ihr Personal aufzustocken. Für die Produktion und für die Verwaltung werden jeweils 2 neue Fachkräfte eingestellt. Die Personalbedarfsplanung hat die Aufgabe, den Einstellungsprozess vorzubereiten.

1. **Erläutern Sie den Begriff Personalplanung.**

2. **Beschreiben Sie die Aufgaben der Personalplanung.**

3. Je nach betrieblicher Situation ergeben sich für die Personalbedarfsplanung unterschiedliche Zielsetzungen. In der oben beschriebenen Situation ist das Ziel, einen Neubedarf (Erweiterungsbedarf) zu planen. Stellen Sie fest, welche weiteren Bedarfe die Personalbedarfsplanung zu berücksichtigen hat, und erläutern Sie diese kurz.

4. Zur Deckung des Neubedarfs kann die Personalabteilung grundsätzlich zwischen zwei Vorgehensweisen wählen. Nennen und erläutern Sie diese.

5. Stellen Sie die Vorteile von externer und interner Personalbeschaffung gegenüber.

| Vorteile externer Personalbeschaffung | Vorteile interner Personalbeschaffung |
| --- | --- |
| | |
| | |
| | |
| | |

| Vorteile externer Personalbeschaffung | Vorteile interner Personalbeschaffung |
|---|---|
| | |
| | |

6. Welche Möglichkeiten einer externen Personalbeschaffung könnte die Bavaria Fahrradwerke KG grundsätzlich nutzen?

7. Die externe Personalbeschaffung ist kostenaufwändiger als die interne Personalbeschaffung. Nennen Sie drei Möglichkeiten der externen Personalbeschaffung, die kostengünstig sind. Begründen Sie Ihre Antworten.

8. Geben Sie an, welche Institution im Betrieb lt. BetrVG über eine geplante Einstellung informiert werden muss.

9. Erklären Sie, welches Recht lt. BetrVG der Betriebsrat bei einer Stellenausschreibung hat.

## Situation 3

Sie sind in der Personalabteilung der Bavaria Fahrradwerke KG mit der Vorbereitung und Durchführung von Personaleinstellungen betraut. Dazu gehört auch die Vorbereitung von Stellenbeschreibungen.

**1. Nennen Sie wesentliche Inhalte einer Stellenbeschreibung.**

**2. Stellenbeschreibungen bilden die Grundlage für Stellenanzeigen. Nennen Sie wesentliche Inhalte einer Stellenanzeige.**

**3. Von einem neuen Mitarbeiter werden verschiedene Einstellungsunterlagen benötigt. Ordnen Sie drei der folgenden Gründe den Einstellungsunterlagen zu.**

a) Enthält Rentenversicherungsnummer
b) Dient der Lohn-/Gehaltsüberweisung
c) Dient der Lohnsteuerberechnung
d) Dient als Nachweis der Mitgliedschaft in einer Krankenkasse
e) Dient der Ermittlung des Resturlaubs

| | |
|---|---|
| Urlaubsbescheinigung | |
| Nachweis über Bankkonto | |
| Sozialversicherungsausweis | |

**4. Welche Unterlage bzw. Information muss dem Personalbüro bei Antritt einer neuen Stelle von dem neuen Mitarbeiter in jedem Fall gegeben werden?**

a) Ein handgeschriebener Lebenslauf

b) Ein ausführliches Bewerbungsschreiben

c) Beglaubigte Zeugnisabschriften

d) Das Geburtsdatum und die Steueridentifikationsnummer

e) Ein polizeiliches Führungszeugnis

**5. Bringen Sie die folgenden Schritte bei der Bearbeitung von Bewerbungsunterlagen in die richtige Reihenfolge.**

a) Zur persönlichen Vorstellung durch die Personalabteilung einladen oder absagen

b) Bewerbungsunterlagen durch die Personalabteilung sammeln

c) Die Bewerbungsunterlagen sichten und auswerten

d) Gespräche mit dem Bewerber in der Fach- und Personalabteilung führen

e) Einstellungsentscheidung fällen

**6. Bringen Sie die folgenden Vorgänge bei der Einstellung in die richtige Reihenfolge.**

a) Richtigen Werbeträger auswählen und Personalanzeige entwerfen

b) Ausgewählte Bewerber zur persönlichen Vorstellung einladen, ungeeigneten Bewerbern schriftlich absagen

c) Vorauswahl aus geeigneten Bewerbungen treffen

d) Meldung der Fachabteilung, dass ein Mitarbeiter eingestellt werden soll

e) Geeignete Bewerbungen mit der Fachabteilung besprechen und Vorstellungstermine vereinbaren

f) Restlichen Bewerbern schriftlich absagen

g) Geeigneten Mitarbeiter aufgrund der persönlichen Vorstellung auswählen und arbeitsvertragliche Einzelheiten klären

**7. Nach welchem Merkmal darf in einem Personalfragebogen nicht gefragt werden?**

a) Familienstand

b) Zugehörigkeit zu einer politischen Partei

c) Zugehörigkeit zu einer Religionsgemeinschaft

d) Erlernter Beruf

e) Frühester Eintrittstermin

## Situation 4



In der Bavaria Fahrradwerke KG sollen zwei weitere kaufmännische Sachbearbeiter eingestellt werden. Auf die externe Stellenausschreibung haben sich 55 Bewerber gemeldet. Davon sollen 10 zu Vorstellungsgesprächen eingeladen werden.

Einstellungskriterien sind: solide fachliche Ausbildung; mindestens 3 Jahre Berufserfahrung; gute Englischkenntnisse; Schul- und Abschlussnoten.

**1. Sämtliche Bewerbungsunterlagen liegen Ihnen vor. Unter anderen haben sich folgende Personen beworben: Jutta Podolski, Ingrid Paul, Traudlinde Pohl, Herbert Pohlmann, Gertrud Pollmann, Ingrid Polle, Susanne Possekel, Rolf Podolsky. Sortieren Sie die Bewerber alphabetisch.**

**2. Sie bereiten die Bewerbungsunterlagen für Ihren Chef so vor, dass dieser ohne große Mühe die 10 besten Bewerber für ein Vorstellungsgespräch auswählen kann. Wie gehen Sie dabei vor?**

**3. An den Vorstellungsgesprächen wollen der Geschäftsführer, Herr Oberpriller, sowie Herr Hobmeier, Leiter der Personalabteilung, und der Abteilungsleiter der kaufmännischen Abteilung, Herr Huber, teilnehmen. Es ist Ihre Aufgabe, die Vorstellungsgespräche zu organisieren. Worauf haben Sie dabei zu achten?**

**4. Die eingegangenen Bewerbungsunterlagen sollen bis zur Einstellung der beiden neuen Mitarbeiter aufbewahrt werden. Welchen Standort und welche Form der Registratur/Ablage wählen Sie?**

5. Die Vorstellungsgespräche konnten dank Ihrer guten Organisation reibungslos geführt werden. Der Geschäftsführer der Bavaria Fahrradwerke KG, Herr Oberpriller, wünscht, dass auch künftig notwendige Neueinstellungen von Ihnen organisiert werden. Um dieser Aufgabe gerecht zu werden, planen Sie, sich eine Checkliste über die zu erledigenden Arbeiten zu erstellen. Nennen Sie fünf Vorteile einer solchen Checkliste.

6. Damit sich künftig die richtigen Bewerber auf Ihre Stellenanzeige melden, ist es wichtig, dass Sie ein präzises Anforderungsprofil erstellen. Nennen Sie Aspekte eines Anforderungsprofils.

7. Sie haben sich über die Erstellung von Anforderungsprofilen informiert. Dabei ist Ihnen der Begriff „Soft Skills“ aufgefallen. Was ist darunter zu verstehen?

## Situation 5

Betriebsrat und Geschäftsleitung der Bavaria Fahrradwerke KG haben folgende Betriebsvereinbarung bezüglich der täglichen Arbeitszeit getroffen:

„Werktäglich kann die Regelarbeitszeit von 40 Wochenstunden von 7 bis 12 Uhr und von 13 bis 18 Uhr abgegolten werden. In der Zeit von 9 bis 11 Uhr und von 14 bis 16 Uhr sind alle Mitarbeiter im Betrieb, es sei denn, sie erfüllen betriebliche Aufgaben außerhalb des Hauses."

**1. Welche Vorteile sprechen für die Einführung solcher flexiblen Arbeitszeiten aus Sicht der Geschäftsleitung und aus Sicht der Mitarbeiter?**

| Vorteile aus der Sicht der Geschäftsleitung | Vorteile aus der Sicht der Mitarbeiter |
|---|---|
| | |
| | |
| | |
| | |

**2. Welche Gesetze sind bei der Gestaltung der Arbeitszeit zu berücksichtigen?**

**3. Erläutern Sie die Begriffe „Gleitzeit" und „Kernarbeitszeit".**

| Gleitzeit | Kernarbeitszeit |
|---|---|
| | |

4. Erläutern Sie die Begriffe „Kurzarbeit" und „Teilzeitarbeit".

| Kurzarbeit | Teilzeitarbeit |
|---|---|
| | |

5. Was bedeutet der Begriff „Jobsharing"?

6. Sie sind mit der Überprüfung der Arbeitszeitkonten beauftragt. Ihnen liegt das nachstehende Wochenkonto als Datei vor. Ermitteln Sie die Arbeitsabweichung für die vorliegende Woche, wenn die vorgeschriebene Ruhepause von 30 Minuten und eine Soll-Arbeitszeit von 8 Stunden täglich zu beachten ist.

| Datum | Arbeitsbeginn | Arbeitsende | Arbeitszeit (Std./Min.) | Abweichung von der Soll-Arbeitszeit | |
|---|---|---|---|---|---|
| | | | | + (Std./Min.) | – (Std./Min.) |
| | | | Übertrag | 1:30 | |
| 03.02. | 7:45 | 17:30 | | | |
| 04.02. | 8:00 | 16:30 | | | |
| 05.02. | 7:30 | 15:30 | | | |
| 06.02. | 8:45 | 16:00 | | | |
| 07.02. | Urlaub | Urlaub | | | |
| | | | Saldo/Übertrag | | |

7. **Die Bavaria Fahrradwerke KG überlegt, ob sie im neuen Jahr zur Unterstützung der Verwaltungsabteilung einen zusätzlichen Telearbeitsplatz einrichten soll. Erläutern Sie diesen Begriff und unterscheiden Sie die drei gängigen Formen der Telearbeit.**

8. **Vieles spricht für, aber einiges auch gegen einen Teleheimarbeitsplatz (Home Office). Listen Sie das Für und Wider der Teleheimarbeit auf.**

| Vorteile der Teleheimarbeit | Nachteile der Teleheimarbeit |
| --- | --- |
| | |

9. **Eine Sachbearbeiterin in der Buchhaltung möchte nach der Geburt ihres Kindes von der Möglichkeit der alternierenden Telearbeit Gebrauch machen. Wie müsste die Mitarbeiterin dann ihre Arbeit organisieren?**

a) Die Sachbearbeiterin arbeitet zu Hause und kommuniziert mit dem Betrieb ausschließlich über die Netze zur Informations- und Datenübertragung.

b) Die Sachbearbeiterin arbeitet in einem Telezentrum für verschiedene Arbeitgeber.

c) Die Sachbearbeiterin wechselt zwischen dem Arbeitsplatz zu Hause und dem Arbeitsplatz im Betrieb.

d) Die Sachbearbeiterin arbeitet in einer mit entsprechender Technik ausgestatteten „Zweigstelle" des Unternehmens.

e) Die Sachbearbeiterin arbeitet an unterschiedlichen Standorten, je nachdem, wohin ihr Arbeitgeber sie schickt.

**10. Erklären Sie, was man unter dem Arbeitszeitmodell „Vertrauensarbeitszeit" versteht.**

**11. Bei der Bavaria Fahrradwerke KG kann nach Gleitzeit gearbeitet werden. Das tägliche Arbeitssoll beträgt 8 Stunden. Das Gleitzeitkonto eines Mitarbeiters weist am Ende letzter Woche einen Stand von + 190 Minuten auf. Am Montag arbeitet er von 7:30 Uhr bis 16:45 Uhr. Mittagspause ist von 11:30 Uhr bis 12:30 Uhr. Berechnen Sie den Stand des Gleitzeitkontos am Montagabend.**

## Situation 6

Die Geschäftsleitung der Bavaria Fahrradwerke KG hat angeordnet, dass künftig Geschäftsreisen möglichst mit der Bahn und nicht mit dem Auto durchzuführen sind.

**1. Welche Gründe können zu dieser Anordnung geführt haben?**

2. **In einigen Fällen ist das Reisen mit dem Pkw dem Reisen mit der Bahn vorzuziehen. Nennen Sie auch hierfür einige Gründe.**

3. **Der Handelsreisende der Bavaria Fahrradwerke KG tritt am 12. Januar um 11:00 Uhr eine Geschäftsreise nach Stuttgart an. Er kommt am 15. Januar, 18:00 Uhr, wieder in Landshut an. Aufgrund schlechter Zugverbindungen fährt er mit seinem Privat-Pkw. Sie haben die Aufgabe, die von dem Reisenden abgegebene Reisekostenabrechnung zu überprüfen bzw. die abzurechnenden Beträge in den Prüfbeleg einzutragen. Folgende Reisekostenregelung gilt bei der Bavaria Fahrradwerke KG:**

| Abwesenheitsdauer in Stunden je Tag | Tagespauschale für Verpflegung | Sonstiges |
|---|---|---|
| von 8 bis unter 24 Stunden | 12,00 EUR | Bei Ausweisung der Hotelrechnung als Pauschale (Ü/F) werden für das Frühstück pauschal 4,80 EUR pro Übernachtung von der Tagespauschale für Verpflegung abgezogen. |
| von 24 Stunden | 24,00 EUR | |
| Bei Fahrten mit dem eigenen Pkw werden pauschal 0,30 EUR pro gefahrenem Kilometer erstattet. | | |

| Reisekostenabrechnung des Handelsreisenden | | | | |
|---|---|---|---|---|
| **Datum** | **Reiseantritt** | **Reiseende** | **Route** | **Abzurechnende km** |
| 12. Januar | 11:00 Uhr | | Landshut-Stuttgart | 280 |
| 15. Januar | | 18:00 Uhr | Stuttgart-Landshut | 280 |

| Reisekostenabrechnung | | | Prüfbeleg (durch Sacharbeiter auszufüllen) | | |
|---|---|---|---|---|---|
| **Anzahl** | **Reisekosten** | **Betrag (EUR)** | **Anzahl** | **Bemerkungen** | **Betrag (EUR)** |
| 1 | Pauschale 12,00 EUR | 12,00 | | | |
| 3 | Pauschale 24,00 EUR | 72,00 | | | |
| 3 | Übernachtungen (Ü/F) lt. Hotelrechnung | 330,00 | | | |
| | Abzüge von Tagespauschale | – – – | | | |
| 560 | Fahrtkosten (0,30 EUR je km) | 168,00 | | | |
| | Nebenkosten (Tankbelege) | 87,90 | | | |
| **Auszahlungsbetrag** | | **669,90** | | | |

## Situation 7

Datensicherheit und Datenschutz sind für jedes Unternehmen „lebenswichtig“, so auch für die Bavaria Fahrradwerke KG. Insbesondere müssen die europaweiten gesetzlichen Bestimmungen der EU-Datenschutzgrundverordnung (DSGVO) sowie das nationale Bundesdatenschutzgesetz (BDSG) beachtet werden.

**1. Datensicherheit schützt vor dem Verlust von Daten. Wie kann Datensicherheit gewährleistet werden?**

**2. Wodurch kann ein Datenverlust entstehen?**

**3. Lesen Sie die abgebildeten Ausschnitte aus der Datenschutzgrundverordnung (DSGVO).**

**Art. 1 DSGVO Gegenstand und Ziele**

(1) Diese Verordnung enthält Vorschriften zum Schutz natürlicher Personen bei der Verarbeitung personenbezogener Daten und zum freien Verkehr solcher Daten.

(2) Diese Verordnung schützt die Grundrechte und Grundfreiheiten natürlicher Personen und insbesondere deren Recht auf Schutz personenbezogener Daten.

(3) …

**Art. 2 DSGVO Sachlicher Anwendungsbereich**

(1) Diese Verordnung gilt für die ganz oder teilweise automatisierte Verarbeitung personenbezogener Daten sowie für die nichtautomatisierte Verarbeitung personenbezogener Daten, die in einem Dateisystem gespeichert sind oder gespeichert werden sollen.

(2) Diese Verordnung findet keine Anwendung auf die Verarbeitung personenbezogener Daten

a) im Rahmen einer Tätigkeit, die nicht in den Anwendungsbereich des Unionsrechts fällt,

b) ...,

c) durch natürliche Personen zur Ausübung ausschließlich persönlicher oder familiärer Tätigkeiten,

d) durch die zuständigen Behörden zum Zwecke der Verhütung, Ermittlung, Aufdeckung oder Verfolgung von Straftaten oder der Strafvollstreckung, einschließlich des Schutzes vor und der Abwehr von Gefahren für die öffentliche Sicherheit.

**Erwägungsgrund 18 Keine Anwendung auf den persönlichen oder familiären Bereich**

[1] Diese Verordnung gilt nicht für die Verarbeitung von personenbezogenen Daten, die von einer natürlichen Person zur Ausübung ausschließlich persönlicher oder familiärer Tätigkeiten und somit ohne Bezug zu einer beruflichen oder wirtschaftlichen Tätigkeit vorgenommen wird.

[2] Als persönliche oder familiäre Tätigkeiten könnte auch das Führen eines Schriftverkehrs oder von Anschriftenverzeichnissen oder die Nutzung sozialer Netze und Online-Tätigkeiten im Rahmen solcher Tätigkeiten gelten. ...

**Art. 4 DSGVO Begriffsbestimmungen**

Im Sinne dieser Verordnung bezeichnet der Ausdruck:

1. „personenbezogene Daten" alle Informationen, die sich auf eine identifizierte oder identifizierbare natürliche Person (im Folgenden „betroffene Person") beziehen; als identifizierbar wird eine natürliche Person angesehen, die direkt oder indirekt, insbesondere mittels Zuordnung zu einer Kennung wie einem Namen, zu einer Kennnummer, zu Standortdaten, zu einer Online-Kennung oder zu einem oder mehreren besonderen Merkmalen identifiziert werden kann, die Ausdruck der physischen, physiologischen, genetischen, psychischen, wirtschaftlichen, kulturellen oder sozialen Identität dieser natürlichen Person sind;
2. „Verarbeitung" jeden mit oder ohne Hilfe automatisierter Verfahren ausgeführten Vorgang oder jede solche Vorgangsreihe im Zusammenhang mit personenbezogenen Daten wie das Erheben, das Erfassen, die Organisation, das Ordnen, die Speicherung, die Anpassung oder Veränderung, das Auslesen, das Abfragen, die Verwendung, die Offenlegung durch Übermittlung, Verbreitung oder eine andere Form der Bereitstellung, den Abgleich oder die Verknüpfung, die Einschränkung, das Löschen oder die Vernichtung;

   ...

7. „Verantwortlicher" die natürliche oder juristische Person, Behörde, Einrichtung oder andere Stelle, die allein oder gemeinsam mit anderen über die Zwecke und Mittel der Verarbeitung von personenbezogenen Daten entscheidet; ...

   ...

12. „Verletzung des Schutzes personenbezogener Daten" eine Verletzung der Sicherheit, die zur Vernichtung, zum Verlust oder zur Veränderung, ob unbeabsichtigt oder unrechtmäßig, oder zur unbefugten Offenlegung von beziehungsweise zum unbefugten Zugang zu personenbezogenen Daten führt, die übermittelt, gespeichert oder auf sonstige Weise verarbeitet wurden;

    ...

**a) Wer soll durch die DSGVO wovor geschützt werden?**

**b) Was sind personenbezogene Daten?**

c) Welche Tätigkeiten fallen unter den Begriff „Verarbeitung“ personenbezogener Daten?

d) Grundsätzlich haben sich alle öffentlichen und nichtöffentlichen Stellen als jeweils „Verantwortliche“ (vgl. Art. 4, 7. DSGVO) bei der Verarbeitung personenbezogener Daten an die Vorschriften der DSGVO und des BDSG (Bundesdatenschutzgesetz) zu halten (vgl. § 1 I, § 2 BDSG). Welche Ausnahmen von diesem Grundsatz definiert die DSGVO im Artikel 2?

4. Im Zusammenhang mit Beschäftigungsverhältnissen erlaubt das Bundesdatenschutzgesetz (§ 26 I BDSG) die Verarbeitung personenbezogener Daten, sofern sie für die Begründung, Durchführung oder Beendigung eines Beschäftigungsverhältnisses erforderlich ist. Welche Bedingungen müssen erfüllt sein, wenn der Arbeitgeber weitere personenbezogene Daten seines Beschäftigten verarbeiten möchte?

5. Welche Rechte laut Datenschutzgrundverordnung haben natürliche Personen, über die Daten bei öffentlichen oder nichtöffentlichen Stellen gespeichert sind?

| Rechte natürlicher Personen lt. DSGVO | Erläuterung/Beispiele |
|---|---|
| | |
| | |
| | |
| | |
| | |

6. Wie ist der Schutz bei automatisierter Verarbeitung personenbezogener Daten technisch/organisatorisch zu realisieren? Beschreiben Sie drei Möglichkeiten.

**7. Lesen Sie die folgenden Ausschnitte aus der Datenschutzgrundverordnung und dem Bundesdatenschutzgesetz.**

**Art. 37 DSGVO Benennung eines Datenschutzbeauftragten**

(1) Der Verantwortliche und der Auftragsverarbeiter benennen auf jeden Fall einen Datenschutzbeauftragten, wenn

a) die Verarbeitung von einer Behörde oder öffentlichen Stelle durchgeführt wird, mit Ausnahme von Gerichten, soweit sie im Rahmen ihrer justiziellen Tätigkeit handeln,

b) die Kerntätigkeit des Verantwortlichen oder des Auftragsverarbeiters in der Durchführung von Verarbeitungsvorgängen besteht, welche aufgrund ihrer Art, ihres Umfangs und/oder ihrer Zwecke eine umfangreiche regelmäßige und systematische Überwachung von betroffenen Personen erforderlich machen, oder

c) die Kerntätigkeit des Verantwortlichen oder des Auftragsverarbeiters in der umfangreichen Verarbeitung besonderer Kategorien von Daten gemäß Artikel 9 oder von personenbezogenen Daten über strafrechtliche Verurteilungen und Straftaten gemäß Artikel 10 besteht. (...)

(5) Der Datenschutzbeauftragte wird auf der Grundlage seiner beruflichen Qualifikation und insbesondere des Fachwissens benannt, das er auf dem Gebiet des Datenschutzrechts und der Datenschutzpraxis besitzt, sowie auf der Grundlage seiner Fähigkeit zur Erfüllung der in Artikel 39 genannten Aufgaben. (...)

(7) Der Verantwortliche oder der Auftragsverarbeiter veröffentlicht die Kontaktdaten des Datenschutzbeauftragten und teilt diese Daten der Aufsichtsbehörde mit.

**§ 38 BDSG Datenschutzbeauftragte nichtöffentlicher Stellen**

[1] Ergänzend zu Artikel 37 Absatz 1 Buchstabe b und c der Verordnung (EU) 2016/679 benennen der Verantwortliche und der Auftragsverarbeiter eine Datenschutzbeauftragte oder einen Datenschutzbeauftragten, soweit sie in der Regel mindestens zehn Personen ständig mit der automatisierten Verarbeitung personenbezogener Daten beschäftigen.

[2] Nehmen der Verantwortliche oder der Auftragsverarbeiter Verarbeitungen vor, die einer Datenschutz-Folgenabschätzung nach Artikel 35 der Verordnung (EU) 2016/679 unterliegen, oder verarbeiten sie personenbezogene Daten geschäftsmäßig zum Zweck der Übermittlung, der anonymisierten Übermittlung oder für Zwecke der Markt- oder Meinungsforschung, haben sie unabhängig von der Anzahl der mit der Verarbeitung beschäftigten Personen eine Datenschutzbeauftragte oder einen Datenschutzbeauftragten zu benennen.

**Art. 38 DSGVO Stellung des Datenschutzbeauftragten**

(1) Der Verantwortliche und der Auftragsverarbeiter stellen sicher, dass der Datenschutzbeauftragte ordnungsgemäß und frühzeitig in alle mit dem Schutz personenbezogener Daten zusammenhängenden Fragen eingebunden wird.

(2) Der Verantwortliche und der Auftragsverarbeiter unterstützen den Datenschutzbeauftragten bei der Erfüllung seiner Aufgaben gemäß Artikel 39, indem sie die für die Erfüllung dieser Aufgaben erforderlichen Ressourcen und den Zugang zu personenbezogenen Daten und Verarbeitungsvorgängen sowie die zur Erhaltung seines Fachwissens erforderlichen Ressourcen zur Verfügung stellen.

(3) [1]Der Verantwortliche und der Auftragsverarbeiter stellen sicher, dass der Datenschutzbeauftragte bei der Erfüllung seiner Aufgaben keine Anweisungen bezüglich der Ausübung dieser Aufgaben erhält. [2]Der Datenschutzbeauftragte darf von dem Verantwortlichen oder dem Auftragsverarbeiter wegen der Erfüllung seiner Aufgaben nicht abberufen oder benachteiligt werden. [3]Der Datenschutzbeauftragte berichtet unmittelbar der höchsten Managementebene des Verantwortlichen oder des Auftragsverarbeiters.

(4) Betroffene Personen können den Datenschutzbeauftragten zu allen mit der Verarbeitung ihrer personenbezogenen Daten und mit der Wahrnehmung ihrer Rechte gemäß dieser Verordnung im Zusammenhang stehenden Fragen zu Rate ziehen.

(5) Der Datenschutzbeauftragte ist nach dem Recht der Union oder der Mitgliedstaaten bei der Erfüllung seiner Aufgaben an die Wahrung der Geheimhaltung oder der Vertraulichkeit gebunden.

(6) [1]Der Datenschutzbeauftragte kann andere Aufgaben und Pflichten wahrnehmen. [2]Der Verantwortliche oder der Auftragsverarbeiter stellt sicher, dass derartige Aufgaben und Pflichten nicht zu einem Interessenkonflikt führen.

**a) Welche Verpflichtungen ergeben sich aus Art. 37 DSGVO und § 38 BDSG für die Bavaria Fahrradwerke KG?**

b) Welche weiteren Verpflichtungen ergeben sich aus Art. 38 DSGVO für die Bavaria Fahrradwerke KG?

c) Welche Anforderungen sind an eine Person grundsätzlich zu stellen, die zum Datenschutzbeauftragten bestellt werden soll?

d) **Wie ist die Weisungsgebundenheit des Datenschutzbeauftragten geregelt?**

**8. Lesen Sie den abgebildeten Ausschnitt aus der Datenschutzgrundverordnung.**

**Art. 39 DSGVO Aufgaben des Datenschutzbeauftragten**

(1) Dem Datenschutzbeauftragten obliegen zumindest folgende Aufgaben:

a) Unterrichtung und Beratung des Verantwortlichen oder des Auftragsverarbeiters und der Beschäftigten, die Verarbeitungen durchführen, hinsichtlich ihrer Pflichten nach dieser Verordnung sowie nach sonstigen Datenschutzvorschriften der Union bzw. der Mitgliedstaaten;

b) Überwachung der Einhaltung dieser Verordnung, anderer Datenschutzvorschriften der Union bzw. der Mitgliedstaaten sowie der Strategien des Verantwortlichen oder des Auftragsverarbeiters für den Schutz personenbezogener Daten einschließlich der Zuweisung von Zuständigkeiten, der Sensibilisierung und Schulung der an den Verarbeitungsvorgängen beteiligten Mitarbeiter und der diesbezüglichen Überprüfungen;

c) Beratung – auf Anfrage – im Zusammenhang mit der Datenschutz-Folgenabschätzung und Überwachung ihrer Durchführung gemäß Artikel 35;

d) Zusammenarbeit mit der Aufsichtsbehörde;

e) Tätigkeit als Anlaufstelle für die Aufsichtsbehörde in mit der Verarbeitung zusammenhängenden Fragen, einschließlich der vorherigen Konsultation gemäß Artikel 36, und gegebenenfalls Beratung zu allen sonstigen Fragen. (...)

**Beschreiben Sie, welche Aufgaben ein Datenschutzbeauftragter zu erfüllen hat.**

**9. Ein Mitarbeiter wendet sich an Sie, um seine Personalakte einzusehen. Welche Aussage ist richtig?**

a) Sie verzögern die Herausgabe, bis Sie mit dem Personalleiter gesprochen haben.

b) Sie verlangen die Anwesenheit eines Betriebsratsmitgliedes.

c) Sie geben dem Mitarbeiter seine Personalakte zum Kopieren mit.

d) Sie lassen den Mitarbeiter in Ihrem Beisein Einsicht in seine Personalakte nehmen.

e) Sie entfernen die geheimen Beurteilungen und lassen den Mitarbeiter dann Einsicht in seine Personalakte nehmen.

**10. Welche gesetzlichen Vorschriften sind gemäß Datenschutzgrundverordnung (DSGVO) bzw. Bundesdatenschutzgesetz (BDSG) bei der Einrichtung einer Personaldatei zu beachten?**

a) Auf Personaldateien, die ausschließlich innerbetrieblichen Zwecken dienen, sind die Datenschutzgrundverordnung bzw. das Bundesdatenschutzgesetz nicht anzuwenden.

b) Jeder Arbeitnehmer hat zwar ein Auskunftsrecht über die von ihm gespeicherten Daten, kann aber nicht deren Löschung verlangen.

c) Die Vorschriften der Datenschutzgrundverordnung bzw. des Bundesdatenschutzgesetzes gelten nur für Behörden, Anstalten und Körperschaften des öffentlichen Rechts.

d) Die Datenschutzgrundverordnung bzw. das Bundesdatenschutzgesetz schützen auch personenbezogene Daten, die von Unternehmen erfasst werden.

e) Beim Aufbau und bei der Einrichtung einer elektronischen Personaldatei hat der Betriebsrat ein Informationsrecht.

**11. Ihr Aufgabengebiet umfasst u. a. die Anlage und Pflege der Personalstammdaten und der Personalakte. Welche beiden Erläuterungen zu diesen Personalverwaltungsinstrumenten sind fehlerhaft?**

a) Jeder Arbeitnehmer hat nur in besonders begründeten Fällen ein Einsichtsrecht nach dem Betriebsverfassungsgesetz.

b) Die Personalakte im engeren Sinne ist die meist in Papierform geführte Einzelakte. Sie enthält u. a. die Einstellungsunterlagen.

c) Ist ein Arbeitnehmer mit dem Inhalt eines Schriftstücks nicht einverstanden, kann er darauf bestehen, dass der Personalakte eine Gegenerklärung beigefügt wird.

d) Wenn ein Arbeitnehmer in die über ihn geführte Personalakte Einsicht nehmen will, kann er ein Betriebsratsmitglied hinzuziehen.

e) Da die Personalakte – anders als eine Personalstammdatei - keine Datei im Sinne des Bundesdatenschutzgesetzes ist, muss der Arbeitgeber keine besonderen Schutzmaßnahmen vor unbefugter Einsicht ergreifen.

f) Die Personalstammdatei enthält u. a. jene Daten, die für die Abwicklung der Entlohnung wichtig sind.

**12. Welche Aussage über die Führung und Verwaltung von Personalakten ist richtig?**

a) Jedes Betriebsratsmitglied kann jederzeit die Personalakten einsehen.

b) Bei Rechtsstreitigkeiten zwischen Arbeitgeber und Arbeitnehmer kann der Betriebsratsvorsitzende die Personalakten jederzeit einsehen.

c) Der Arbeitnehmer darf nur bei Vorliegen eines wichtigen Grundes seine Personalakte einsehen.

d) Der Arbeitnehmer darf ohne Nachweis eines besonderen Grundes seine Personalakte einsehen.

e) Nach Auflösung des Beschäftigungsverhältnisses muss die gesamte Personalakte dem Arbeitnehmer herausgegeben werden.

**13. Welches Gesetz sichert dem Arbeitnehmer das Recht zur Einsicht in seine Personalakte zu?**

a) Arbeitsförderungsgesetz

b) Jugendarbeitsschutzgesetz

c) Berufsbildungsgesetz

d) Betriebsverfassungsgesetz

e) Bundesausbildungsförderungsgesetz

## Situation 8

In der Personalabteilung der Bavaria Fahrradwerke KG registrieren Sie seit längerer Zeit eine zunehmende Fluktuation in der Vertriebsabteilung. Nachdem die Kündigung von Frau Cornelia Hübner eingegangen ist, die seit 14 Jahren im Unternehmen beschäftigt ist, müssen Sie sich ausführlicher mit dem Problem beschäftigen.

**1. Welche Aussage über die Fluktuation der letzten drei Monate lässt sich aus folgender Personalstatistik ableiten?**

| Monat | Sept. | Okt. | Nov. | Dez. | Jan. | Feb. | März |
|---|---|---|---|---|---|---|---|
| Mitarbeiter | 128 | 126 | 124 | 122 | 123 | 124 | 128 |
| Abgänge | 10 | 8 | 10 | 8 | 5 | 3 | 2 |
| Zugänge | 6 | 6 | 8 | 7 | 6 | 7 | 6 |

**2. Auch wird eine deutliche Zunahme der Fehlzeiten im letzten Jahr festgestellt. Ergänzen Sie die folgende Fehlzeitenstatistik und stellen Sie begründet fest, in welchen Abteilungen Handlungsbedarf besteht.**

| Abteilung | Belegschaft | Anteil an der Gesamtbelegschaft | ø Fehltage/ Summe pro Monat | ø monatl. Fehltage je Mitarbeiter | ø jährliche Fehltage je Mitarbeiter |
|---|---|---|---|---|---|
| Personalabteilung | 5 | | 2,2 | | |
| Buchhaltung | 6 | | 4,0 | | |
| Finanzabteilung | 5 | | 2,6 | | |
| Einkauf | 12 | | 7,6 | | |
| Vertrieb | 16 | | 15,6 | | |
| Marketing | 5 | | 2,6 | | |
| Außendienst | 9 | | 6,9 | | |
| Technik und Entwicklung | 11 | | 5,4 | | |
| Produktion | 64 | | 66,2 | | |
| Gesamt | 133 | | 113,1 | | |

**3. Nennen Sie drei weitere Personalstatistiken und erläutern Sie deren Funktion.**

| Personalstatistiken | Erläuterungen |
|---|---|
| | |
| | |
| | |

## Situation 9

Ihre Aufgabe in der Personalabteilung besteht darin, die Beachtung der arbeits-, sozial- und mitbestimmungsrechtlichen sowie der tarifrechtlichen Vorschriften sicherzustellen.

**1. Ordnen Sie drei der folgenden Beispiele den arbeitsrechtlichen Vereinbarungen zu.**

a) Kommt durch Vereinbarung zwischen Arbeitgeberverband und Gewerkschaften zustande

b) Kommt durch Verordnung eines Ministers aufgrund eines bestehenden Gesetzes zustande

c) Kommt durch Erklärung des Bundesministers für Arbeit auf Antrag einer Tarifpartei zustande

d) Gilt für Arbeitnehmer eines Betriebes und wird zwischen Betriebsrat und Arbeitgeber abgeschlossen

e) Kommt durch Antrag des Arbeitgebers und Annahme des Arbeitnehmers zustande

f) Kommt auf Antrag von Arbeitgeber und Betriebsrat zustande und ersetzt die Einigung zwischen Arbeitgeber und Betriebsrat durch einen Spruch

g) Wird im Streitfall von einer Einigungsstelle erlassen

Einzelarbeitsvertrag ☐

Betriebsvereinbarung ☐

Tarifvertrag ☐

**2. Durch welches Gesetz ist die Mitbestimmung der Arbeitnehmer geregelt?**

**3. Wer schließt Betriebsvereinbarungen ab?**

**4. In welchen Fällen hat der Betriebsrat welches Recht? Ordnen Sie zu. Nutzen Sie dazu den Ausschnitt aus dem Betriebsverfassungsgesetz.**

a) Die Stelle des Sicherheitsbeauftragten soll neu besetzt werden.

b) Ein Mitarbeiter soll in eine andere Abteilung versetzt werden.

c) Die Personalplanung soll wegen schlechter Auftragslage verändert werden.

d) Ein Außendienstmitarbeiter soll in die nächsthöhere Tarifgruppe eingestuft werden.

e) Überwachungskameras sollen an allen Arbeitsplätzen installiert werden.

Mitbestimmungsrecht bei sozialen Angelegenheiten (§ 87 BetrVG) ☐

Unterrichtungs- und Beratungsrecht (§ 92 BetrVG) ☐

**Betriebsverfassungsgesetz (Auszug)**

**§ 87 Mitbestimmungsrechte** (1) Der Betriebsrat hat, soweit eine gesetzliche oder tarifliche Regelung nicht besteht, in folgenden Angelegenheiten mitzubestimmen:

1. Fragen der Ordnung des Betriebs und des Verhaltens der Arbeitnehmer im Betrieb;
2. Beginn und Ende der täglichen Arbeitszeit einschließlich der Pausen sowie Verteilung der Arbeitszeit auf die einzelnen Wochentage;
3. vorübergehende Verkürzung oder Verlängerung der betriebsüblichen Arbeitszeit;
4. Zeit, Ort und Art der Auszahlung der Arbeitsentgelte;
5. Aufstellung allgemeiner Urlaubsgrundsätze und des Urlaubsplans sowie die Festsetzung der zeitlichen Lage des Urlaubs für einzelne Arbeitnehmer, wenn zwischen dem Arbeitgeber und den beteiligten Arbeitnehmern kein Einverständnis erzielt wird;
6. Einführung und Anwendung von technischen Einrichtungen, die dazu bestimmt sind, das Verhalten oder die Leistung der Arbeitnehmer zu überwachen;
7. Regelungen über die Verhütung von Arbeitsunfällen und Berufskrankheiten sowie über den Gesundheitsschutz im Rahmen der gesetzlichen Vorschriften oder der Unfallverhütungsvorschriften;
8. Form, Ausgestaltung und Verwaltung von Sozialeinrichtungen, deren Wirkungsbereich auf den Betrieb, das Unternehmen oder den Konzern beschränkt ist;
9. Zuweisung und Kündigung von Wohnräumen, die den Arbeitnehmern mit Rücksicht auf das Bestehen eines Arbeitsverhältnisses vermietet werden, sowie die allgemeine Festlegung der Nutzungsbedingungen;

...

**§ 92 Personalplanung** (1) Der Arbeitgeber hat den Betriebsrat über die Personalplanung, insbesondere über den gegenwärtigen und künftigen Personalbedarf sowie über die sich daraus ergebenden personellen Maßnahmen und Maßnahmen der Berufsbildung anhand von Unterlagen rechtzeitig und umfassend zu unterrichten. Er hat mit dem Betriebsrat über Art und Umfang der erforderlichen Maßnahmen und über die Vermeidung von Härten zu beraten.

**5. Stellen Sie fest, ob der Betriebsrat in folgender Angelegenheit nur ein Informationsrecht oder ein volles Mitbestimmungsrecht hat: Aufstellung allgemeiner Lohngrundsätze und Einführung neuer Entlohnungsmethoden.**

**6. Der Arbeitgeber will Beginn und Ende der täglichen Arbeitszeit sowie die Pausen neu regeln. Welche Aussage ist richtig?**

a) Der Betriebsrat hat ein Mitbestimmungsrecht.
b) Der Betriebsrat hat nur ein Informationsrecht.
c) Der Betriebsrat hat nur ein Anhörungsrecht.
d) Der Betriebsrat hat nur ein Beratungsrecht.
e) Der Betriebsrat hat das alleinige Entscheidungsrecht.

**7. Was wird für die Mitarbeiter durch Betriebsvereinbarung geregelt?**

a) Höhe der Löhne und Gehälter
b) Art der Tätigkeit
c) Kündigungsschutz
d) 40-Stunden-Woche
e) Zuschuss zum Mittagessen

**8. Ordnen Sie drei der folgenden Beispiele den Rechtsgrundlagen zu.**

a) Beginn und Ende der Kernarbeitszeit
b) Wahl des Betriebsrates
c) Freistellung bei Berufsschulunterricht
d) Erstellung von Urlaubsplänen
e) Überstundenvergütung
f) Wahl der Jugend- und Auszubildendenvertretung

Jugendarbeitsschutzgesetz

Tarifvertrag

Betriebsvereinbarung über gleitende Arbeitszeit

**9. Ein Mitglied der Jugend- und Auszubildendenvertretung fragt Sie, was unter Tarifautonomie zu verstehen ist. Erklären Sie den Begriff.**

**10. In welchem Gesetz wird die Tarifautonomie durch Regelungen näher bestimmt?**

**11. Bringen Sie folgende Schritte beim Zustandekommen eines Tarifvertrages in die richtige Reihenfolge, indem Sie die Ziffern 1 – 6 zuordnen.**

a) Fristgemäße Kündigung des Gehaltstarifvertrages
b) Urabstimmung über einen Arbeitskampf mit nachfolgendem Streik und Aussperrung
c) Aufnahme der Tarifverhandlungen durch die Tarifpartner
d) Neue Verhandlungen während des Streiks
e) Erklärung des Scheiterns der Tarifverhandlungen durch eine Partei
f) Urabstimmung über das Ergebnis der neuen Tarifrunde

**12. Nennen Sie Beispiele für Regelungen in Manteltarifverträgen.**

**13. Welche Aussage über Tarifverträge ist richtig?**

a) Die Tarifverträge sind rechtlich nicht bindend, sondern sind als Empfehlung an die Mitglieder der Tarifparteien zu verstehen.

b) Für allgemeinverbindlich erklärte Tarifverträge gelten für alle unter ihren Geltungsbereich fallenden Arbeitsverhältnisse ohne Rücksicht auf Verbands- bzw. Gewerkschaftszugehörigkeit.

c) Während der Laufzeit von Tarifverträgen sind Streiks und Aussperrungen nur dann erlaubt, wenn sie 4 Wochen vorher angekündigt wurden.

d) Die Bestimmungen eines Tarifvertrags gelten gleichzeitig als Mindest- und Höchstbedingungen; sie können weder unter- noch überschritten werden.

e) Was in den Tarifverträgen vereinbart wird, ist erst dann für die Tarifparteien als rechtsverbindlich anzusehen, wenn der Bundesarbeitsminister seine Zustimmung erteilt hat.

**14. Ein Unternehmen ist nicht Mitglied des Arbeitgeberverbandes. Welche Aussage zur Gültigkeit tarifvertraglicher Vereinbarungen ist richtig?**

a) Der Tarifvertrag gilt für die Arbeitnehmer des Unternehmens unabhängig von dessen Mitgliedschaft im Arbeitgeberverband.

b) Der Tarifvertrag gilt für die Arbeitnehmer, wenn der Betriebsrat den Tarifvertrag für das Unternehmen als verbindlich erklärt hat.

c) Der Tarifvertrag gilt für alle Mitarbeiter des Unternehmens, die Mitglied der Gewerkschaft sind.

d) Der Tarifvertrag gilt nur dann für alle Arbeitnehmer des Unternehmens, wenn er für allgemeinverbindlich erklärt wurde.

e) Der Tarifvertrag gilt für alle Arbeitnehmer, wenn der Arbeitgeber für die Mehrheit der Arbeitnehmer die tariflichen Vereinbarungen einzelvertraglich gewährt.

**15. Wer kann einen Tarifvertrag für allgemeinverbindlich erklären?**

**16.** **Bei Tarifverträgen und Betriebsvereinbarungen sind das Rangprinzip und das Günstigkeitsprinzip zu beachten. Erklären Sie die beiden Prinzipien.**

**17.** **Nennen Sie drei Beispiele für Regelungen in Entgelttarifverträgen.**

**18.** **Arbeitszeiten werden durch das Arbeitszeitgesetz sowie in Tarif- oder Arbeitsverträgen geregelt. Welches Prinzip ist bei der Bemessung der betrieblichen Arbeitszeit in diesen Fällen zu berücksichtigen?**

## Situation 10

Sie sind als Mitarbeiter in der Personalabteilung für die Prüfung und Einhaltung arbeitsrechtlicher Vorschriften zuständig.

**1.** **Ein Mitarbeiter bittet zur Pflege seines erkrankten Vaters um eine Freistellung von 3 Jahren. Deshalb soll ein neuer Mitarbeiter mit einem befristeten Vertrag für 3 Jahre eingestellt werden. Prüfen Sie, ob die Befristung des neuen Arbeitsvertrages rechtlich möglich ist. Lesen Sie dazu den Auszug aus dem Gesetz über Teilzeitarbeit und befristete Arbeitsverträge.**

**Auszug aus dem TzBfG**

**§ 14 Zulässigkeit der Befristung**

(1) Die Befristung eines Arbeitsvertrages ist zulässig, wenn sie durch einen sachlichen Grund gerechtfertigt ist. Ein sachlicher Grund liegt insbesondere vor, wenn

1. der betriebliche Bedarf an der Arbeitsleistung nur vorübergehend besteht,
2. die Befristung im Anschluss an eine Ausbildung oder ein Studium erfolgt, um den Übergang des Arbeitnehmers in eine Anschlussbeschäftigung zu erleichtern,
3. der Arbeitnehmer zur Vertretung eines anderen Arbeitnehmers beschäftigt wird,
4. die Eigenart der Arbeitsleistung die Befristung rechtfertigt,

(...)

(2) Die kalendermäßige Befristung eines Arbeitsvertrages ohne Vorliegen eines sachlichen Grundes ist bis zur Dauer von zwei Jahren zulässig; bis zu dieser Gesamtdauer von zwei Jahren ist auch die höchstens dreimalige Verlängerung eines kalendermäßig befristeten Arbeitsvertrages zulässig. Eine Befristung nach Satz 1 ist nicht zulässig, wenn mit demselben Arbeitgeber bereits zuvor ein befristetes oder unbefristetes Arbeitsverhältnis bestanden hat. Durch Tarifvertrag kann die Anzahl der Verlängerungen oder die Höchstdauer der Befristung abweichend von Satz 1 festgelegt werden. Im Geltungsbereich eines solchen Tarifvertrages können nicht tarifgebundene Arbeitgeber und Arbeitnehmer die Anwendung der tariflichen Regelungen vereinbaren.

(...)

(4) Die Befristung eines Arbeitsvertrages bedarf zu ihrer Wirksamkeit der Schriftform.

**2. Erläutern Sie die Regelung des TzBfG, falls kein sachlicher Grund für eine Befristung vorliegt.**

**3. Welche Formvorschrift gilt für befristete Arbeitsverträge?**

**4. Nennen Sie die Bedingungen, unter denen Arbeitnehmer einen Anspruch auf Teilzeitarbeit haben. Lesen Sie dazu den Auszug aus dem Gesetz über Teilzeitarbeit und befristete Arbeitsverträge.**

**Auszug aus dem TzBfG**

**§ 8 Verringerung der Arbeitszeit**

(1) Ein Arbeitnehmer, dessen Arbeitsverhältnis länger als sechs Monate bestanden hat, kann verlangen, dass seine vertraglich vereinbarte Arbeitszeit verringert wird.

(2) Der Arbeitnehmer muss die Verringerung seiner Arbeitszeit und den Umfang der Verringerung spätestens drei Monate vor deren Beginn geltend machen. Er soll dabei die gewünschte Verteilung der Arbeitszeit angeben.

(...)

(7) Für den Anspruch auf Verringerung der Arbeitszeit gilt die Voraussetzung, dass der Arbeitgeber, unabhängig von der Anzahl der Personen in Berufsbildung, in der Regel mehr als 15 Arbeitnehmer beschäftigt.

**5. Eine 55-jährige Arbeitnehmerin (Mutter von fünf Kindern) hat beim zuständigen Arbeitsgericht durch Urteil feststellen lassen, dass ihre Kündigung durch den Arbeitgeber sozial ungerechtfertigt war. Aufgrund welchen Gesetzes wurde entschieden?**

a) Arbeitsplatzschutzgesetz

b) Arbeitssicherheitsgesetz

c) Kündigungsschutzgesetz

d) Lohnfortzahlungsgesetz

e) Mutterschutzgesetz

**6. Die im Schwerbehindertengesetz vorgeschriebene Mindestzahl von Schwerbehinderten wird noch nicht erreicht. Welche Aussage ist richtig?**

a) Bei zwei gleich qualifizierten Bewerbern muss dem Schwerbehinderten der Vorzug gegeben werden.

b) Solange die im Schwerbehindertengesetz vorgeschriebene Mindestzahl nicht erreicht wird, muss eine Ausgleichsabgabe gezahlt werden.

c) Wie alle tarifrechtlichen Regelungen, gilt auch diese Bestimmung nur für Unternehmen, die dem Arbeitgeberverband angehören.

d) Die Zahlung einer Ausgleichsabgabe hebt die Pflicht zur Beschäftigung Schwerbehinderter auf.

e) Für die Einstellung von Schwerbehinderten ist nach dem Arbeitsplatzförderungsgesetz die Einstellung arbeitsloser Jugendlicher ersatzweise möglich.

## Situation 11

Jasmin Weller ist in der Qualitätskontrolle an einem Einzelarbeitsplatz beschäftigt. Sie hat Ihnen am 04. Mai mitgeteilt, dass sie schwanger ist und laut ärztlicher Bescheinigung voraussichtlich am 11. Oktober entbinden wird.

**1. Wem müssen Sie die Information über die Schwangerschaft von Frau Weller gemäß Mutterschutzgesetz weitergeben?**

**2. Von wann bis wann dauert die voraussichtliche Schutzfrist nach dem Mutterschutzgesetz für Frau Weller? Nutzen Sie dazu den abgebildeten Kalenderauszug und den Auszug aus dem Mutterschutzgesetz.**

**Auszug aus dem Mutterschutzgesetz (MuSchG)**

**§ 3 Schutzfristen vor und nach der Entbindung**

(1) Der Arbeitgeber darf eine schwangere Frau in den letzten sechs Wochen vor der Entbindung nicht beschäftigen (Schutzfrist vor der Entbindung), soweit sie sich nicht zur Arbeitsleistung ausdrücklich bereit erklärt. Sie kann die Erklärung nach Satz 1 jederzeit mit Wirkung für die Zukunft widerrufen. Für die Berechnung der Schutzfrist vor der Entbindung ist der voraussichtliche Tag der Entbindung maßgeblich, wie er sich aus dem ärztlichen Zeugnis oder dem Zeugnis einer Hebamme oder eines Entbindungspflegers ergibt. Entbindet eine Frau nicht am voraussichtlichen Tag, verkürzt oder verlängert sich die Schutzfrist vor der Entbindung entsprechend.

(2) Der Arbeitgeber darf eine Frau bis zum Ablauf von acht Wochen nach der Entbindung nicht beschäftigen (Schutzfrist nach der Entbindung). Die Schutzfrist nach der Entbindung verlängert sich auf zwölf Wochen

1. bei Frühgeburten,
2. bei Mehrlingsgeburten und,
3. wenn vor Ablauf von acht Wochen nach der Entbindung bei dem Kind eine Behinderung im Sinne von § 2 Absatz 1 Satz 1 des Neunten Buches Sozialgesetzbuch ärztlich festgestellt wird.

**August**

| | Mo | Di | Mi | Do | Fr | Sa | So |
|---|---|---|---|---|---|---|---|
| 31 | | | 1 | 2 | 3 | 4 | **5** |
| 32 | 6 | 7 | 8 | 9 | 10 | 11 | **12** |
| 33 | 13 | 14 | 15 | 16 | 17 | 18 | **19** |
| 34 | 20 | 21 | 22 | 23 | 24 | 25 | **26** |
| 35 | 27 | 28 | 29 | 30 | 31 | | |

**September**

| | Mo | Di | Mi | Do | Fr | Sa | So |
|---|---|---|---|---|---|---|---|
| 35 | | | | | | 1 | **2** |
| 36 | 3 | 4 | 5 | 6 | 7 | 8 | **9** |
| 37 | 10 | 11 | 12 | 13 | 14 | 15 | **16** |
| 38 | 17 | 18 | 19 | 20 | 21 | 22 | **23** |
| 39 | 24 | 25 | 26 | 27 | 28 | 29 | **30** |

**Oktober**

| | Mo | Di | Mi | Do | Fr | Sa | So |
|---|---|---|---|---|---|---|---|
| 40 | 1 | 2 | 3 | 4 | 5 | 6 | **7** |
| 41 | 8 | 9 | 10 | 11 | 12 | 13 | **14** |
| 42 | 15 | 16 | 17 | 18 | 19 | 20 | **21** |
| 43 | 22 | 23 | 24 | 25 | 26 | 27 | **28** |
| 44 | 29 | 30 | 31 | | | | |

**November**

| | Mo | Di | Mi | Do | Fr | Sa | So |
|---|---|---|---|---|---|---|---|
| 44 | | | | 1 | 2 | 3 | **4** |
| 45 | 5 | 6 | 7 | 8 | 9 | 10 | **11** |
| 46 | 12 | 13 | 14 | 15 | 16 | 17 | **18** |
| 47 | 19 | 20 | 21 | 22 | 23 | 24 | **25** |
| 48 | 26 | 27 | 28 | 29 | 30 | | |

**Dezember**

| | Mo | Di | Mi | Do | Fr | Sa | So |
|---|---|---|---|---|---|---|---|
| 48 | | | | | | 1 | **2** |
| 49 | 3 | 4 | 5 | 6 | 7 | 8 | **9** |
| 50 | 10 | 11 | 12 | 13 | 14 | 15 | **16** |
| 51 | 17 | 18 | 19 | 20 | 21 | 22 | **23** |
| 52 | 24 | 25 | 26 | 27 | 28 | 29 | **30** |
| 1 | 31 | | | | | | |

**3. Wo kann sich Frau Weller vergewissern, dass die oben angegebene Schutzfrist auch den gesetzlichen Bestimmungen entspricht?**

a) Betriebsverfassungsgesetz

b) Mutterschutzgesetz

c) Kündigungsschutzgesetz

d) Bundeserziehungsgeldgesetz

e) Entgeltfortzahlungsgesetz

**4. Frau Weller, die bisher im Einschichtbetrieb von 07:00 Uhr bis 16:00 Uhr gearbeitet hat, soll nun noch vor ihrer Schutzfrist neu in den Schichtdienst eingeteilt werden, da in der Qualitätssicherung vorübergehend auf Dreischichtbetrieb umgestellt werden muss. Die Schichtarbeit ist wie folgt vorgesehen: Frühschicht von 06:00 Uhr bis 14:00 Uhr, Spätschicht von 14:00 Uhr bis 22:00 Uhr, Nachtschicht von 22:00 Uhr bis 06:00 Uhr. Eine entsprechende Betriebsvereinbarung liegt vor. Welche Aussage zum Einsatz von Frau Weller ist laut unten abgebildetem Auszug aus dem Mutterschutzgesetz zutreffend?**

a) Frau Weller kann ohne besondere Genehmigung auch ohne ihre Zustimmung in der Frühschicht eingesetzt werden.

b) Frau Weller kann ohne besondere Genehmigung in der Spätschicht arbeiten, damit sie vormittags besser ihre Termine für die Vorsorgeuntersuchungen wahrnehmen kann.

c) Frau Weller kann auf ausdrücklichen eigenen Wunsch in der Nachtschicht arbeiten, damit sie tagsüber an den Kursen für Säuglingspflege teilnehmen kann.

d) Frau Weller kann ohne besondere Genehmigung wechselweise in der Früh- und Spätschicht arbeiten.

e) Frau Weller darf nicht zur Schichtarbeit eingesetzt werden.

**Auszug aus dem Mutterschutzgesetz (MuSchG)**

**§ 4 Verbot der Mehrarbeit; Ruhezeit**

(1) Der Arbeitgeber darf eine schwangere oder stillende Frau, die 18 Jahre oder älter ist, nicht mit einer Arbeit beschäftigen, die die Frau über achteinhalb Stunden täglich oder über 90 Stunden in der Doppelwoche hinaus zu leisten hat. Eine schwangere oder stillende Frau unter 18 Jahren darf der Arbeitgeber nicht mit einer Arbeit beschäftigen, die die Frau über acht Stunden täglich oder über 80 Stunden in der Doppelwoche hinaus zu leisten hat. In die Doppelwoche werden die Sonntage eingerechnet. Der Arbeitgeber darf eine schwangere oder stillende Frau nicht in einem Umfang beschäftigen, der die vertraglich vereinbarte wöchentliche Arbeitszeit im Durchschnitt des Monats übersteigt. Bei mehreren Arbeitgebern sind die Arbeitszeiten zusammenzurechnen.

(2) Der Arbeitgeber muss der schwangeren oder stillenden Frau nach Beendigung der täglichen Arbeitszeit eine ununterbrochene Ruhezeit von mindestens elf Stunden gewähren.

**§ 5 Verbot der Nachtarbeit**

(1) Der Arbeitgeber darf eine schwangere oder stillende Frau nicht zwischen 20 Uhr und 6 Uhr beschäftigen. Er darf sie bis 22 Uhr beschäftigen, wenn die Voraussetzungen des § 28 erfüllt sind.

**§ 28 Behördliches Genehmigungsverfahren für eine Beschäftigung zwischen 20 Uhr und 22 Uhr**

(1) Die Aufsichtsbehörde kann abweichend von § 5 Absatz 1 Satz 1 auf Antrag des Arbeitgebers genehmigen, dass eine schwangere oder stillende Frau zwischen 20 Uhr und 22 Uhr beschäftigt wird, wenn
1. sich die Frau dazu ausdrücklich bereit erklärt,
2. nach ärztlichem Zeugnis nichts gegen die Beschäftigung der Frau bis 22 Uhr spricht und
3. insbesondere eine unverantwortbare Gefährdung für die schwangere Frau oder ihr Kind durch Alleinarbeit ausgeschlossen ist.

Dem Antrag ist die Dokumentation der Beurteilung der Arbeitsbedingungen nach § 14 Absatz 1 beizufügen. Die schwangere oder stillende Frau kann ihre Erklärung nach Satz 1 Nummer 1 jederzeit mit Wirkung für die Zukunft widerrufen.

5. **Eine Mitarbeiterin, deren befristeter Arbeitsvertrag in vier Wochen endet, legt eine Schwangerschaftsbescheinigung vor. Welche Auswirkung hat die Schwangerschaft auf die Dauer des bestehenden Arbeitsvertrags?**

6. **Welche Aussage entspricht nicht den Regelungen des Mutterschutzgesetzes?**

   a) Werdende Mütter dürfen in den letzten 6 Wochen vor der Entbindung nicht beschäftigt werden, es sei denn, dass sie sich zur Arbeitsleistung ausdrücklich bereit erklären.

   b) Werdende Mütter müssen bis spätestens zu Beginn des 3. Schwangerschaftsmonats dem Arbeitgeber ihre Schwangerschaft und den voraussichtlichen Tag der Entbindung mitteilen.

   c) Mütter dürfen bis zum Ablauf von 8 Wochen nach der Entbindung nicht beschäftigt werden.

   d) Stillenden Müttern ist auf ihr Verlangen die zum Stillen erforderliche Zeit, mindestens aber zweimal täglich ½ Stunde oder einmal täglich 1 Stunde freizugeben.

   e) Die Kündigung einer Frau während der Schwangerschaft und bis zum Ablauf von 4 Monaten nach der Entbindung ist unzulässig, wenn dem Arbeitgeber zum Zeitpunkt der Kündigung die Schwangerschaft bzw. die Entbindung bekannt ist.

**Auszug aus dem Mutterschutzgesetz (MuSchG)**

**§ 15 Mitteilungen und Nachweise der schwangeren und stillenden Frauen**

(1) Eine schwangere Frau soll ihrem Arbeitgeber ihre Schwangerschaft und den voraussichtlichen Tag der Entbindung mitteilen, sobald sie weiß, dass sie schwanger ist. Eine stillende Frau soll ihrem Arbeitgeber so früh wie möglich mitteilen, dass sie stillt.

**§ 17 Kündigungsverbot**

(1) Die Kündigung gegenüber einer Frau ist unzulässig
1. während ihrer Schwangerschaft,
2. bis zum Ablauf von vier Monaten nach einer Fehlgeburt nach der zwölften Schwangerschaftswoche und
3. bis zum Ende ihrer Schutzfrist nach der Entbindung, mindestens jedoch bis zum Ablauf von vier Monaten nach der Entbindung, [...]

7. **Welche Aussage trifft nach dem Mutterschutzgesetz zu?**

   a) Das Mutterschaftsgeld wird je zur Hälfte vom Staat und von der Krankenkasse gezahlt.

   b) Die Elternzeit beträgt auf Verlangen höchstens acht Monate.

   c) Ein Kündigungsschutz besteht nur bis zu acht Wochen nach der Entbindung.

   d) Acht Wochen vor und sechs Wochen nach der Entbindung besteht grundsätzlich ein Beschäftigungsverbot.

   e) Sechs Wochen vor und acht Wochen nach der Entbindung besteht grundsätzlich ein Beschäftigungsverbot.

## Situation 12

Herr Schwaiger hat am 1. Januar sein Arbeitsverhältnis angetreten. Er erkundigt sich bei Ihnen nach dem ihm zustehenden Urlaub. Dem Arbeitsverhältnis liegen die gesetzlichen Bestimmungen zugrunde. Die vereinbarte Probezeit beträgt 3 Monate. Lesen Sie zur Beantwortung der Fragen auch den Ausschnitt aus dem Bundesurlaubsgesetz.

**Auszug aus dem Bundesurlaubsgesetz (BUrlG)**

**§ 3 Dauer des Urlaubs**

(1) Der Urlaub beträgt jährlich mindestens 24 Werktage.
(2) Als Werktage gelten alle Kalendertage, die nicht Sonn- oder gesetzliche Feiertage sind.

**§ 4 Wartezeit**

Der volle Urlaubsanspruch wird erstmalig nach sechsmonatigem Bestehen des Arbeitsverhältnisses erworben.

**§ 5 Teilurlaub**

(1) Anspruch auf ein Zwölftel des Jahresurlaubs für jeden vollen Monat des Bestehens des Arbeitsverhältnisses hat der Arbeitnehmer

a) für Zeiten eines Kalenderjahres, für die er wegen Nichterfüllung der Wartezeit in diesem Kalenderjahr keinen vollen Urlaubsanspruch erwirbt;

b) wenn er vor erfüllter Wartezeit aus dem Arbeitsverhältnis ausscheidet;

c) wenn er nach erfüllter Wartezeit in der ersten Hälfte eines Kalenderjahres aus dem Arbeitsverhältnis ausscheidet.

**§ 7 Zeitpunkt, Übertragbarkeit und Abgeltung des Urlaubs**

...

(3) Der Urlaub muss im laufenden Kalenderjahr gewährt und genommen werden. Eine Übertragung des Urlaubs auf das nächste Kalenderjahr ist nur statthaft, wenn dringende betriebliche oder in der Person des Arbeitnehmers liegende Gründe dies rechtfertigen. Im Fall der Übertragung muss der Urlaub in den ersten drei Monaten des folgenden Kalenderjahres gewährt und genommen werden ...

**§ 8 Erwerbstätigkeit während des Urlaubs**

Während des Urlaubs darf der Arbeitnehmer keine dem Urlaubszweck widersprechende Erwerbstätigkeit leisten.

**§ 9 Erkrankung während des Urlaubs**

Erkrankt ein Arbeitnehmer während des Urlaubs, so werden die durch ärztliches Zeugnis nachgewiesenen Tage der Arbeitsunfähigkeit auf den Jahresurlaub nicht angerechnet.

**1. Wie viel Tage Erholungsurlaub stehen Herrn Schwaiger jährlich zu?**

**2. Ab wann kann Herr Schwaiger seinen gesamten Jahresurlaub zusammenhängend nehmen?**

**3. Da es aus betrieblichen Gründen nicht möglich ist, den gesamten Jahresurlaub für das laufende Jahr bis zum Jahresende zu nehmen, möchte Herr Schwaiger wissen, bis wann er den Resturlaub genommen haben muss. Welches Datum nennen Sie ihm?**

**4. Welche Information sollte die betriebliche Urlaubsordnung enthalten?**

a) Für die Teilnahme an der Abschlussprüfung muss der Auszubildende einen Tag Urlaub nehmen.

b) Im Urlaub darf der Arbeitnehmer keine, dem Urlaubszweck widersprechende Erwerbstätigkeit leisten.

c) Nicht genommener Urlaub muss nach dem 31. März des Folgejahres in bar ausbezahlt werden.

d) Der gesetzliche Mindesturlaub beträgt 15 Werktage.

e) Der zustehende Urlaub kann ohne Rücksicht auf betriebliche Belange zu jeder Zeit genommen werden.

**5. Wie viele Werktage Urlaub stehen einem Arbeitnehmer für das laufende Jahr noch zu, wenn er am 1. Januar seine Tätigkeit begonnen und nach siebenmonatiger Beschäftigung bereits 14 Werktage Urlaub genommen hat? Im Arbeitsvertrag ist die gesetzliche Urlaubsregelung vereinbart worden.**

6. **Während des Urlaubs erkrankt ein Arbeitnehmer. Er muss für zwei Tage das Bett hüten. Dann besucht er einen Arzt. Dieser schreibt ihn für 4 Tage krank. Der Arbeitnehmer verlangt daraufhin, seinen Urlaubsanspruch um 6 Tage zu verlängern. Um wie viele Tage ist der Urlaubsanspruch des Arbeitnehmers laut Bundesurlaubsgesetz zu verlängern?**

7. **Der Mindesturlaub eines Mitarbeiters der Bavaria Fahrradwerke KG ist im Bundesurlaubsgesetz geregelt. Welche Aussage widerspricht den gesetzlichen Bestimmungen?**

a) Der Arbeitgeber ist verpflichtet, bei Beendigung des Arbeitsverhältnisses dem Arbeitnehmer eine Bescheinigung über den im laufenden Jahr gewährten Urlaub auszustellen.

b) Der im Gesetz festgelegte Mindesturlaub darf tariflich zu Gunsten des Arbeitnehmers überschritten werden.

c) Der volle Urlaubsanspruch wird erstmals nach 6-monatigem Bestehen des Arbeitsverhältnisses erworben.

d) Kann der Urlaub wegen Beendigung des Arbeitsverhältnisses ganz oder teilweise nicht mehr gewährt werden, so verfällt er. Eine Entschädigung dafür gibt es nicht.

e) Jeder Arbeitnehmer hat in jedem Kalenderjahr Anspruch auf bezahlten Urlaub.

## Situation 13

Sie arbeiten in der Personalabteilung und sind zuständig für die Urlaubsregelung in der Einkaufsabteilung. Es besteht ein tariflicher Urlaubsanspruch von 30 Arbeitstagen. Als Arbeitstage zählen Montag bis Freitag. Heiligabend und Silvester werden wie Feiertage (F) geregelt. Zu gewährleisten ist in jeder Abteilung eine Mindestbesetzung von 50 %.

Für die Weihnachtszeit dieses Jahres haben bereits die Kollegin Maier und der Kollege Schuricht ihre Urlaubsansprüche angemeldet. Sie haben auch schon eine Reise gebucht. Beide sind ledig, haben keine Kinder und sind seit zwei Jahren in Ihrem Unternehmen beschäftigt.

Sie haben die Urlaubswünsche (U) entgegengenommen und in die abgebildete Anlage eingetragen.

**Einkaufsabteilung – Urlaubsplanung**

| **Dezember d. J. (dieses Jahr)** | **Mo** | **Di** | **Mi** | **Do** | **Fr** | **Mo** | **Di** | **Mi** | **Do** | **Fr** | **Mo** | **Di** | **Mi** | **Anmeldung am** |
|---|---|---|---|---|---|---|---|---|---|---|---|---|---|---|
| | **15** | **16** | **17** | **18** | **19** | **22** | **23** | **24** | **25** | **26** | **29** | **30** | **31** | |
| Maier, Sandra | U | U | U | U | U | U | U | F | F | F | U | U | F | 02.01. d. J. |
| Lehner, Ulrich | | | | | | | | F | F | F | | | F | 02.01. d. J. |
| Schulze, Peter | | | | | | | | F | F | F | | | F | |
| Schuricht, Uwe | | | | | | U | U | F | F | F | U | U | F | 06.08. d. J. |
| **Januar n. J. (neues Jahr)** | **Do** | **Fr** | **Mo** | **Di** | **Mi** | **Do** | **Fr** | **Mo** | **Di** | **Mi** | **Do** | **Fr** | | **Anmeldung am** |
| | **01** | **02** | **05** | **06** | **07** | **08** | **09** | **12** | **13** | **14** | **15** | **16** | | |
| Maier, Sandra | F | | | | | | | | | | | | | 02.01. d. J. |
| Lehner, Ulrich | F | U | U | U | U | U | U | | | | | | | 02.01. d. J. |
| Schulze, Peter | F | | | | | | | | | | | | | |
| Schuricht, Uwe | F | U | U | U | U | U | U | U | | | | | | 06.08. d. J. |

**1. Am 10. November beantragt Herr Schulze für die Zeit vom 19. Dezember bis zum 05. Januar nächsten Jahres Urlaub, da er mit seinen beiden schulpflichtigen Kindern in den Skiurlaub fahren möchte. Er hat noch einen Urlaubsanspruch von 5 Tagen für dieses Jahr. Wie haben Sie zu entscheiden?**

a) Herr Schulze kann keinen Urlaub nehmen, da zwei weitere Mitarbeiter bereits vor ihm für den in Frage kommenden Zeitraum Urlaub angemeldet haben.

b) Herr Schulze kann den Urlaub nehmen, da Mitarbeiter mit schulpflichtigen Kindern bei der Urlaubsplanung immer vorrangig berücksichtigt werden müssen.

c) Herr Schulze kann keinen Urlaub nehmen, weil sein Resturlaub für den geplanten Zeitraum nicht ausreicht.

d) Herr Schulze kann wie gewünscht den Urlaub nehmen, weil er als Mitglied des Betriebsrates seinen Urlaub selbstständig planen darf.

e) Herr Schulze kann wie gewünscht den Urlaub nehmen, weil er bereits seit drei Jahren regelmäßig in den Weihnachtsferien Urlaub genommen hat.

**2. Seit 01. November ist ein neuer Kollege in der Vertriebsabteilung eingestellt. Sein bisheriger Arbeitgeber hat ihm bescheinigt, dass er den ihm dort zustehenden Jahresurlaub von 24 Tagen vollständig genommen hat. Der neue Kollege möchte nun von Ihnen wissen, wie viele Tage er dieses Jahr noch Urlaub nehmen darf? Tragen Sie das Ergebnis in das Kästchen.**

**3. Der neue Kollege kann seinen Resturlaub im laufenden Kalenderjahr nicht mehr nehmen, da die dringende Einarbeitung in die neue Position noch nicht abgeschlossen ist. Welche Regelung ist für ihn zutreffend?**

a) Wenn der Urlaub nicht bis zum 31.12. genommen worden ist, entfällt er vollständig.

b) Der Urlaub kann in diesem besonderen Fall auf das nächste Jahr übertragen werden, muss aber gemäß Bundesurlaubsgesetz bis zum 31. März genommen worden sein.

c) Da bereits beim alten Arbeitgeber Urlaub genommen wurde, entfällt der Anspruch auf Urlaub bei seinem jetzigen Unternehmen.

d) Da der Urlaub nicht bis zum 31.12. genommen werden kann, muss der Urlaub gemäß Bundesurlaubsgesetz ausbezahlt werden.

e) Der Urlaub kann in diesem besonderen Fall auf das nächste Jahr übertragen werden, muss aber gemäß Bundesurlaubsgesetz bis zum 31. Januar genommen worden sein.

## Situation 14

Sie sind in der Personalabteilung zuständig für die Einhaltung aller Vorschriften zur Kündigung von Mitarbeitern. Beachten Sie die abgebildeten Vorschriften zu den Kündigungsfristen.

**§ 622 BGB [Kündigungsfrist bei Arbeitsverhältnissen]**

(1) Das Arbeitsverhältnis eines Arbeiters oder eines Angestellten (Arbeitnehmers) kann mit einer Frist von vier Wochen zum Fünfzehnten oder zum Ende eines Kalendermonats gekündigt werden.

(2) Für eine Kündigung durch den Arbeitgeber beträgt die Kündigungsfrist, wenn das Arbeitsverhältnis in dem Betrieb oder Unternehmen

1. zwei Jahre bestanden hat, einen Monat zum Ende eines Kalendermonats,
2. fünf Jahre bestanden hat, zwei Monate zum Ende eines Kalendermonats,
3. acht Jahre bestanden hat, drei Monate zum Ende eines Kalendermonats,
4. zehn Jahre bestanden hat, vier Monate zum Ende eines Kalendermonats,
5. zwölf Jahre bestanden hat, fünf Monate zum Ende eines Kalendermonats,
6. fünfzehn Jahre bestanden hat, sechs Monate zum Ende eines Kalendermonats,
7. zwanzig Jahre bestanden hat, sieben Monate zum Ende eines Kalendermonats.

Bei der Berechnung der Beschäftigungsdauer werden Zeiten, die vor der Vollendung des 25. Lebensjahrs des Arbeitnehmers liegen, nicht berücksichtigt.

**1.** **In welchem Gesetz sind die gesetzlichen Kündigungsfristen bei Arbeitsverhältnissen geregelt?**

**2.** **Der Mitarbeiterin Petra Martin wird aus zwingenden betrieblichen Gründen gekündigt. Die sozial gerechtfertigte Kündigung erfolgt mit Zustimmung des Betriebsrates und geht ihr am 7. April dieses Jahres zu. Einzelvertragliche und tarifvertragliche Kündigungsfristen wurden nicht vereinbart.**

**Folgende Daten sind bekannt:**

| Name | Geburtsdatum | Eintritt in den Betrieb |
|---|---|---|
| Martin, Petra | 1976-02-16 | 2002-01-02 |

**Ermitteln Sie für Frau Martin mihilfe der in der Situation abgebildeten gesetzlichen Bestimmungen das Datum des Ausscheidens aus dem Betrieb.**

**3.** **Eine weitere Mitarbeiterin, 29 Jahre alt, seit 6 Jahren beschäftigt, will zum 31.12. kündigen. Wann muss ihre Kündigung spätestens beim Unternehmen eingehen?**

**4.** **Welche Aussage über Kündigungsfristen von Arbeitern und Angestellten ist richtig?**

a) Die einheitliche Grundkündigungsfrist kann durch Tarifvertrag geändert werden.

b) Die vertragliche Kündigungsfrist für Angestellte beträgt 4 Wochen zum Quartalsende.

c) Die gesetzliche Kündigungsfrist für Angestellte beträgt 14 Tage zum Monatsende.

d) Die gesetzliche Kündigungsfrist für Arbeiter beträgt 42 Tage.

e) Die gesetzliche Kündigungsfrist für Angestellte beträgt 4 Wochen zum Quartalsende.

**5.** **Welche Angabe über Kündigungsfristen von Arbeitern und Angestellten ist richtig?**

a) Die Kündigungsfrist (Grundfrist) ist für beide 4 Wochen zum 15. des Monats oder zum Monatsende.

b) Wer zum Jahresende aus dem Unternehmen ausscheiden will, muss bei gesetzlicher Kündigungsfrist spätestens am 15. Dezember kündigen.

c) Einem Auszubildenden kann nach der Probezeit mit einer Frist von 3 Monaten gekündigt werden.

d) Ein Angestelltenverhältnis kann unter keinen Umständen fristlos gekündigt werden.

e) Betriebsratsmitgliedern kann nur mit einer Frist von 3 Monaten gekündigt werden.

6. Ordentlich, d. h. mit Einhaltung einer Kündigungsfrist, kann das Arbeitsverhältnis nur durch eine sozial gerechtfertigte Kündigung wirksam beendet werden. Nennen Sie die Gründe für eine sozial gerechtfertigte Kündigung und bilden Sie jeweils zwei Beispiele.

7. Erklären Sie, was man unter einer außerordentlichen Kündigung versteht.

8. Gründe für eine außerordentliche Kündigung können im Verhaltens- und Leistungsbereich sowie im Vertrauensbereich liegen. Nennen Sie zu den Bereichen konkrete Beispiele.

**9. In welchem Fall kann der Arbeitgeber eine außerordentliche Kündigung wirksam aussprechen?**

a) Eine werdende Mutter weigert sich, vier Wochen vor der Entbindung, ihrer Arbeit nachzugehen.

b) Wegen Umsatzrückganges möchte der Arbeitgeber mehreren Arbeitnehmern kündigen.

c) Ein Arbeitnehmer verweigert trotz Abmahnung weiterhin beharrlich die Ausübung der vertraglich vereinbarten Arbeit.

d) Ein Arbeitnehmer hat vor 8 Wochen seinen Arbeitgeber grob beleidigt. Dieser möchte ihn deshalb heute entlassen.

e) Durch die Zunahme der Arbeitsbelastung am Arbeitsplatz mindert sich die Leistungsfähigkeit eines Arbeitnehmers. Damit ist der Arbeitgeber nicht einverstanden.

**10. Welche Mitarbeitergruppen sind per Gesetz vor einer Kündigung besonders geschützt?**

## Situation 15

Sie sind in der Personalabteilung mit der Bearbeitung von Arbeitsverträgen betraut.

**1. In welcher Form muss bzw. sollte ein Arbeitsvertrag grundsätzlich abgeschlossen werden?**

**2. Welche Regelungen trifft das Nachweisgesetz (NachwG) hinsichtlich des Arbeitsvertrages?**

**3. Welche Aussage über den Arbeitsvertrag ist falsch?**

a) Der Arbeitsvertrag regelt die gegenseitigen Rechte und Pflichten.

b) Der Arbeitsvertrag enthält Angaben über den vereinbarten Lohn.

c) Der Arbeitsvertrag muss stets schriftlich abgeschlossen werden.

d) Der Arbeitsvertrag kann eine längere Kündigungsfrist vorsehen, als nach dem Gesetz vorgeschrieben ist.

e) Der Arbeitsvertrag ist ein zweiseitiges Rechtsgeschäft.

**4. Welche Aussage über befristete Arbeitsverträge ist richtig?**

a) Befristete Arbeitsverträge dürfen nur abgeschlossen werden, wenn Jugendliche nach der Ausbildung vom Ausbildungsbetrieb in ein Arbeitsverhältnis übernommen werden.

b) Befristete Arbeitsverträge enden mit Ablauf der Befristung, ohne dass es einer Kündigung bedarf.

c) Befristete Arbeitsverträge dürfen nur mit arbeitslosen Bewerbern abgeschlossen werden.

d) Befristete Arbeitsverträge kann man mit Bewerbern eingehen, ohne dass der Betriebsrat ein Mitbestimmungsrecht bei der Einstellung hat.

e) Befristete Arbeitsverträge mit einer Laufzeit über 12 Monate können ohne Urlaubs- und Lohnfortzahlungsansprüche abgeschlossen werden.

**5. Nennen Sie jeweils drei wesentliche Pflichten des Arbeitgebers und des Arbeitnehmers aus dem Arbeitsvertrag.**

| Pflichten des Arbeitgebers (Rechte des Arbeitnehmers) | Pflichten des Arbeitnehmers (Rechte des Arbeitgebers) |
|---|---|
| | |

**6. Für den kaufmännischen Angestellten besteht ein „Handels- und Wettbewerbsverbot". Was bedeutet diese Aussage?**

a) Der Angestellte muss das Gesetz gegen den unlauteren Wettbewerb beachten.

b) Der Angestellte darf ohne Genehmigung des Arbeitgebers kein eigenes Geschäft in der gleichen Branche betreiben.

c) Der Angestellte darf keine Kaufverträge ohne Genehmigung des Geschäftsinhabers abschließen.

d) Der Angestellte darf keine Betriebsgeheimnisse verraten.

e) Der Angestellte darf sich nicht abfällig über Mitbewerber äußern.

**7. Welcher Punkt des abgebildeten Vordrucks eines Arbeitsvertrags entspricht nicht den gesetzlichen Bestimmungen?** ☐

**ARBEITSVERTRAG**

Zwischen der Bavaria Fahrradwerke KG (im folgenden Arbeitgeber genannt) und Peter Hobmaier (im folgenden Arbeitnehmer genannt) wird folgender Arbeitsvertrag geschlossen:

A. Art und Dauer der Tätigkeit:
Der Arbeitnehmer wird ab 01.05.20.. als Marketingleiter unbefristet eingestellt.

B. Entgelt:
Als Vergütung wird ein Gehalt von 4 800,00 EUR brutto pro Monat vereinbart.

C. Arbeitszeit:
Als regelmäßige wöchentliche Arbeitszeit ausschließlich der Pausen werden laut Tarifvertrag 40 Stunden vereinbart.

D. Probezeit:
Die ersten sechs Monate des Arbeitsverhältnisses gelten als Probezeit.

E. Beendigung des Arbeitsverhältnisses:
Das Arbeitsverhältnis kann nach Ablauf der Probezeit vom Arbeitnehmer mit einer Frist von vier Wochen zum Fünfzehnten oder zum Ende eines Kalendermonats gekündigt werden.

F. Urlaub:
Der Arbeitnehmer hat Anspruch auf 20 Werktage (pro Kalenderjahr) Erholungsurlaub unter Fortzahlung der Bezüge.

G. Verschwiegenheitspflicht:
Der Arbeitnehmer verpflichtet sich, während und auch nach eventueller Beendigung des Arbeitsverhältnisses über alle ihm während seiner Tätigkeit bekannt gewordenen Geschäfts- und Betriebsgeheimnisse Stillschweigen zu bewahren.

H. Wettbewerbsverbot:
...

**8. Was versteht man unter der Bestimmung „Wettbewerbsverbot" im Arbeitsvertrag?**

______________________________

______________________________

______________________________

**9. Ordnen Sie drei der folgenden Beispiele den Pflichten des Arbeitnehmers zu.**

a) Der Arbeitnehmer muss die vereinbarte Arbeit persönlich leisten.
b) Der Arbeitnehmer muss sich nach besten Kräften für die Interessen des Unternehmens einsetzen.
c) Der Arbeitnehmer darf Zahlen aus der Bilanz nicht weitergeben.
d) Der Arbeitnehmer hat Weisungen des Arbeitgebers zu beachten.
e) Der Arbeitnehmer darf ohne Einwilligung des Arbeitgebers nebenher kein selbstständiges Handelsgewerbe in dessen Geschäftszweig betreiben.

Treuepflicht ☐

Dienstleistungspflicht ☐

Wettbewerbsverbot ☐

## Situation 16

In der Bavaria Fahrradwerke KG erhalten die Mitarbeiter der Verwaltung ein Gehalt als Zeitlohn, die Mitarbeiter in der Produktion einen Leistungslohn. Sie sind in der Personalabteilung für die Erstellung und Prüfung der Entgeltabrechnungen zuständig.

**1. Unterscheiden Sie Zeitlohn und Leistungslohn.**

**2. Nennen Sie mögliche Zulagen und Zuschläge für besondere Leistungen.**

**3. Mit welcher Lohnform wird das Gehalt eines Angestellten entlohnt?**

a) Akkordlohn
b) Zeitlohn
c) Provision
d) Prämienlohn
e) Beteiligung

**4. Welche Lohnform berechnen Sie mit der Formel „Stundensatz · monatliche Arbeitszeit"?**

a) Stückgeldakkord
b) Stückzeitakkord
c) Stücklohn
d) Zeitlohn
e) Prämienlohn

**5. Welche Behauptung über den Prämienlohn ist richtig?**

a) Prämienlohn setzt die Gewinnbeteiligung der Arbeitnehmer voraus.
b) Prämienlohn wird für langjährige Betriebszugehörigkeit bezahlt.
c) Prämienlohn besteht aus Grundlohn und Zuschlägen für Nacht-, Sonntags- und Feiertagsarbeit.
d) Prämienlohn wird beim Erreichen einer betrieblichen Jubiläumsgrenze bezahlt.
e) Prämienlohn besteht aus Grundlohn und zusätzlich einer Prämie für eine über der Norm liegende Arbeitsleistung.

**6. Ordnen Sie drei Formen des Arbeitsentgeltes den dazugehörigen Beispielen zu.**

a) Provision
b) Zeitlohn
c) Akkordlohn
d) Prämienlohn
e) Erfolgsbeteiligung
f) Fixum

Bezahlung ausschließlich nach Leistungen [ ]

Prozentuale Beteiligung am Umsatz [ ]

Ausgabe von Belegschaftsaktien [ ]

**7. Welche Lohnform wird in der Grafik dargestellt?** [ ]

a) Akkordlohn
b) Prämienlohn
c) Zeitlohn
d) Gewinnbeteiligung
e) Provision

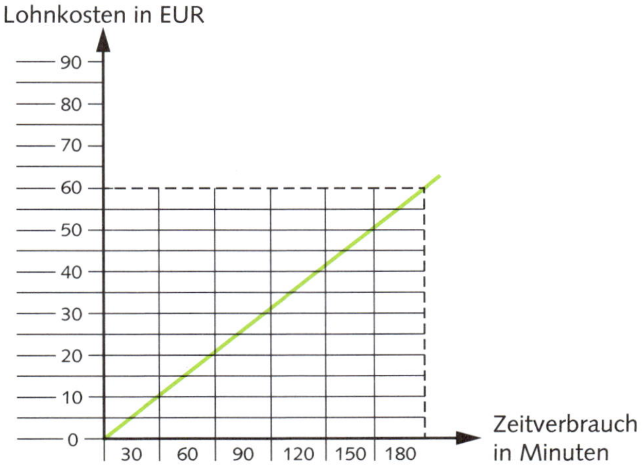

**8. Nennen Sie die steuerlichen und sozialversicherungspflichtigen Abzüge bei der Lohn- und Gehaltsabrechnung.**

**9. Nennen Sie die Lohnsteuerabzugsmerkmale als Grundlage für den Lohnsteuerabzug.**

**10. Erläutern Sie, was man unter „vermögenswirksamen Leistungen" versteht.**

11. **Ein Angestellter möchte seine vermögenswirksame Leistung von 40,00 EUR mit dem Gehalt ausgezahlt bekommen und nicht fest anlegen. Er argumentiert, er bekomme ohnehin keine Arbeitnehmersparzulage und sehe deshalb in einer Anlage keinen Nutzen. Wie ist die gesetzliche Regelung?**

a) Sie können den Betrag mit dem Bruttogehalt zusammen den gesetzlichen Abzügen unterwerfen und verlangen keine Anlage nach dem Vermögensbildungsgesetz, da der Angestellte keinen Anspruch auf die Arbeitnehmersparzulage hat.

b) Der Arbeitnehmer muss, sofern er Anspruch auf diese Leistung erhebt, einen entsprechenden Nachweis eines Anlageinstituts vorlegen.

c) Falls im Tarifvertrag keine verbindliche Anlageform für die vermögenswirksamen Leistungen vorgeschrieben ist, können Sie dem Wunsch des Angestellten entsprechen.

d) Der Anspruch des Arbeitnehmers besteht auch dann, wenn er die vermögenswirksame Leistung auf sein Girokonto gutschreiben lässt.

e) Da von der vermögenswirksamen Leistung die gesetzlichen Abzüge berechnet werden, muss sich der Arbeitnehmer für keine konkrete Anlageform entscheiden.

12. **Beschreiben Sie, welche Steuerpflichtigen den Steuerklassen zugordnet sind.**

| Steuerklasse | Steuerpflichtige |
|---|---|
| I | |
| II | |
| III | |
| IV | |
| V | |
| VI | |

**13. Ordnen Sie die Lohnsteuerklassen den Steuerpflichtigen zu.**

a) Lohnsteuerklasse I
b) Lohnsteuerklasse II
c) Lohnsteuerklasse III
d) Lohnsteuerklasse IV
e) Lohnsteuerklasse V
f) Lohnsteuerklasse VI

Verheiratet, der Ehegatte ist nicht erwerbstätig [ ]

Verheiratet, beide Ehegatten haben die gleiche Steuerklasse [ ]

Alleinstehende Person, 40 Jahre alt, 3 Kinder [ ]

**14. Ordnen Sie drei der Ausgabenbelege den steuerlich abzugsfähigen Ausgaben zu.**

a) Spendenquittung für kirchliche Hilfswerke
b) Quittung für Zeitschriftenabonnement
c) Bescheinigung des Arbeitgebers über die einbehaltenen Sozialversicherungsbeiträge
d) Nachweise für die auswärtige Unterbringung der Tochter zur Berufsausbildung
e) Quittung für Gewerkschaftsbeitrag
f) Zinslastschrift für in Anspruch genommene Disposition

Werbungskosten [ ]

Vorsorgeaufwendungen [ ]

Außergewöhnliche Belastungen [ ]

**15. Erläutern Sie, welche Auswirkung die Eintragung eines Steuerfreibetrages wegen täglicher Fahrten zur Arbeitsstätte hat.**

______________________________

**16. Welche nachgewiesenen Aufwendungen kann ein Arbeitnehmer als Werbungskosten bei Einkünften aus nichtselbstständiger Arbeit geltend machen?** [ ]

a) Spenden für das Rote Kreuz
b) Beiträge zu einer privaten Krankenversicherung
c) Kosten für eine Stellensuchanzeige
d) Kosten für eine Weiterbildung in einem nicht ausgeübten Beruf
e) Kosten für das Abonnement einer Tageszeitung

**17. An wen entrichtet der Arbeitgeber bei der Lohnabrechnung die einbehaltene Kirchensteuer?** [ ]

a) An die zuständige Gemeindeverwaltung
b) An das zuständige Finanzamt
c) An die zuständige Kirche
d) An die zuständige Krankenkasse
e) An das Kirchenamt

**18. Wer vergibt die Steuer-Identifikationsnummer?**

______________________________

**19. Wer benötigt eine Steuer-Identifikationsnummer?**

**20. Welche Aussage zur Ermittlung der Kirchensteuer ist zutreffend?**

a) Für die Ermittlung der Kirchensteuer brauchen Sie den monatlichen Steuerfreibetrag nicht zu beachten.

b) Sie müssen den konfessionsgebundenen Steuersatz von 8 % anwenden.

c) Sie müssen die einbehaltene Kirchensteuer an die katholische Kirche abführen.

d) Sie müssen den bundeseinheitlichen Steuersatz von 9 % anwenden.

e) Sie müssen Lohnsteuerklasse und Kinderfreibeträge bei der Ermittlung der Kirchensteuer berücksichtigen.

**21. Welche Aussage über die Abführung von Lohn- und Gehaltsabzügen ist richtig?**

a) Die einbehaltene Lohnsteuer wird vom Arbeitgeber an die für die Arbeitnehmer zuständigen Finanzämter überwiesen.

b) Die einbehaltene Kirchensteuer wird vom Arbeitgeber an die für Arbeitnehmer zuständigen Finanzämter überwiesen.

c) Die einbehaltenen Sozialversicherungsbeiträge werden vom Arbeitgeber – je nach Versicherungszweig – an die Krankenkassen und Rentenversicherungsanstalten überwiesen.

d) Die einbehaltene Lohn- und Kirchensteuer und die Sozialversicherungsbeiträge werden an das für den Arbeitgeber zuständige Finanzamt überwiesen, das dann die Verteilung an die zuständigen Stellen vornimmt.

e) Die einbehaltenen Sozialversicherungsbeiträge von versicherungspflichtigen Arbeitnehmern werden jeweils an die Krankenkassen überwiesen, bei denen die Arbeitnehmer versichert sind.

**22. Von wem erhält der Arbeitgeber die Daten für den Lohnsteuerabzug?**

**23. Bringen Sie die folgenden Arbeitsschritte bei der Gehaltsabrechnung in die richtige Reihenfolge.**

a) Berechnen des sozialversicherungspflichtigen und des steuerpflichtigen Bruttoentgeltes und Ermitteln der gesetzlichen Abzüge

b) Berechnen des Bruttoentgeltes laut Tarif

c) Abzug der Sparleistungen

d) Berechnen des Nettoentgeltes

e) Berechnen des auszuzahlenden Betrages

f) Feststellen der Berechnungsgrundlagen (Gehaltsgruppe/Vergütung) laut Arbeitsvertrag

**24.** **Berechnen Sie das Bruttoentgelt eines Mitarbeiters, der zum 01. des Monats von der Bavaria Fahrradwerke KG eingestellt wird. Der Mitarbeiter ist 28 Jahre alt, verheiratet und hat ein 10-jähriges Kind. Im Arbeitsvertrag ist festgelegt, dass er eine monatliche Zulage von 10 % aus dem Grundgehalt erhält. Die vermögenswirksamen Leistungen nimmt er in maximaler Höhe in Anspruch. Folgende Daten liegen Ihnen vor:**

**Tarifgruppe B Grundentgelt**

| 21 Jahre | 23 Jahre | 25 Jahre | 27 Jahre | 29 Jahre |
|---|---|---|---|---|
| 1650,00 EUR | 1700,00 EUR | 1750,00 EUR | 1800,00 EUR | 1850,00 EUR |

**Familienzuschläge**

| verheiratet | verheiratet mit 1 Kind | verheiratet mit 2 Kindern | verheiratet mit 3 Kindern |
|---|---|---|---|
| 30,00 EUR | 50,00 EUR | 100,00 EUR | 150,00 EUR |

**Vermögenswirksame Leistungen** des Arbeitgebers monatlich: 30,00 EUR

**25.** **Nachstehend sind die Lohn- und Gehaltslisten (EUR) des Monats Mai zusammengefasst.**

| Tariflöhne/ -gehälter | AG-Anteil VL | Lohn-steuer | Kirchen-steuer | Solida-ritäts-zuschlag | AN-Anteil SV | Über-weisung VL | Aus-zahlung | AG-Anteil SV |
|---|---|---|---|---|---|---|---|---|
| 926460,00 | 9200,00 | 128740,20 | 9048,12 | 7080,71 | 193166,92 | 16400,00 | | 193166,92 |

**Ermitteln Sie anhand des Auszugs**

a) **den Auszahlungsbetrag,**

b) **die Summe, die an die Sozialversicherungsträger zu überweisen ist,**

c) **die Summe, die für die Finanzbehörde einzubehalten ist,**

d) **die Personalkosten insgesamt für den Monat Mai.**

**26.** **Erstellen Sie die Entgeltabrechnung für einen Mitarbeiter unter Berücksichtigung folgender Daten:**

| | |
|---|---|
| Tariflohn | 2110,00 EUR |
| Steuer- und sozialversicherungsfreier Nachtzuschlag | 16,50 EUR |
| Erschwerniszuschlag | 95,00 EUR |
| VL-Arbeitgeber | 20,00 EUR |
| Monatlicher Freibetrag laut Eintragung | 150,00 EUR |
| Vermögenswirksamer Sparbetrag monatlich | 40,00 EUR |
| Gesamtabzüge (Steuern und Sozialversicherung) | 498,70 EUR |

**Berechnen Sie**

a) **das steuerpflichtige Bruttoentgelt,**

b) **das sozialversicherungspflichtige Bruttoentgelt,**

c) **den Auszahlungsbetrag.**

**27. Welche zwei Aussagen im Zusammenhang mit Entgeltabrechnungen sind richtig?**

a) Der Gesamtbetrag der zu entrichtenden Lohnsteuer ist dem zuständigen Finanzamt in einer Lohnsteueranmeldung mitzuteilen.

b) Eine Vereinbarung über die Höhe der Arbeitgeberzuschüsse zu den vermögenswirksamen Leistungen ist im Tarifvertrag nicht möglich.

c) Für die Zuordnung eines Arbeitnehmers zu einer bestimmten Lohnsteuerklasse ist ausschließlich der Familienstand maßgebend.

d) Ehepaare, bei denen beide Partner erwerbstätig sind, können entweder die Lohnsteuerklassenkombination III/IV oder die Lohnsteuerkombination V/V wählen.

e) Die Beitragsbemessungsgrenze in der gesetzlichen Krankenversicherung besagt, dass die Beiträge zur Krankenversicherung ab einem bestimmten Bruttogehalt nicht mehr steigen.

## Situation 17

Als Mitarbeiter der Personalabteilung in der Bavaria Fahrradwerke KG sind Sie der Experte für alle Fragen rund um die Sozialversicherungen.

**1. Ordnen Sie drei der Sozialleistungen den Sozialversicherungsträgern zu.**

a) Die Zahlung von Krankengeld erfolgt ab dem 43. Kalendertag einer Arbeitsunfähigkeit.

b) Die Zahlung von Sozialhilfe erfolgt an Bedürftige.

c) Die Zahlung von Arbeitslosengeld wird eingestellt; aufgrund nachgewiesener Bedürftigkeit erfolgt die Zahlung von Arbeitslosengeld II (auch Hartz IV genannt).

d) Aufgrund einer Berufserkrankung erfolgt die Zahlung einer Erwerbsunfähigkeitsrente.

e) Ein Sachbearbeiter scheidet mit Vollendung des 65. Lebensjahres aus dem Berufsleben aus und erhält Altersruhegeld.

f) Aufgrund eines Arbeitsunfalls mit tödlichem Ausgang gewährt die Berufsgenossenschaft Witwen-/Waisenrente.

Deutsche Rentenversicherung

Krankenkasse

Bundesagentur für Arbeit

**2. Ordnen Sie drei der Sozialversicherungsträger den Sozialleistungen zu.**

a) Deutsche Rentenversicherung Bund

b) Deutsche Rentenversicherung Regional

c) Bundesagentur für Arbeit

d) Private Krankenkassen

e) Pflicht- und Ersatzkassen

f) Berufsgenossenschaften

Gesetzliche Krankenversicherung

Arbeitslosenversicherung

Gesetzliche Unfallversicherung

**3. Stellen Sie fest, bei wem ein kaufmännischer Auszubildender rentenversichert ist.**

______________________________________________

**4. Was versteht man unter der Beitragsbemessungsgrenze?**

______________________________________________

______________________________________________

**5. Ordnen Sie die verschiedenen Regelungen zu den gesetzlichen Sozialversicherungszweigen den Versicherungszweigen zu.**

a) Für diesen Versicherungszweig kann der Versicherungsträger Zusatzbeiträge erheben.

b) Für diesen Versicherungszweig gibt es keinen eigenständigen Versicherungsträger.

c) Für diesen Versicherungszweig gilt die höchste Beitragsbemessungsgrenze.

| | |
|---|---|
| Krankenversicherung | ☐ |
| Rentenversicherung | ☐ |
| Pflegeversicherung | ☐ |

**6. Welche Aussage zur gesetzlichen Rentenversicherung ist richtig?** ☐

a) Die Höhe der Leistungen wird durch den Versicherungsvertrag vereinbart.

b) Der freiwillige Beitritt ist nicht möglich.

c) Der Beitrag richtet sich nach dem Bruttoarbeitsentgelt.

d) Der Träger ist eine juristische Person des privaten Rechts.

e) Der Beitrag wird allein vom Arbeitgeber getragen.

**7. Welche Aussage über die Krankenversicherungspflicht ist richtig?** ☐

a) Jeder Arbeitnehmer hat das Recht zu entscheiden, ob er der gesetzlichen Krankenversicherung beitritt oder nicht.

b) Der Arbeitgeber muss die krankenversicherungspflichtigen Mitarbeiter zur Krankenversicherung anmelden.

c) Die Höhe des Arbeitsentgeltes spielt keine Rolle bei der Krankenversicherungspflicht.

d) Ein krankenversicherungspflichtiger Mitarbeiter kann sich statt bei einer gesetzlichen bei einer privaten Krankenkasse versichern lassen.

e) Ein krankenversicherungspflichtiger Mitarbeiter kann verlangen, dass er bei seinem berufstätigen Ehepartner, der ebenfalls krankenversicherungspflichtig ist, mitversichert wird.

**8. Erläutern Sie die Vorgehensweise bei der Überweisung der Sozialversicherungsbeiträge.**

______________________________________________

______________________________________________

______________________________________________

**9. Nach welchen Kriterien werden die Beiträge zur gesetzlichen Unfallversicherung berechnet?**

a) Nach dem Umsatz und dem Wirtschaftszweig des Unternehmens

b) Nach der Anzahl der Betriebsangehörigen und der Unfallhäufigkeit

c) Nach der Anzahl der Betriebsangehörigen und der Größe des Unternehmens

d) Nach dem Bruttoverdienst der Betriebsangehörigen bzw. der Beitragsbemessungsgrenze in der Sozialversicherung

e) Nach der Jahreslohnsumme, dem Stundenanteil und den Gefahrenklassen des Unternehmens

**10. Wer zahlt die Beiträge zur gesetzlichen Unfallversicherung?**

a) Arbeitnehmer

b) Arbeitgeber und der Arbeitnehmer je zur Hälfte

c) Arbeitgeber

d) Krankenkasse

e) Berufsgenossenschaft

**11. Ein Mitarbeiter verunglückt im Betrieb. Er bricht sich den Arm. Was ist zu tun, damit die entsprechende Versicherung die anfallenden Behandlungskosten übernimmt?**

**12. Ein Mitarbeiter hat sich am Wochenende beim Sport den rechten Arm gebrochen. Am Montag bringt er die entsprechende Krankmeldung mit. Was ist zu unternehmen?**

a) Da ein Unfall die Ursache ist, melden Sie dies der Berufsgenossenschaft.

b) Da sich der Unfall in der Freizeit ereignete, wird dem Mitarbeiter entsprechender Lohn abgezogen.

c) Sie registrieren den Eingang der Arbeitsunfähigkeitsbescheinigung und wünschen dem Mitarbeiter gute Besserung.

d) Sie aktualisieren die Unfallstatistik des Betriebes.

e) Sie schicken die Arbeitsunfähigkeitsbescheinigung an die Krankenkasse des Mitarbeiters, da es sich um einen Arbeitsunfall handelt.

## Situation 18

**Für die Lohn- und Gehaltsabrechnung in einem hessischen Unternehmen werden die abgebildete Lohnsteuertabelle und folgende, weitere Angaben zugrunde gelegt:**

| | | |
|---|---|---|
| Kirchensteuer | 9,0 % | |
| Solidaritätszuschlag | 5,5 % | |
| Krankenversicherung | 14,6 % | (allgemeiner Beitragssatz), zuzüglich 0,9 % (Zusatzbeitrag) |
| Pflegeversicherung | 3,05 % | (0,25 % Zusatzbeitrag für Kinderlose nach Vollendung des 23. Lebensjahres) |
| Rentenversicherung | 18,6 % | |
| Arbeitslosenversicherung | 2,5 % | |

**2 753,99*** **MONAT**

| Lohn/Gehalt bis €* | Abzüge an Lohnsteuer, Solidaritätszuschlag (SolZ) und Kirchensteuer (8%, 9%) in den Steuerklassen I – VI | | | | | I, II, III, IV | | mit Zahl der Kinderfreibeträge . . . 0,5 | | | 1 | | | 1,5 | | | 2 | | | 2,5 | | | 3** | | |
|---|---|---|---|---|---|---|---|---|---|---|---|---|---|---|---|---|---|---|---|---|---|---|---|---|---|
| | | LSt | ohne Kinderfreibeträge SolZ | 8% | 9% | | LSt | SolZ | 8% | 9% | SolZ | 8% | 9% | SolZ | 8% | 9% | SolZ | 8% | 9% | SolZ | 8% | 9% | SolZ | 8% | 9% |
| 2 708,99 | I,IV | 378,50 | 20,81 | 30,28 | 34,06 | I | 378,50 | 16,12 | 23,45 | 26,38 | 11,68 | 17,— | 19,12 | 7,50 | 10,92 | 12,28 | — | 5,25 | 5,90 | — | 0,80 | 0,90 | — | — | — |
| | II | 346,08 | 19,03 | 27,68 | 31,14 | II | 346,08 | 14,43 | 21,— | 23,62 | 10,09 | 14,68 | 16,52 | 5,68 | 8,75 | 9,84 | — | 3,40 | 3,83 | — | — | — | — | — | — |
| | III | 156,— | — | 12,48 | 14,04 | III | 156,— | — | 7,34 | 8,26 | — | 3,01 | 3,38 | — | — | — | — | — | — | — | — | — | — | — | — |
| | V | 667,91 | 36,73 | 53,43 | 60,11 | IV | 378,50 | 18,43 | 26,82 | 30,17 | 16,12 | 23,45 | 26,38 | 13,87 | 20,18 | 22,70 | 11,68 | 17,— | 19,12 | 9,56 | 13,91 | 15,65 | 7,50 | 10,92 | 12,28 |
| | VI | 704,16 | 38,72 | 56,33 | 63,37 | | | | | | | | | | | | | | | | | | | | |
| 2 711,99 | I,IV | 379,25 | 20,85 | 30,34 | 34,13 | I | 379,25 | 16,16 | 23,50 | 26,44 | 11,72 | 17,05 | 19,18 | 7,54 | 10,97 | 12,34 | — | 5,29 | 5,95 | — | 0,84 | 0,94 | — | — | — |
| | II | 346,83 | 19,07 | 27,74 | 31,21 | II | 346,83 | 14,47 | 21,05 | 23,68 | 10,13 | 14,74 | 16,58 | 5,80 | 8,80 | 9,90 | — | 3,44 | 3,87 | — | — | — | — | — | — |
| | III | 156,66 | — | 12,53 | 14,09 | III | 156,66 | — | 7,38 | 8,30 | — | 3,04 | 3,42 | — | — | — | — | — | — | — | — | — | — | — | — |
| | V | 669,— | 36,79 | 53,52 | 60,21 | IV | 379,25 | 18,47 | 26,87 | 30,23 | 16,16 | 23,50 | 26,44 | 13,91 | 20,23 | 22,76 | 11,72 | 17,05 | 19,18 | 9,60 | 13,96 | 15,71 | 7,54 | 10,97 | 12,34 |
| | VI | 705,25 | 38,78 | 56,42 | 63,47 | | | | | | | | | | | | | | | | | | | | |
| 2 714,99 | I,IV | 380,— | 20,90 | 30,40 | 34,20 | I | 380,— | 16,20 | 23,56 | 26,51 | 11,76 | 17,10 | 19,24 | 7,58 | 11,02 | 12,40 | — | 5,34 | 6,— | — | 0,87 | 0,98 | — | — | — |
| | II | 347,58 | 19,11 | 27,80 | 31,28 | II | 347,58 | 14,51 | 21,11 | 23,75 | 10,17 | 14,79 | 16,64 | 5,93 | 8,85 | 9,95 | — | 3,48 | 3,92 | — | — | — | — | — | — |
| | III | 157,33 | — | 12,58 | 14,15 | III | 157,33 | — | 7,44 | 8,37 | — | 3,08 | 3,46 | — | — | — | — | — | — | — | — | — | — | — | — |
| | V | 670,08 | 36,85 | 53,60 | 60,30 | IV | 380,— | 18,51 | 26,93 | 30,29 | 16,20 | 23,56 | 26,51 | 13,95 | 20,29 | 22,82 | 11,76 | 17,10 | 19,24 | 9,63 | 14,02 | 15,77 | 7,58 | 11,02 | 12,40 |
| | VI | 706,33 | 38,84 | 56,50 | 63,56 | | | | | | | | | | | | | | | | | | | | |
| 2 717,99 | I,IV | 380,75 | 20,94 | 30,46 | 34,26 | I | 380,75 | 16,24 | 23,62 | 26,57 | 11,80 | 17,16 | 19,31 | 7,61 | 11,08 | 12,46 | — | 5,38 | 6,05 | — | 0,90 | 1,01 | — | — | — |
| | II | 348,33 | 19,15 | 27,86 | 31,34 | II | 348,33 | 14,55 | 21,16 | 23,81 | 10,20 | 14,84 | 16,70 | 6,05 | 8,90 | 10,01 | — | 3,52 | 3,96 | — | — | — | — | — | — |
| | III | 158,— | — | 12,64 | 14,22 | III | 158,— | — | 7,48 | 8,41 | — | 3,12 | 3,51 | — | — | — | — | — | — | — | — | — | — | — | — |
| | V | 671,16 | 36,91 | 53,69 | 60,40 | IV | 380,75 | 18,55 | 26,99 | 30,36 | 16,24 | 23,62 | 26,57 | 13,98 | 20,34 | 22,88 | 11,80 | 17,16 | 19,31 | 9,67 | 14,07 | 15,83 | 7,61 | 11,08 | 12,46 |
| | VI | 707,41 | 38,90 | 56,59 | 63,66 | | | | | | | | | | | | | | | | | | | | |
| 2 720,99 | I,IV | 381,50 | 20,98 | 30,52 | 34,33 | I | 381,50 | 16,28 | 23,68 | 26,64 | 11,83 | 17,22 | 19,37 | 7,64 | 11,12 | 12,51 | — | 5,43 | 6,11 | — | 0,94 | 1,05 | — | — | — |
| | II | 349,08 | 19,19 | 27,92 | 31,41 | II | 349,08 | 14,59 | 21,22 | 23,87 | 10,24 | 14,90 | 16,76 | 6,15 | 8,95 | 10,07 | — | 3,57 | 4,01 | — | — | — | — | — | — |
| | III | 158,66 | — | 12,69 | 14,27 | III | 158,66 | — | 7,53 | 8,47 | — | 3,16 | 3,55 | — | — | — | — | — | — | — | — | — | — | — | — |
| | V | 672,25 | 36,97 | 53,78 | 60,50 | IV | 381,50 | 18,60 | 27,06 | 30,44 | 16,28 | 23,68 | 26,64 | 14,02 | 20,40 | 22,95 | 11,83 | 17,22 | 19,37 | 9,71 | 14,12 | 15,89 | 7,64 | 11,12 | 12,51 |
| | VI | 708,50 | 38,96 | 56,68 | 63,76 | | | | | | | | | | | | | | | | | | | | |
| 2 723,99 | I,IV | 382,25 | 21,02 | 30,58 | 34,40 | I | 382,25 | 16,32 | 23,74 | 26,70 | 11,87 | 17,27 | 19,43 | 7,68 | 11,18 | 12,57 | — | 5,48 | 6,16 | — | 0,96 | 1,08 | — | — | — |
| | II | 349,83 | 19,24 | 27,98 | 31,48 | II | 349,83 | 14,63 | 21,28 | 23,94 | 10,28 | 14,95 | 16,82 | 6,18 | 9,— | 10,12 | — | 3,61 | 4,06 | — | — | — | — | — | — |
| | III | 159,33 | — | 12,74 | 14,33 | III | 159,33 | — | 7,57 | 8,51 | — | 3,20 | 3,60 | — | — | — | — | — | — | — | — | — | — | — | — |
| | V | 673,25 | 37,02 | 53,86 | 60,59 | IV | 382,25 | 18,64 | 27,11 | 30,50 | 16,32 | 23,74 | 26,70 | 14,06 | 20,46 | 23,01 | 11,87 | 17,27 | 19,43 | 9,74 | 14,18 | 15,95 | 7,68 | 11,18 | 12,57 |
| | VI | 709,50 | 39,02 | 56,76 | 63,85 | | | | | | | | | | | | | | | | | | | | |
| 2 726,99 | I,IV | 383,08 | 21,06 | 30,64 | 34,47 | I | 383,08 | 16,36 | 23,80 | 26,77 | 11,91 | 17,32 | 19,49 | 7,72 | 11,23 | 12,63 | — | 5,52 | 6,21 | — | 1,— | 1,12 | — | — | — |
| | II | 350,58 | 19,28 | 28,04 | 31,55 | II | 350,58 | 14,67 | 21,34 | 24,— | 10,31 | 15,— | 16,88 | 6,22 | 9,05 | 10,18 | — | 3,65 | 4,10 | — | — | — | — | — | — |
| | III | 160,— | — | 12,80 | 14,40 | III | 160,— | — | 7,62 | 8,57 | — | 3,24 | 3,64 | — | — | — | — | — | — | — | — | — | — | — | — |
| | V | 674,33 | 37,08 | 53,94 | 60,68 | IV | 383,08 | 18,68 | 27,17 | 30,56 | 16,36 | 23,80 | 26,77 | 14,10 | 20,52 | 23,08 | 11,91 | 17,32 | 19,49 | 9,78 | 14,23 | 16,01 | 7,72 | 11,23 | 12,63 |
| | VI | 710,58 | 39,08 | 56,84 | 63,95 | | | | | | | | | | | | | | | | | | | | |
| 2 729,99 | I,IV | 383,83 | 21,11 | 30,70 | 34,54 | I | 383,83 | 16,40 | 23,86 | 26,84 | 11,95 | 17,38 | 19,55 | 7,75 | 11,28 | 12,69 | — | 5,57 | 6,26 | — | 1,03 | 1,16 | — | — | — |
| | II | 351,33 | 19,32 | 28,10 | 31,61 | II | 351,33 | 14,71 | 21,40 | 24,07 | 10,35 | 15,06 | 16,94 | 6,26 | 9,10 | 10,24 | — | 3,69 | 4,15 | — | — | — | — | — | — |
| | III | 160,66 | — | 12,85 | 14,45 | III | 160,66 | — | 7,66 | 8,62 | — | 3,28 | 3,69 | — | — | — | — | — | — | — | — | — | — | — | — |
| | V | 675,41 | 37,14 | 54,03 | 60,78 | IV | 383,83 | 18,72 | 27,23 | 30,63 | 16,40 | 23,86 | 26,84 | 14,14 | 20,57 | 23,14 | 11,95 | 17,38 | 19,55 | 9,82 | 14,28 | 16,07 | 7,75 | 11,28 | 12,69 |
| | VI | 711,66 | 39,14 | 56,93 | 64,04 | | | | | | | | | | | | | | | | | | | | |
| 2 732,99 | I,IV | 384,58 | 21,15 | 30,76 | 34,61 | I | 384,58 | 16,44 | 23,91 | 26,90 | 11,99 | 17,44 | 19,62 | 7,79 | 11,33 | 12,74 | — | 5,62 | 6,32 | — | 1,06 | 1,19 | — | — | — |
| | II | 352,08 | 19,36 | 28,16 | 31,68 | II | 352,08 | 14,74 | 21,45 | 24,13 | 10,39 | 15,11 | 17,— | 6,29 | 9,15 | 10,29 | — | 3,73 | 4,19 | — | — | — | — | — | — |
| | III | 161,33 | — | 12,90 | 14,51 | III | 161,33 | — | 7,70 | 8,66 | — | 3,32 | 3,73 | — | — | — | — | — | — | — | — | — | — | — | — |
| | V | 676,50 | 37,20 | 54,12 | 60,88 | IV | 384,58 | 18,76 | 27,29 | 30,70 | 16,44 | 23,91 | 26,90 | 14,18 | 20,63 | 23,21 | 11,99 | 17,44 | 19,62 | 9,85 | 14,34 | 16,13 | 7,79 | 11,33 | 12,74 |
| | VI | 712,75 | 39,20 | 57,02 | 64,14 | | | | | | | | | | | | | | | | | | | | |
| 2 735,99 | I,IV | 385,41 | 21,19 | 30,83 | 34,68 | I | 385,41 | 16,48 | 23,97 | 26,96 | 12,02 | 17,49 | 19,67 | 7,82 | 11,38 | 12,80 | — | 5,66 | 6,37 | — | 1,10 | 1,23 | — | — | — |
| | II | 352,83 | 19,40 | 28,22 | 31,75 | II | 352,83 | 14,79 | 21,51 | 24,20 | 10,43 | 15,17 | 17,06 | 6,32 | 9,20 | 10,35 | — | 3,78 | 4,25 | — | — | — | — | — | — |
| | III | 162,— | — | 12,96 | 14,58 | III | 162,— | — | 7,76 | 8,73 | — | 3,36 | 3,78 | — | — | — | — | — | — | — | — | — | — | — | — |
| | V | 677,58 | 37,26 | 54,20 | 60,98 | IV | 385,41 | 18,80 | 27,35 | 30,77 | 16,48 | 23,97 | 26,96 | 14,22 | 20,68 | 23,27 | 12,02 | 17,49 | 19,67 | 9,89 | 14,39 | 16,19 | 7,82 | 11,38 | 12,80 |
| | VI | 713,83 | 39,26 | 57,10 | 64,24 | | | | | | | | | | | | | | | | | | | | |
| 2 738,99 | I,IV | 386,16 | 21,23 | 30,89 | 34,75 | I | 386,16 | 16,52 | 24,03 | 27,03 | 12,06 | 17,54 | 19,73 | 7,86 | 11,44 | 12,87 | — | 5,72 | 6,43 | — | 1,13 | 1,27 | — | — | — |
| | II | 353,58 | 19,44 | 28,28 | 31,82 | II | 353,58 | 14,82 | 21,56 | 24,26 | 10,46 | 15,22 | 17,12 | 6,36 | 9,25 | 10,40 | — | 3,82 | 4,29 | — | — | — | — | — | — |
| | III | 162,66 | 0,13 | 13,01 | 14,63 | III | 162,66 | — | 7,80 | 8,77 | — | 3,38 | 3,80 | — | — | — | — | — | — | — | — | — | — | — | — |
| | V | 678,66 | 37,32 | 54,29 | 61,07 | IV | 386,16 | 18,84 | 27,41 | 30,83 | 16,52 | 24,03 | 27,03 | 14,26 | 20,74 | 23,33 | 12,06 | 17,54 | 19,73 | 9,93 | 14,44 | 16,25 | 7,86 | 11,44 | 12,87 |
| | VI | 714,91 | 39,32 | 57,19 | 64,34 | | | | | | | | | | | | | | | | | | | | |

1. Ein 22-jähriger Arbeitnehmer mit Lohnsteuerklasse I/0, Konfession: evangelisch, erhält monatlich 2 715,00 EUR brutto.

   Berechnen Sie

   a) den Abzug der Sozialversicherungsbeiträge,

   b) den Abzug der Steuern,

   c) das Nettogehalt.

2. Die Lohnabrechnung eines 25-jährigen Mitarbeiters enthält folgende Angaben: Bruttolohn 2 690,00 EUR, Vermögenswirksame Leistung 40,00 EUR, davon Arbeitgeberzuschuss 20,00 EUR, zu verrechnender Vorschuss 200,00 EUR, Lohnsteuerklasse III/0, Konfession: katholisch.

   Berechnen Sie

   a) den Abzug der Sozialversicherungsbeiträge,

   b) den Abzug der Steuern,

   c) den Auszahlungsbetrag.

3. Ein Arbeitnehmer mit Steuerklasse IV/0 hat ein Bruttogehalt von 2 730,00 EUR. Nach der Geburt von Zwillingen scheidet sein Ehegatte aus dem Berufsleben aus.

   Berechnen Sie

   a) den Abzug der Steuern vor der Geburt der Kinder,

   b) den Abzug der Steuern nach der Geburt der Kinder,

   c) die monatliche Steuerersparnis.

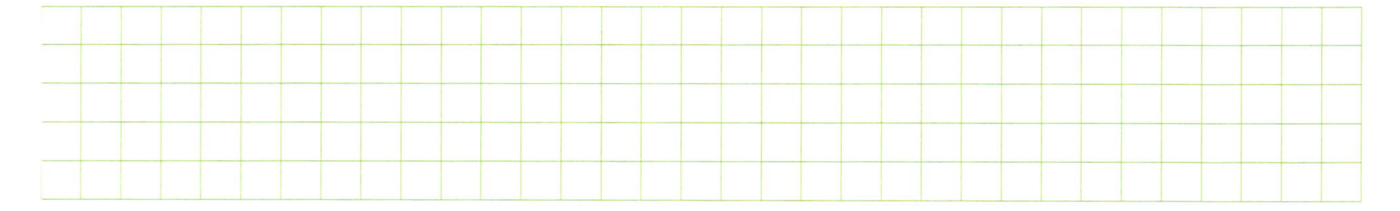

4. Das Bruttoentgelt eines verheirateten Arbeitnehmers beträgt 2 820,00 EUR. Er hat die Steuerklasse III/1,0, ist evangelisch und hat einen monatlichen Steuerfreibetrag von 100,00 EUR.

   Berechnen Sie

   a) den Abzug der Sozialversicherungsbeiträge,

   b) den Abzug der Steuern,

   c) das Nettogehalt.

# 03 Kaufmännische Steuerung



## Situation 1

Als Mitarbeiter in der kaufmännischen Steuerung der Bavaria Fahrradwerke KG kontieren Sie Bestands- und Erfolgsbuchungen und entscheiden, ob der Geschäftsfall erfolgswirksam oder erfolgsneutral ist.

**1. Entscheiden Sie, welche Geschäftsfälle (1) erfolgswirksam oder (9) erfolgsneutral sind.**

a) Die Bavaria Fahrradwerke KG kauft Handelswaren auf Ziel ein. ☐

b) Die Bavaria Fahrradwerke KG tilgt ein Darlehen. ☐

c) Die Bavaria Fahrradwerke KG kauft ein neues PC-System gegen Rechnung. ☐

d) Ein Kunde der Bavaria Fahrradwerke KG überweist eine bereits gebuchte Rechnung. ☐

e) Die Bavaria Fahrradwerke KG überweist die Kfz Steuer vom Bankkonto. ☐

f) Die Bavaria Fahrradwerke KG hebt Wechselgeld für die Kasse vom Bankkonto ab. ☐

**Hinweis zu den Aufgaben 2 – 11:** Führen Sie das Grundbuch unter Nutzung des Kontenplans. Entscheiden Sie durch Ankreuzen, ob der Geschäftsfall erfolgswirksam oder erfolgsneutral ist.

**2. Wir überweisen den Beitrag an die Industrie- und Handelskammer, 750,00 EUR.**

| Soll | | | Haben |
|---|---|---|---|
| | | | |
| | erfolgswirksam | | erfolgsneutral |

**3. Durch Hochwasser werden unsere Warenvorräte vernichtet, die nicht versichert waren, 2 500,00 EUR.**

| Soll | | | Haben |
|---|---|---|---|
| | | | |
| | erfolgswirksam | | erfolgsneutral |

**4. Einzahlung der Tageseinnahmen bei der Hausbank, 450,00 EUR.**

| Soll | | | Haben |
|---|---|---|---|
| | | | |
| | erfolgswirksam | | erfolgsneutral |

**5. Rechnung des Dachdeckers über Reparatur am Dach der Lagerhalle, netto 1 200,00 EUR + Umsatzsteuer.**

| Soll | | | Haben |
|---|---|---|---|
| | | | |
| | | | |
| | erfolgswirksam | | erfolgsneutral |

6. Zahlung einer bereits gebuchten Eingangsrechnung per Banküberweisung, 900,00 EUR.

| Soll | | | Haben |
|---|---|---|---|
| | | | |
| | erfolgswirksam | | erfolgsneutral |

7. Darlehenstilgung durch Banküberweisung 1 500,00 EUR.

| Soll | | | Haben |
|---|---|---|---|
| | | | |
| | erfolgswirksam | | erfolgsneutral |

8. Ausbuchen eines Kassenfehlbetrages über 100,00 EUR.

| Soll | | | Haben |
|---|---|---|---|
| | | | |
| | erfolgswirksam | | erfolgsneutral |

9. Quartalsabrechnung der Bank: Kontoführungsgebühr 26,85 EUR, Sollzinsen 70,00 EUR, Kosten für Zusendung von Ersatzbelegen 8,00 EUR.

| Soll | | | Haben |
|---|---|---|---|
| | | | |
| | | | |
| | erfolgswirksam | | erfolgsneutral |

10. Wir nehmen bei einem Kreditinstitut ein Hypothekendarlehen auf und erhalten den Darlehensbetrag auf unserem Konto gutgeschrieben.

| Soll | | | Haben |
|---|---|---|---|
| | | | |
| | erfolgswirksam | | erfolgsneutral |

11. Die Bavaria Fahrradwerke KG erhält für eine vermietete Lagerhalle 2 500,00 EUR Miete per Banküberweisung.

| Soll | | | Haben |
|---|---|---|---|
| | | | |
| | erfolgswirksam | | erfolgsneutral |

## Situation 2



Sie sind Mitarbeiter in der kaufmännischen Steuerung der Bavaria Fahrradwerke KG und beschäftigen sich mit grundlegenden Fragen zum Rechnungswesen.

**1. Nennen Sie Adressaten, die an einer ordnungsgemäßen Aufzeichnung aller Vorgänge im Unternehmen interessiert sind.**

**2. Beschreiben Sie wesentliche Aufgaben der Finanzbuchhaltung und der Kosten- und Leistungsrechnung.**

**Finanzbuchhaltung:**

**Kosten- und Leistungsrechnung:**

**3. Erläutern Sie, unter welchen Bedingungen die Buchführungsarbeiten den Regeln ordnungsgemäßer Buchführung entsprechen.**

**4. In welchem Fall liegt ein Verstoß gegen die Grundsätze ordnungsgemäßer Buchführung vor?**

a) Ein Außendienstmitarbeiter hat eine Spesenquittung verloren. Nach seinen glaubhaften Angaben wird ein Ersatzbeleg mit den entsprechenden Daten angefertigt und gebucht.

b) Zur Vereinfachung der Buchführung werden Mietaufwendungen und -erträge miteinander verrechnet.

c) Im Mai 2016 werden aus Platzgründen Buchungsbelege aus dem Jahr 2003 einem Entsorgungsunternehmen zur Vernichtung übergeben.

d) In der Buchführung werden Abkürzungen, Ziffern, Buchstaben und Symbole nach einem unternehmensintern aufgestellten Schema verwendet.

e) Buchungsunterlagen werden auf Datenträger gespeichert. Ein Ausdruck auf Papier ist jederzeit möglich.

**5. Geben Sie an, wann die Aufbewahrungsfrist für Buchführungsunterlagen beginnt.**

6. Nennen Sie beispielhaft Buchführungsunterlagen, die 10 bzw. 6 Jahre aufbewahrt werden müssen.

| Aufbewahrungsfrist 10 Jahre | Aufbewahrungsfrist 6 Jahre |
|---|---|
| | |

7. Erklären Sie Grundbuch und Hauptbuch.

Grundbuch:

Hauptbuch:

8. Unterscheiden Sie Kontenrahmen und Kontenplan.

Kontenrahmen:

Kontenplan:

9. Welche Aussage lässt die erste und die letzte Ziffer im IKR zu?

Erste Ziffer:

Letzte Ziffer:

**10. Welche Aussage über die doppelte Buchführung ist falsch?**

a) Durch die Verwendung eines Kontenplans ist es möglich, neben dem Beleghinweis nur die Nummern der betroffenen Konten zu vermerken.

b) Der Kontenrahmen kann nach betriebsspezifischen Bedürfnissen aufgestellt und beliebig gegliedert werden.

c) Die Bavaria Fahrradwerke KG ist unabhängig von ihrer Betriebsgröße zur doppelten Buchführung verpflichtet.

d) Zur doppelten Buchführung gehören Grundbuch und Hauptbuch.

e) Die doppelte Buchführung ermöglicht eine doppelte Erfolgsermittlung durch die Bilanz und durch die Gewinn- und Verlustrechnung.

## Situation 3

Sie sind Mitarbeiter in der Buchhaltung der Bavaria Fahrradwerke KG. Mit Ihren Kolleginnen und Kollegen sind Sie mit den vorbereitenden Arbeiten zum Jahresabschluss beschäftigt.

**1. Unterscheiden Sie Inventur und Inventar.**

**Inventur:**

**Inventar:**

**2. Beschreiben Sie den Zusammenhang zwischen Inventur, Inventar und Buchführung.**

**3. Unterscheiden Sie Stichtagsinventur, verlegte Inventur und permanente Inventur.**

**Stichtagsinventur:**

**Verlegte Inventur:**

**Permanente Inventur:**

**4. Inventurdifferenzen entstehen, wenn die Sollwerte der Buchführung nicht mit den Istwerten der Inventur übereinstimmen. Geben Sie je ein Beispiel für das Zustandekommen eines zu hohen bzw. zu niedrigen Sollwertes.**

**Zu hoher Sollwert:**

**Zu niedriger Sollwert:**

**5. Buchen Sie die folgenden Geschäftsfälle.**

a) In der Kasse ergibt sich ein Fehlbetrag von 220,00 EUR. Die Ursache kann nicht geklärt werden.

| Soll | | | Haben |
|---|---|---|---|
| | | | |

b) Beim Warenbestand ergibt sich ein Überschuss. Die Differenz kann nicht geklärt werden.

| Soll | | | Haben |
|---|---|---|---|
| | | | |

**6. Erklären Sie den Begriff „Bilanz“.**

**7. Welche Aussage über Inventar und Bilanz ist richtig?**

a) Die Aufstellung des Inventars erfolgt nach der Erstellung der Bilanz.

b) Das Inventar ist ein verkürzter Auszug der Bilanz in anderer Form.

c) Das Inventar ist eine ausführliche Aufstellung des Vermögens, die Bilanz eine kurzgefasste Gegenüberstellung von Vermögen und Kapital.

d) Die Aufstellung des Inventars ist freiwillig, die Erstellung der Bilanz vorgeschrieben.

e) Die gesetzliche Aufbewahrungsfrist für Inventar und Bilanz beträgt 10 Jahre.

**8. Bringen Sie die folgenden Aktiva einer Bilanz entsprechend der Gliederung nach dem Liquiditätsprinzip in die richtige Reihenfolge.**

a) Gebäude

b) Bankguthaben

c) Warenbestände

d) Technische Anlagen und Maschinen

e) Forderungen

f) Betriebs- und Geschäftsausstattung

**9. Welcher Posten gehört zum Umlaufvermögen?**

a) Betriebs- und Geschäftsausstattung
b) Warenvorräte
c) betrieblicher Lkw
d) Eigenkapital
e) Bankschulden

**10. Welches Konto und welche seiner Kontenseiten geben Aufschluss über die Herkunft der gesamten finanziellen Mittel einer Unternehmung?**

a) Schlussbilanzkonto – Sollseite
b) Kapitalkonto – Sollseite
c) Schlussbilanzkonto – Habenseite
d) Gewinn- und Verlustkonto – Sollseite
e) Kapitalkonto – Habenseite
f) Gewinn- und Verlustkonto – Habenseite

## Situation 4

Sie sind Mitarbeiter in der Buchhaltung der Bavaria Fahrradwerke KG. Im Rahmen des Jahresabschlusses sind die Abschreibungen für das Anlagevermögen zu berücksichtigen.

**1. Geben Sie die Berechnungsvorschrift für die Anschaffungskosten an.**

| |
|---|
| |
| |
| |
| |

**2. Durch den Kauf eines neuen Lastkraftwagens sind unterschiedliche Ausgaben angefallen. Welche der nachstehenden Positionen ist nicht aktivierungspflichtig?**

a) Überführungskosten des Lastkraftwagens
b) Kosten für Sonderlackierung mit Werbeaufschrift
c) Zulassungskosten beim Straßenverkehrsamt
d) Vorausgezahlte Kraftfahrzeugsteuer für das erste Jahr
e) Einbaukosten für eine zusätzliche Warnblinkanlage

**3. Welche Aussagen zu Abschreibungen treffen zu (1) oder treffen nicht zu (9).**

a) Abschreibungen sind erfolgswirksam.

b) Maximal 50 % der Anschaffungskosten dürfen pro Jahr abgeschrieben werden.

c) Abschreibungen müssen immer degressiv vorgenommen werden.

d) Abschreibungen steigern den Gewinn.

e) Wird im Laufe des Jahres angeschafft, muss zeitanteilig abgeschrieben werden.

f) Abschreibungen mindern das Eigenkapital.

**4. Erklären Sie, warum Abschreibungen vorgenommen werden.**

**5. Nennen Sie drei Gründe für die Wertminderung von Gegenständen des Anlagevermögens.**

**6. Geben Sie die Berechnungsvorschrift für die jährliche lineare Abschreibung in EUR und den entsprechenden linearen Abschreibungssatz in Prozent an.**

Abschreibungsbetrag p. a. (EUR) = ______________________

Abschreibungssatz p. a. (%) = ______________________

**7. Welche Merkmale kennzeichnen die lineare Abschreibung?**

a) Gleicher Abschreibungssatz vom Buchwert – gleicher Abschreibungsbetrag

b) Gleicher Abschreibungssatz vom Buchwert – fallender Abschreibungsbetrag

c) Gleicher Abschreibungssatz vom Anschaffungswert – gleicher Abschreibungsbetrag

d) Gleicher Abschreibungssatz vom Anschaffungswert – fallender Abschreibungsbetrag

e) Fallender Abschreibungssatz vom Buchwert – fallender Abschreibungsbetrag

f) Fallender Abschreibungssatz vom Anschaffungswert – gleicher Abschreibungsbetrag

**8. Sie werden beauftragt, für die folgenden Anlagegüter die Wertansätze für die Bilanz zum 31.12.20.. zu ermitteln. Die erforderlichen Daten sind den Anlagendateien zu entnehmen.**

**Anlagegut 1**

| **Anlagenkonto 0740** | **Bezeichnung des Anlagegutes: Verpackungsmaschine** | | **Anschaffungsdatum: 15.01.20..** |
|---|---|---|---|
| Anschaffungskosten: 72 000,00 EUR | | Voraussichtliche Nutzungsdauer: 6 Jahre (laut AfA-Tabelle) | |
| Jahr | **Lineare Abschreibungsmethode** | | |
| | Abschreibungssatz | Abschreibungsbetrag | Buchwert zum 31.12.20.. |
| erstes Jahr | | | |

**Anlagegut 2**

| **Anlagenkonto 0760** | **Bezeichnung des Anlagegutes: Verpackungsmaschine** | | **Anschaffungsdatum: 05.05.20..** |
|---|---|---|---|
| Anschaffungskosten: 234 000,00 EUR | | Voraussichtliche Nutzungsdauer: 12 Jahre (laut AfA-Tabelle) | |
| Jahr | **Lineare Abschreibungsmethode** | | |
| | Abschreibungssatz | Abschreibungsbetrag | Buchwert zum 31.12.20.. |
| erstes Jahr | | | |

**Ermitteln Sie jeweils**

a) den Abschreibungsbetrag und den Abschreibungssatz im ersten Jahr,

b) den Buchwert am Ende des ersten Jahres.

**Tragen Sie die Ergebnisse in die Tabellen ein.**

**9. Ein Pkw wird zum 30.06.20.. gekauft: Anschaffungskosten 90 000,00 EUR, Nutzungsdauer 6 Jahre.**

a) Bestimmen Sie den Buchwert am Ende des 3. Abschreibungsjahres.

| | |
|---|---|
| Anschaffungskosten | |
| Abschreibung Ende 1. Jahr | |
| Buchwert Ende 1. Jahr | |
| Abschreibung Ende 2. Jahr | |
| Buchwert Ende 2. Jahr | |
| Abschreibung Ende 3. Jahr | |
| Buchwert Ende 3. Jahr | |

b) Zu welchem Preis muss der Pkw im März des 4. Jahres verkauft werden, um keinen Verlust zu erleiden?

| | |
|---|---|
| Buchwert Ende 3. Jahr | |
| Abschreibung für Januar und Februar | |
| Buchwert bei Verkauf | |

c) Buchen Sie die Abschreibung zum Ende des 4. Nutzungsjahres.

| Soll | | | Haben |
|---|---|---|---|
| | | | |

**10.** **Für ein Anlagegut (Lkw), das im Januar angeschafft wurde und seitdem linear abgeschrieben wird, gehen zu Beginn des 4. Nutzungsjahres aus der Anlagendatei folgende Werte hervor:**

Anschaffungswert: 175 000,00 EUR

aufgelaufene (kumulierte) Abschreibung: 105 000,00 EUR

| | Ermitteln Sie für den Lkw | Lösungen |
|---|---|---|
| a) | den jährlichen Abschreibungsbetrag. | |
| b) | die betriebsgewöhnliche Nutzungsdauer. | |
| c) | den Abschreibungssatz (%) (auf eine Nachkommastelle runden). | |
| d) | den Prozentsatz, der zu Beginn des 4. Nutzungsjahres noch abzuschreiben ist. | |
| e) | den Buchwert zum Ende des 4. Jahres. | |

## Situation 5

Sie sind Mitarbeiter in der Buchhaltung der Bavaria Fahrradwerke KG. Im Rahmen des Jahresabschlusses sind weitere abschließende Buchungen vorzunehmen und die Bilanz ist zu analysieren.

**1.** **Schließen Sie die folgenden Konten ab. Bestimmen Sie den Rohgewinn. Der Schlussbestand lt. Inventur beträgt 1 000,00 EUR.**

| S | 2280 Waren | | H |
|---|---|---|---|
| 8000 | 10 000,00 | | |

| S | 6080 Aufwendungen f. Waren | | H |
|---|---|---|---|
| 4400 | 5 000,00 | | |

| S | 5100 Umsatzerlöse f. Waren | | H |
|---|---|---|---|
| | | 2400 | 20 000,00 |

| S | 6081 Bezugskosten | | H |
|---|---|---|---|
| 2880 | 200,00 | | |

| S | 5101 Erlösberichtigungen | | H |
|---|---|---|---|
| 2400 | 500,00 | | |

| S | 8020 GuV | | H |
|---|---|---|---|
| | | | |

**Der Rohgewinn beträgt:**

**2.** **Schließen Sie die folgenden Konten ab. Bestimmen Sie den Rohgewinn. Der Schlussbestand lt. Inventur beträgt 160 000,00 EUR.**

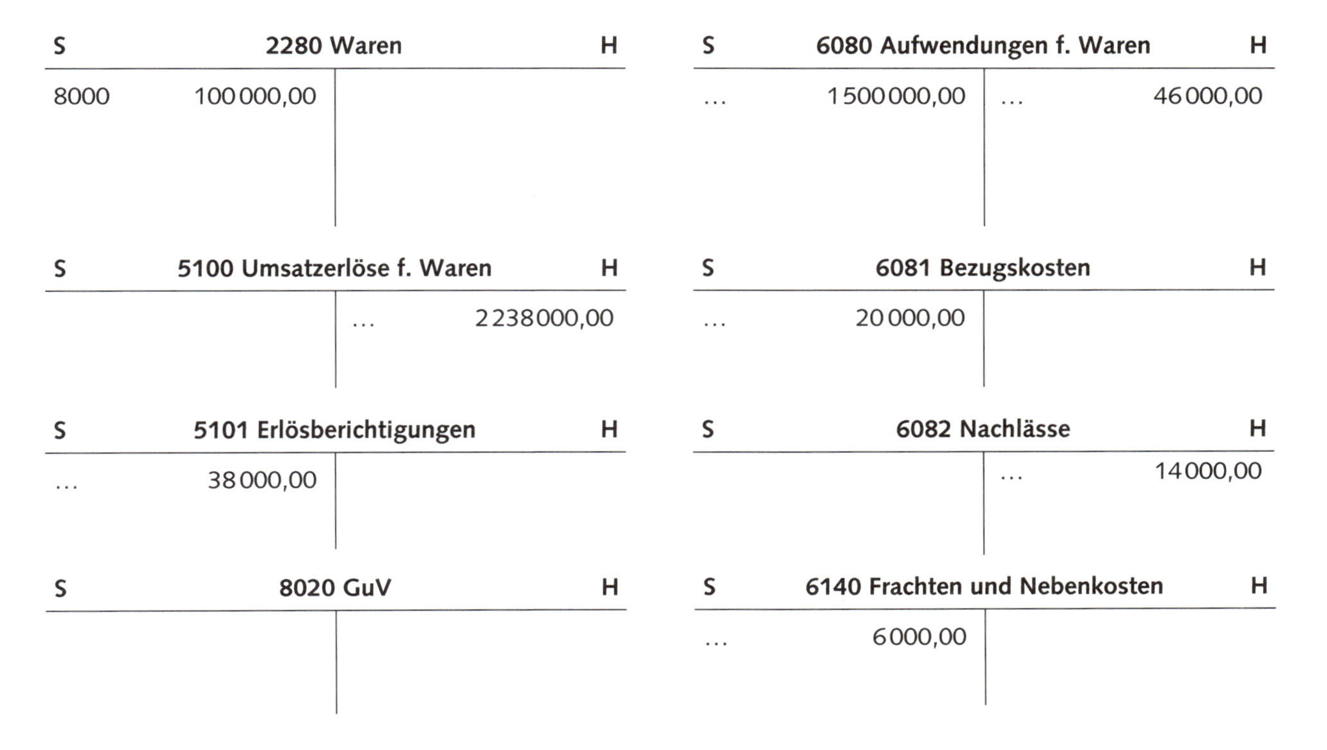


**Der Rohgewinn beträgt:** ______________________

**3.** **Die Warenkonten weisen folgende Beträge auf. Ermitteln Sie den Wareneinsatz.**

| | |
|---|---|
| 2280 Anfangsbestand Waren | 20 200,00 EUR |
| 6080 Aufwendungen für Waren | 125 000,00 EUR |
| 6081 Bezugskosten | 800,00 EUR |
| 6082 Nachlässe | 600,00 EUR |
| 2280 Schlussbestand Waren lt. Inventur | 26 400,00 EUR |

**Der Wareneinsatz beträgt:** ______________________

______________________

**Bilanz für die Aufgaben 4. – 10. (Angaben in TEUR):**

| A | Bilanz | | P |
|---|---|---|---|
| **A. Anlagevermögen** | | **A. Eigenkapital** | 9 000,00 |
| 1. Gebäude | 5 000,00 | **B. Verbindlichkeiten** | |
| 2. Maschinen | 1 560,00 | **I Langfristiges Fremdkapital** | |
| 3. Fuhrpark | 760,00 | 1. Hypotheken | 2 940,00 |
| 4. Betriebs- und Geschäftsausstattung | 880,00 | 2. Darlehen | 3 740,00 |
| **B. Umlaufvermögen** | | **II Kurzfristiges Fremdkapital** | |
| 1. Roh-, Hilfs-, Betriebsstoffe | 4 000,00 | 1. Verbindlichkeiten aus LL | 3 920,00 |
| 2. Fertige/Unfertige Erzeugnisse | 1 800,00 | 2. Sonstige Verbindlichkeiten | 400,00 |
| 3. Forderungen aus LL | 4 200,00 | | |
| 4. Flüssige Mittel | 1 800,00 | | |
| | 20 000,00 | | 20 000,00 |

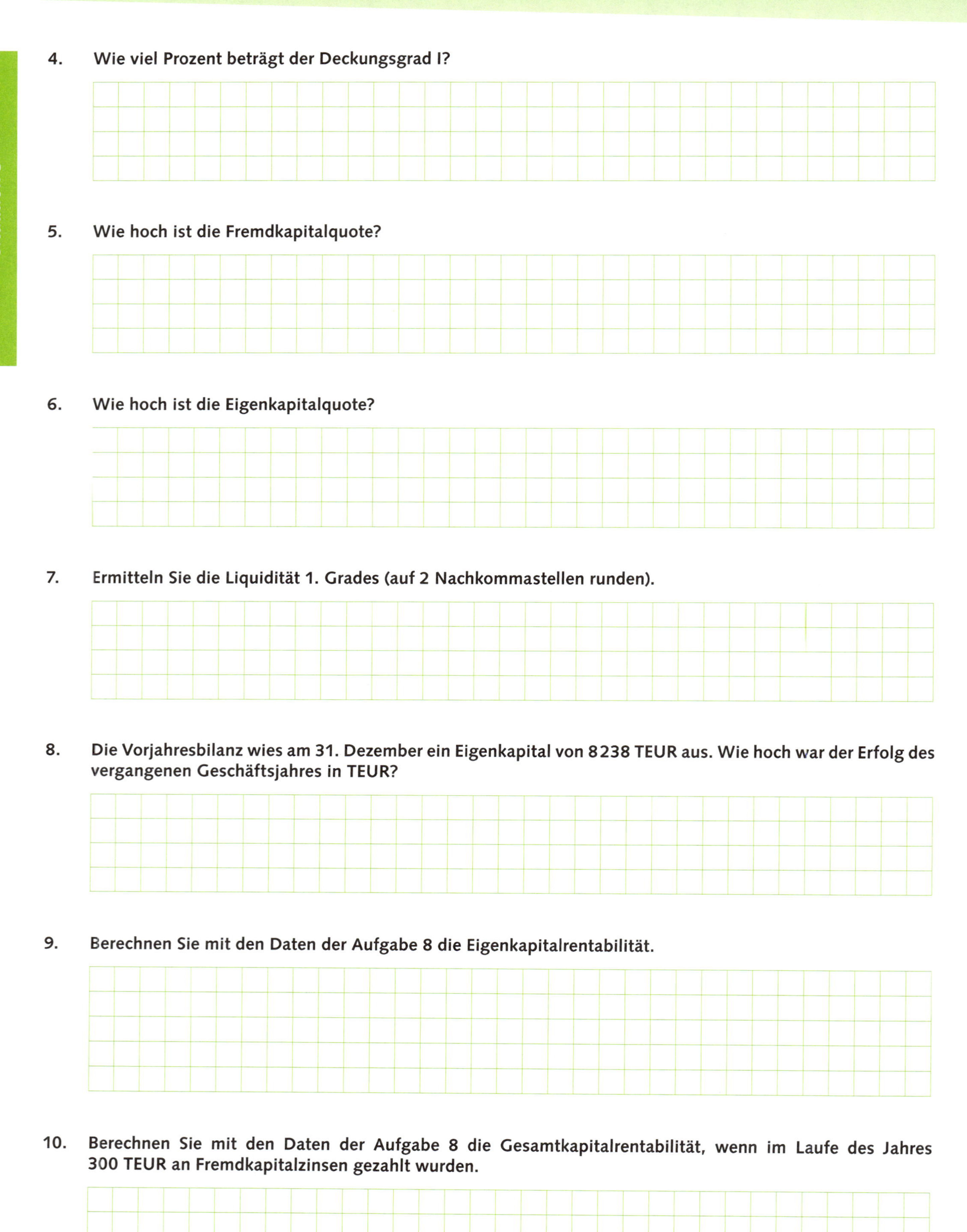

4. Wie viel Prozent beträgt der Deckungsgrad I?

5. Wie hoch ist die Fremdkapitalquote?

6. Wie hoch ist die Eigenkapitalquote?

7. Ermitteln Sie die Liquidität 1. Grades (auf 2 Nachkommastellen runden).

8. Die Vorjahresbilanz wies am 31. Dezember ein Eigenkapital von 8238 TEUR aus. Wie hoch war der Erfolg des vergangenen Geschäftsjahres in TEUR?

9. Berechnen Sie mit den Daten der Aufgabe 8 die Eigenkapitalrentabilität.

10. Berechnen Sie mit den Daten der Aufgabe 8 die Gesamtkapitalrentabilität, wenn im Laufe des Jahres 300 TEUR an Fremdkapitalzinsen gezahlt wurden.

## Situation 6



Als Mitarbeiter im Rechnungswesen der Bavaria Fahrradwerke KG werden Sie gebeten, den Abteilungsleiter bei der Kalkulation von Angebotspreisen zu unterstützen. Zu Ihren Aufgaben gehört die Bezugskalkulation ebenso wie die Ermittlung der Angebotspreise.

1. **Ihnen liegen für die Elektroeinheit eines Pedelecs die folgenden Angebote vor:**

   Angebot I: 700,00 EUR unfrei, Ziel 2 Monate netto oder 2 % Skonto bei Zahlung innerhalb von 10 Tagen

   Angebot II: 710,00 EUR frei Haus, Ziel 2 Monate netto oder 1 % Skonto bei Zahlung innerhalb von 10 Tagen

   An Kosten fallen für Fracht 14,00 EUR und für die Anfuhr (Rollged I) und Abfuhr (Rollgeld II) je 5,00 EUR an.

   **Wie viel EUR kostet das Produkt bei sofortiger Zahlung, wenn das günstigere Angebot gewählt wird?**

2. **Den Einkäufer der Bavaria Fahrradwerke KG erreichen zwei Angebote für Fahrradgepäckträger:**

   Angebot I: Fahrradgepäckträger je Dutzend 240,00 EUR, 3 % Skonto, frachtfrei, Verpackungskosten je Dutzend 4,80 EUR

   Angebot II: Fahrradgepäckträger je Stück 27,50 EUR, 20 % Rabatt, 2 % Skonto, Frachtanteil für je 100 Stück 15,00 EUR

   **Vergleichen Sie Angebot I und II: Wie viel EUR kostet ein Gepäckträger bei sofortiger Zahlung, wenn insgesamt 300 Gepäckträger bestellt werden?**

3. **Der Bezugspreis eines Artikels beträgt 392,00 EUR. Die Großhandlung kalkuliert mit 20 % Handlungskosten, 12,5 % Gewinn und 2 % Kundenskonto. Wie viel EUR beträgt der Zielverkaufspreis?**

4. Ein Artikel wurde zu einem Bareinkaufspreis von 560,00 EUR bezogen. An Rollgeld (Fracht und Hausfracht) fielen insgesamt 20,00 EUR an. Die Selbstkosten belaufen sich auf 725,00 EUR. Mit welchem Handlungskostenzuschlagssatz hat der Händler kalkuliert?

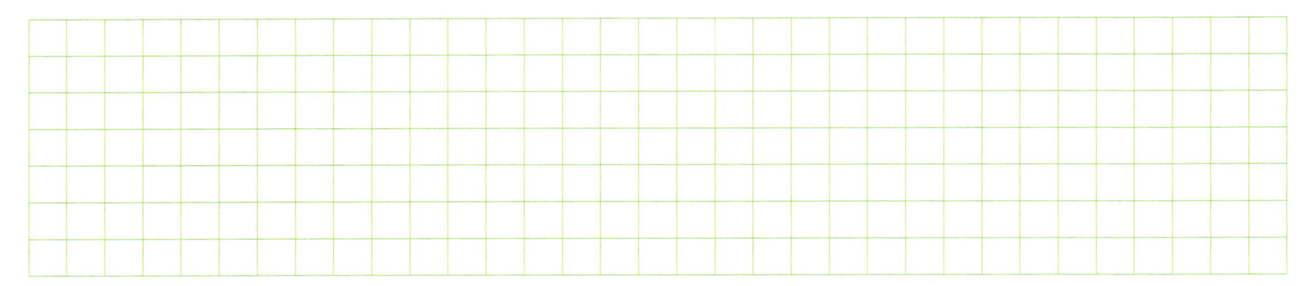

5. Der empfohlene Richtpreis (Zielverkaufspreis) für eine Ware beträgt 1150,52 EUR. Der Händler kalkuliert mit 20 % Handlungskostenzuschlag und 3 % Kundenskonto. Er hat mit einem Einstandspreis von 750,00 EUR zu rechnen. Wie viel EUR und wie viel Prozent beträgt der Gewinn?

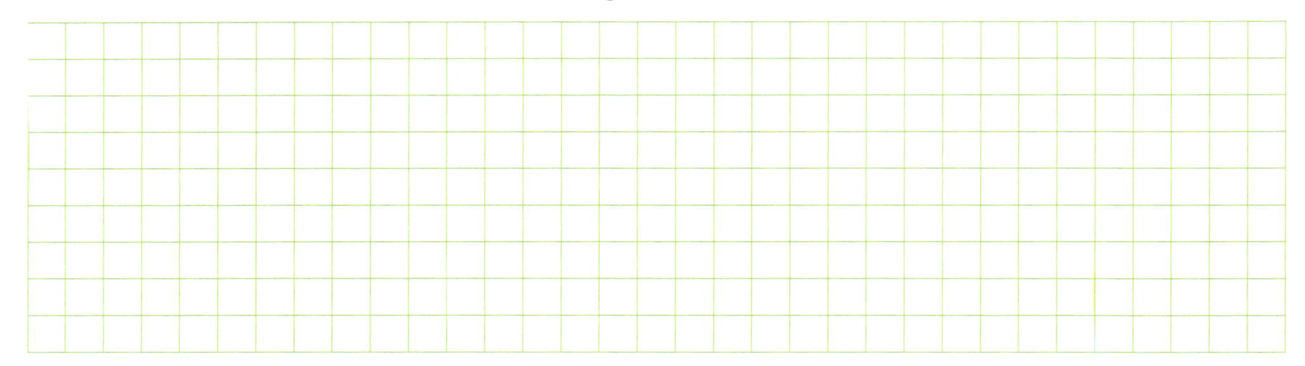

6. Ein Artikel soll im Rahmen einer Sonderaktion für 392,70 EUR einschließlich 19 % Umsatzsteuer verkauft werden. Der Händler kalkuliert mit 25 % Handlungskostenzuschlag und 10 % Gewinn. Wie viel EUR beträgt der Bezugspreis?

7. Wie viel Prozent beträgt die Handelsspanne?

| | |
|---|---|
| Listeneinkaufspreis | 250,00 EUR |
| – Liefererrabatt | 25,00 EUR |
| = Zieleinkaufspreis | 225,00 EUR |
| – Liefererskonto | 4,50 EUR |
| = Bareinkaufspreis | 220,50 EUR |
| + Bezugskosten | 14,50 EUR |
| = Bezugspreis | 235,00 EUR |
| + Handlungskosten | 42,75 EUR |
| = Selbstkosten | 277,75 EUR |
| + Gewinn | 42,25 EUR |
| = Listenverkaufspreis | 320,00 EUR |

**8. Ein Lieferer der Bavaria Fahrradwerke KG gewährt auf eine Handelsware 10 % Rabatt und berechnet 10,00 EUR Bezugskosten. Welcher Kalkulationsfaktor liegt der Berechnung zugrunde, wenn der Listeneinkaufspreis 600,00 EUR beträgt und die Ware für 825,00 EUR verkauft wird?**

**9. Ein Großhändler muss den Listenverkaufspreis einer Ware aus Konkurrenzgründen auf 480,00 EUR senken. Wie viel EUR darf der Bezugspreis dieser Ware höchstens betragen, wenn der Unternehmer mit einem Kalkulationsfaktor von 1,2 rechnet?**

## Situation 7

Als Mitarbeiter im Rechnungswesen der Bavaria Fahrradwerke KG unterstützen Sie den verantwortlichen Sachbearbeiter in der Vollkostenrechnung. Sie machen sich mit wichtigen Grundbegriffen der Vollkostenrechnung vertraut, ermitteln die Selbstkosten als Istkosten und vergleichen die Zahlen mit den Normalkosten.

**1. Unterscheiden Sie Einzel- und Gemeinkosten.**

**Einzelkosten:**

**Gemeinkosten:**

**2. Was versteht man in der Kostenrechnung unter dem Begriff Kostenträger?**

**3. Geben Sie Beispiele für Kostenarten, Kostenträger, Kostenstellen.**

**Kostenarten:**

**Kostenträger:**

**Kostenstellen:**

**4. Woher stammen die Zahlen im Rechnungskreis I der Ergebnistabelle?**

**5. Unter welchen drei Bedingungen sind Aufwendungen als neutrale Aufwendungen abzugrenzen?**

**6. Die noch unvollständige Ergebnistabelle der Bavaria Fahrradwerke KG zeigt für den vergangenen Monat die folgenden Zahlen (vgl. Abbildung, alle Angaben in EUR). Ergänzen Sie die fehlenden Zeilen, ermitteln Sie das Gesamtergebnis, die Teilergebnisse und interpretieren Sie die Daten.**

| **Ergebnistabelle** | | | | | | | | | |
|---|---|---|---|---|---|---|---|---|---|
| Finanzbuchhaltung | | | | Kosten- und Leistungsrechnung | | | | | |
| Gesamtergebnisrechnung der Finanzbuchhaltung | | | | Abgrenzungsrechnung | | Kostenrechn. Korrekturen | | Betriebsergebnisrechnung | |
| Konto | | Aufwendungen | Erträge | neutrale Aufwendungen | neutrale Erträge | betriebl. Aufwendungen | verrechnete Kosten | Kosten | Leistungen |
| 5000 | Umsatzerlöse | | 290000 | | | | | | 290000 |
| 5200 | Bestandsveränderungen (Mehrbestand) | | 48000 | | | | | | |
| 5400 | Nebenerlöse aus Vermietung und Verpachtung | | 18000 | | 18000 | | | | |
| 5460 | Erträge aus Abgang von Vermögen | | 5000 | | | | | | |
| 5710 | Zinserträge | | 8000 | | 8000 | | | | |
| 6000 | Rohstoffaufwendungen | 75000 | | | | 75000 | 70000 | 70000 | |
| 6160 | Fremdinstandhaltung | 3000 | | | | | | 3000 | |
| 6200 | Löhne | 65000 | | | | | | 65000 | |
| 6300 | Gehälter | 18000 | | | | | | | |
| 6400 | AG-Anteil zur Sozialversicherung | 9500 | | | | | | 9500 | |
| 6520 | Abschreibungen | 21000 | | | | 21000 | 25000 | 25000 | |
| 6700 | Mieten, Pachten | 40000 | | 5000 | | | | 35000 | |
| 6800 | Büromaterial | 1500 | | | | | | 1500 | |
| 6960 | Verluste aus Abgang von Vermögen | 2500 | | | | | | | |
| 7510 | Zinsaufwendungen | 8000 | | | | 8000 | 16000 | 16000 | |
| | Unternehmerlohn | | | | | | 8000 | 8000 | |
| | **Summen** | | | | | | | | |
| | **Saldo** | | | | | | | | |
| | **Summen** | | | | | | | | |

**7. Ermitteln Sie im folgenden vereinfachten BAB die Herstellkosten (alle Angaben in EUR).**

| Kostenarten | Gemeinkosten | Material | Fertigung | Verwaltung | Vertrieb |
|---|---|---|---|---|---|
| insgesamt | 276 000,00 | 24 500,00 | 168 000,00 | 51 000,00 | 32 500,00 |

Das Fertigungsmaterial beträgt 440 000,00 EUR, die Fertigungslöhne betragen 123 000,00 EUR.

**8. Aus einem Betriebsabrechnungsbogen stehen Ihnen folgende Zahlen zur Verfügung:**

| | |
|---|---|
| Fertigungsmaterial: | 40 180,00 EUR |
| Materialgemeinkosten: | 4 820,00 EUR |
| Fertigungslöhne: | 122 000,00 EUR |
| Fertigungsgemeinkosten: | 52 000,00 EUR |
| Vertriebsgemeinkosten: | 10 920,00 EUR |

a) Bestimmen Sie die Herstellkosten.

b) Bestimmen Sie den Zuschlagssatz für die Vertriebsgemeinkosten.

**9. Mithilfe der Nachkalkulation ist der tatsächlich erzielte Gewinn zu überprüfen.**

| | Vorkalkulation (EUR) | Nachkalkulation (EUR) | |
|---|---|---|---|
| Selbstkosten | 50 000,00 | | 52 000,00 |
| Gewinn | 8 000,00 | ? % | |
| Barverkaufspreis | 58 000,00 | | |
| Kundenrabatt | 11 888,00 | 20 % | |
| Listenverkaufspreis | 69 888,00 | | 69 888,00 |

**Wie viel EUR bzw. Prozent beträgt der tatsächlich erzielte Gewinn?**

**10. Sie sind damit beschäftigt, die Nachkalkulation für einen Auftrag durchzuführen. Der in der nachstehenden Vorkalkulation ermittelte Barverkaufspreis wurde dem Kunden fest zugesagt.**

**Folgende tatsächlich angefallenen Kosten wurden Ihnen von der Produktion übermittelt:**

Fertigungsmaterial: 35 700,00 EUR
Fertigungslöhne/Stunde: 35,20 EUR
Fertigungsstunden: 2 050

Die Zuschlagssätze für die Gemeinkosten bleiben unverändert.

| | % | Vorkalkulation (EUR) | % | Nachkalkulation (EUR) |
|---|---|---|---|---|
| Fertigungsmaterial | | 34 900,00 | | |
| + Materialgemeinkosten | 35,00 | 12 215,00 | | |
| = Materialkosten | | 47 115,00 | | |
| Fertigungslöhne | | 71 500,00 | | |
| + Fertigungsgemeinkosten | 150,00 | 107 250,00 | | |
| = Fertigungskosten | | 178 750,00 | | |
| Herstellkosten | | 225 865,00 | | |
| + Verwaltungsgemeinkosten | 18,00 | 40 655,70 | | |
| + Vertriebsgemeinkosten | 12,00 | 27 103,80 | | |
| = Selbstkosten | | 293 624,50 | | |
| + Gewinn | 12,50 | 36 703,06 | | |
| = Barverkaufspreis | | 330 327,56 | | |

**Ermitteln Sie die tatsächlich angefallenen Werte:**

a) Materialkosten
b) Fertigungskosten
c) Selbstkosten
d) Gewinn in EUR
e) Gewinn in Prozent (auf 2 Nachkommastellen runden).

**11. Die Bavaria Fahrradwerke KG produziert Damenfahrräder in Serienfertigung. Da bei der letzten Serie eine starke Abweichung der Istkosten von den Normalkosten festgestellt wurde, ist bei der neu angelaufenen Serie jede Woche mithilfe des dargestellten Auszugs aus dem Betriebsabrechnungsbogen die Einhaltung der kalkulierten Normalkosten zu überwachen.**

**Ermitteln Sie die tatsächlichen Herstellkosten und die Ist-Zuschlagssätze.**

| Kostenarten | Kostenstellen | | | |
|---|---|---|---|---|
| | Material (EUR) | Fertigung (EUR) | Verwaltung (EUR) | Vertrieb (EUR) |
| Gemeinkosten | 50 000,00 | 116 000,00 | 14 000,00 | 24 000,00 |
| | Fertigungsmaterial | Fertigungslöhne | | |
| Einzelkosten | 250 000,00 | 42 500,00 | | |
| Herstellkosten | | | | |
| Ist-Zuschlagssätze | | | | |

**12. Für einen größeren Auftrag sollen Sie die Vorkalkulation durchführen. Folgende Zahlen liegen Ihnen vor:**

| | | | |
|---|---|---|---|
| Fertigungsmaterial: | 30000,00 EUR | Materialgemeinkosten: | 25,00 % |
| Fertigungslöhne: | 62000,00 EUR | Fertigungsgemeinkosten: | 90,00 % |

**Berechnen Sie die Herstellkosten.**

**13. Für einen Spezialbehälter wurden Selbstkosten in Höhe von 2275,00 EUR ermittelt.**

Das Unternehmen rechnet mit 12 % Materialgemeinkosten, 120 % Fertigungsgemeinkosten und insgesamt 25 % Verwaltungs- und Vertriebsgemeinkosten. Für Fertigungslöhne werden 420,00 EUR veranschlagt.

**Wie viel EUR werden für Fertigungsmaterial eingesetzt?**

**14. Aus der Kostenträgerzeitrechnung ergeben sich die nachstehenden Daten:**

| Kostenträgerzeitrechnung | Normalkosten (EUR) |
|---|---|
| Fertigungsmaterial | 30000,00 |
| + Materialgemeinkosten (5 %) | 1500,00 |
| + Fertigungslöhne | 50000,00 |
| + Fertigungsgemeinkosten (120 %) | 60000,00 |
| = Herstellkosten | 141500,00 |
| + Verwaltungsgemeinkosten (8 %) | |
| + Vertriebsgemeinkosten (12 %) | |
| = Selbstkosten | |

| | |
|---|---|
| Nettoverkaufserlöse | 184000,00 |
| – Selbstkosten | |
| = Umsatzergebnis | |
| ± Über-/Unterdeckung | |
| = Betriebsergebnis | 17600,00 |

**Wie viel EUR betragen die Selbstkosten?**

**Wie viel EUR beträgt die Kostenüber- bzw. Kostenunterdeckung?**

**15. In einem Produktionszweig der Bavaria Fahrradwerke KG müssen monatlich die Normalkosten mit den Istkosten verglichen werden.**

a) Bestimmen Sie die Istkostenzuschlagssätze und berechnen Sie die Über- bzw. Unterdeckung für jede Kostenstelle und insgesamt.

**Bavaria Fahrradwerke KG**
**Betriebsabrechnungsbogen mit Istgemeinkosten und Istzuschlägen für den Monat Januar 20..**

| | | | | Kostenstellen | | | |
|---|---|---|---|---|---|---|---|
| **Januar 20..** | | **Gemeinkosten** | **Summe aus KLR** | **Material** | **Fertigung** | **Verwaltung** | **Vertrieb** |
| Fertigungslöhne | 65800,00 | Hilfs- und Betriebsstoffe | 13550,00 | 600,00 | 12250,00 | 0,00 | 700,00 |
| | | Hilfslöhne | 19950,00 | 1500,00 | 16800,00 | 600,00 | 1050,00 |
| Fertigungsmaterial | 53200,00 | Gehälter | 32800,00 | 2400,00 | 5900,00 | 21300,00 | 3200,00 |
| | | Soziale Abgaben | 20400,00 | 700,00 | 13900,00 | 4800,00 | 1000,00 |
| | | Abschreibungen | 12300,00 | 1200,00 | 7200,00 | 2400,00 | 1500,00 |
| | | Betriebssteuern | 4800,00 | 0,00 | 3600,00 | 1200,00 | 0,00 |
| | | sonstige Kosten | 12050,00 | 1800,00 | 2500,00 | 6000,00 | 1750,00 |
| | | **Summe** | | | | | |
| | | **Zuschlagsgrundlage** | | | | | |
| | | **Istzuschlagssatz** | | | | | |
| | | **Normalzuschlagssatz** | | 15,0 % | 96,0 % | 19,0 % | 5,0 % |
| | | **Zuschlagsgrundlage** | | | | | |
| | | **Normalgemeinkosten** | | 7980,00 | 63168,00 | 36128,12 | 9507,40 |
| | | **Über- bzw. Unterdeckung** | | | | | |
| | | **Kostendeckung gesamt** | | | | | |

b) Geben Sie Gründe für die Kostenüberdeckung in der Kostenstelle Fertigung an.

## Situation 8

Als Mitarbeiter im Rechnungswesen der Bavaria Fahrradwerke KG bearbeiten Sie das Produktsegment Kinderfahrräder. Der hohe Konkurrenzdruck in dieser Sparte führt zu deutlich schwankenden Kapazitätsauslastungen. Daher wird hier mit der Deckungsbeitragsrechnung gearbeitet.

**1. Unterscheiden Sie variable Kosten und Fixkosten.**

**Variable Kosten:** ____________________

**Fixkosten:** ____________________

**2. Definieren Sie den Begriff „Deckungsbeitrag".**

____________________

____________________

____________________

**3. Die Break-Even-Analyse dient der Kontrolle in der Gegenwart und der Planung für die Zukunft. Beschriften Sie die folgende Grafik, indem Sie die richtigen Begriffe den Zahlen zuordnen.**

1. ____________________
2. ____________________
3. ____________________
4. ____________________
5. ____________________
6. ____________________

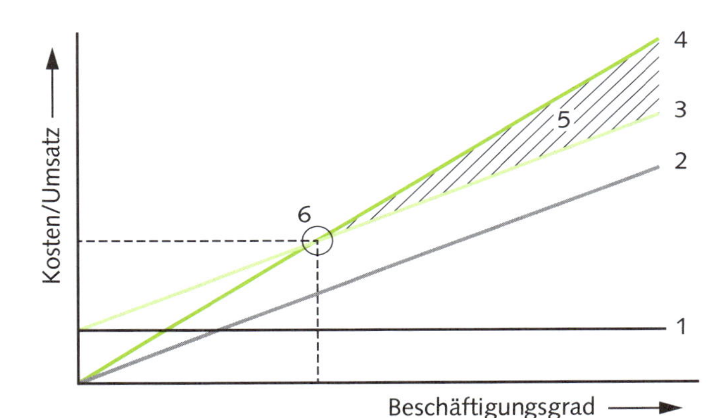


**4. Die Bavaria Fahrradwerke KG will die Verkaufspreise ändern. Welche Auswirkung hätte eine Preiserhöhung bzw. Preissenkung auf die Gewinnschwelle?**

____________________

____________________

____________________

____________________

**5. Da der Absatz in den ersten Monaten des Jahres stark rückläufig war, hat die Geschäftsleitung beschlossen, im Monat Mai die Nettoverkaufspreise drastisch zu senken. Bestimmen Sie den Stückdeckungsbeitrag im Monat Mai, wenn folgende Zahlen vorliegen:**

Nettoverkaufspreis/Stück: 5,00 EUR; variable Stückkosten: 2,80 EUR; Fixkostenanteil/Stück: 2,00 EUR

**Stückdeckungsbeitrag =** ____________________

6. **Ihnen liegt folgende Kosten-Erlös-Übersicht zur Analyse vor.**

| Ausbringungsmenge in Stück | Fixkosten in EUR | Variable Kosten in EUR | Gesamtkosten in EUR | Erlöse in EUR | Gewinn/Verlust in EUR |
|---|---|---|---|---|---|
| 0 | 15000,00 | 0,00 | 15000,00 | 0,00 | – 15000,00 |
| 50 | 15000,00 | 3000,00 | 18000,00 | 6000,00 | – 12000,00 |
| 100 | 15000,00 | 6000,00 | 21000,00 | 12000,00 | – 9000,00 |
| 150 | 15000,00 | 9000,00 | 24000,00 | 18000,00 | – 6000,00 |
| 200 | 15000,00 | 12000,00 | 27000,00 | 24000,00 | – 3000,00 |
| 250 | 15000,00 | 15000,00 | 30000,00 | 30000,00 | 0,00 |
| 300 | 15000,00 | 18000,00 | 33000,00 | 36000,00 | 3000,00 |
| 350 | 15000,00 | 21000,00 | 36000,00 | 42000,00 | 6000,00 |
| 400 | 15000,00 | 24000,00 | 39000,00 | 48000,00 | 9000,00 |
| 450 | 15000,00 | 27000,00 | 42000,00 | 54000,00 | 12000,00 |
| 500 | 15000,00 | 30000,00 | 45000,00 | 60000,00 | 15000,00 |

**Berechnen Sie anhand der Tabelle:**

a) die variablen Stückkosten.

b) die fixen Stückkosten bei einer Menge von 300 Stück.

c) den Marktpreis je Stück.

d) den Deckungsbeitrag je Stück.

e) die Gewinnschwelle (Break-Even-Point).

**7. In der Sparte „Einräder" der Bavaria Fahrradwerke KG sind die Verkaufszahlen in den letzten Monaten stark rückläufig. Die Produktion ist nur zu 60 % ausgelastet. Die Abteilung wird als Profitcenter geführt und die Fixkosten lassen sich hinreichend genau zuordnen. Die Sparte kalkuliert mit folgenden Normalzuschlagssätzen:**

| | |
|---|---|
| Materialgemeinkosten: | 10 % |
| Fertigungsgemeinkosten: | 110 % |
| Verwaltungs- und Vertriebsgemeinkosten: | 20 % |

Aufgrund des geringen Beschäftigungsgrades und der damit verbundenen schlechten Ertragslage kommt dem Unternehmen die Anfrage eines großen französischen Fahrradhändlers gerade recht, der in den nächsten zwei Jahren monatlich 4500 Einräder zu einem Preis von 290,00 EUR pro Stück abnehmen will. Die Bavaria Fahrradwerke KG kann monatlich 5000 Einräder herstellen. Durch den Großauftrag wären ihre Kapazitäten für die nächsten zwei Jahre zu 90 % ausgelastet. Für das Einrad rechnet man mit Fertigungsmaterial in Höhe von 91,00 EUR je Stück und Fertigungslöhnen in Höhe von 71,38 EUR je Stück.

a) Berechnen Sie auf der Basis der Gemeinkostenzuschlagssätze der Vollkostenrechnung die Selbstkosten, die der Bavaria Fahrradwerke KG bei der Produktion eines Einrades entstehen würden.

b) Entscheiden Sie auf Basis obiger Rechnung, ob die Bavaria Fahrradwerke KG den Auftrag annehmen soll? Berechnen Sie dazu das von der Vollkostenrechnung für den Zusatzauftrag prognostizierte Betriebsergebnis.

c) Eine genauere Analyse der Kosten ergibt, dass sich die Fixkosten der Sparte auf monatlich 300000,00 EUR belaufen. Ermitteln Sie die variablen Kosten pro Stück und entscheiden Sie auf Basis der Teilkostenrechnung, ob die Bavaria Fahrradwerke KG den Auftrag annehmen sollte. Begründen Sie Ihre Entscheidung.

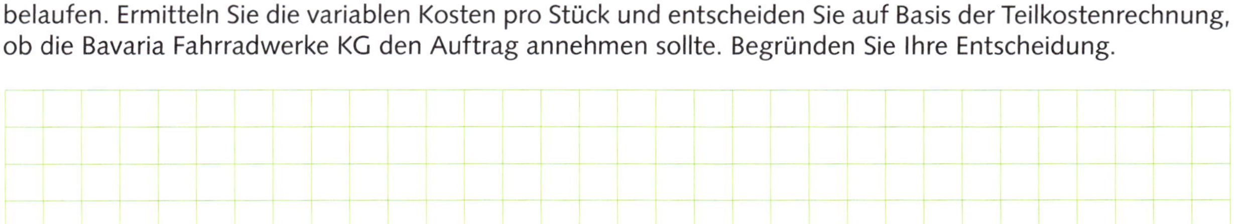

d) Stellen Sie die Kapazitätsgrenze sowie die Kosten- und Erlösfunktion bei Annahme des Auftrags unter Berücksichtigung der fixen und variablen Kosten grafisch dar.

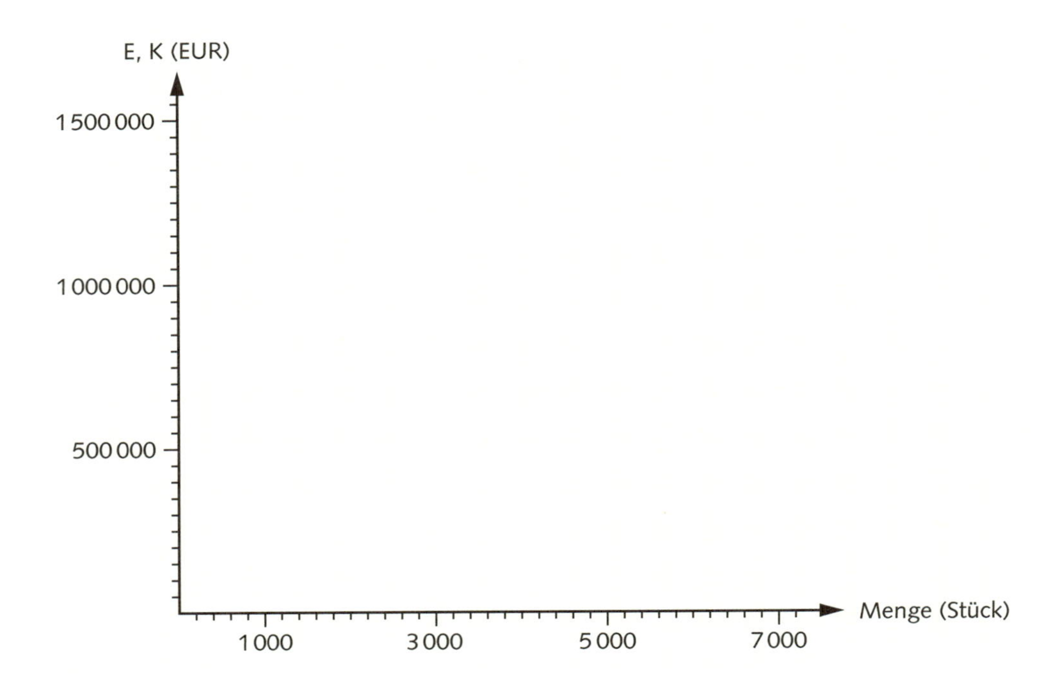


e) Bevor ein Vertrag mit dem französichen Auftraggeber zustande kommt, will dieser den Preis neu verhandeln, da ihm inzwischen günstigere Angebote aus Osteuropa vorliegen. Mit welcher Preisuntergrenze könnte die Bavaria Fahrradwerke KG in diese Verhandlungen eintreten,

ea) wenn alle Kosten gedeckt werden sollen?

eb) wenn auf eine vollständige Kostendeckung verzichtet wird bzw. werden muss?

**8.** **Ein Unternehmen rechnet bei der Herstellung eines Produkts mit variablen Kosten von 50,00 EUR pro Stück und Fixkosten in Höhe von 75 000,00 EUR pro Monat. Die Kapazitätsgrenze liegt bei 2 000 Stück pro Monat. Aufgrund der Marktlage wird das Produkt zu einem Preis von 100,00 EUR pro Stück verkauft. Da der Betrieb seine Produktion flexibel der Auftragslage anpasst, wird die gesamte hergestellte Menge auch im Abrechnungszeitraum abgesetzt.**

**Bestimmen Sie rechnerisch die Gewinnschwellenmenge.**

**9.** **Das Unternehmen aus Aufgabe 8 erhält von einem Kunden die Anfrage, neben den bereits im nächsten Monat produzierten und verkauften 1600 Stück weitere 200 Stück zu liefern. Der Kunde ist allerdings nur bereit 75,00 EUR für den Zusatzauftrag zu zahlen. Stellen Sie mithilfe der Deckungsbeitragsrechnung fest, ob sich der Zusatzauftrag lohnt.**

| | 1600 Stück | 200 Stück | Gesamt |
|---|---|---|---|
| | | | |
| | | | |
| | | | |
| | | | |
| | | | |

**10.** **Erläutern Sie das Gesetz der Massenproduktion.**

## Situation 9

Als Mitarbeiter in der Buchführung der Bavaria Fahrradwerke KG bearbeiten Sie Eingangs- und Ausgangsrechnungen. Die folgenden Geschäftsfälle sind noch zu kontieren. Tragen Sie jeweils die Kontennummer und Kontenbezeichnung der betroffenen Konten ein. Nutzen Sie den Kontenplan.

**1. Wir senden defekte Ledersättel an den Hersteller zurück und erhalten eine Rechnungskorrektur.**

| Soll | | | Haben |
|---|---|---|---|
| | | | |
| | | | |

**2. Ein Kunde bezahlt unsere Warenrechnung per Postbanküberweisung.**

| Soll | | | Haben |
|---|---|---|---|
| | | | |

**3. Wir belasten den Kunden mit 119,00 EUR für zu Unrecht abgezogenen Skonto (Überschreitung der Zahlungsfrist).**

| Soll | | | Haben |
|---|---|---|---|
| | | | |
| | | | |

**4. Wir verkaufen Waren auf Ziel, Listenpreis 5000,00 EUR, abzüglich 12 % Rabatt, zuzüglich 100,00 EUR Verpackung und 150,00 EUR Fracht sowie 19 % Umsatzsteuer.**

| Soll | | | Haben |
|---|---|---|---|
| | | | |
| | | | |

**5. Rechnungskorrektur an einen Kunden, da bei Rechnungsstellung der vertraglich vereinbarte Rabatt nicht in Abzug gebracht wurde.**

| Soll | | | Haben |
|---|---|---|---|
| | | | |
| | | | |

6. Wir kaufen Waren auf Ziel.

| Soll | | | Haben |
|---|---|---|---|
| | | | |
| | | | |

7. Ein Kunde der Bavaria Fahrradwerke KG zahlt seine Rechnung über 285 600,00 EUR unter Abzug von 3 % Skonto.

| Soll | | | Haben |
|---|---|---|---|
| | | | |
| | | | |
| | | | |

8. Buchen Sie eine Rechnung des Spediteurs über Ausgangsfracht zuzüglich Umsatzsteuer.

| Soll | | | Haben |
|---|---|---|---|
| | | | |
| | | | |

9. Wir stellen unserem Kunden Transportkosten (Fracht für die Lieferung von Waren) in Rechnung.

| Soll | | | Haben |
|---|---|---|---|
| | | | |
| | | | |

10. Wir erteilen unserem Kunden für die Rücklieferung von fehlerhafter Ware eine Rechnungskorrektur in Höhe von 200,00 EUR zuzüglich Umsatzsteuer.

| Soll | | | Haben |
|---|---|---|---|
| | | | |
| | | | |

11. Wir verkaufen Handelswaren auf Ziel und gewähren dem Abnehmer auf den Listenpreis von 50 000,00 EUR 20 % Händlerrabatt.

| Soll | | | Haben |
|---|---|---|---|
| | | | |
| | | | |

12. Wir kaufen Handelswaren auf Ziel, netto 25 000,00 EUR.

| Soll | | | Haben |
|---|---|---|---|
| | | | |
| | | | |

13. Der Lieferant stellt uns zu Aufgabe 12 Frachtkosten in Höhe von 100,00 EUR (netto) in Rechnung.

| Soll | | | Haben |
|---|---|---|---|
| | | | |
| | | | |

14. Rücksendung mangelhaft gelieferter Waren an den Lieferer, netto 1200,00 EUR.

| Soll | | | Haben |
|---|---|---|---|
| | | | |
| | | | |

15. Die Bavaria Fahrradwerke KG zahlt eine Liefererrechnung für Handelswaren in Höhe von 1785,00 EUR unter Abzug von 2,5 % Skonto.

| Soll | | | Haben |
|---|---|---|---|
| | | | |
| | | | |
| | | | |

16. Die Eingangsrechnung Nr. 27465/20.. über Fahrradhelme ist zu buchen: netto 75 000,00 EUR zuzüglich der Frachtrechnung in Höhe von 1400,00 EUR netto.

| Soll | | | Haben |
|---|---|---|---|
| | | | |
| | | | |
| | | | |

17. Zum Jahresende ergibt sich bei den Waren ein Mehrbestand von 2 000,00 EUR.

| Soll | | | Haben |
|---|---|---|---|
| | | | |
| | | | |

**Für die nächsten vier Aufgaben ist der Auszug aus den Kunden- und Lieferantenkonten der Bavaria Fahrradwerke KG zu beachten.**

| Konto-Nr. | Kunde | Konto-Nr. | Lieferant |
|---|---|---|---|
| 2401 | Radhandel Maier e. K.<br>Braker Landstr. 16<br>33729 Bielefeld | 4401 | DEKRUPA-PLASTA AG<br>Bochumer Str. 5<br>45276 Essen |

**18. Die Bavaria Fahrradwerke KG erhält von der DEKRUBA-PLASTA AG eine Rechnung über Fahrradhelme: Nettowert 2 500,00 EUR, Transportkosten 150,00 EUR, Umsatzsteuersatz 19 %.**

| Soll | | | Haben |
|---|---|---|---|
| | | | |
| | | | |
| | | | |

**19. Die Bavaria Fahrradwerke KG versendet eine Ausgangsrechnung über 100 Schutzhelme an ihren Kunden Radhandel Maier e. K., Warenwert 4 500,00 EUR netto zuzüglich 19 % Umsatzsteuer, Versandkosten 180,00 EUR.**

| Soll | | | Haben |
|---|---|---|---|
| | | | |
| | | | |

**20. Die Bavaria Fahrradwerke KG zahlt die Eingangsrechnung der DEKRUBA-PLASTA AG (Aufgabe 18) unter Abzug von 2,5 % Skonto per Banküberweisung.**

| Soll | | | Haben |
|---|---|---|---|
| | | | |
| | | | |
| | | | |

**21. Der Radhandel Maier e. K. zahlt die Ausgangsrechnung (Aufgabe 19) unter Abzug von 3 % Skonto per Banküberweisung.**

| Soll | | | Haben |
|---|---|---|---|
| | | | |
| | | | |
| | | | |

## Situation 10

Zum Rechnungsabschluss sind in der Bavaria Fahrradwerke KG noch einige Buchungen rund um die Anlagenbuchführung und die Vor- bzw. Umsatzsteuer zu erledigen.

**1. Am 12.01.20.. wird in den Bavaria Fahrradwerken ein neuer Lkw auf Ziel angeschafft.**

| | |
|---|---:|
| Listeneinkaufspreis: | 120 000,00 EUR |
| Rabatt: | 15 % |
| Skonto: | 3 % |
| Werbelackierung: | 2 500,00 EUR |
| Überführung: | 850,00 EUR |
| Zulassung: | 400,00 EUR |
| Kfz-Steuer für das erste Jahr, Banküberweisung: | 1 750,00 EUR |
| Erste Tankfüllung, brutto, Banküberweisung: | 590,00 EUR |

**a) Ermitteln Sie die Anschaffungskosten.**

**b) Buchen Sie die Anschaffung des Lkws, die Kfz-Steuer sowie die erste Tankfüllung.**

| Soll | | | Haben |
|---|---|---|---|
| | | | |
| | | | |

| Soll | | | Haben |
|---|---|---|---|
| | | | |

| Soll | | | Haben |
|---|---|---|---|
| | | | |
| | | | |

**2. Zum 25.05.20.. wird ein neuer Pkw gegen Rechnung für 59 976,00 EUR brutto gekauft.**

**a) Berechnen Sie die Abschreibung im Jahr der Anschaffung, wenn die Nutzungsdauer 6 Jahre beträgt.**

**b) Bestimmen Sie den Buchwert am Ende des ersten vollen Nutzungsjahres.**

3. **Kauf einer Produktionsanlage auf Ziel:**
   Listeneinkaufspreis 200 000,00 EUR
   – 10 % Rabatt
   – 2 % Skonto
   + Fracht und Rollgeld 2 200,00 EUR
   + Montage 1 700,00 EUR
   + Umsatzsteuer

   **Wie lautet die Buchung bei Anschaffung der Produktionsanlage?**

| Soll | | | Haben |
|---|---|---|---|
| | | | |
| | | | |

4. **Vom Buchwert des Fuhrparks sind 20 % zum 31.12. abzuschreiben.**

| Soll | | | Haben |
|---|---|---|---|
| | | | |

5. **Ein Grundstücksmakler stellt beim Kauf eines Betriebserweiterungsgeländes seine Provision in Höhe von 8 000,00 EUR zuzüglich Umsatzsteuer in Rechnung. Die Provision ist zu aktivieren.**

| Soll | | | Haben |
|---|---|---|---|
| | | | |
| | | | |

6. **Zum Abschluss der Rechnungsperiode ist die Umsatzsteuerzahllast zu ermitteln. Die Umsatzsteuer ist größer als die Vorsteuer. Wie lautet die vorbereitende Abschlussbuchung?**

| Soll | | | Haben |
|---|---|---|---|
| | | | |

7. **Zum Abschluss der Rechnungsperiode ist die Umsatzsteuerzahllast zu passivieren.**

| Soll | | | Haben |
|---|---|---|---|
| | | | |

8. **Zu Beginn des neuen Jahres ist die Umsatzsteuerzahllast an das Finanzamt zu überweisen.**

| Soll | | | Haben |
|---|---|---|---|
| | | | |

9. **Wie wäre zum Abschluss der Rechnungsperiode ein Vorsteuerüberhang zu aktivieren?**

| Soll | | | Haben |
|---|---|---|---|
| | | | |

## Situation 11

In der Bavaria Fahrradwerke KG sind noch Eingangs- und Ausgangsrechnungen auf sachliche und rechnerische Richtigkeit zu prüfen und die folgenden Belege zu buchen.

**1. Geben Sie je drei Beispiele für Eigenbelege und Fremdbelege.**

**Eigenbelege:**

**Fremdbelege:**

**2. Prüfen Sie die Rechnung mithilfe des Lieferscheins auf sachliche und rechnerische Richtigkeit.**

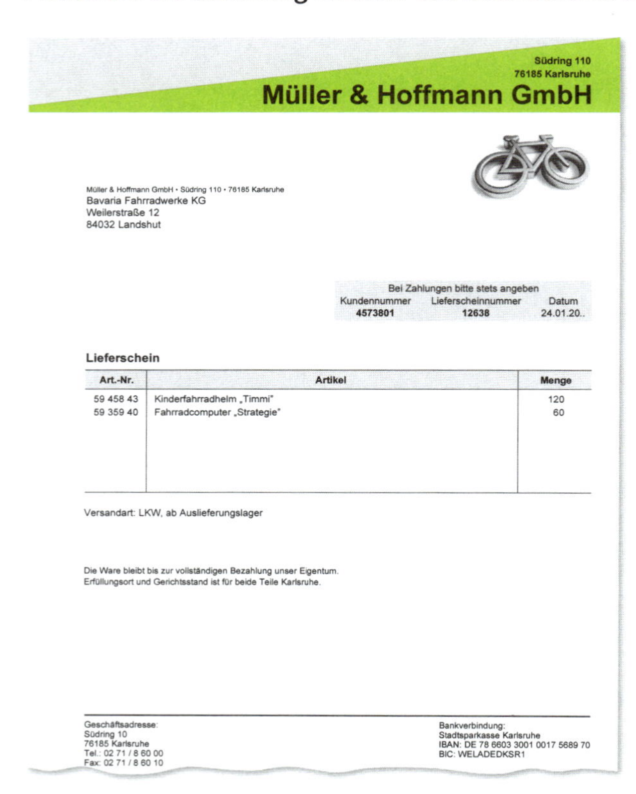

**Südring 110**
**76185 Karlsruhe**

**Müller & Hoffmann GmbH**

Müller & Hoffmann GmbH • Südring 110 • 76185 Karlsruhe
Bavaria Fahrradwerke KG
Weilerstraße 12
84032 Landshut

Bei Zahlungen bitte stets angeben

| Kundennummer | Lieferscheinnummer | Datum |
|---|---|---|
| **4573801** | **12638** | 24.01.20.. |

**Lieferschein**

| Art.-Nr. | Artikel | Menge |
|---|---|---|
| 59 458 43 | Kinderfahrradhelm „Timmi" | 120 |
| 59 359 40 | Fahrradcomputer „Strategie" | 60 |

Versandart: LKW, ab Auslieferungslager

Die Ware bleibt bis zur vollständigen Bezahlung unser Eigentum.
Erfüllungsort und Gerichtsstand ist für beide Teile Karlsruhe.

Geschäftsadresse:
Südring 10
76185 Karlsruhe
Tel.: 02 71 / 8 60 00
Fax: 02 71 / 8 60 10

Bankverbindung:
Stadtsparkasse Karlsruhe
IBAN: DE 78 6603 3001 0017 5689 70
BIC: WELADEDKSR1

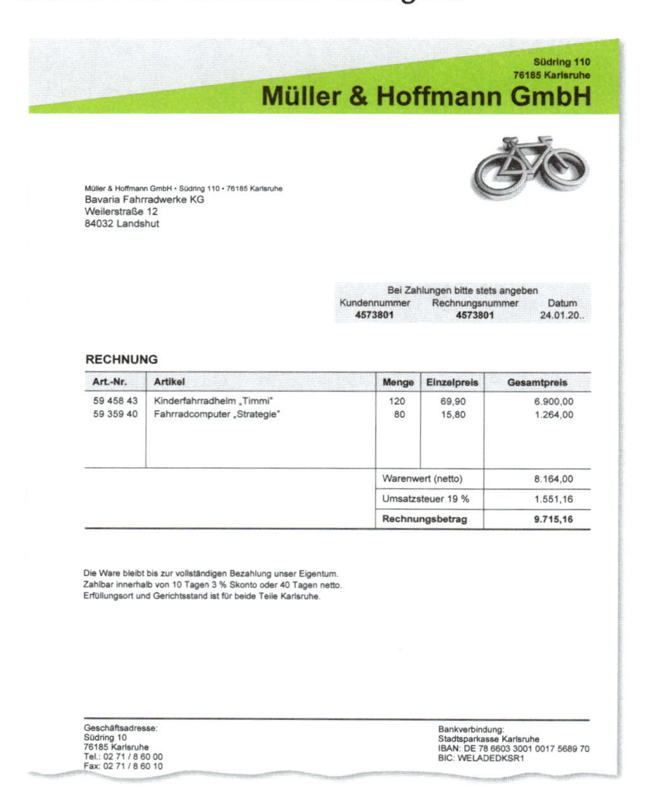

**Südring 110**
**76185 Karlsruhe**

**Müller & Hoffmann GmbH**

Müller & Hoffmann GmbH • Südring 110 • 76185 Karlsruhe
Bavaria Fahrradwerke KG
Weilerstraße 12
84032 Landshut

Bei Zahlungen bitte stets angeben

| Kundennummer | Rechnungsnummer | Datum |
|---|---|---|
| **4573801** | **4573801** | 24.01.20.. |

**RECHNUNG**

| Art.-Nr. | Artikel | Menge | Einzelpreis | Gesamtpreis |
|---|---|---|---|---|
| 59 458 43 | Kinderfahrradhelm „Timmi" | 120 | 69,90 | 6.900,00 |
| 59 359 40 | Fahrradcomputer „Strategie" | 80 | 15,80 | 1.264,00 |
| | | Warenwert (netto) | | 8.164,00 |
| | | Umsatzsteuer 19 % | | 1.551,16 |
| | | **Rechnungsbetrag** | | **9.715,16** |

Die Ware bleibt bis zur vollständigen Bezahlung unser Eigentum.
Zahlbar innerhalb von 10 Tagen 3 % Skonto oder 40 Tagen netto.
Erfüllungsort und Gerichtsstand ist für beide Teile Karlsruhe.

Geschäftsadresse:
Südring 10
76185 Karlsruhe
Tel.: 02 71 / 8 60 00
Fax: 02 71 / 8 60 10

Bankverbindung:
Stadtsparkasse Karlsruhe
IBAN: DE 78 6603 3001 0017 5689 70
BIC: WELADEDKSR1

**Sachliche Richtigkeit:**

**Rechnerische Richtigkeit:**

**Hinweis: Die folgenden Belege sind mithilfe des Industriekontenrahmens zu kontieren.**

**3. Aufgabe**

**Franz Franke OHG**

F. Franke OHG • Ostendstr. 3 • 90402 Nürnberg
Bavaria Fahrradwerke KG
Weilerstraße 12
84032 Landshut

Eingegangen am
21. Nov. 20..
Bavaria FW KG

| Ihre Zeichen, Ihre Nachricht vom | Unsere Zeichen | Telefon | Nürnberg |
|---|---|---|---|
| | **z-h** | **440911** | **18.11.20..** |

**Rechnungskorrektur Nr. 138**

Für die an uns zurückgesandte Leihverpackung schreiben wir Ihnen vereinbarungsgemäß gut:

| | |
|---|---|
| Netto | 320,00 EUR |
| + 19 % USt | 60,80 EUR |
| | 380,80 EUR |

Wir bitten um entsprechende Buchung.
Franz Franke OHG
i. V. *Finke*

USt-IdNr.
DE 789887654

| **Soll** | | | **Haben** |
|---|---|---|---|
| | | | |
| | | | |

**4. Aufgabe**

**Bavaria Fahrradwerke KG**

Bavaria Fahrradwerke KG • Weilerstr. 12 • 84032 Landshut
Zweiradgroßhandlung
M. Bauer & Proska OHG
Am Alten Markt 4
84028 Landshut

84032 Landshut
Weilerstraße 12
Telefon: 08 71 / 12 22 2

**Bankverbindung:**
Sparkasse Landshut
IBAN: DE18 7435 0000 0000 0999 99
BIC: BYLADEM1LAH
Ust-IdNr.: DE 270519480

KOPIE

**Datum:** 05.05.20..

**Rechnungskorrektur**

Für Ihre Rücklieferung, Lieferschein-Nr. 017456 (Handelswaren)
Wir erteilen Ihnen nachstehende Gurschrift und bitten um gleichlautende Buchung:

| | |
|---|---|
| Warenwert: | 465,00 EUR |
| + 19 % USt | 88,35 EUR |
| | 553,35 EUR |

Mit freundlichen Grüßen

*Oberpriller*

| Soll | | | Haben |
|---|---|---|---|
| | | | |
| | | | |

**5. Aufgabe**

GESCHÄFTSGIRO S-ONLINE 99 999 BLZ 743 500 00 Kontoauszug 22
Sparkasse Landshut, Bischof-Sailer-Platz 431 Blatt 1

| Datum | Erläuterungen | Wert | Betrag |
|---|---|---|---|
| Kontostand in EUR am 25.06.20.. | | | 1.475,20 + |
| 26.06.20.. | Kunden-Nr. 12 432, Rechnung-Nr. 7145 vom 20.06.20.. / 3 % Skonto Zweirad Fritz Berger, Hersbruck | 26.06.20.. | 2.740,25 + |
| Kontostand in EUR am 26.06.20.. , 09:12 Uhr | | | 4.215,45 + |

Bavaria Fahrradwerke KG
Weilerstraße 12
84032 Landshut

IBAN: DE18 7435 0000 0000 0999 99
SWIFT-BIC: BYLADEM1LAH
www.sparkasse-landshut.de

| Soll | | | Haben |
|---|---|---|---|
| | | | |
| | | | |
| | | | |

6. **Aufgabe**

***Fahrradbekleidung Wolf GmbH***

Fahrradbekleidung Wolf GmbH • Lilienstr. 247-250 • 63741 Aschaffenburg
Bavaria Fahrradwerke KG
Weilerstraße 12
84032 Landshut

Eingegangen am
11. Nov. 20..
Bavaria FW KG

Aschaffenburg, 09. November 20..

**Rechnung Nummer 1214**

| Art.-Nr. | Anzahl/Pack | Bezeichnung | Einzelpreis | Gesamtpreis |
|---|---|---|---|---|
| 101 | 10 | Radunterhemd Kurzarm | 24,00 | 240,00 |
| 222 | 20 | Radunterhemd Langarm | 31,50 | 630,00 |
| 313 | 10 | Radhandschuhe | 21,00 | 210,00 |
| 557 | 40 | Radlerhose | 23,00 | 920,00 |
| | | **+ Leihverpackung** | 270,00 | 270,00 |
| | | Zwischensumme: | | 2.270,00 |
| | | 5 % Rabatt | | 113,50 |
| | | Zwischensumme: | | 2.156,50 |
| | | + 19 % Umsatzsteuer | | 409,74 |
| | | Summe | | **2.566,24** |

Bei Rückgabe der Leihverpackung schreiben wir Ihnen 2/3 des Wertes gut.
Zahlungsbedingungen: 3 % Skonto innerhalb 10 Tagen, 60 Tage netto Kasse
USt-IdNr.: DE 554334779

| Soll | | | Haben |
|---|---|---|---|
| | | | |
| | | | |
| | | | |

**7. Aufgabe**

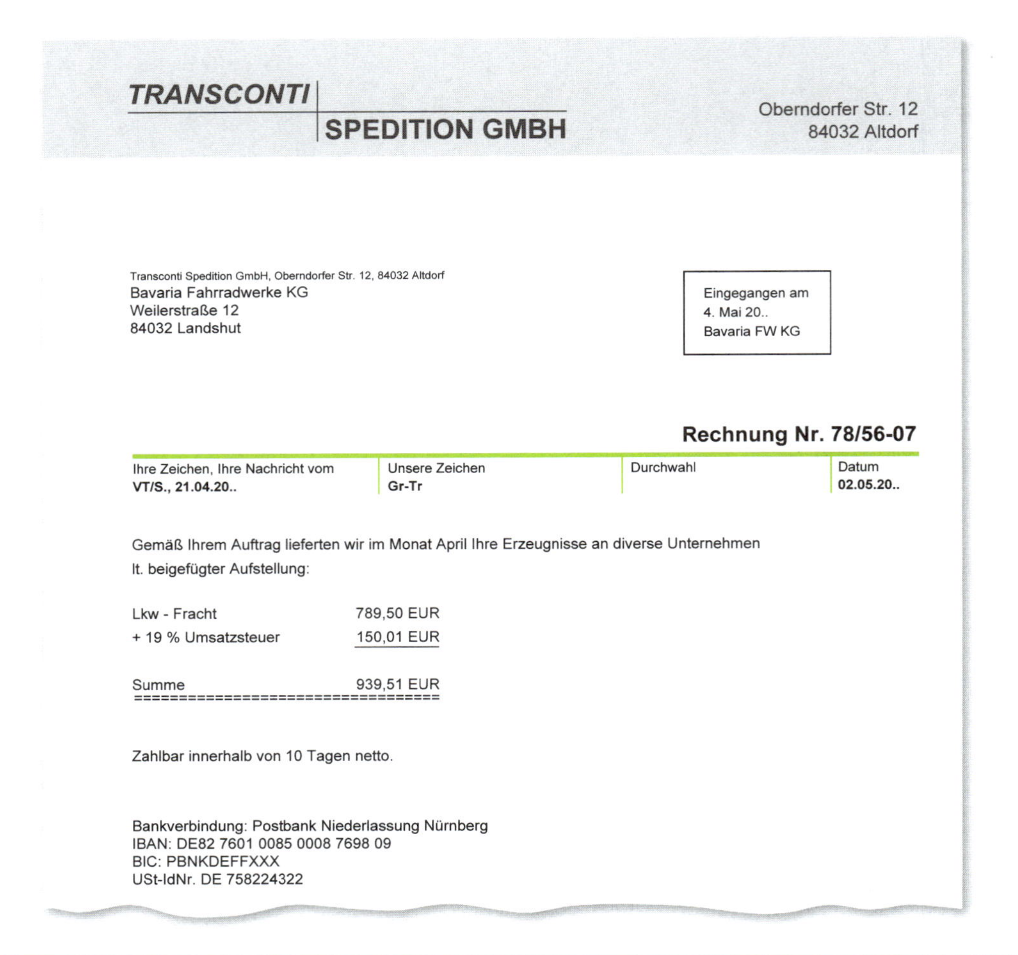

**TRANSCONTI SPEDITION GMBH**

Oberndorfer Str. 12
84032 Altdorf

Transconti Spedition GmbH, Oberndorfer Str. 12, 84032 Altdorf
Bavaria Fahrradwerke KG
Weilerstraße 12
84032 Landshut

Eingegangen am
4. Mai 20..
Bavaria FW KG

**Rechnung Nr. 78/56-07**

| Ihre Zeichen, Ihre Nachricht vom | Unsere Zeichen | Durchwahl | Datum |
|---|---|---|---|
| **VT/S., 21.04.20..** | **Gr-Tr** | | **02.05.20..** |

Gemäß Ihrem Auftrag lieferten wir im Monat April Ihre Erzeugnisse an diverse Unternehmen lt. beigefügter Aufstellung:

| | |
|---|---|
| Lkw - Fracht | 789,50 EUR |
| + 19 % Umsatzsteuer | 150,01 EUR |
| Summe | 939,51 EUR |

Zahlbar innerhalb von 10 Tagen netto.

Bankverbindung: Postbank Niederlassung Nürnberg
IBAN: DE82 7601 0085 0008 7698 09
BIC: PBNKDEFFXXX
USt-IdNr. DE 758224322

| Soll | | | Haben |
|---|---|---|---|
| | | | |
| | | | |

**8. Aufgabe**

GESCHÄFTSGIRO S-ONLINE 99 999 BLZ 743 500 00 Kontoauszug 22
Sparkasse Landshut, Bischof-Sailer-Platz 431 Blatt 1

| Datum | Erläuterungen | Wert | Betrag |
|---|---|---|---|
| Kontostand in EUR am 28.04.20.. | | | 28.979,22 + |
| 29.04.20.. | Überweisung Fahrradverleih Glanz, ReNr. 123 vom 19.04. abzügl. 2 % Skonto | 29.04.20.. | 1.162,47 + |
| Kontostand in EUR am 29.04.20.. , 09:12 Uhr | | | 30.141,69 + |

Bavaria Fahrradwerke KG
Weilerstraße 12
84032 Landshut

IBAN: DE18 7435 0000 0000 0999 99
SWIFT-BIC: BYLADEM1LAH
www.sparkasse-landshut.de

| Soll | | | Haben |
|---|---|---|---|
| | | | |
| | | | |
| | | | |

## 9. Aufgabe

PETER C. ROBB
RECHTSANWALT
UND NOTAR

Peter C. Robb • Goldbergstr. 36 • 81479 München
Bavaria Fahrradwerke KG
Weilerstraße 12
84032 Landshut

Datum: **23.06.20..**

USt-IdNr. DE 908764123

**Kostenberechnung Nr. 6488/88 d. Urk.-Rolle**
**Geschäftswert 78.000,00 EUR**

| | |
|---|---|
| 1. Gebühr für Ausfertigung Kaufvertrag unbebautes Grundstück Flur 16 Parz. 152 Gem. Schwabing | 390,00 EUR |
| 2. Einsichtnahme Grundbuchamt | 98,00 EUR |
| 3. Schreibgebühr | 88,00 EUR |
| 4. Postgebühr | 12,00 EUR |
| Zwischensumme | 588,00 EUR |
| + 19 % Umsatzsteuer | 111,72 EUR |
| Gesamtsumme | 699,72 EUR |

Überweisung erbeten auf mein Konto 2345/8
bei der Bay. Volksbank Münschen

| Soll | | | Haben |
|---|---|---|---|
| | | | |
| | | | |

## 10. Aufgabe

**stadt starnberg**

Konto der Stadtkasse:
Raiffeisenbank Starnberg
IBAN: DE76 7016 9331 0015 0010 01
BIC: GENODEF1SSB

**05.05.20..**

stadt starnberg
Bavaria Fahrradwerke KG
Weilerstraße 12
84032 Landshut

Eingegangen am
07. Mai 20..
Bavaria FW KG

**BESCHEID ÜBER ERHEBUNG EINES ERSCHLIESSUNGSBEITRAGES**

Für das Grundstück: Flur-Nr. 143/15/Gemarkung Starnberg
an der Gautingerstr. 17

Für oben bezeichneten Grundbesitz wird für die in dem beiliegenden Berechnungsblatt angegebenen Maßnahmen ein Erschließungsbeitrag - wie folgt ausgewiesen - festgesetzt.
Der Kostenanteil der Stadt von 10 % ist in dem Betrag nicht mehr enthalten.

Grundstücksfläche: 834 m²
Berechnung des Erschließungsbetrages:

| | |
|---|---|
| 7,9635 EUR/m² x 834 m² = | 6.641,56 EUR |
| Abzüge: Vorleistungen | ---- |
| Noch zu zahlender Erschließungsbetrag | 6.641,56 EUR |

Zahlbar binnen 3 Wochen an eines der oben angegebenen Konten.

Der 1. Bürgermeister *Leipold*

| Soll | | | Haben |
|---|---|---|---|
| | | | |
| | | | |

**11. Aufgabe**

Vermerk für Buchhaltung:

Geschäftsreise Herr Oberpriller

Betrag bar ausgezahlt
Hannover, 14. November 20..

*Zimmermann*

**Quittung** **Taxi Nr. 176**

EUR *10,50* für Geschäftsfahrt/~~Krankenfahrt~~

7 % Mehrwertsteuer enthalten.

von: *Ferzigplatz*
über: *Schleuner Allee*
bis:

Hannover, *10. November 20..*

**Thomas Fröschel**
Isernhagener Str. 20
30161 Hannover

| Soll | | | Haben |
|---|---|---|---|
| | | | |
| | | | |

**12. Aufgabe**

## Online-Überweisung - Druckansicht

| | | |
|---|---|---|
| **Auftraggeber** | | **Bavaria Fahrradwerke KG** |
| | IBAN | **DE 18 7435 0000 0000 0999 99** |
| | BIC | **BYLADEM1LAH** |
| | Bankbezeichnung | **Sparkasse Landshut** |
| **Begünstigter** | | **Berufsgenossenschaft Mannheim** |
| | IBAN | **DE 89 6704 0031 0694 8546 01** |
| | BIC | **COBADEFF670** |
| | Bankbezeichnung | **Commerzbank Mannheim** |
| **Auftragsart** | | **Überweisungsauftrag** |
| | Buchungsdatum | **09.07.20..** |
| | Betrag | **956,00 EUR** |
| | Verwendungszweck | **Abschlagszahlung für Mitgliedsnummer 6/644 67841** |

| Soll | | | Haben |
|---|---|---|---|
| | | | |
| | | | |

**13. Aufgabe**

**Bavaria Fahrradwerke KG**

**BARVERKAUF/HOF-FEST**

| | | | |
|---|---|---|---|
| | 1 Kinderfahrrad XPSoft | netto | 280,00 EUR |
| | 1 Fahrradhelm Kinder | netto | 40,00 EUR |
| + | 19 % Umsatzsteuer | | 60,80 EUR |
| | | | **380,80 EUR** |

Landshut, 16.12.20..

*Oberpriller*

| Soll | | | Haben |
|---|---|---|---|
| | | | |
| | | | |

**14. Aufgabe**

**Karl Robel Gebäudereinigung GmbH**

Westring 34
84030 Ergolding

Karl Robel GmbH • Westring 34 • 84030 Ergolding
Bavaria Fahrradwerke KG
Weilerstraße 12
84032 Landshut

Eingegangen am
03. Mai 20..
Bavaria FW KG

**RECHNUNG Nr. 2/861**
Datum: 30. April 20..

| | |
|---|---|
| Für die Reinigung Ihrer Geschäftsgebäude berechnen wir Ihnen die vereinbarte Pauschale für den Monat April | 6.200,00 EUR |
| + 19 % Umsatzsteuer | 1.178,00 EUR |
| | **7.378,00 EUR** |

Handwerkerrechnungen sind zahlbar bei Erhalt ohne Abzug.
Bankverbindung:
Raiffeisenbank Landshut
IBAN: DE07 7439 0000 0078 6798 79
BIC: GENODEF1LH1
USt-IdNr.: DE 887 554 213

| Soll | | | Haben |
|---|---|---|---|
| | | | |
| | | | |

## 15. Aufgabe

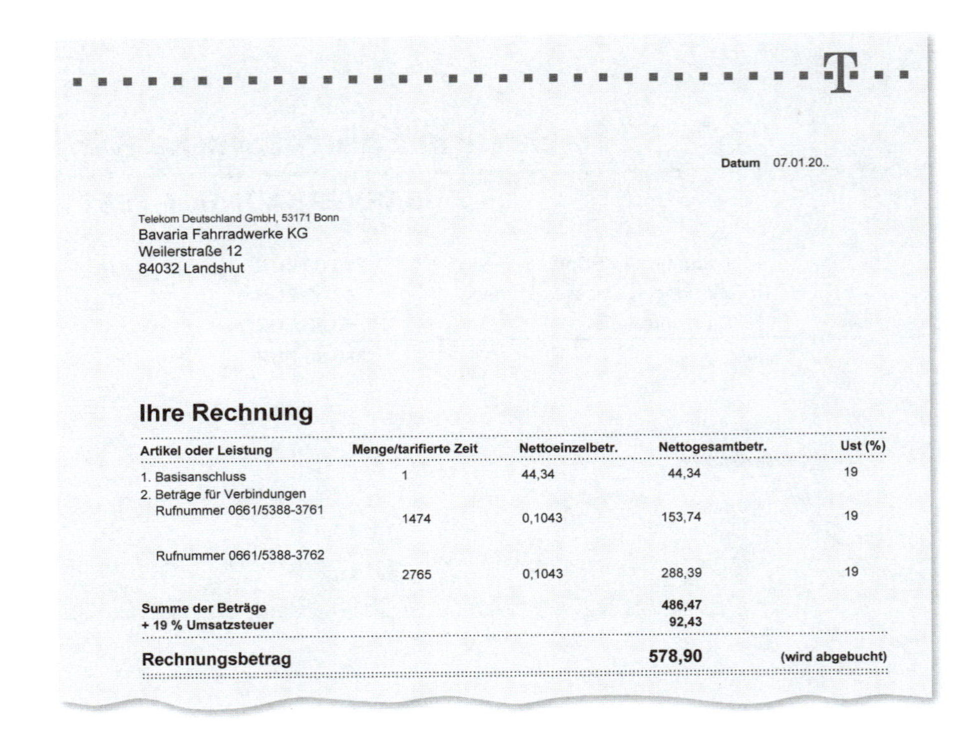

Datum 07.01.20..

Telekom Deutschland GmbH, 53171 Bonn
Bavaria Fahrradwerke KG
Weilerstraße 12
84032 Landshut

**Ihre Rechnung**

| Artikel oder Leistung | Menge/tarifierte Zeit | Nettoeinzelbetr. | Nettogesamtbetr. | Ust (%) |
|---|---|---|---|---|
| 1. Basisanschluss | 1 | 44,34 | 44,34 | 19 |
| 2. Beträge für Verbindungen Rufnummer 0661/5388-3761 | 1474 | 0,1043 | 153,74 | 19 |
| Rufnummer 0661/5388-3762 | 2765 | 0,1043 | 288,39 | 19 |
| **Summe der Beträge** | | | **486,47** | |
| **+ 19 % Umsatzsteuer** | | | **92,43** | |
| **Rechnungsbetrag** | | | **578,90** | **(wird abgebucht)** |

| Soll | | | Haben |
|---|---|---|---|
| | | | |
| | | | |

## 16. Aufgabe

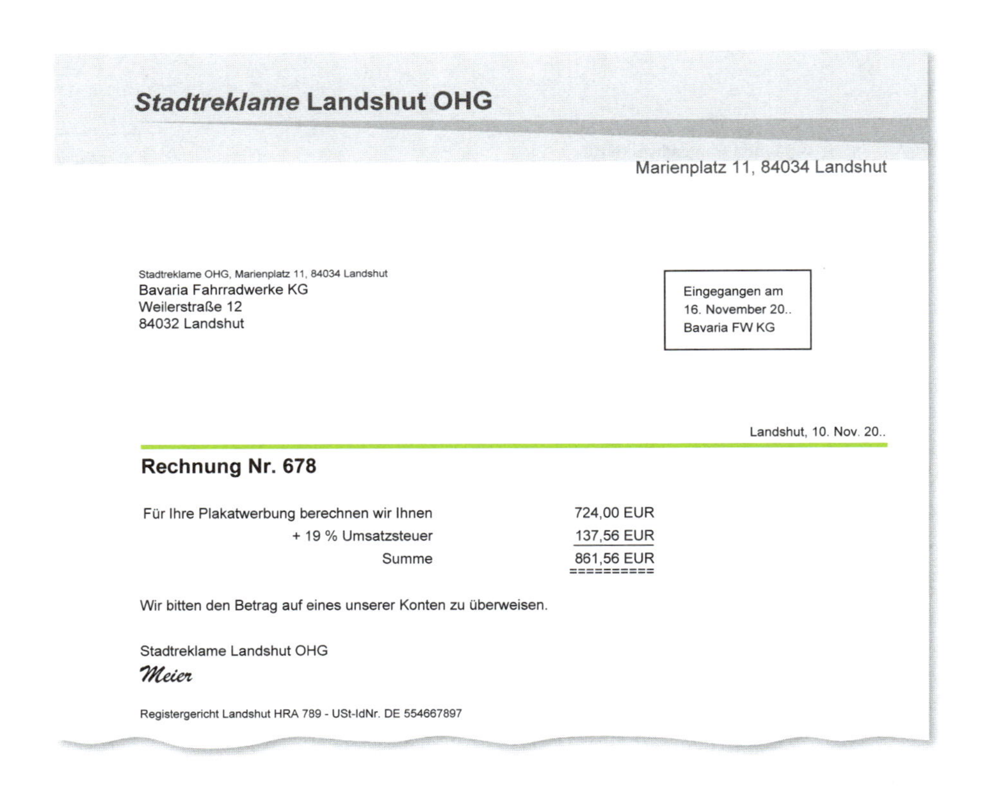

*Stadtreklame* Landshut OHG

Marienplatz 11, 84034 Landshut

Stadtreklame OHG, Marienplatz 11, 84034 Landshut
Bavaria Fahrradwerke KG
Weilerstraße 12
84032 Landshut

Eingegangen am
16. November 20..
Bavaria FW KG

Landshut, 10. Nov. 20..

**Rechnung Nr. 678**

| | |
|---|---|
| Für Ihre Plakatwerbung berechnen wir Ihnen | 724,00 EUR |
| + 19 % Umsatzsteuer | 137,56 EUR |
| Summe | 861,56 EUR |

Wir bitten den Betrag auf eines unserer Konten zu überweisen.

Stadtreklame Landshut OHG
*Meier*

Registergericht Landshut HRA 789 - USt-IdNr. DE 554667897

| Soll | | | Haben |
|---|---|---|---|
| | | | |
| | | | |

**17. Aufgabe**

Deutsche Post AG
84032 Landshut
657897 765 08.05.20..

9533
Postwertzeichen ohne Zuschlag
*14,50 EUR

**Bruttoumsatz** ***14,50 EUR**
umsatzsteuerbefreit nach § 4 UStG A
Nettoumsatz A *14,50 EUR

Steuernummer der Deutsche Post AG:
5205/5777/1510
Ihre Deutsche Post AG

| Soll | | | Haben |
|---|---|---|---|
| | | | |
| | | | |

**18. Aufgabe**

**Bavaria Fahrradwerke KG**

Bavaria Fahrradwerke KG • Weilerstr. 12 • 84032 Landshut
Fahrradvertrieb
Werner Siebert e. K.
Alte Straße 13
22457 Hamburg

84032 Landshut
Weilerstraße 12
Telefon: 08 71 / 12 22 2

**Bankverbindung:**
Sparkasse Landshut
IBAN: DE18 7435 0000 0000 0999 99
BIC: BYLADEM1LAH
USt-IdNr.: DE 270519480

| Ihre Zeichen, Ihre Nachricht vom | Unsere Zeichen, Unsere Nachricht vom | Telefon, Name | Hannover |
|---|---|---|---|
| Sie-ma 10.11.20.. | Zi-pe | 6 53 12 | 15.11.20.. |

**Auftrags Nr. 4567 B-Mängelrüge**

Sehr geehrte Damen und Herren,

Ihre Reklamation haben wir überprüft und gewähren Ihnen einen Preisnachlass in Höhe von

| | |
|---|---|
| | 400,00 EUR |
| + 19 % Umsatzsteuer | 76,00 EUR |
| | 476,00 EUR |

Den Betrag schreiben wir Ihrem Konto gut.

Mit freundlichen Grüßen

ppa. *Martuschek*

| Soll | | | Haben |
|---|---|---|---|
| | | | |
| | | | |

## 19. Aufgabe

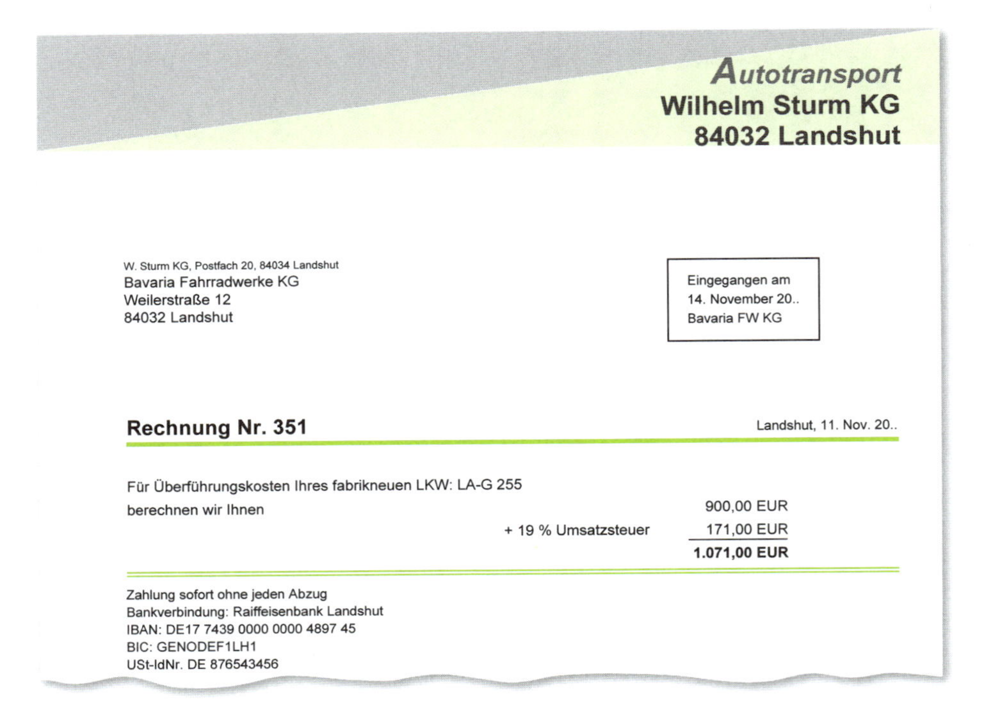

Autotransport
Wilhelm Sturm KG
84032 Landshut

W. Sturm KG, Postfach 20, 84034 Landshut
Bavaria Fahrradwerke KG
Weilerstraße 12
84032 Landshut

Eingegangen am
14. November 20..
Bavaria FW KG

**Rechnung Nr. 351**

Landshut, 11. Nov. 20..

Für Überführungskosten Ihres fabrikneuen LKW: LA-G 255
berechnen wir Ihnen

| | |
|---|---|
| | 900,00 EUR |
| + 19 % Umsatzsteuer | 171,00 EUR |
| | **1.071,00 EUR** |

Zahlung sofort ohne jeden Abzug
Bankverbindung: Raiffeisenbank Landshut
IBAN: DE17 7439 0000 0000 4897 45
BIC: GENODEF1LH1
USt-IdNr. DE 876543456

| Soll | | | Haben |
|---|---|---|---|
| | | | |
| | | | |

## 20. Aufgabe

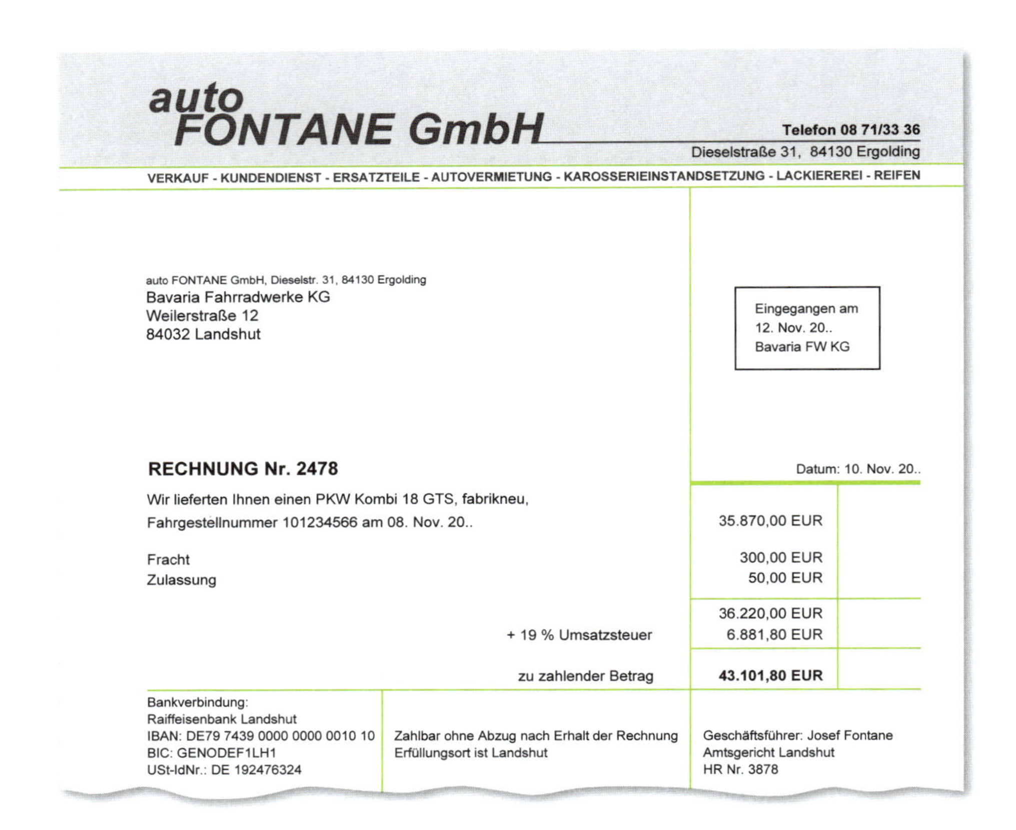

auto FONTANE GmbH
Telefon 08 71/33 36
Dieselstraße 31, 84130 Ergolding

VERKAUF - KUNDENDIENST - ERSATZTEILE - AUTOVERMIETUNG - KAROSSERIEINSTANDSETZUNG - LACKIEREREI - REIFEN

auto FONTANE GmbH, Dieselstr. 31, 84130 Ergolding
Bavaria Fahrradwerke KG
Weilerstraße 12
84032 Landshut

Eingegangen am
12. Nov. 20..
Bavaria FW KG

**RECHNUNG Nr. 2478**

Datum: 10. Nov. 20..

| | |
|---|---|
| Wir lieferten Ihnen einen PKW Kombi 18 GTS, fabrikneu, Fahrgestellnummer 101234566 am 08. Nov. 20.. | 35.870,00 EUR |
| Fracht | 300,00 EUR |
| Zulassung | 50,00 EUR |
| | 36.220,00 EUR |
| + 19 % Umsatzsteuer | 6.881,80 EUR |
| zu zahlender Betrag | **43.101,80 EUR** |

Bankverbindung:
Raiffeisenbank Landshut
IBAN: DE79 7439 0000 0000 0010 10
BIC: GENODEF1LH1
USt-IdNr.: DE 192476324

Zahlbar ohne Abzug nach Erhalt der Rechnung
Erfüllungsort ist Landshut

Geschäftsführer: Josef Fontane
Amtsgericht Landshut
HR Nr. 3878

| Soll | | | Haben |
|---|---|---|---|
| | | | |
| | | | |

## 21. Aufgabe

**Empfänger**
Bavaria Fahrradwerke KG
Weilerstraße 12
84032 Landshut

**Aussteller**
Autohaus Malsch GmbH
Am Steinheimer Tor 4
84030 Ergolding

USt-Id.-Nr.: DE 998 665009

**RECHNUNG** Nr. **657/02** Datum **16. November 20..**

| | | | |
|---|---|---|---|
| | KFZ F-FM 1410 | | |
| | Sicherheitstest | | 77,00 EUR |
| | Wasserpumpe aus- und einbauen | | 115,50 EUR |
| | AT-Wasserpumpe | | 83,50 EUR |
| | Lüfterkupplung | | 194,00 EUR |
| | Motoröl 10W40 | | 71,30 EUR |
| | Frostschutz | | 12,70 EUR |
| | | | 554,00 EUR |
| | + 19 % USt | | 105,26 EUR |
| | | | 659,26 EUR |
| | | | |
| | Betrag dankend in bar erhalten | | |
| | Hanau, 16. November 20.. | | |
| | Autohaus Malsch GmbH | | |
| | *Malsch* | | |

Die gelieferte Ware bleibt bis zur vollständigen Bezahlung Eigentum des Lieferanten.

| Soll | | | Haben |
|---|---|---|---|
| | | | |
| | | | |

## 22. Aufgabe

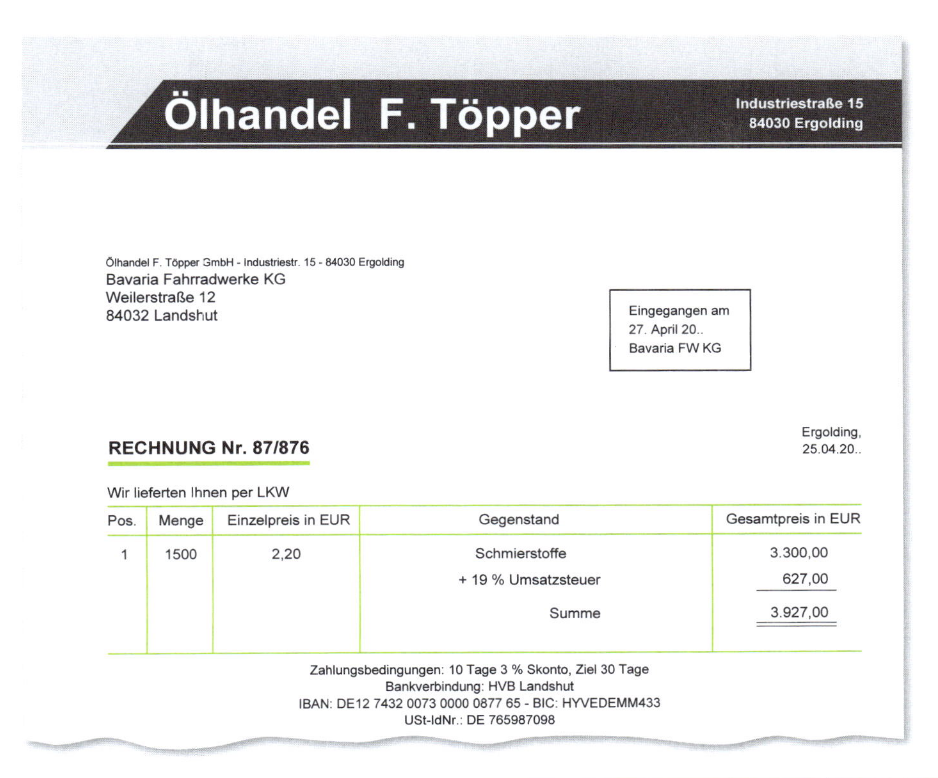

**Ölhandel F. Töpper**
Industriestraße 15
84030 Ergolding

Ölhandel F. Töpper GmbH - Industriestr. 15 - 84030 Ergolding
Bavaria Fahrradwerke KG
Weilerstraße 12
84032 Landshut

Eingegangen am
27. April 20..
Bavaria FW KG

Ergolding,
25.04.20..

**RECHNUNG Nr. 87/876**

Wir lieferten Ihnen per LKW

| Pos. | Menge | Einzelpreis in EUR | Gegenstand | Gesamtpreis in EUR |
|---|---|---|---|---|
| 1 | 1500 | 2,20 | Schmierstoffe | 3.300,00 |
| | | | + 19 % Umsatzsteuer | 627,00 |
| | | | Summe | 3.927,00 |

Zahlungsbedingungen: 10 Tage 3 % Skonto, Ziel 30 Tage
Bankverbindung: HVB Landshut
IBAN: DE12 7432 0073 0000 0877 65 - BIC: HYVEDEMM433
USt-IdNr.: DE 765987098

| Soll | | | Haben |
|---|---|---|---|
| | | | |
| | | | |

## 23. Aufgabe

**Bavaria Fahrradwerke KG**

- DURCHSCHRIFT -

Bavaria Fahrradwerke KG • Weilerstr. 12 • 84032 Landshut
Bodo Mülich
Zweiradfachgeschäft
Heinrich-Heine-Straße 5
35039 Marburg

84032 Landshut
Weilerstraße 12
Telefon: 08 71 / 12 22 2

**Bankverbindung:**
Sparkasse Landshut
IBAN: DE18 7435 0000 0000 0999 99
BIC: BYLADEM1LAH
USt.-IdNr.: DE 270519480

| Ihre Zeichen, Ihre Nachricht vom | Unsere Zeichen, Unsere Nachricht vom | Telefon, Name | Frankfurt, Nordstraße |
|---|---|---|---|
| | O-ZI | | 22.11.20.. |

**Provisionsvergütung**

Sehr geehrter Herr Mülich,

wir danken Ihnen für den uns vermittelten Auftrag und schreiben Ihrem Konto gut:

| | |
|---|---|
| Provision netto | 600,00 EUR |
| + 19 % Umsatzsteuer | 114,00 EUR |
| | 714,00 EUR |

Mit freundlichen Grüßen

*Oberpriller*

| Soll | | | Haben |
|---|---|---|---|
| | | | |
| | | | |

## 24. Aufgabe

**Bavaria Fahrradwerke KG**

Bavaria Fahrradwerke KG • Weilerstr. 12 • 84032 Landshut
Zweiradfachhandel
E. M. Wanninger e. K.
Pestalozzistr. 4
90429 Nürnberg

KOPIE

84032 Landshut
Weilerstraße 12
Telefon: 08 71 / 12 22 2

**Bankverbindung:**
Sparkasse Landshut
IBAN: DE18 7435 0000 0000 0999 99
BIC: BYLADEM1LAH
USt.-IdNr.: DE 270519480

**Datum:** 05.07.20..

**Rechnungskorrektur**

Für Ihre Rücklieferung Nr. 612 vom 25.04. haben wir Ihnen irrtümlicherweise nur 20 % Rabatt gewährt, obwohl 25 % vereinbart waren. Wir schreiben Ihnen daher gut und bitten um Verständnis:

| | |
|---|---|
| 5 % aus Warenwert von 8.600,00 EUR | 430,00 EUR |
| + 19 % USt. | 81,70 EUR |
| | 511,70 EUR |

Mit freundlichen Grüßen

*Oberpriller*

| Soll | | | Haben |
|---|---|---|---|
| | | | |
| | | | |

## 25. Aufgabe

Beleg für Kontoinhaber — BIC: BYLADEM1LAH

Sparkasse Landshut

Für Überweisungen in Deutschland, in andere EU-/EWR-Staaten und in die Schweiz in Euro.
Überweisungsträger trägt Entgelte und Auslagen bei seinem Kreditinstitut; Begünstigter trägt die übrigen Entgelte und Auslagen. Bitte Meldepflicht gemäß Außenwirtschaftsverordnung beachten!

Angaben zum Begünstigten: Name, Vorname/Firma (max. 27 Stellen, bei maschineller Beschriftung max. 35 Stellen)
DEKRUBA-Stahlwerke AG, Essen

IBAN
DE90 3605 0105 0003 4209 18

BIC des Kreditinstituts/Zahlungsdienstleisters (8 oder 11 Stellen)
SPESDE3EXXX

Betrag: Euro, Cent
116.620,00

Kunden-Referenznummer - Verwendungszweck, ggf. Name oder Anschrift des Zählers - (nur für Zahlungsempfänger)
Rechnung Nr. DK 10/Cn 7867- 2 % Skonto

noch Verwendungszweck (insgesamt max. 2Zeilen à 27 Stellen, bei maschineller Beschriftung max. 35 Stellen)
119.000 - 2.380 = 116.620 €

Angaben zum Kontoinhaber: Name, Vorname/Firma, Ort (max. 27 Stellen, keine Straßen- oder Postfachangaben)
Bavaria Fahrradwerke KG, Landshut

IBAN
DE18 7435 0000 0000 0999 99

Datum
04.11.20..

Unterschrift(en)
Oberpriller

€URO-ÜBERWEISUNG (SEPA)

| Soll | | | Haben |
|---|---|---|---|
| | | | |
| | | | |
| | | | |

## 26. Aufgabe

**STOLL & FRENZEL OHG**
TEXTILWERKE

Stoll & Frenzel OHG – Ringelstr. 4-8 – 60358 Frabnkfurt
Bavaria Fahrradwerke KG
Weilerstraße 12
84032 Landshut

Eingegangen am
24. Oktober 20..
Bavaria FW KG

Frankfurt, 22. Okt. 20..
USt-IdNr. DE 776908432

**Rechnungskorrektur Nr. 21**

| Vorgang: | Lastschrift | Gutschrift |
|---|---|---|
| Ihre Rücksendung von 5 beschädigten Windbreakern | | 400,00 EUR |
| + 19 % Umsatzsteuer | | 76,00 EUR |
| | | **476,00 EUR** |

Mit freundlichen Grüßen

Stoll & Frenzel
Stoll

| Soll | | | Haben |
|---|---|---|---|
| | | | |
| | | | |

## 27. Aufgabe

GESCHÄFTSGIRO S-ONLINE 99 999 BLZ 743 500 00 Kontoauszug 22
Sparkasse Landshut, Bischof-Sailer-Platz 431 Blatt 1

| Datum | Erläuterungen | Wert | | Betrag |
|---|---|---|---|---|
| Kontostand in EUR am 25.06.20.. | | | | 1.475,20 + |
| 26.06.20.. | Lieferer-Nr. 60251 Rechnung Nr. 2530, Handelswaren vom 20.06.20.. 3 % Skonto | 26.06.20.. | 572,30 – | |
| Kontostand in EUR am 26.06.20.. , 11:17 Uhr | | | | 902,90 + |

Bavaria Fahrradwerke KG
Weilerstraße 12
84032 Landshut

IBAN: DE18 7435 0000 0000 0999 99
SWIFT-BIC: BYLADEM1LAH
www.sparkasse-landshut.de

| Soll | | | Haben |
|---|---|---|---|
| | | | |
| | | | |
| | | | |

## 28. Aufgabe

**Bürohandel Huber KG**
**Am Alten Ufer 20**
**87435 Kempten**

Bürohaus Huber KG, Am Alten Ufer 20, 87435 Kempten
Bavaria Fahrradwerke KG
Weilerstraße 12
84032 Landshut

Eingegangen am
16. November 20..
Bavaria FW KG

**RECHNUNG Nr.**

Ergolding,
14.11.20..

Wir lieferten Ihnen am 12. Nov. 20..

| Pos. | Menge | Einzelpreis in EUR | Gegenstand | Gesamtpreis in EUR |
|---|---|---|---|---|
| 1 | 1 | 1.320,00 | Schreibtisch | 1.320,00 |
| | | | + 19 % Umsatzsteuer | 250,80 |
| | | | Gesamtsumme | **1.570,80** |

Zahlungsbedingungen: 10 Tage netto Kasse
Bankverbindung: Volksbank Kempten, IBAN: DE26 7119 0000 0000 0344 44 - BIC: GENODEF1ROV
Registergericht Kempten HRB 8778 – Geschäftsführer: Paul Huber
Steuer-Nr. 9127/443/67865
USt-IdNr. DE 121456432

| Soll | | | Haben |
|---|---|---|---|
| | | | |
| | | | |

## 29. Aufgabe

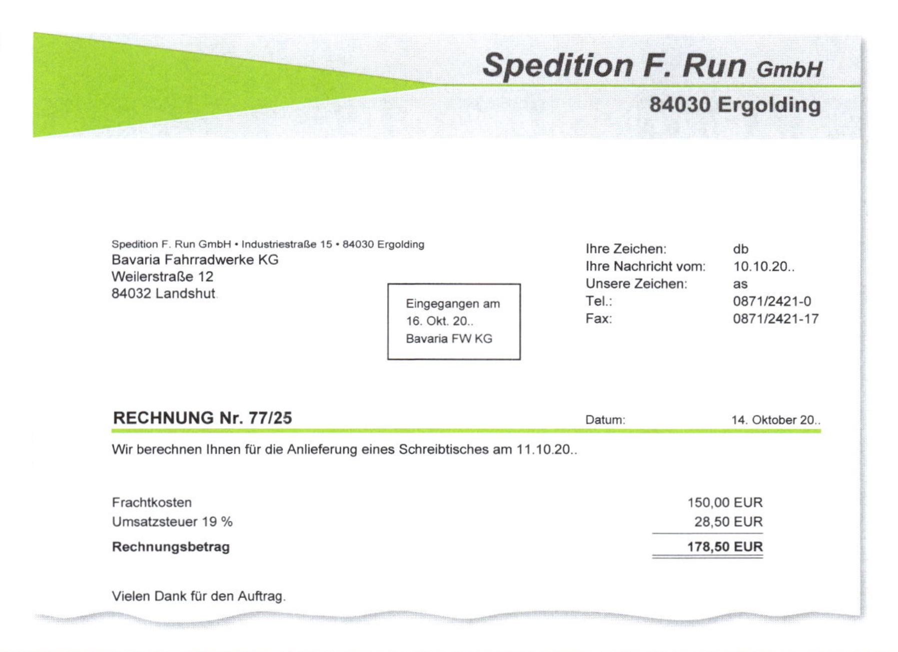

**Spedition F. Run GmbH**
**84030 Ergolding**

Spedition F. Run GmbH • Industriestraße 15 • 84030 Ergolding
Bavaria Fahrradwerke KG
Weilerstraße 12
84032 Landshut

Eingegangen am
16. Okt. 20..
Bavaria FW KG

| | |
|---|---|
| Ihre Zeichen: | db |
| Ihre Nachricht vom: | 10.10.20.. |
| Unsere Zeichen: | as |
| Tel.: | 0871/2421-0 |
| Fax: | 0871/2421-17 |

**RECHNUNG Nr. 77/25** Datum: 14. Oktober 20..

Wir berechnen Ihnen für die Anlieferung eines Schreibtisches am 11.10.20..

| | |
|---|---:|
| Frachtkosten | 150,00 EUR |
| Umsatzsteuer 19 % | 28,50 EUR |
| **Rechnungsbetrag** | **178,50 EUR** |

Vielen Dank für den Auftrag.

| Soll | | | Haben |
|---|---|---|---|
| | | | |
| | | | |

## 30. Aufgabe

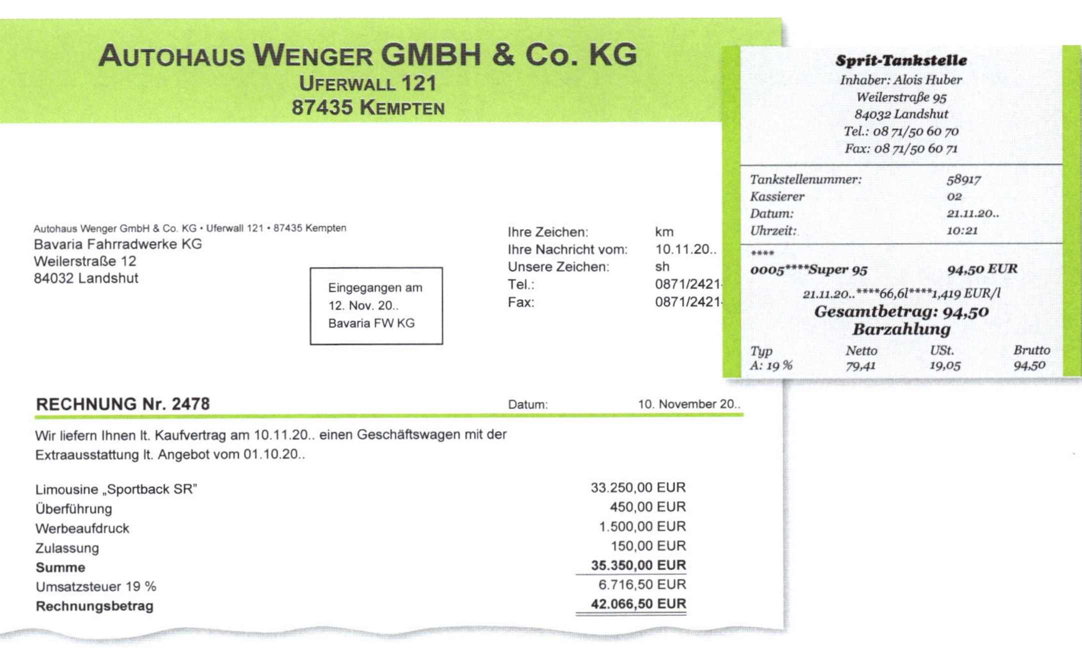

**AUTOHAUS WENGER GMBH & Co. KG**
**UFERWALL 121**
**87435 KEMPTEN**

Autohaus Wenger GmbH & Co. KG • Uferwall 121 • 87435 Kempten
Bavaria Fahrradwerke KG
Weilerstraße 12
84032 Landshut

Eingegangen am
12. Nov. 20..
Bavaria FW KG

| | |
|---|---|
| Ihre Zeichen: | km |
| Ihre Nachricht vom: | 10.11.20.. |
| Unsere Zeichen: | sh |
| Tel.: | 0871/2421 |
| Fax: | 0871/2421 |

**RECHNUNG Nr. 2478** Datum: 10. November 20..

Wir liefern Ihnen lt. Kaufvertrag am 10.11.20.. einen Geschäftswagen mit der Extraausstattung lt. Angebot vom 01.10.20..

| | |
|---|---:|
| Limousine „Sportback SR" | 33.250,00 EUR |
| Überführung | 450,00 EUR |
| Werbeaufdruck | 1.500,00 EUR |
| Zulassung | 150,00 EUR |
| **Summe** | **35.350,00 EUR** |
| Umsatzsteuer 19 % | 6.716,50 EUR |
| **Rechnungsbetrag** | **42.066,50 EUR** |

**Sprit-Tankstelle**
*Inhaber: Alois Huber*
*Weilerstraße 95*
*84032 Landshut*
*Tel.: 08 71/50 60 70*
*Fax: 08 71/50 60 71*

| | |
|---|---|
| Tankstellennummer: | 58917 |
| Kassierer | 02 |
| Datum: | 21.11.20.. |
| Uhrzeit: | 10:21 |

****
**0005****Super 95** **94,50 EUR**
21.11.20..****66,6l****1,419 EUR/l
**Gesamtbetrag: 94,50**
**Barzahlung**

| Typ | Netto | USt. | Brutto |
|---|---|---|---|
| A: 19 % | 79,41 | 19,05 | 94,50 |

| Soll | | | Haben |
|---|---|---|---|
| | | | |
| | | | |

| Soll | | | Haben |
|---|---|---|---|
| | | | |
| | | | |

## 31. Aufgabe

**CARLO WOLLMACHER e. K.**

**HANDELSUNTERNEHMEN**

**Arndtstr. 18, 63069 Offenbach**

Carlo Wollmacher e. K., Arndtstr. 18, 63069 Offenbach
Bavaria Fahrradwerke KG
Weilerstraße 12
84032 Landshut

Eingegangen am
08. Februar 20..
Bavaria FW KG

Telefon: 0 69/68 86 56
Raiba Offenbach
IBAN: DE38 5056 0102 0000 0056 79
BIC: GENODE51OF2
USt.-IdNr. DE 666444555

**RECHNUNG Nr. 2040/Kö**

Datum: 06. Februar 20..

Wir lieferten Ihnen gem. Bestellung vom 04. Febr. folgende Öle frei Haus:

| Menge | Bezeichnung | Einzelpreis | Gesamtpreis |
|---|---|---|---|
| 30 l | Schmieröl DIN 3457 | 14,80 EUR | 444,00 EUR |
| 20 l | Schmieröl DIN 3456 | 12,60 EUR | 252,00 EUR |
| 20 l | Schmieröl DIN 3455 | 11,75 EUR | 235,00 EUR |
| | | | 931,00 EUR |
| | – 30 % Rabatt | | 279,30 EUR |
| | | | 651,70 EUR |
| | + 19 % Umsatzsteuer | | 123,82 EUR |
| | | | **775,52 EUR** |

| Soll | | | Haben |
|---|---|---|---|
| | | | |
| | | | |

## 32. Aufgabe

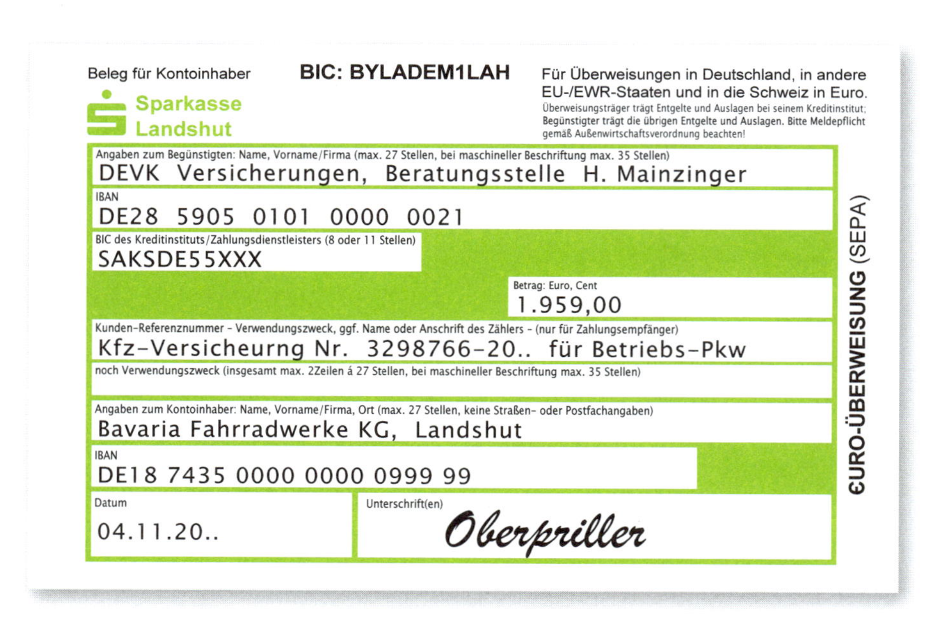

Beleg für Kontoinhaber

**BIC: BYLADEM1LAH**

Sparkasse Landshut

Für Überweisungen in Deutschland, in andere EU-/EWR-Staaten und in die Schweiz in Euro.
Überweisungsträger trägt Entgelte und Auslagen bei seinem Kreditinstitut; Begünstigter trägt die übrigen Entgelte und Auslagen. Bitte Meldepflicht gemäß Außenwirtschaftsverordnung beachten!

Angaben zum Begünstigten: Name, Vorname/Firma (max. 27 Stellen, bei maschineller Beschriftung max. 35 Stellen)
DEVK Versicherungen, Beratungsstelle H. Mainzinger

IBAN
DE28 5905 0101 0000 0021

BIC des Kreditinstituts/Zahlungsdienstleisters (8 oder 11 Stellen)
SAKSDE55XXX

Betrag: Euro, Cent
1.959,00

Kunden-Referenznummer - Verwendungszweck, ggf. Name oder Anschrift des Zahlers - (nur für Zahlungsempfänger)
Kfz-Versicheurng Nr. 3298766-20.. für Betriebs-Pkw

noch Verwendungszweck (insgesamt max. 2Zeilen à 27 Stellen, bei maschineller Beschriftung max. 35 Stellen)

Angaben zum Kontoinhaber: Name, Vorname/Firma, Ort (max. 27 Stellen, keine Straßen- oder Postfachangaben)
Bavaria Fahrradwerke KG, Landshut

IBAN
DE18 7435 0000 0000 0999 99

Datum
04.11.20..

Unterschrift(en)
Oberpriller

EURO-ÜBERWEISUNG (SEPA)

| Soll | | | Haben |
|---|---|---|---|
| | | | |
| | | | |

**33. Aufgabe**

| GESCHÄFTSGIRO S-ONLINE 99 999 | | BLZ 743 500 00 | | Kontoauszug 97 |
|---|---|---|---|---|
| Sparkasse Landshut, Bischof-Sailer-Platz 431 | | | | Blatt 1 |
| **Datum** | **Erläuterungen** | **Wert** | | **Betrag** |
| Kontostand in EUR am 14.12.20.. | | | | 64.325,00 + |
| 15.12.20.. | Überweisung Solar GmbH | 15.12.20.. | | 1.800,00 + |
| 15.12.20.. | Kontoführungsgebühr Nov. 20.. | 15.12.20.. | 30,00 – | |
| 15.12.20.. | Zinsen für Festgeld | 15.12.20.. | | 750,47 + |
| 15.12.20.. | Bodo Mülich, e. K. Zweiradfachhandel, ReNr. 447/20.. vom 09.12.20.. abzüglich 2 % Skonto | 15.12.20.. | | 8.456,25 + |
| Kontostand in EUR am 16.12.20.. , 15:46 Uhr | | | | 73.501,72 + |

Bavaria Fahrradwerke KG
Weilerstraße 12
84032 Landshut

IBAN: DE18 7435 0000 0000 0999 99
SWIFT-BIC: BYLADEM1LAH
www.sparkasse-landshut.de

**Verbuchen Sie die vier Positionen des obigen Kontoauszugs.**

Zu Position 1:

Es handelt sich bei der Gutschrift von 1800,00 EUR um die Miete für eine von der Solar GmbH genutzte Lagerhalle für den Monat Dezember.

Zu Position 4:

Der Fa. Bodo Mülich wurden am 07.12.20.. Mountain Bikes (Handelsware) geliefert. Für den Kunden Mülich wird das Debitorenkonto 2403 geführt.

| Soll | | | Haben |
|---|---|---|---|
| | | | |
| | | | |

| Soll | | | Haben |
|---|---|---|---|
| | | | |
| | | | |

| Soll | | | Haben |
|---|---|---|---|
| | | | |
| | | | |

| Soll | | | Haben |
|---|---|---|---|
| | | | |
| | | | |
| | | | |

**34. Aufgabe**

**Ermitteln Sie zu Position 4 aus Aufgabe 33**

a) den Bruttorechnungsbetrag,

b) den Nettoskontobetrag,

c) den Umsatzsteuerkorrekturbetrag.

## Situation 12

In der Bavaria Fahrradwerke KG soll der Zahlungsverkehr einer Prüfung auf organisatorische Verbesserungen unterzogen werden. Gewohnte Zahlungsformen werden gegeneinander abgewogen, die Auswirkungen von Skontoausnutzung werden geprüft.

**1. Unterscheiden Sie Bargeld und Buchgeld.**

**Bargeld:**

**Buchgeld:**

**2. Geben Sie Beispiele für Barzahlung, halbbare Zahlung und bargeldlose Zahlung.**

**Barzahlung:**

**Halbbare Zahlung:**

**Bargeldlose Zahlung:**

**3. Entscheiden Sie, ob die Aussage auf die Barzahlung zutrifft (1) oder nicht zutrifft (9).**

a) Die Zahlung erfolgt mit Münzen durch Boten.

b) Der Empfänger benutzt ein Konto.

c) Zahler und Empfänger haben ein Konto, nutzen es für die Zahlung aber nicht.

d) Gezahlt wird per Expressbrief (Postversand).

**4. Die Zahlungsmöglichkeiten sind vielfältig. Tragen Sie die Ziffer vor der jeweiligen Zahlungsart in das Kästchen ein:**
**(1) Barzahlung, (2) halbbare Zahlung, (3) bargeldlose Zahlung.**

a) Die Bavaria Fahrradwerke KG stellt einen Verrechnungsscheck aus. ☐

b) Der Versand der Onno GmbH verschickt ein Paket per Nachnahme. ☐

c) Felix erhält am Urlaubsort Bargeld durch den Agenten der Western Union. ☐

d) Die Bavaria Fahrradwerke KG füllt einen Überweisungsauftrag aus. ☐

e) Frank Meier füllt zur Begleichung einer Rechnung einen Zahlschein aus. ☐

**5. In der Bavaria Fahrradwerke KG werden die Lieferantenrechnungen mittels Überweisungen bezahlt. Ein Computerprogramm druckt die fälligen Eingangsrechnungen auf Überweisungsbelege.**

a) Welche Informationen müssen auf den Überweisungsträger gedruckt werden?

b) Beschreiben Sie den Zahlungsweg mit einer Überweisung.

**6. Unterscheiden Sie Barscheck und Verrechnungsscheck.**

**Barscheck:**

**Verrechnungsscheck:**

**7. Erklären Sie, warum man aus einem Verrechnungsscheck keinen Barscheck machen kann.**

**8. Unterscheiden Sie Inhaberscheck und Orderscheck.**

**Inhaberscheck:**

**Orderscheck:**

**9. Welche Auswirkungen hat die Streichung der Überbringerklausel auf dem Inhaberscheck?**

**10. Im Zahlungsverkehr gibt es unterschiedliche Möglichkeiten, Geld zu transferieren. Ordnen Sie zu:**
**(1) Sammelüberweisung, (2) Dauerauftrag, (3) SEPA-Basislastschrift, (4) SEPA-Firmenlastschrift.**

a) Die Miete für die Geschäftsräume wird monatlich überwiesen.

b) Die Löhne müssen an 50 Mitarbeiter überwiesen werden.

c) Das Unternehmen gestattet dem Lieferanten, Rechnungsbeträge einzuziehen.

d) Das Unternehmen erlaubt dem Finanzamt, fällige Beträge in unterschiedlicher Höhe vom Firmenkonto abzubuchen.

e) Das Unternehmen verlangt vom Kunden (Verbraucher), dass er eine Einzugsermächtigung erteilt.

11. Nennen Sie Formen des elektronischen Zahlungsverkehrs mit und ohne Karte.
    Mit Karte:

    Ohne Karte:

12. Erläutern Sie das Zahlungsverfahren mit der Kreditkarte.

13. Erläutern Sie die Zahlungsbedingungen Vorkasse, Zahlung Zug um Zug, Zahlungsziel.
    Vorkasse:

    Zahlung Zug um Zug:

    Zahlungsziel:

14. Erklären Sie den Begriff „Skonto“.

**15. Die Bavaria Fahrradwerke KG hat von einem Lieferanten eine Rechnung über 42 760,00 EUR netto zuzüglich 19 % Umsatzsteuer am 24.02.20.. erhalten. Die Zahlungsbedingung lautet: „Zahlung innerhalb von 20 Tagen mit 3 % Skonto oder innerhalb von 40 Tagen netto Kasse".**

a) Ermitteln Sie das Nettoskonto.

b) Prüfen Sie, ob es sich lohnt, die Rechnung unter Abzug von Skonto zu bezahlen, wenn die Bavaria Fahrradwerke KG dafür einen Kredit bei ihrer Hausbank aufnehmen muss und die Bank 9 % Zinsen p. a. verlangt.

## Situation 13

In der Bavaria Fahrradwerke KG ist man grundsätzlich bemüht, Fremdkapitalkosten so gering wie möglich zu halten, um eine Beeinträchtigung des Gewinns zu vermeiden.

**1. Der Zinssatz für einen Kredit beträgt 7 % p. a. Es wird ein Kredit über 25 000,00 EUR benötigt. Geben Sie jeweils die Berechnungsformel an und runden Sie auf 2 Nachkommastellen.**

a) Wie viel Zinsen fallen an, wenn der Kredit 175 Tage benötigt wird?

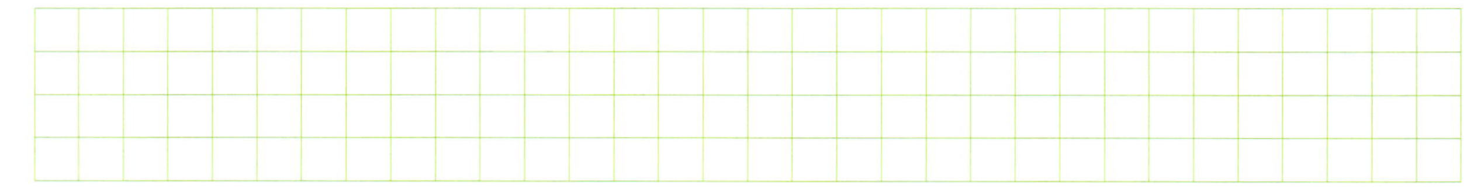

b) Wie viel Zinsen fallen an, wenn der Kredit für acht Monate benötigt wird?

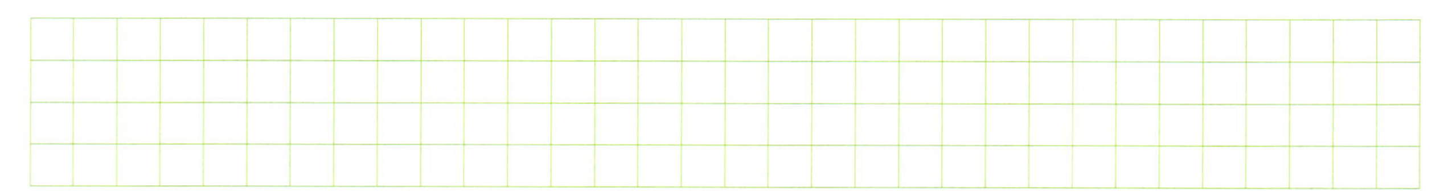

c) Wie viel Zinsen fallen an, wenn der Kredit für drei Jahre benötigt wird?

2. Welche Ausnahme zur Ermittlung der Zinstage ergibt sich nach der deutschen kaufmännischen Zinsrechnung von der Regel 30/360?

3. Die Bavaria Fahrradwerke KG möchte Überliquidität abbauen und 150 000,00 EUR für 5 Jahre fest anlegen. Die Zinsen werden jährlich ausgezahlt und betragen pro Jahr 6 000,00 EUR.

   Zu welchem Zinssatz wurde das Kapital angelegt?

4. Zur Überbrückung eines kurzfristigen Liquiditätsengpasses benötigt die Bavaria Fahrradwerke KG einen Kredit, der zu 8,5 % verzinst wird. Am Ende der Laufzeit vom 01.04. – 30.06. sind 318,75 EUR Zinsen zu zahlen (30/360).

   Welches Kapital wurde benötigt?

5. Die Bavaria Fahrradwerke KG kann, um Überliquidität zu vermeiden, 80 000,00 EUR zu 4,5 % p. a. anlegen und erwartet 4 000,00 EUR Zinsen.

   Für wie viele Tage muss das Unternehmen den Betrag anlegen, um das gewünschte Ergebnis zu erzielen?

6. Bei der Bavaria Fahrradwerke KG soll die Investition in eine neue Produktionsanlage fremdfinanziert werden. Zur Auswahl stehen ein Endfälligkeitsdarlehen, Ratendarlehen oder Annuitätendarlehen. Zeigen Sie in einer strukturierten Aufstellung, welche Darlehensform am günstigsten ist.

Ausgangsdaten: Kreditsumme 210 000,00 EUR, Zinssatz 9,0 % p. a., Laufzeit 5 Jahre. Die Annuität beträgt 53 989,42 EUR.

| Endfälligkeitsdarlehen (Festdarlehen) | | | | | |
|---|---|---|---|---|---|
| Jahr | Schuld zu Beginn des Jahres | Tilgung | Zinsen | jährliche Rate | Restschuld am Ende des Jahres |
| | | | | | |
| | | | | | |
| | | | | | |
| | | | | | |
| | | | | | |
| Σ | | | | | |

| Ratendarlehen | | | | | |
|---|---|---|---|---|---|
| Jahr | Schuld zu Beginn des Jahres | Tilgung | Zinsen | jährliche Rate | Restschuld am Ende des Jahres |
| | | | | | |
| | | | | | |
| | | | | | |
| | | | | | |
| | | | | | |
| Σ | | | | | |

| Annuitätendarlehen | | | | | |
|---|---|---|---|---|---|
| Jahr | Schuld zu Beginn des Jahres | Tilgung | Zinsen | Annuität | Restschuld am Ende des Jahres |
| | | | | | |
| | | | | | |
| | | | | | |
| | | | | | |
| | | | | | |
| Σ | | | | | |

# Prüfungsbereich Wirtschafts- und Sozialkunde

## 01 Berufs- und Arbeitswelt

A Stellung, Rechtsform und Organisationsstruktur

B Produkt- und Dienstleistungsangebot

C Berufsbildung

D Sicherheit und Gesundheitsschutz bei der Arbeit

E Umweltschutz

# 01 Berufs- und Arbeitswelt

## A Stellung, Rechtsform und Organisationsstruktur



**1. Ordnen Sie die folgenden Ziele der Bavaria Fahrradwerke KG zu:**
**(1) wirtschaftliche Ziele, (2) soziale Ziele, (3) ökologische Ziele.**

a) Sicherung der Arbeitsplätze
b) Wachstum
c) Recycling
d) Zahlungsfähigkeit
e) Gerechte Entlohnung
f) Ressourcenschonung

**2. Ordnen Sie die folgenden Ziele der Bavaria Fahrradwerke KG zu:**
**(1) ökonomische, (2) ökologische Ziele, (3) sowohl ökonomische als auch ökologische Ziele.**

a) Einsatz von energiesparenden LED-Leuchtmitteln in den Büros
b) Absatzsteigerung bei Tourenrädern
c) Ökologische Entsorgung von Abfällen
d) Gewinnsteigerung durch Personalkostenreduzierung

**3. In der Bavaria Fahrradwerke KG sollen ökonomische und ökologische Ziele in Einklang gebracht werden. Womit wird dies erreicht?**

a) Für nicht mehr verwendbare Mikrofilme und Tonerpatronen wird kein Entsorgungsunternehmen beauftragt. Sie können kostengünstiger als Wertstoffe entsorgt werden.
b) Kartonagen werden geschreddert und als Verpackungsmaterial verwendet.
c) Um Energie zu sparen, wird die Raumtemperatur im Winter auf 16° C gesenkt.
d) In der Betriebskantine wird Plastik-Einweggeschirr eingeführt.
e) Um Wasser zu sparen, verwendet das Reinigungspersonal nur noch hoch dosierte chemische Mittel.

**4. Prüfen Sie, in welchem Fall für die Bavaria Fahrradwerke KG ein Zielkonflikt zwischen Ökonomie und Ökologie entsteht.**

a) Die Einkaufsabteilung kauft preiswerte Materialien für die Produktion.
b) Für bestimmte Bauteile werden wiederverwendbare Materialien eingesetzt.
c) Anfallende Materialabfälle werden recycelt.
d) Kunststoffabfälle werden kostengünstig im Restmüll entsorgt.
e) Der Versand erfolgt in kostengünstigen, wiederverwendbaren Verpackungen.

**5. Welche Aussage beschreibt das oberste Ziel eines marktwirtschaftlich orientierten Unternehmens?**

a) Möglichst viele Produkte zu erzeugen, ohne die Absatzlage zu berücksichtigen
b) Möglichst langlebige Produkte abzusetzen
c) Möglichst viele Arbeitnehmer zu beschäftigen
d) Eine 100%ige Auslastung der Produktionskapazität zu erreichen
e) Den größtmöglichen Gewinn zu erzielen

**6. Welches Ziel liegt dem erwerbswirtschaftlichen Prinzip zugrunde?**

a) Größtmöglichen Gewinn erzielen
b) Größtmöglichen Umsatz erreichen
c) Möglichst niedrige, jedoch kostendeckende Preise kalkulieren
d) Optimale Bedarfsdeckung realisieren
e) Freien Wettbewerb erhalten

**7. Welches wirtschaftliche Ziel verfolgt eine gemeinwirtschaftliche Unternehmung (z. B. Wasserzweckverband, von dem Trinkwasser bezogen wird)?**

a) Hohen Marktanteil erreichen
b) Maximalen Gewinn erzielen
c) Bestmögliche Versorgung der Bevölkerung sichern
d) Zahlungsfähigkeit sicherstellen
e) Konkurrenzlose Produkte anbieten

**8. Ordnen Sie zwei der folgenden Aussagen dem ökonomischen Prinzip zu.**

a) Mit geringsten Mitteln soll ein größtmöglicher Erfolg erreicht werden.
b) Mit gegebenen Mitteln ist ein größtmöglicher Erfolg anzustreben.
c) Mit maximalem Mitteleinsatz soll ein maximaler Erfolg erzielt werden.
d) Eine bestimmte Leistung soll mit geringsten Mitteln erreicht werden.
e) Je geringer die Wirtschaftlichkeit, desto höher die Rentabilität.

Maximalprinzip

Minimalprinzip

**9. Wann handelt die Bavaria Fahrradwerke KG nach dem Maximalprinzip?**

a) Unterschiedliche Fertigprodukte sollen mit dem größtmöglichen Gewinn verkauft werden.
b) Mit möglichst wenig Benzin sollen möglichst viele Kilometer gefahren werden.
c) Mit einem festgelegten Werbeetat sollen möglichst viele Kunden erreicht werden.
d) Aus mehreren Angeboten für eine bestimmte Ware wird das preiswerteste ausgesucht.
e) Mit einer nach oben offenen Kaufsumme wird der am besten ausgestattete Pkw erworben.

**10. In welchem Fall handelt die Bavaria Fahrradwerke KG nach dem Minimalprinzip?**

a) Sie gibt beim Abschluss von Kaufverträgen kleine Zugaben.
b) Sie stellt alle Auslieferungen zu einem Tourenplan zusammen.
c) Sie stellt Zusatzpersonal ein.
d) Sie zahlt ihrem Verkaufspersonal Verkaufsprämien.
e) Sie wirbt in der Tageszeitung für einen Sonderverkauf.

**11. Die Bavaria Fahrradwerke KG ist bestrebt, während der 10-stündigen Tagesöffnungszeit den höchstmöglichen Umsatz zu erzielen. Was wird mit dieser Zielsetzung beschrieben?**

a) Wirtschaftskreislauf
b) Zusammenwirken der Produktionsfaktoren
c) Maximale Bedürfnisbefriedigung der Kunden
d) Ökonomisches Prinzip als Minimalprinzip
e) Ökonomisches Prinzip als Maximalprinzip

**12. Ordnen Sie den Funktionsbereichen der Bavaria Fahrradwerke KG zu:
(1) Beschaffung, (2) Produktion, (3) Absatz.**

a) Eine Stanzmaschine fällt aus.

b) Die Einkaufspreise für Materialien steigen.

c) Die Nachfrage nach Tourenrädern steigt.

d) Der Reisende besucht einen Fahrradhändler.

e) Facharbeiter für die Produktion werden gesucht.

f) Eine neue, vollautomatische Maschine wird in der Fertigung eingesetzt.

**13. Ordnen Sie drei der folgenden betrieblichen Tätigkeiten den Funktionsbereichen der Bavaria Fahrradwerke KG zu.**

a) Planmäßiger Einsatz von Arbeit, Betriebsmitteln und Werkstoffen zur Erstellung betrieblicher Leistungen

b) Tätigkeiten, die der Verwertung von Betriebsleistungen dienen

c) Maßnahmen, die der Bereitstellung von Geld- und Sachkapital für die betriebliche Leistungserstellung dienen

d) Gesamtheit aller planerischen, kontrollierenden und organisatorischen Maßnahmen

e) Tätigkeiten, die der Bereitstellung von Sachgütern, Rechten und Dienstleistungen für Betriebszwecke dienen

Produktion

Finanzierung

Beschaffung

**14. Ordnen Sie den Funktionsbereichen der Bavaria Fahrradwerke KG zu:
(1) Verwaltung, (2) Beschaffung, (3) Produktion, (4) Absatz, (5) Finanzierung.**

a) Personalorganisation

b) Kundenservice

c) Kreditaufnahme

d) Fertigungsplanung

e) Anschaffung von Maschinen

**15. Welche betriebliche Funktion ist nur für einen Industriebetrieb typisch?**

a) Beschaffung von Gütern

b) Lagerung von Gütern

c) Fertigung von Gütern

d) Absatz von Gütern

e) Finanzierung von Gütern

**16. Welche Produktionsfaktoren werden im volkswirtschaftlichen Leistungsprozess unterschieden?**

a) Arbeit, Boden

b) Boden, Arbeit, Kapital

c) Boden, Betriebsmittel, Kapital

d) Kapital, Betriebsmittel, Werkstoffe

e) Dispositive Arbeit, ausführende Arbeit, Betriebsmittel, Werkstoffe

**17. Ordnen Sie den volkswirtschaftlichen Produktionsfaktoren zu:
(1) Arbeit, (2) Boden, (3) Kapital.**

a) Betriebsleiter

b) Firmengrundstück

c) Lkw-Fahrer
d) Lkw
e) Maschinen
f) Werkzeuge
g) Auszubildender

**18. In der Bavaria Fahrradwerke KG kommen u. a. elektrische Schraubendreher zum Einsatz. Zu welchem betriebswirtschaftlichen Produktionsfaktor gehören die Schraubendreher?**

a) Sie gehören zum Produktionsfaktor Werkstoffe, weil sie als Hilfsstoffe zur Bearbeitung des herzustellenden Werkstückes eingesetzt werden.

b) Sie gehören zum Produktionsfaktor Werkstoffe, weil sie als Betriebsstoffe zur Bearbeitung des herzustellenden Werkstückes eingesetzt werden.

c) Sie gehören zum Produktionsfaktor Betriebsmittel, weil sie als Bestandteil der produktionstechnischen Ausrüstung des Betriebes eingesetzt werden.

d) Sie gehören zum Produktionsfaktor ausführende Arbeit, weil sie zur Ausführung von angeordneten Arbeiten eingesetzt werden.

e) Sie gehören zum Produktionsfaktor dispositive Arbeit, weil sie aufgrund einer Entscheidung der Geschäftsleitung eingesetzt werden.

**19. Ordnen Sie drei der folgenden Beispiele den betriebswirtschaftlichen Produktionsfaktoren einer Automobilfabrik zu.**

a) Tätigkeiten des Geschäftsführers
b) Tätigkeiten eines Facharbeiters in der Produktionsabteilung
c) Einführung eines neuen Fertigungsverfahrens
d) Verwendung eines Roboters in der Produktion
e) Lagerbestände fertiggestellter Pkw
f) Spende eines Pkw an das Rote Kreuz
g) Schmiermittel für die Fertigungsmaschinen

Betriebsmittel

Werkstoffe

Ausführende Arbeit

**20. Was bezeichnet man als dispositiven Faktor?**

a) Fließbandarbeit
b) Betriebsmittel
c) Werkstoffe
d) Unternehmensleitung
e) Boden
f) Kapital

**21. In welchem Fall wurde ein Produktionsfaktor durch einen anderen substituiert?**

a) Wegen des Einsatzes einer Spezialmaschine wurde die Stelle eines ausscheidenden Facharbeiters nicht mehr besetzt.

b) Durch eine bessere Anordnung der Maschinen wurde die Herstellungszeit eines Produktes verkürzt.

c) Wegen eines Verkehrsunfalls musste der stark beschädigte Lieferwagen durch einen neuen ersetzt werden.

d) Um sich langfristig qualifizierte Arbeitskräfte zu sichern, wurde die Zahl der Ausbildungsplätze von vier auf sechs erhöht.

e) Um Beschäftigungsschwankungen zu vermeiden, wurden neue Produkte in das Fertigungsprogramm aufgenommen.

**22. Ordnen Sie vier der folgenden Beispiele den betriebswirtschaftlichen Produktionsfaktoren einer Möbelfabrik zu.**

a) Grundstücke und Gebäude der Möbelfabrik
b) Aufgenommene Hypotheken und Darlehen
c) Holz, Leim und Schmierstoffe für die Produktionsmaschinen
d) Tätigkeit einer Schreibkraft in der Verkaufsabteilung
e) Lagerbestände an fertiggestellten Möbeln
f) Tätigkeit der Einkaufsleitung

Werkstoffe ☐
Dispositive Arbeit ☐
Betriebsmittel ☐
Ausführende Arbeit ☐

**23. Der Außendienstmitarbeiter eines Unternehmens erfüllt Aufgaben im Rahmen des betriebswirtschaftlichen Produktionsfaktors „dispositive Arbeit“. Welche seiner Tätigkeiten gehört nicht zur dispositiven, sondern zur ausführenden Arbeit?** ☐

a) Er ermittelt den Planumsatz für die kommende Periode.
b) Er plant die Vorgabe des von jedem Außendienstmitarbeiter zu erreichenden Mindestumsatzes.
c) Er organisiert den Einsatz der Außendienstmitarbeiter.
d) Er legt die Fahrtrouten für die Kundendienstbesuche seiner Mitarbeiter fest.
e) Er analysiert die Gründe für das Nichterreichen des geplanten Umsatzes.

**24. Die Bavaria Fahrradwerke KG kann 100 Produkte mit der nachstehend abgebildeten Faktorkombination herstellen. Der Preis für den Produktionsfaktor Arbeit ist 50,00 EUR pro Einheit, der Preis für eine Einheit des Produktionsfaktors Betriebsmittel beträgt 30,00 EUR. Welche Faktorkombination ist am günstigsten und wie hoch sind die Kosten in EUR?** ☐ ☐

| Kombination | Produktionsfaktor Arbeit | Produktionsfaktor Betriebsmittel | Summe Kosten |
|---|---|---|---|
| 1 | 14 | 6 | |
| 2 | 10 | 7 | |
| 3 | 6 | 12 | |
| 4 | 5 | 15 | |
| 5 | 4 | 16 | |

**25. Welche Erkenntnis kann die Unternehmensleitung aus der vorherigen Aufgabe hinsichtlich der zukünftigen Planung der Produktionsfaktoren gewinnen?** ☐

a) Die Auftragseingänge gehen zurück.
b) Durch den verstärkten Einsatz von Betriebsmitteln werden Arbeitskräfte freigesetzt.
c) Rohstoffe können billiger eingekauft werden.
d) Werbemaßnahmen müssen verstärkt werden.
e) Investitionen im Umweltsektor sollten verstärkt getätigt werden.

**26. Welcher Betrieb ist der Produktionsstufe Urerzeugung zuzuordnen?** ☐

a) Getreidemühlenbetrieb
b) Landwirtschaftlicher Betrieb
c) Bäckerei
d) Einzelhandelsgeschäft
e) Maschinenfabrik

**27. In verschiedenen Produktionsstätten wird das gleiche Produkt hergestellt. Dabei werden Produktionsfaktoren mit unterschiedlichen Kosten verschiedenartig kombiniert. In welcher Produktionsstätte wird am kostengünstigsten produziert?**

| | Produktions-stätte | Materialkosten in EUR | Arbeits-stunden | Kosten je Arbeitsstunde in EUR | Summe Kosten in EUR |
|---|---|---|---|---|---|
| a) | 1 | 70 | 3 | 30 | |
| b) | 2 | 95 | 4 | 20 | |
| c) | 3 | 80 | 1 | 30 | |
| d) | 4 | 50 | 3 | 40 | |
| e) | 5 | 112 | 0,2 | 40 | |

**28. In welchem Fall ist der Großhandel hinsichtlich seiner Stellung in der Gesamtwirtschaft richtig eingeordnet?**

a) Großhandel – Einzelhandel – Verbraucher – Hersteller

b) Großhandel – Einzelhandel – Hersteller – Verbraucher

c) Hersteller – Großhandel – Verbraucher – Einzelhandel

d) Hersteller – Großhandel – Einzelhandel – Verbraucher

e) Hersteller – Verbraucher – Großhandel – Einzelhandel

**29. Um welche Betriebsart handelt es sich bei der Bavaria Fahrradwerke KG?**

a) Gewinnungsbetrieb

b) Veredelungsbetrieb

c) Verarbeitungsbetrieb

d) Dienstleistungsbetrieb

e) Handelsbetrieb

**30. Welche zwei Unternehmen zählen zum Dienstleistungsbereich?**

a) Tiefbauunternehmen

b) Ölraffinerien

c) Versicherungsunternehmen

d) Computerhersteller

e) Stahl- und Walzwerk

f) Spedition

**31. Ordnen Sie drei der folgenden typischen Funktionen den Betrieben zu.**

a) Abwicklung des Zahlungsverkehrs

b) Sortimentsbildung

c) Handel mit Wertpapieren

d) Fertigung

e) Devisenhandel

f) Risikoübernahme

Handelsbetrieb

Versicherungsbetrieb

Industriebetrieb

**32. Welche Funktion sollen Handelsbetriebe im Rahmen des volkswirtschaftlichen Leistungsprozesses erfüllen?**

a) Produktion von Verbrauchs- und Gebrauchsgütern

b) Anlage von Geld und Vermögen

c) Abwicklung des Zahlungs- und Kreditverkehrs

d) Markterschließung und Mengenausgleich (Distribution)

e) Erschließung neuer Rohstoffe

**33. In einer Volkswirtschaft stellt in der Regel kein Betrieb alle Güter, die er benötigt, selbst her. Mit welchem Begriff wird diese Tatsache bezeichnet?**

a) Automatisierung

b) Arbeitsteilung

c) Autarkie

d) Organisation

e) Technisierung



**34. Welcher Sachverhalt kennzeichnet eine überbetriebliche Arbeitsteilung?**

a) Ein Unternehmen teilt intern einen Arbeitsvorgang in aufeinanderfolgende Teilverrichtungen auf.

b) Ein Unternehmen teilt einen bisher manuell verrichteten Arbeitsvorgang verschiedenen Maschinen zu.

c) Ein Unternehmen spezialisiert sich auf einen Abschnitt aus dem Produktionsprozess eines Gutes und beliefert weiterverarbeitende Betriebe.

d) Ein Unternehmen spezialisiert sich darauf, Rohstoffe aus der Natur zu gewinnen, diese zu verarbeiten und die fertigen Produkte selbst an die Endverbraucher zu liefern.

e) Ein Unternehmen teilt einen Arbeitsplatz zwei Belegschaftsmitgliedern zu.

**35. Was versteht man unter innerbetrieblicher Arbeitsteilung?**

a) Erhöhung der Produktivität

b) Wirtschaftlichen Einsatz der Produktionsfaktoren

c) Bessere Ausnutzung der besonderen Fähigkeiten

d) Herstellung eines Gutes in mehreren Teilverrichtungen

e) Abhängigkeitsverhältnis zwischen Arbeitnehmern und Unternehmern

**36. Was ist eine Folge innerbetrieblicher Arbeitsteilung?**

a) Die Möglichkeit, Verantwortung auf die einzelnen Arbeitnehmer zu übertragen, entfällt.

b) Die Vielseitigkeit der Tätigkeiten der einzelnen Arbeitnehmer nimmt zu.

c) Die gegenseitige Abhängigkeit der Arbeitnehmer entfällt.

d) Die Möglichkeit, ungelernte Arbeitskräfte zu beschäftigen, nimmt zu.

e) Der einzelne Arbeitnehmer gewinnt eine bessere Übersicht über die Gesamtzusammenhänge des Produktionsablaufs.

**37. Welche Aussage zur betrieblichen Arbeitsteilung ist zutreffend?**

a) Es ergibt sich trotz notwendiger Investitionen ein Vorteil für den Betrieb, weil der Maschineneinsatz wirkungsvoller ist und die Produktivität steigt.

b) Der organisatorische Aufwand ist größer als möglicherweise zu erzielende Vorteile. Das führt zu sinkenden Gewinnen für den Betrieb.

c) Ein Vorteil für den Arbeitnehmer ist die bessere Übersicht über den gesamten Produktionsvorgang.

d) Es ergibt sich kein Vorteil für den Betrieb, da Zuständigkeiten und Verantwortlichkeiten klar geregelt sein müssen.

e) Wegen der Spezialisierung auf wenige, sich oft wiederholende Vorgänge ist die Arbeit weniger belastend und ermüdend.

**38. Welche Aussage zur Arbeitsteilung trifft zu?**

a) Die Übersicht der Arbeitnehmer über den Gesamtzusammenhang der einzelnen Tätigkeiten nimmt zu.

b) Die Teilung in Urproduktion, Verarbeitung und Dienstleistungen stellt ein typisches Beispiel für horizontale Arbeitsteilung dar.

c) In der Land- und Forstwirtschaft ist die Arbeitsteilung am weitesten fortgeschritten.

d) Die Arbeitsteilung ermöglicht den Einsatz angelernter und ungelernter Arbeitskräfte.

e) Die Teilung in Produzieren und Konsumieren stellt ein typisches Beispiel für die Arbeitsteilung dar.

**39. Was führt als Folge der Arbeitsteilung zu einer höheren Produktivität?**

a) Vielseitigkeit der Tätigkeiten am Arbeitsplatz, wodurch sich zugleich eine bessere Motivation der Mitarbeiter ergibt

b) Verminderung der Kapitalbindung im Anlagenbereich

c) Erhöhung des Bedarfs an Arbeitskräften für die Fertigung einer Ware

d) Zerlegung eines Vorgangs in Teilschritte mit vermehrtem Einsatz von Maschinen

e) Bildung von Kleinbetrieben mit leicht überschaubarem Arbeitsablauf

**40. Was ist Kennzeichen einer arbeitsteiligen Wirtschaft?**

a) Der einzelne Betrieb hat bei der Herstellung eines Gutes nur einen Anteil am gesamten Produktionsprozess.

b) Die Arbeitsteilung wird erst nach Auftragseingang vorgenommen.

c) Die Arbeitsteilung wird in den Betrieben durch Teilzeit vollzogen.

d) Die Arbeit wird in einer Volkswirtschaft auf jüngere und ältere Beschäftigte unterschiedlichen Geschlechts verteilt.

e) Die Arbeitsteilung ist Aufgabe der Bundesanstalt für Arbeit.

**41. Welcher Vorschlag ist geeignet, Nachteile der Arbeitsteilung zu reduzieren?**

a) Spezialisierung der Arbeitnehmer nutzen

b) Rückgang der Arbeitsleistung nutzen

c) Arbeitsaufgaben kontinuierlich erweitern

d) Gesundheitsschäden der Arbeitnehmer behandeln

e) Übersicht über den Herstellungsvorgang durch Weiterbildung unterstützen

**42. Welche Aussage zur Arbeitszerlegung trifft zu?**

a) Die Arbeitszerlegung ermöglicht eine zweckmäßige Gestaltung der einzelnen Arbeitsvorgänge und den Einsatz von Spezialmaschinen.

b) Teilen sich zwei Arbeitnehmer einen Arbeitsplatz, so spricht man von Arbeitszerlegung.

c) Die Arbeitszerlegung hat den Vorteil, dass der einzelne Arbeitnehmer den Gesamtzusammenhang der betrieblichen Leistungserstellung besser versteht.

d) Eine weitgehende Arbeitszerlegung erhöht zwar die Motivation der Arbeitnehmer, vermindert aber gleichzeitig die Arbeitsproduktivität.

e) Der Ersatz der menschlichen Arbeitskraft durch Maschinen ist die Grundvoraussetzung für die Arbeitszerlegung.

**43. Welche Aussage zur internationalen Arbeitsteilung ist richtig?**

a) Sie kann nur zwischen Ländern mit gleichen Wirtschaftsorganisationen realisiert werden.

b) Sie kann nur zwischen Ländern mit gleichen Rechtsordnungen realisiert werden.

c) Sie kann nur bei Wirtschaftsbeziehungen zwischen Ländern realisiert werden.

d) Sie kann nur bei ausgeglichenen Handelsbilanzen der Länder realisiert werden.

e) Sie kann nur bei Industrieprodukten realisiert werden.



**44. In einer modernen Volkswirtschaft stehen die Wirtschaftssubjekte in Beziehung zueinander. Welche Bereiche gehören zum erweiterten Wirtschaftskreislauf?**

a) Haushalte, Banken, Außenhandel, Unternehmen

b) Haushalte, Unternehmen, Banken, Außenhandel, Staat

c) Haushalte, Unternehmen, Versicherungen

d) Versicherungen, Unternehmen, Staat

e) Unternehmen, Haushalte, Außenpolitik

**45. Welche Aussage über den Wirtschaftskreislauf ist richtig?**

a) Die Geld- und Güterströme fließen im Wirtschaftskreislauf in der gleichen Richtung.

b) Der Gewinn aus dem Verkauf von Erzeugnissen fließt den Unternehmen über den Warenkreislauf zu.

c) Der Staat beeinflusst weder den Waren- noch den Geldkreislauf.

d) Der Produktionsfaktor Arbeit ist Bestandteil des Wirtschaftskreislaufs.

e) Die Leistungen der Versicherungsunternehmer werden im Wirtschaftskreislauf nicht berücksichtigt.

**46. Wodurch sind die privaten Haushalte unter anderem gekennzeichnet?**

a) Sie stellen den Unternehmen den Produktionsfaktor Arbeit zur Verfügung.

b) Sie erhalten Subventionen von den Unternehmen.

c) Sie erhalten Transferleistungen von den Unternehmen.

d) Sie liefern den Unternehmen Güter gegen Entgelt.

e) Sie zahlen die Umsatzsteuer direkt an den Staat.

**47. In welchem Beispiel stellen Sie im Rahmen des Wirtschaftskreislaufs einen Geldstrom vom Staat zu den Unternehmen fest?**

a) In einem Restaurant bezahlt ein Urlaubsgast Speisen und Getränke.

b) Eine Gemeinde bezahlt die Rechnung eines Dachdeckers für Reparaturleistungen am Rathaus.

c) Eltern erhalten Kindergeld.

d) Ein Kreditinstitut zahlt Zinsen für ein Sparguthaben.

e) Eine Familie mit geringem Einkommen erhält Wohngeld.

**48. Ordnen Sie drei der Tätigkeiten der Wirtschaftssubjekte den genannten Sektoren des Wirtschaftskreislaufes zu.**

a) Einkommen sparen, Steuern erheben

b) Einkommen für Konsum verwenden, Sachgüter und Dienstleistungen für den Markt produzieren

c) Einkommen zum Konsum und/oder Sparen verwenden

d) Einkommen sparen, Sachgüter und Dienstleistungen für den Markt produzieren

e) Sachgüter und Dienstleistungen für den Markt produzieren, Gewinn erzielen

f) Steuern erheben, Einkommen zum privaten Konsum verwenden

g) Steuern erheben, Einkommen umverteilen

Unternehmen

Private Haushalte

Staat

**49. Durch welche Skizze wird der Wirtschaftskreislauf zwischen Unternehmen und Haushalten richtig dargestellt?**

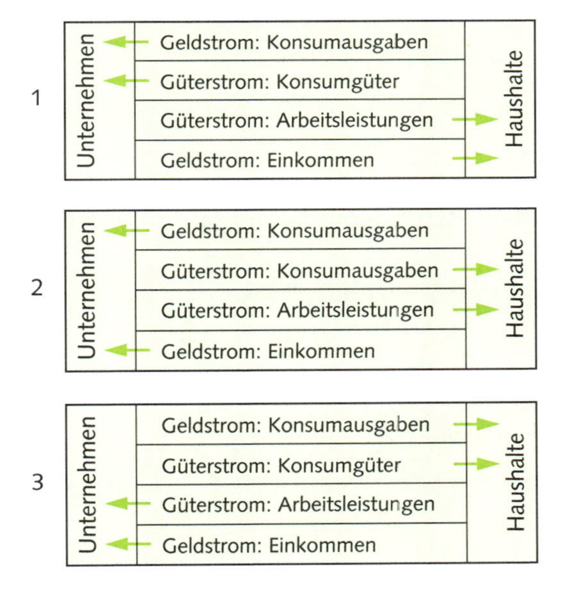


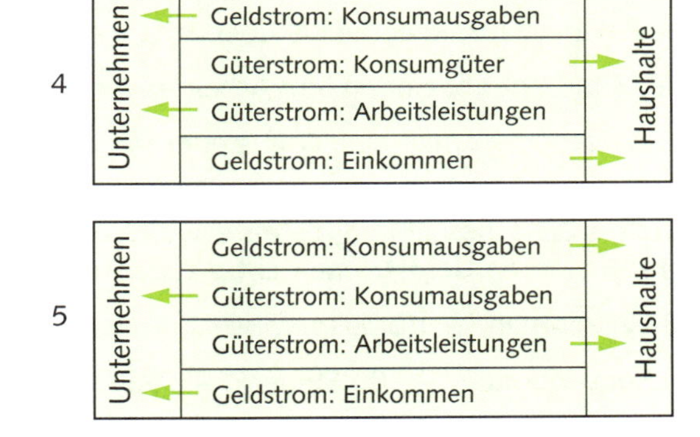


**50. Ergänzen Sie in dem Kreislaufschema den unter der gestrichelten Linie fehlenden Begriff und geben Sie dessen Buchstaben an.**

a) Import

b) Subventionen

c) Private Ersparnisse

d) Einkommen

e) Private Investitionen

f) Außenbeitrag

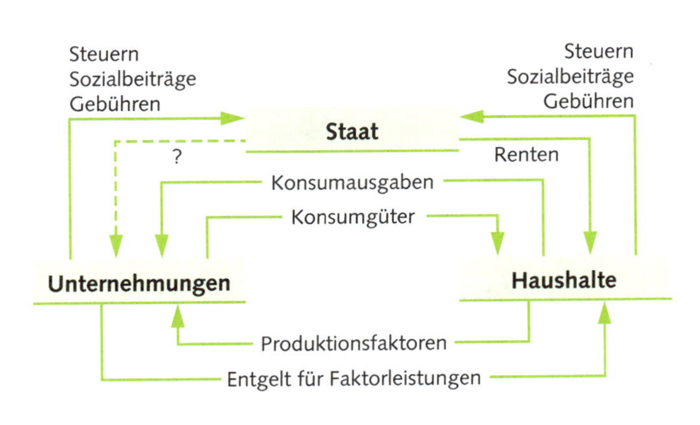

**51.** **Ergänzen Sie in dem Kreislaufschema den fehlenden Begriff auf der gestrichelten Linie und geben Sie dessen Buchstaben an.**

a) Ersparnisse

b) Subventionen

c) Konsumausgaben

d) Wareneinsatz

e) Investitionen

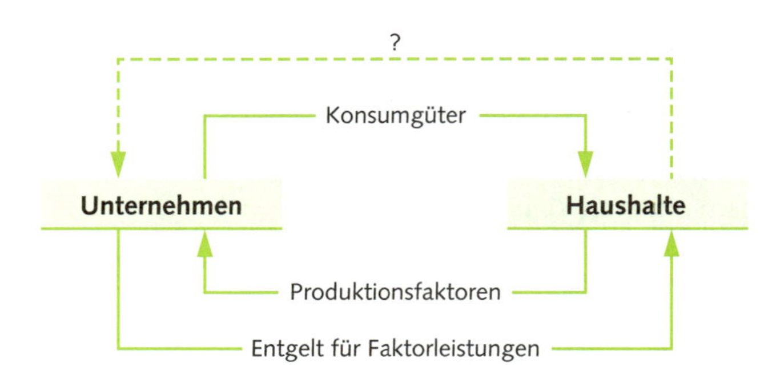


**52.** **Folgende grafische Darstellung zeigt (vereinfacht) die Beziehungen zwischen der Bavaria Fahrradwerke KG und den übrigen Wirtschaftssubjekten. Welche der folgenden Aussagen ist dem Pfeil B zuzuordnen?**

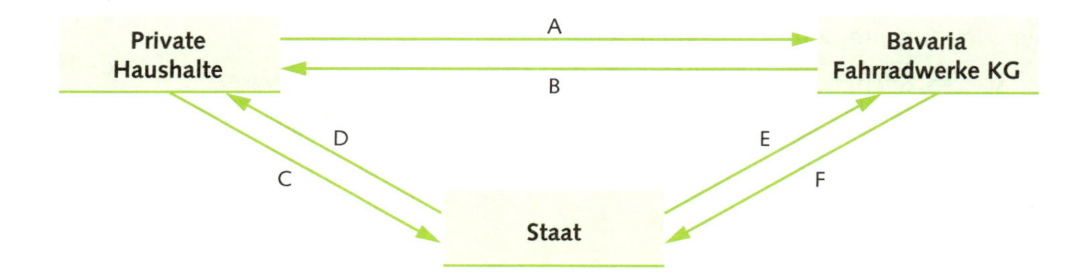


a) Die Bavaria Fahrradwerke KG zahlt Steuern auf ihren Gewinn.

b) Die Bavaria Fahrradwerke KG erhält von einem Unternehmen eine Zahlung für eine Lieferung.

c) Die Bavaria Fahrradwerke KG überweist die Monatslöhne an ihre Beschäftigten.

d) Die Mitarbeiter beginnen ihre Arbeit in der Fertigung.

e) Ein Mitarbeiter erhält eine Lohnsteuerrückzahlung.

**53.** **In welcher Zeile des abgebildeten erweiterten Wirtschaftskreislaufs sind die mit (a), (b) und (c) gekennzeichneten Geldströme richtig zugeordnet?**

a) (a) Einkommen – (b) Ersparnisse – (c) Exportausgaben

b) (a) Subventionen – (b) Steuern – (c) Exporterlöse

c) (a) Einkommen – (b) Mehrwertsteuer – (c) Exporterlöse

d) (a) Subventionen – (b) Mehrwertsteuer – (c) Importeinnahmen

e) (a) Kredite – (b) Steuern – (c) Exportausgaben

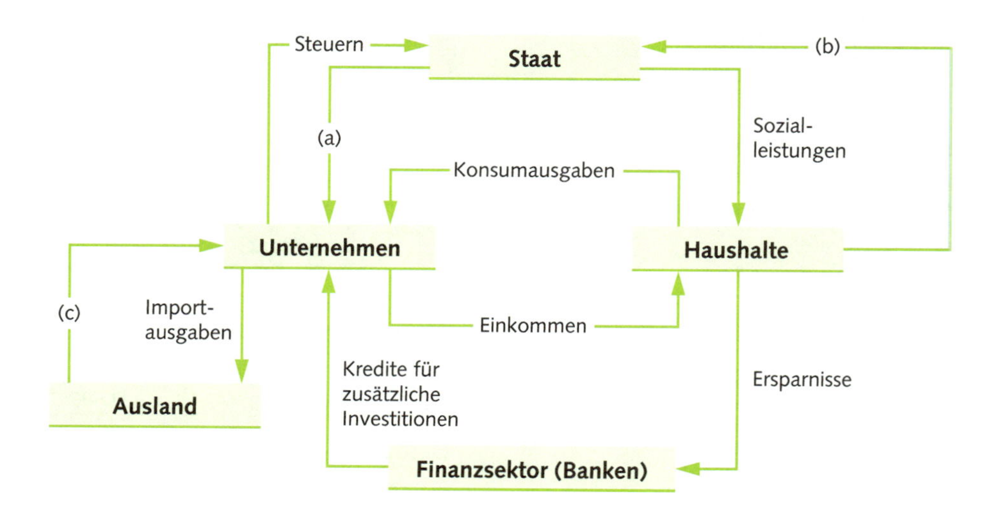

**54. Welches Recht hat der Kommanditist?**

a) Recht auf Geschäftsführung

b) Recht auf Widerspruch bei außergewöhnlichen Geschäftshandlungen der Komplementäre

c) Recht auf Vertretung

d) Recht auf laufende Kontrolle aller Geschäftsfälle

e) Recht auf Privatentnahmen während des Geschäftsjahres

**55. Wer haftet unbeschränkt mit dem Geschäfts- und Privatvermögen?**

a) Einzelunternehmer

b) Kommanditist

c) Komplementär

d) Gesellschafter einer GmbH

**56. Welche Aussage trifft auf die Kommanditgesellschaft zu?**

a) Zur Gründung sind mindestens drei Personen erforderlich.

b) Das vorgeschriebene Mindestkapital beträgt mindestens 50000,00 EUR.

c) Die Firma muss den Namen eines Vollhafters und eines Teilhafters enthalten.

d) Die Haftung der Gesellschafter beschränkt sich auf die Einlage.

e) Komplementäre haften unbeschränkt, unmittelbar und solidarisch.

**57. Ordnen Sie zu:**
**(1) Einzelunternehmer, (2) Komplementär, (3) Kommanditist, (4) Gesellschafter einer GmbH.**

a) Ist stets von der Geschäftsführung ausgeschlossen

b) Hat immer alleinigen Anspruch auf den Gewinn

c) Kann in einer Kapitalgesellschaft Gesellschafter und Geschäftsführer sein

d) Ist in einer Personengesellschaft zur Geschäftsführung und Vertretung verpflichtet

**58. Welche Aussage über die GmbH ist richtig?**

a) GmbH-Anteile werden an der Börse gehandelt.

b) Das Stammkapital der GmbH muss bei Neugründung mindestens 100000,00 EUR betragen.

c) Alle Gesellschafter der GmbH sind jederzeit zur Vertretung und Geschäftsführung berechtigt.

d) Die Gesellschafter der GmbH haften für die Verbindlichkeiten mit ihrem Privatvermögen.

e) Nach der gesetzlichen Regelung erfolgt die Gewinnverteilung nach Geschäftsanteilen.

**59. Ordnen Sie zu:**
**(1) Einzelunternehmung, (2) Personengesellschaft, (3) Kapitalgesellschaft.**

a) Franziska Klein Moden GmbH

b) Sven Ulreich e. Kfm.

c) Primox KG

**60. Welche Aussage trifft auf die Kommanditgesellschaft zu?**

a) Zur Gründung sind mindestens fünf Personen erforderlich.

b) Die Gesellschaft ist eine juristische Person des privaten Rechts.

c) Mindestens ein Gesellschafter haftet beschränkt.

d) Die Geschäftsführung wird auch von Kommanditisten wahrgenommen.

e) Ein Mindesthaftungskapital ist gesetzlich vorgeschrieben.

**61. Welche Aussage trifft auf die GmbH zu?**

a) Der Gesellschafter einer GmbH kann nicht zugleich auch Geschäftsführer der GmbH sein.

b) Die GmbH wird in das Handelsregister, Abteilung A, eingetragen.

c) Eine GmbH muss bei über 50 ständig beschäftigten Mitarbeitern einen Aufsichtsrat bilden.

d) Das Mindesthaftungskapital einer GmbH bezeichnet man auch als Stammkapital.

e) Eine GmbH kann nur mit einem Mindesthaftungskapital von 50 000,00 EUR gegründet werden.

**62. Ordnen Sie die Gesprächsausschnitte den Unternehmensformen zu:**
**(1) Einzelunternehmung, (2) Kommanditgesellschaft, (3) GmbH.**

a) „Der haftet doch mit allem, was er hat, und alleine."

b) „Die Bonität ist bei 25 000,00 EUR Stammkapital nicht besonders gut."

c) „Die Kapitalanteile werden mit 4 % verzinst, dann wird die Satzung herangezogen."

d) „Der Gewinn wird gesetzlich nach Kapitalanteilen verteilt."

e) „Sie führt die Geschäfte und vertritt das Unternehmen stets alleine."

**63. Welcher Grund kann einen Einzelunternehmer bewegen, seine Unternehmung in eine Kommanditgesellschaft umzuwandeln?**

a) Die Privateinnahmen werden nicht mehr mit dem Gewinn verrechnet.

b) Die Vertretungsbefugnis des Einzelunternehmers wird erweitert.

c) Die Eigenkapitaldecke ist für Erweiterungsinvestitionen zu dünn.

d) Die Gewerbesteuer entfällt.

e) Der Gewinn wird zwangsläufig zunehmen.

**64. Um welche Gesellschaftsform handelt es sich bei folgendem Eintrag ins Handelsregister (gekürzt):**
**Gesellschafter Emil Weiß, 66130 Saarbrücken, Edelweißstr. 3, Haftung unbeschränkt;**
**Helmut Blau, 60020 Frankfurt, Am Weinberg 19, Einlage und Haftungssumme 100 000,00 EUR?**

a) Kommanditgesellschaft

b) Unternehmergesellschaft (haftungsbeschränkt)

c) Gesellschaft mit beschränkter Haftung

d) Einzelunternehmung

**65. Ordnen Sie zu, wer jeweils die Geschäftsführung übernimmt.**

a) Die Gesellschafter

b) Der Unternehmer

c) Der Aufsichtsrat

d) Der Vorstand

e) Der Komplementär

f) Der Prokurist

g) Der Geschäftsführer

Einzelunternehmung

Kommanditgesellschaft

GmbH

**66. Welches sind die Organe einer GmbH?**

a) Vorstand, Aufsichtsrat

b) Geschäftsführer, Anteilseigner, Kommanditisten

c) Gesellschafterversammlung, Geschäftsführer, ggf. Aufsichtsrat

d) Hauptversammlung, Geschäftsführer

e) Aufsichtsrat, Komplementäre, Generalsversammlung

**67. Müller, Schmidt und Schulze wollen gemeinsam ein Unternehmen gründen. Müller kann 50 000,00 EUR, Schmidt 25 000,00 EUR und Schulze 45 000,00 EUR aufbringen. Sie wollen nur mit ihrer Einlage haften. Welche Rechtsform kann gewählt werden?**

a) Einzelunternehmung

b) GmbH

c) Kommanditgesellschaft

**68. Hans Oberpriller, Komplementär der Bavaria Fahrradwerke KG, erwägt, dass Ulrich Benz, einer der Kommanditisten, künftig nicht mehr Kommanditist sein soll, sondern neben Herrn Oberpriller als weiterer Komplementär in der Bavaria Fahrradwerke KG tätig wird.**
**Welche zwei der folgenden Aussagen treffen dann zu, wenn der Gesellschaftsvertrag entsprechend abgeschlossen und die Einlage in voller Höhe geleistet worden ist.**

a) Die Bavaria Fahrradwerke KG müsste anstelle von Ulrich Benz einen anderen Gesellschafter als Kommanditisten aufnehmen.

b) Ulrich Benz muss dann mit seinem Privatvermögen haften.

c) Der Gewinnanteil von 4 % auf die Kapitaleinlage würden Hans Oberpriller und Ulrich Benz jeweils zur Hälfte, also jedem 2 % auf die Kapitaleinlage, zustehen.

d) In Streitfällen wäre allein die Meinung von Hans Oberpriller ausschlaggebend.

e) Ulrich Benz kann die Bavaria Fahrradwerke KG ebenfalls einzeln vertreten.

**69. Ab welchem Zeitpunkt ist die Filterbau GmbH rechtsfähig?**

a) Gründungsbeschluss der Gesellschafter

b) Annahme der Satzung durch die Gesellschafter

c) Eintragung im zuständigen Handelsregister

d) Aufnahme der Geschäfte durch den Geschäftsführer

**70. Ordnen Sie zu:**
**(1) Einzelunternehmer, (2) Kommanditist, (3) Gesellschafter einer GmbH.**

a) Haftet unbeschränkt, unmittelbar und solidarisch

b) Kann Gesellschafter und Geschäftsführer in Personalunion sein

c) Hat ein Recht auf Widerspruch nur bei außergewöhnlichen Rechtsgeschäften

d) Erhält den gesamten Gewinn

e) Erhält gesetzlich den Gewinn anteilig seiner Stammeinlage ausgezahlt

**71. In der Schobus KG ist laut Satzung vereinbart, dass der Restgewinn im Verhältnis 4 : 2 : 1 verteilt werden soll. Die Kapitalanteile betragen:**

| | |
|---|---|
| Volker Schobus (Komplementär) | 20 000,00 EUR |
| Verena Schobus (Kommanditistin) | 16 000,00 EUR |
| Viktor Subed (Kommanditist) | 12 000,00 EUR |
| Der Jahresüberschuss beträgt | 141 920,00 EUR. |

**Berechnen Sie die Auszahlung in EUR an Verena Schobus!**

**72. Bei welcher Unternehmensform besteht für mindestens einen Gesellschafter unbeschränkte, unmittelbare und solidarische Haftung?**

a) GmbH

b) Einzelunternehmung

c) Kommanditgesellschaft

**73. Ordnen Sie zu:**
**(1) Einzelunternehmer, (2) Kommanditist, (3) Gesellschafter einer GmbH.**

a) Vom Gewinn erhält jeder Berechtigte 4 % der Kapitaleinlage, der Rest wird im angemessenen Verhältnis verteilt.

b) Ein Verlust wird als Verlustvortrag fortgeschrieben.

c) Der Gewinn steht dem Unternehmer alleine zu.



**74. Wie heißt das beschließende Organ einer GmbH?**

a) Aufsichtsrat

b) Gesellschafterversammlung

c) Mitgliederversammlung

d) Hauptversammlung

e) Vertreterversammlung

**75. Die Elektro GmbH ist ein Großhandelsunternehmen in Hannover. Die fünf Gesellschafter halten folgende Stammeinlagen:**

| | |
|---|---|
| Herr Rülle | 7500,00 EUR |
| Frau Bott | 5000,00 EUR |
| Herr Kohl | 5000,00 EUR |
| Herr Kühn | 5000,00 EUR |
| Frau Kampen | 2500,00 EUR |

Der Gesellschaftsvertrag sieht für die Gewinn- und Verlustverteilung keine besondere Regelung vor. Eine Nachschusspflicht ist nicht festgelegt. Frau Kampen wurde von der Gesellschafterversammlung zur alleinigen Geschäftsführerin gewählt.

**Wie viel EUR erhält der Gesellschafter Rülle vom Gewinn, wenn 100000,00 EUR Gewinn erwirtschaftet wurden?**

**76. Wer ist laut HGB Kaufmann?**

a) Kaufmann ist, wer der vereinfachten Aufzeichnungspflicht unterliegt.

b) Kaufmann ist auch der, der keine Firma haben darf.

c) Kaufmann ist der Gewerbetreibende ohne kaufmännische Organisation, wenn er nicht im Handelsregister eingetragen ist.

d) Kaufmann ist jeder Gewerbetreibende mit kaufmännischer Organisation.

e) Kaufmann ist jeder Nicht-Kaufmann, wenn er ein Gewerbe betreibt.

**77. Um welchen Kaufmann handelt es sich bei einem Kleingewerbebetrieb, der sich freiwillig ins Handelsregister eintragen lässt?**

a) Kannkaufmann

b) Nicht-Kaufmann

c) Formkaufmann

d) Istkaufmann

**78. Was versteht das HGB unter „Firma"?**

a) Kaufmännischen Betrieb

b) Unternehmen mit mindestens 5 Beschäftigten

c) Geschäftsnamen eines Kaufmanns nach HGB, unter dem er seine Geschäfte betreibt

d) Arbeitgeber

**79. Weiß, Schulz und Kremer gründen ein Unternehmen. Weiß und Schulz sind Vollhafter, Kremer ist Teilhafter. Unter welcher Firma können sie ihr Geschäft betreiben?**

a) Weiß und Schulz GmbH

b) Weiß und Schulz KG

c) Weiß und Schulz e. K.

**80. Fritz Pohl möchte sich mit Traudel Heinloth in der Computerbranche selbstständig machen. Sie beabsichtigen, mit einem weiteren Partner ein Unternehmen zu gründen. Das Unternehmen soll in das Handelsregister eingetragen werden. Welche Firmierung ist zutreffend, wenn alle Gesellschafter nur mit ihrer Beteiligung haften wollen?**

a) Pohl, Heinloth & Co.

b) Pohl, Heinloth KG

c) Computer Service GmbH

d) Pohl e. Kfm.

**81. Ordnen Sie zu:**
**Die Eintragung ins Handelsregister ist (1) konstitutiv, (2) deklaratorisch. Es wird unterstellt, dass die KG und e. Kfr. einen in kaufmännischer Weise eingerichteten Geschäftsbetrieb führen.**

a) Schröpf KG

b) Christiane Berger e. Kfr.

c) Duplex GmbH

**82. Ordnen Sie zu:**
**(1) Firmenbeständigkeit, (2) Firmenausschließlichkeit, (3) Firmenwahrheit.**

a) Jede neue Firma muss sich von allen an demselben Ort bereits bestehenden Firmen deutlich unterscheiden.

b) Beim Erwerb eines Unternehmens darf die bisherige Firma nach Einwilligung des bisherigen Inhabers fortgeführt werden.

c) Die Firma darf keine Zusätze über Art und Umfang des Geschäftes enthalten, die Außenstehende täuschen können.

**83. Welche Tatsache über eine GmbH ist nicht im Handelsregister eingetragen?**

a) Ort der Niederlassung: Kassel

b) Gegenstand des Unternehmens: Veranstaltung und Vermittlung von Reisen

c) Stammkapital: 25000,00 EUR

d) Geschäftsführer: Robert Marschall

e) Einzelprokura: Gustav Schulze

f) Handlungsbevollmächtigte: Hans Gerlach und Emil Schulze

**84. Eintragung im Handelsregister: HRA Nr. 178 Neueintragung Carsten Baumann e. Kfm., Weine und Spirituosen, Groß- und Einzelhandel. Was bedeutet diese Eintragung?**

a) Die Personengesellschaft Carsten Baumann ist in die Abteilung A des Handelsregisters eingetragen worden.

b) Carsten Baumann hat eine Lizenz als Wein- und Spirituosenhändler erhalten.

c) Die Einzelunternehmung Carsten Baumann ist in die Abteilung A des Handelsregisters eingetragen worden.

d) Die Einzelunternehmung Carsten Baumann ist in die Abteilung B des Handelsregisters eingetragen worden.

**85. Sie lesen im Internet die abgebildete Mitteilung aus dem Handelsregister. Welches der nachstehenden Rechtsgeschäfte ist demnach gültig?**

a) Die Prokuristen Peter Gebhardt und Uwe Schuricht verkaufen ein Firmengrundstück.

b) Die Prokuristen Peter Gebhardt und Uwe Schuricht unterschreiben die Bilanz des letzten Geschäftsjahres.

c) Der Prokurist Uwe Schuricht erteilt dem Einkaufsleiter Heinz Sporer Prokura.

d) Der Prokurist Uwe Schuricht nimmt Gerhard Gerauer als neuen Gesellschafter auf.

e) Die Prokuristen Peter Gebhardt und Uwe Schuricht nehmen ein Darlehen über 80000,00 EUR bei der Hausbank auf.

**Registergericht Landshut HRA 4567**
**Veränderung**
**04. April**

Bavaria Fahrradwerke KG, Weilerstr. 12, 84032 Landshut

Die Prokura Josef Weber ist erloschen. Die Prokuristen Peter Gebhardt und Uwe Schuricht sind nicht mehr einzelvertretungsberechtigt, sondern gemeinschaftlich vertretungsbefugt.

**86. Welche Bedeutung haben rot unterstrichene Eintragungen im Handelsregister?**

a) Sie dürfen nicht veröffentlicht werden.

b) Sie gelten als gelöscht.

c) Sie sind wichtiger als alle anderen Eintragungen.

d) Sie sind nur mit Einwilligung des Amtsgerichtes einzusehen.

e) Sie gelten wie andere Eintragungen auch.

**87. Welche Einteilung des Handelsregisters ist richtig?**

a) Abteilung A: Einzelunternehmen, Personengesellschaften
Abteilung B: Kapitalgesellschaften

b) Abteilung A: Einzelunternehmen
Abteilung B: Personen- und Kapitalgesellschaften

c) Abteilung A: Einzelunternehmen
Abteilung B: Personengesellschaften
Abteilung C: Kapitalgesellschaften

**88. Welche Aussage über das Handelsregister ist richtig?**

a) Das Handelsregister wird bei der zuständigen Industrie- und Handelskammer geführt.

b) Das Handelsregister ist gegliedert in Abteilung A für Personengesellschaften, Abteilung B für Kapitalgesellschaften und Abteilung C für Genossenschaften.

c) Eine Eintragung in das Handelsregister erfolgt auf Anmeldung, die vom Amtsgericht beglaubigt sein muss.

d) Die konstitutive Wirkung der Handelsregistereintragung besagt, dass eine Tatsache erst durch die Eintragung rechtswirksam wird.

e) In das Handelsregister werden die Gesellschafter einer GmbH nicht eingetragen.

**89. Welche Unternehmensform wird in der Abteilung B des Handelsregisters geführt?**

a) Einzelunternehmung

b) GmbH

c) Kommanditgesellschaft

**90. Ordnen Sie die folgenden Sachverhalte zu:**
**(1) Investition, (2) Finanzierung.**

a) Mittelherkunft

b) Mittelverwendung

c) Umwandlung von Kapital in Vermögen

d) Maßnahmen der Kapitalbeschaffung

e) Aktivseite der Bilanz

f) Passivseite der Bilanz

**91. Wie bezeichnet man alle Maßnahmen, die dazu dienen, das Kapital zu beschaffen, das ein Unternehmen benötigt?**

a) Investition

b) Hypothekenaufnahme

c) Finanzierung

d) Leasing

e) Kreditaufnahme

**92. Welches Investitionsvorhaben betrifft das Anlagevermögen?**

a) Beschaffung von Waren

b) Lohnzahlungen

c) Finanzierung der Werbeaktion

d) Einrichtung des Geschäftshauses

e) Beschaffung von Eigenkapital

**93. Woher können sich Außenstehende Informationen über die Art der Finanzierung eines Unternehmens beschaffen?**

a) Aus der Inventur

b) Aus der Unternehmensstatistik

c) Aus der Bilanz

d) Aus dem Inventar

e) Aus dem Finanzierungsplan

**94. Was besagt die „Goldene Bilanzregel"?**

a) Anlagevermögen + Umlaufvermögen = Eigenkapital

b) Anlagevermögen + Umlaufvermögen = Eigenkapital + kurzfristiges Fremdkapital

c) Anlagevermögen + 1/2 Umlaufvermögen = Eigenkapital

d) Anlagevermögen + Umlaufvermögen = Fremdkapital

e) Anlagevermögen + 1/3 Umlaufvermögen = Eigenkapital

**95. Ordnen Sie drei der folgenden Handlungen den Finanzierungsarten zu.**

a) Ein weiterer Gesellschafter mit einer Einlage von 20000,00 EUR wird in die Bavaria Fahrradwerke KG aufgenommen.

b) Die Bavaria Fahrradwerke KG kauft Aktien der Meier AG.

c) Die Bavaria Fahrradwerke KG nimmt bei einer Bank ein Darlehen auf.

d) Der Jahresgewinn des Gesellschafters Oberpriller verbleibt in der KG.

e) Die Bavaria Fahrradwerke KG verlängert ihre Zahlungsziele bei Ausgangsrechnungen.

Beteiligungsfinanzierung ☐

Selbstfinanzierung ☐

Fremdfinanzierung ☐

**96. Ordnen Sie drei der folgenden Aussagen zu.**

a) Beim Jahresabschluss werden 5 % des Reingewinns der Rücklage zugeführt.

b) Das laufende Konto wird überzogen (Kontokorrentkredit).

c) Der Geschäftsinhaber bringt einen Teil seines privaten Lottogewinnes als Bareinlage in das Unternehmen ein.

d) Ein gebrauchter Lkw wird unter Buchwert verkauft.

e) Ein durch Grundschuld abgesicherter Kredit wird aufgenommen.

f) Ein Kunde begleicht den fälligen Rechnungsbetrag per Scheck.

langfristige Fremdfinanzierung ☐

kurzfristige Fremdfinanzierung ☐

Selbstfinanzierung ☐

**97. In welchem Fall handelt es sich um Eigenfinanzierung?** ☐

a) Finanzierung durch Aufnahme neuer Gesellschafter

b) Finanzierung durch Bankkredite

c) Finanzierung durch nicht entnommene Gewinne

e) Finanzierung durch Leasing

**98. Was versteht man unter Selbstfinanzierung?** ☐

a) Erhöhung des Eigenkapitals

b) Finanzierung aus einbehaltenen Gewinnen

c) Finanzierung durch Kredite

d) Finanzierung durch Einlage eines Kommanditisten

e) Finanzierung durch Verkauf von Lizenzen

**99. Bei der Finanzierung eines Unternehmens werden Eigenkapital und Fremdkapital herangezogen. Wie nennt man den Teil, der durch Eigenkapital finanziert ist?** ☐

a) Eigenfinanzierung

b) Fremdfinanzierung

c) Kreditfinanzierung

d) Barfinanzierung

e) Sachfinanzierung

**100. Zur Finanzierung des Unternehmens sind verschiedene Möglichkeiten gegeben. Welches der nachstehenden Beispiele ist eine kurzfristige Finanzierung?** ☐

a) Finanzierung durch Darlehen

b) Finanzierung durch Hypothek

c) Finanzierung durch Leasing

d) Finanzierung durch Lieferantenkredit

e) Finanzierung durch Gewinnbeteiligung

**101. In welchem Fall handelt es sich um eine langfristige Fremdfinanzierung?**

a) Finanzierung durch Lieferantenkredit

b) Finanzierung durch Kontokorrentkredit

c) Finanzierung durch Hypothekendarlehen

d) Finanzierung durch Leasing

**102. Je nach Herkunft des Kapitals zur Finanzierung eines Unternehmens unterscheidet man in Außen- und Innenfinanzierung. Welche der nachstehenden Finanzierungsarten ist der Außenfinanzierung zuzuordnen?**

a) Finanzierung durch Kapitaleinlagen des Eigentümers

b) Finanzierung durch Einbehaltung von Gewinnen

c) Finanzierung durch Verwendung des erwirtschafteten Gewinns

**103. Welche der nachstehenden Finanzierungsarten ist der Innenfinanzierung zuzuordnen?**

a) Investition des erwirtschafteten Gewinns

b) Beteiligungsfinanzierung

c) Lieferantenkredit

d) Leasing

e) Kontokorrentkredit

**104. Bringen Sie die folgenden Arbeitsschritte eines Finanzierungsvorgangs in die richtige Reihenfolge.**

a) Kreditbewilligung

b) Kreditantrag

c) Gutschrift der Bank auf dem Konto des Kreditnehmers

d) Investition des geliehenen Betrages in den Betrieb

e) Rückzahlung und Zinsleistung

f) Prüfung der Kreditwürdigkeit

**105. Welche Aussage trifft auf ein Annuitätendarlehen zu?**

a) Das Darlehen wird in einer Summe am vertraglich vereinbarten Fälligkeitstag zurückbezahlt.

b) Nach einer vereinbarten Kündigungsfrist wird die Rückzahlung des Darlehens fällig.

c) Der Schuldner bezahlt über die gesamte Laufzeit gleichbleibende Beträge zurück, die sich aus Tilgungs- und Zinsanteilen zusammensetzen.

d) Die Tilgungsanteile fester Rückzahlungsbeträge verändern sich während der gesamten Laufzeit nicht.

e) Die Zinsbelastung ändert sich während der gesamten Laufzeit nicht.

**106. Welche Form des Darlehens liegt vor, wenn die Höhe der regelmäßigen Rückzahlungen mit fortschreitender Laufzeit abnimmt?**

a) Fälligkeitsdarlehen

b) Kündigungsdarlehen

c) Annuitätendarlehen

d) Abzahlungsdarlehen

e) Tilgungsdarlehen

**107. Welchen Vorteil hat ein Kontokorrentkredit?**

a) Für einen Kontokorrentkredit müssen keine Zinsen bezahlt werden.

b) Der Kontokorrentkredit kann flexibel in Anspruch genommen werden.

c) Die Rückzahlung des Kontokorrentkredites muss erst am Jahresende erfolgen.

d) Der Kontokorrentkredit kann jederzeit in jeder beliebigen Höhe in Anspruch genommen werden.

e) Für Kontokorrentkredite brauchen, im Gegensatz zu anderen Kreditarten, keine Verträge abgeschlossen zu werden.

**108. Ordnen Sie zwei der folgenden Kreditbeispiele den Kreditarten zu.**

a) Langfristiger Kredit, durch Grundbucheintragung gesichert

b) Bankkredit in dauernd wechselnder Höhe

c) Langfristiger Bankkredit in bestimmter Höhe mit festgelegten Tilgungsraten

d) Finanzierung eines Unternehmens durch Ausgabe von Pfandbriefen

e) Einkauf von Rohstoffen auf Ziel

Kontokorrentkredit

Lieferantenkredit

**109. Welche Aussage trifft auf den Begriff „Leasing" zu?**

a) Es handelt sich dabei um das Verkaufen von Maschinen zu Finanzierungszwecken.

b) Es handelt sich dabei um das Mieten eines Geschäftshauses.

c) Es handelt sich dabei um das Mieten von z. B. Scanner-Kassen mit dem Recht auf Erwerb des Eigentums am Ende der Mietzeit.

d) Es handelt sich dabei um ein neues Lesegerät bei Scanner-Kassen.

e) Es handelt sich dabei um einen kurzfristigen Bankkredit.



**110. Bei einer Leasinggesellschaft wird für den Geschäftsführer, Herrn Oberpriller, ein Pkw gemietet. Welche Aussage über die Besitz- bzw. Eigentumsverhältnisse ist richtig?**

a) Die Leasinggesellschaft ist Eigentümer des Pkw.

b) Die Leasinggesellschaft ist Besitzer und Eigentümer des Pkw.

c) Die Leasinggesellschaft ist weder Eigentümer noch Besitzer des Pkw.

d) Herr Oberpriller ist Eigentümer des Pkw.

e) Die Bavaria Fahrradwerke KG ist Eigentümer des Pkw.

**111. Welchen Vorteil hat u. a. das Leasen von z. B. einem Kraftfahrzeug für einen Unternehmer?**

a) Leasingraten können steuerlich vom Unternehmer als Geschäftskosten abgesetzt werden.

b) Bei Leasing benötigt der Unternehmer zwar weniger Eigenkapital, die Leasingkosten sind aber höher als bei der Eigenfinanzierung.

c) Bei Leasing trägt der Leasinggeber die Vollkasko-Kosten.

d) Trotz Zahlungsverzug bei den Leasingraten steht dem Unternehmer der Kraftwagen weiterhin zur Verfügung.

e) Die ersparten Eigenkapitalbeträge werden zum Erwerb des Eigentums am Ende der Leasingzeit verwendet.

**112. Welche Aussage über Factoring ist richtig?**

a) Eine Bank will sich an verschiedenen Unternehmen beteiligen.

b) Ein Unternehmen verkauft einer Factoringgesellschaft Forderungen.

c) Eine Factoringgesellschaft vermietet dem Kunden Anlagegegenstände.

d) Eine Factoringgesellschaft übernimmt die Fakturierung für einen Kunden.

e) Eine Factoringgesellschaft übernimmt durch stille Zession Verbindlichkeiten eines Unternehmens.

**113. Welche Aussage trifft auf den Eigentumsvorbehalt zu?**

a) Der Eigentumsvorbehalt muss nicht im Kaufvertrag vereinbart werden, da er gesetzlich geregelt ist.

b) Der Eigentumsvorbehalt muss ausdrücklich in den AGB des Unternehmens geregelt sein.

c) Der Eigentumsvorbehalt muss ausdrücklich im Kaufvertrag vereinbart werden, eine Form muss dabei nicht beachtet werden.

d) Der Eigentumsvorbehalt muss ausdrücklich im Kaufvertrag vereinbart werden, dabei muss die Schriftform beachtet werden.

e) Der Eigentumsvorbehalt ist nur bei zweiseitigen Handelsgeschäften zulässig.

f) Der Eigentumsvorbehalt ist bei Geschäften mit Ratenzahlung nicht zulässig.

**114. Warum wird beim Abschluss eines Kaufvertrages häufig Eigentumsvorbehalt vereinbart?**

a) Weil der Verkäufer in diesem Fall Besitzer der Ware bleibt

b) Weil der Verkäufer damit die Kaufpreisforderung absichern will

c) Weil der Verkäufer damit das Recht erhält, jederzeit vom Kaufvertrag zurückzutreten

d) Weil der Käufer damit die Zusicherung erhält, Eigentümer zu werden

e) Weil der Verkäufer damit einen Weiterverkauf durch den Kunden unterbinden kann

**115. Welche Aussage zum Eigentumsvorbehalt ist richtig?**

a) Durch einen Eigentumsvorbehalt bleibt der Verkäufer Besitzer einer Ware, bis der Kaufpreis vollständig bezahlt wird. Der Käufer wird Eigentümer.

b) Durch einen Eigentumsvorbehalt bleibt der Verkäufer Eigentümer einer Ware, bis der Kaufpreis vollständig bezahlt wird. Der Käufer wird Besitzer.

c) Der Eigentumsvorbehalt kann nur im Falle eines Insolvenzverfahrens geltend gemacht werden.

d) Der Eigentumsvorbehalt kann nur dann geltend gemacht werden, wenn der zur Bezahlung einer Ware ausgestellte Scheck nicht eingelöst wird.

e) Der Eigentumsvorbehalt wird ins Handelsregister eingetragen.

**116. Wir verkaufen Waren an einen Kunden unter einem erweiterten Eigentumsvorbehalt. Was wird dadurch erreicht?**

a) Die gelieferten Waren bleiben bis zur vollständigen Bezahlung aller unserer Forderungen gegenüber dem Kunden unser Eigentum.

b) Dieser Eigentumsvorbehalt garantiert die Bezahlung der Ware.

c) Dieser Eigentumsvorbehalt sichert uns ein Pfandrecht an der Ware zu.

d) Dieser Eigentumsvorbehalt verhindert die Nutzung der Ware vor ihrer vollständigen Bezahlung durch unseren Kunden.

e) Dieser Eigentumsvorbehalt schützt unseren Kunden.

**117. Was beinhaltet die Klausel: „Aus Weiterveräußerung der Ware gegen Dritte entstehende Forderungen tritt der Käufer schon heute in Höhe des Weiterverkaufspreises an uns ab."?**

a) Verlängerter Eigentumsvorbehalt

b) Verarbeitungsverbot

c) Sicherungsübereignung

e) Eigentumsübertragung

f) Weiterverkaufsverbot

**118. Die Bavaria Fahrradwerke KG kauft Rohstoffe unter Eigentumsvorbehalt. Welche Aussage ist richtig?**

a) Wenn nicht rechtzeitig bezahlt wird, kann der Lieferer die Rohstoffe, soweit sie noch nicht verarbeitet sind, zurückverlangen, wenn die Fristsetzung zur Nacherfüllung erfolglos blieb.

b) Der Lieferer kann die Rohstoffe nicht mehr zurückverlangen, wenn sie zur Hälfte bezahlt sind.

c) Die Rohstoffe dürfen frühestens nach einer Teilzahlung verarbeitet werden.

d) Solange der Eigentumsvorbehalt besteht, dürfen die Rohstoffe nicht verarbeitet werden.

e) Die Rohstoffe können vor der Bezahlung nur mit Zustimmung des Lieferers verarbeitet werden.

**119. Durch Sicherung eines Kredites soll der Geldgeber vor Verlust des ausgeliehenen Kreditbetrages geschützt werden. Welche Aussage trifft auf den Personalkredit zu?**

a) Die Sicherung des Kredites erfolgt durch Übereignung beweglicher Sachen an den Kreditgeber.

b) Die Sicherung des Kredites erfolgt durch Übereignung unbeweglicher Sachen.

c) Zur Sicherung des Kredites werden bewegliche Sachen vom Kreditgeber als Pfand von der Person des Kreditnehmers genommen.

d) Der Kreditnehmer haftet persönlich mit seinem Haus- und Grundstücksvermögen.

e) Die Sicherung des Kredites liegt in der Person des Kreditnehmers (z. B. sein guter Ruf).

**120. Ordnen Sie zu.**

a) Personalkredit, der zusätzlich durch Bürgschaft gesichert ist

b) Kurzfristiger Kredit in laufender Rechnung

c) Kurzfristiger Kredit gegen Verpfändung von Waren oder Wertpapieren

d) Langfristiger Kredit mit Absicherung durch Belastung von Grundeigentum

Kontokorrentkredit

Hypothekenkredit

Lombardkredit



**121. Welche Aussage zur Sicherungsübereignung ist richtig?**

a) Der Schuldner bleibt Eigentümer des übereigneten Gutes.

b) Der Gläubiger wird Besitzer des übereigneten Gutes.

c) Der Gläubiger erwirbt kein Verwertungsrecht am übereigneten Gut.

d) Der Schuldner bleibt Besitzer des übereigneten Gutes.

e) Der Gläubiger wird sowohl Eigentümer als auch Besitzer des übereigneten Gutes.

**122. Welche Sicherungsart ist für die Absicherung eines einmaligen kurzfristigen Kredites durch einen Lieferer am wenigsten geeignet?**

a) Verpfändung von Wertpapieren

b) Eigentumsvorbehalt an den gelieferten Waren

c) Sicherungsübereignung eines Kraftfahrzeuges

d) Eintragung einer Grundschuld auf das Betriebsgrundstück

**123. Die Bavaria Fahrradwerke KG benötigt zwei neue Fahrzeuge. Diese sollen fremdfinanziert werden. Welche Kreditart liegt vor, wenn der Kreditgeber die Fahrzeugbriefe einbehält?**

a) Kurzfristiger Liefererkredit

b) Langfristiger Hypothekenkredit

c) Durch Sicherungsübereignung gesicherter Kredit bei der Bank

d) Kurzfristiger Überziehungskredit

e) Lombardkredit

**124. Ordnen Sie zwei Möglichkeiten der Kreditsicherung den folgenden Erläuterungen zu!**

Der Kreditnehmer verschafft dem Kreditgeber das Eigentum an Maschinen.

Der Kreditnehmer verpfändet dem Kreditgeber Wertpapiere.

a) Hypothek

b) Grundschuld

c) Sicherungsübereignung

d) Selbstschuldnerische Bürgschaft

e) Lombard

**125. Ordnen Sie die Geschäfte der Bavaria Fahrradwerke KG den Möglichkeiten der Kreditsicherung zu.**

Kauf von Büromöbeln auf Ziel. Die Ware bleibt laut Kaufvertrag Eigentum des Verkäufers.

Inanspruchnahme eines langfristigen Kredits von der Hausbank; der Kredit ist durch ein Pfandrecht an einem Grundstück der Bavaria Fahrradwerke KG gesichert.

Inanspruchnahme eines weiteren Kredits gegen Überlassung des Kfz-Briefes des neuen Lieferwagens

a) Sicherungsübereignung

b) Eigentumsvorbehalt

c) Grundschuld

d) Lombard

**126. Für die Erweiterung einer Lagerhalle benötigt die Bavaria Fahrradwerke KG einen Kredit von 250 000,00 EUR.**

Die Hausbank hat folgende Konditionen angeboten: 4,5 % Zinsen p. a. (30/360), halbjährliche Zahlung; Tilgung 2,5 % p. a., halbjährliche Zahlung.

**Welcher Betrag ist ein halbes Jahr nach Kreditaufnahme an die Bank zu überweisen?**

**127. Der Kredit der Bavaria Fahrradwerke KG wurde per Grundschuld gesichert. Welche Aussage zur Grundschuld ist zutreffend?**

a) Die Grundschuld wird in das Handelsregister eingetragen.

b) Die Grundschuld wird in das Grundbuch eingetragen.

c) Die Grundschuld kann zwischen der Hausbank und der Bavaria Fahrradwerke KG auch mündlich rechtswirksam vereinbart werden.

d) Die Grundschuld belastet das Privatvermögen von Hans Oberpriller, dem Komplementär der Bavaria Fahrradwerke KG.

e) Zwischen Grundschuld und Hypothek gibt es keinen Unterschied.

**128. Welche Aussage zum Begriff „Organisation" ist richtig?**

a) Organisation bedeutet für ein Unternehmen die fallweise Regelung von Fragen zum Arbeitsprozess.

b) Organisation bedeutet für ein Unternehmen das fallweise Zusammenwirken zwischen Mensch und Sachmitteln.

c) Organisation bedeutet für ein Unternehmen die Aufstellung genereller Regelungen für den Arbeitsprozess.

d) Organisation bedeutet für ein Unternehmen das spontane Zusammenwirken zwischen Mitarbeitern.

**129. Welche Aussagen zu Planung und Organisation sind (1) richtig, (9) falsch?**

a) Planung kommt vor der Organisation.

b) Organisation versucht die Planung vorwegzunehmen.

c) Organisation schafft fallweise Regelungen.

d) Planung ist ein Prozess, der eine Aufgabe nachbereitet.

e) Organisation verteilt Kompetenzen, Verantwortungsbereiche und Aufgaben.

**130. Ordnen Sie für die Bavaria Fahrradwerke KG zu:**
**(1) Unterorganisation, (2) Überorganisation, (3) Verstoß gegen die Wirtschaftlichkeit der Organisation.**

a) Die Abteilungsleiter beschweren sich bei der Geschäftsleitung über die ständige Zunahme der Bürokratisierung.

b) Um die Pünktlichkeit der Mitarbeiter überprüfen zu können, sind das Betätigen der automatischen Zeiterfassung und das Unterschreiben einer Anwesenheitsliste bei der Abteilungsleitung vorgeschrieben.

c) Das Einsetzen von Handelsvertretern für den Absatz des neuen Fahrrads hat sich nicht bewährt.

d) Es wurde versäumt, für den Krankheitsfall für Ersatz zu sorgen, z. B. für die Mitarbeiterin, die für die Auftragsannahme zuständig ist.

**131. Ordnen Sie für die Bavaria Fahrradwerke KG zu:**
**(1) Organisation, (2) Disposition, (3) Improvisation.**

a) Um dem Grundsatz des stets zufriedenen Kunden gerecht zu werden, haben Mitarbeiter die Möglichkeit, auch bei ungerechtfertigten Reklamationen einen Rabatt zwischen 5 % und 20 % aus Kulanz einzuräumen.

b) Dem Einkäufer liegt ein außergewöhnlich günstiges Angebot für Gelsättel vor. Obwohl im Moment kein großer Bedarf besteht, nimmt er das Angebot an.

c) Für den Ablauf immer wiederkehrender Arbeiten wurde eine Checkliste erstellt.

**132. Welche Aussage zum Begriff „Aufbauorganisation" ist falsch?**

a) Aufbauorganisation gliedert den Arbeitsprozess in Teilaufgaben.

b) Aufbauorganisation ordnet Teilaufgaben in zeitlicher und räumlicher Reihenfolge.

c) Aufbauorganisation bildet Stellen.

d) Aufbauorganisation ordnet Teilaufgaben Mitarbeitern zu.

**133. Welche Aussage zum Begriff „Ablauforganisation" ist richtig?**

a) Ablauforganisation gliedert Liniensysteme.

b) Ablauforganisation gliedert den Arbeitsprozess in Teilaufgaben.

c) Ablauforganisation bildet Instanzen.

d) Ablauforganisation beschreibt die Gestaltung des Arbeitsprozesses.

**134. Ordnen Sie zu:**
**(1) Einliniensystem, (2) Stabliniensystem, (3) Mehrliniensystem.**

a) Es gibt Mitarbeiter ohne Weisungsbefugnis.

b) Die Qualität der Führungskräfte wird durch Beratung verbessert.

c) Jeder Mitarbeiter hat genau einen weisungsbefugten Vorgesetzten.

d) Entscheidungswege werden kurz gehalten.

e) Jeder Mitarbeiter hat mehrere weisungsbefugte Vorgesetzte.

f) Entscheidungswege können lang sein.

**135. Welche Aussage zum Begriff „Instanz" ist richtig?**

a) Die Stelle besitzt nur beratenden Charakter.

b) Die Stelle hat keine Weisungsbefugnis.

c) Die Stelle hat nie einen Vorgesetzten.

d) Die Stelle besitzt Weisungsbefugnis.

**136. Ordnen Sie zu:**
**(1) Instanz, (2) Stabstelle, (3) ausführende Stelle.**

a) Rechtsabteilung

b) Sachbearbeitung

c) Abteilungsleitung

d) EDV-Abteilung

**137. Ermitteln Sie im nachstehenden Organigramm die Instanzentiefe und Instanzenbreite.**

a) Instanzentiefe

b) Instanzenbreite (auf der untersten Instanzenebene)

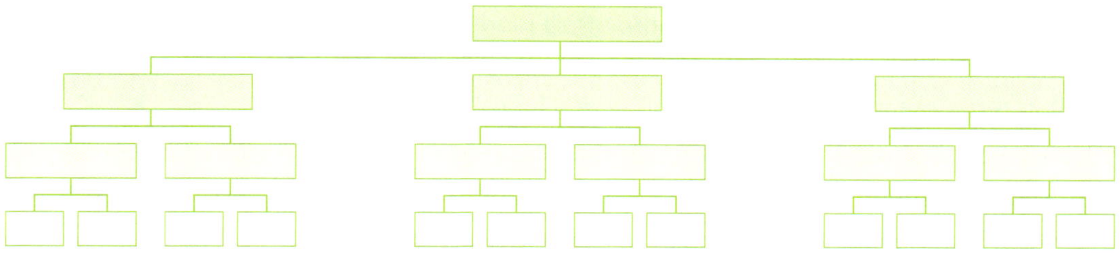

**138. Welche Aussage zum Stabliniensystem ist (1) richtig, (9) falsch?**

a) Expertenwissen kommt dem Unternehmen zugute.

b) Die Zuständigkeiten sind nicht immer klar geregelt.

c) Die Einhaltung des Dienstweges kann zu langwierigen Entscheidungsprozessen führen.

d) Die Instanz kann durch die Stäbe geschwächt werden.

e) Unklare Zuständigkeiten erschweren Kontrollmöglichkeiten.

**139. Welche Aussage zur Matrixorganisation ist (1) richtig, (9) falsch?**

a) Die Leitungsfunktion ist auf zwei gleichberechtigte Instanzen verteilt.

b) Es liegt eine Form des Mehrliniensystems vor.

c) Das Unternehmen ist nach Produktgruppen gegliedert.

d) Es liegt eine Form des Einliniensystems vor.

e) Das Unternehmen ist in einer Form von Funktionen und Produktgruppen organisiert.

**140. Ordnen Sie zu:**
**(1) Entscheidungsbefugnis, (2) Weisungsbefugnis, (3) Vertretungsbefugnis.**

a) Ein Mitarbeiter ist berechtigt, über die Annahme einer Bestellung zu entscheiden.

b) Ein Mitarbeiter leitet die Filiale einer Supermarktkette selbstständig.

c) Ein Mitarbeiter entscheidet, ob dem Kunden der gewünschte Preisnachlass von 15 % eingeräumt wird.

d) Ein Mitarbeiter möchte, dass der Kollege Müller das Angebot an den Kunden Meyer zur Post bringt.

**141. Welche Art von Vollmacht liegt vor:**
**(1) Artvollmacht, (2) Einzelvollmacht, (3) Allgemeine Handlungsvollmacht?**

a) Eine Mitarbeiterin wird beauftragt, fällige Rechnungen per Banküberweisung zu begleichen.

b) Ein Mitarbeiter ist für den Einkauf der Fertigteile zuständig.

c) Der Mitarbeiter Huber soll ab 1. Januar eine Verkaufsfiliale für Fahrräder selbstständig leiten.

**142. Welche Handlungen bzw. Rechtsgeschäfte (1) darf ein Prokurist vornehmen, (9) welche nicht?**

a) Mitarbeiter einstellen

b) Vollmacht erteilen

c) Grundstücke verkaufen

d) Prozesse für das Unternehmen führen

e) Bilanz unterschreiben

f) Prokura erteilen



**143. Herr Huber hat Einzelprokura. Sind die folgenden Aussagen (1) zutreffend oder (9) nicht zutreffend?**

a) Herr Huber darf ein Betriebsgrundstück mit einer Größe von 1200 qm kaufen, da er beabsichtigt, eine weitere Halle zu bauen.

b) Herr Huber hat sich entschlossen, den Fuhrpark zu modernisieren und kauft drei neue Lkw für den werkseigenen Vertrieb.

c) Herr Huber muss alle seine Anweisung mit „i. V. Huber“ unterschreiben.

d) Herr Huber benötigt zur Belastung eines Grundstücks eine zusätzliche Vollmacht vom Geschäftsinhaber.

e) Die Prokura erlischt automatisch mit dem Tod des Geschäftsinhabers.

f) Herr Huber darf einem weiteren Mitarbeiter Prokura erteilen, da er sich für die Gesamtprokura entschieden hat.

g) Die Prokura für Herrn Huber wurde vom Geschäftsinhaber widerrufen. Der Widerruf wurde aber noch nicht im Handelsregister eingetragen. Herr Huber hat nach dem Widerruf einen Posten Fertigerzeugnisse geordert. Der Geschäftsinhaber kann ohne Probleme dieses Geschäft rückgängig machen.

**144. Welche Aussage zu Geschäftsprozessen ist (1) richtig, (9) falsch?**

a) Kerngeschäftsprozesse erbringen die Hauptleistung des Unternehmens.

b) Fehler in Kerngeschäftsprozessen beeinträchtigen die Marktstellung kaum.

c) Unterstützungsprozesse sind notwendig zur Durchführung der Kerngeschäftsprozesse.

d) Kerngeschäftsprozesse orientieren sich am Kundenwunsch.

e) Unterstützungsprozesse sind direkt an der Hauptleistung des Unternehmens beteiligt.

**145. Ordnen Sie zu:**
**(1) Kerngeschäftsprozesse, (2) Unterstützungsprozesse.**

a) Buchhaltung

b) Einkauf

c) Vertrieb

d) Personalwesen

e) Auftragsbearbeitung

**146. Ordnen Sie zu:**
**(1) Optimierung der Geschäftsprozesse, (2) Kontinuierliche Verbesserung, (3) Analyse der Schwachstellen, (4) Ist-Aufnahme, (5) Darstellung der Geschäftsprozesse.**

**147. Welche Aussage zum Begriff „Selbstaufschreibung" ist richtig?**

a) Der Vorgesetzte erfasst nach Mitarbeiterbeobachtung die Arbeitsschritte selbst.

b) Vorgefertigte Formulare garantieren eine gute Vergleichbarkeit der Ergebnisse.

c) Die Methode ist mit hohen Kosten verbunden.

d) Bewusste oder unbewusste Falschaufschreibung wird vermieden.

**148. Ordnen Sie zu:**
**(1) Beobachtung, (2) Befragung, (3) Selbstaufschreibung.**

a) Arbeitsabläufe, Tätigkeiten und deren Dauer werden vom Arbeitnehmer erfasst.

b) Wünsche, Motive und Einstellungen werden ermittelt.

c) Geplantes zukünftiges Verhalten wird erhoben.

d) Laufwege von Kunden werden festgestellt.

e) Die Probanden werden nicht beeinflusst.

**149. Welche Aussage zum Ablaufdiagramm ist (1) richtig, (9) falsch?**

a) Verknüpfungsoperatoren können für Ereignisse und Funktionen gelten.

b) Ablaufdiagramme stellen die Arbeitsabläufe im Unternehmen als Folge von einzelnen Arbeitsschritten dar.

c) Das Flussdiagramm ist der Vorläufer des Ablaufdiagramms.

d) Ablaufdiagramme kombinieren grafische Symbole (z. B. Pfeile, Tabellen) mit verbaler Beschreibung.

e) Die Darstellung ist im Gegensatz zu den ereignisgesteuerten Prozessketten oder den Flussdiagrammen genau festgelegt.

**150. Ordnen Sie zu.**

a) Ablaufdiagramm

b) Ereignisgesteuerte Prozesskette

c) Flussdiagramm

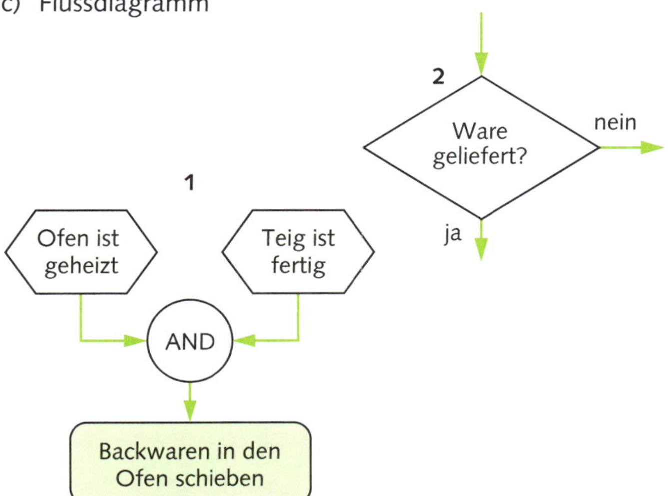


**3**

| Arbeitsschritte | Verkaufspersonal Laden | Konditorei | Büro-management | Zeit (min) | Erläuterung |
|---|---|---|---|---|---|
| Anfrage Tortenbestellung entgegennehmen | ● | | | 10 min | Anfrageformular benutzen |
| Anfrageformular … an Konditorei | | ● | | 1 min | Ablagefach in der Backstube |
| Konditorei prüft Anfrage | | ● | | 5 min | Anfrageformular durchsehen |
| Anfrage ist vollständig | | ● | | 10 min | Preis kalkulieren |
| Anfrage ist unvollständig | | ● | | 5 min | Rückruf beim Kunden |
| Festlegung des Preises | | ● | | 1 min | Preis im Anfrageformular ergänzen |
| Anfrageformular … an Büromanagement | | | ● | 1 min | Posteingangskorb Büromanagement |
| Erstellung schriftliches Angebot | | | ● | 10 min | Musterbrief verwenden |
| Versand schriftliches Angebot | | | ● | 1 min | Postausgangskorb Büromanagement |

**151. Ordnen Sie zu, wer zuständig ist.**

a) Herausgabe von Unfallverhütungsvorschriften
b) Vertretung der Mitglieder bei Tarifverhandlungen
c) Finanzielle Unterstützung bei Umschulungsmaßnahmen
d) Vertretung bei Rechtsstreitigkeiten
e) Vertretung der Mitglieder und Förderung der gewerblichen Wirtschaft
f) Zahlung der Berufsunfähigkeitsrente

IHK ☐
Arbeitgeberverband ☐
Agentur für Arbeit ☐

**152. An welchen Empfänger ist eine Unfallanzeige zu versenden?** ☐

a) Bundesanstalt für Arbeit
b) Zuständige Gewerkschaft
c) Arbeitgeberverband, dem der Betrieb angehört
d) Berufsgenossenschaft
e) Krankenkasse des verletzten Mitarbeiters

**153. Ein Unternehmen ist nicht Mitglied des Arbeitgeberverbandes. Welche Aussage zur Gültigkeit tarifvertraglicher Vereinbarungen ist richtig?** ☐

a) Der Tarifvertrag gilt für die Arbeitnehmer des Unternehmens unabhängig von dessen Mitgliedschaft im Arbeitgeberverband.
b) Der Tarifvertrag gilt für die Arbeitnehmer, wenn der Betriebsrat den Tarifvertrag für das Unternehmen als verbindlich erklärt hat.
c) Der Tarifvertrag gilt für alle Mitarbeiter des Unternehmens, die Mitglied der Gewerkschaften sind.
d) Der Tarifvertrag gilt nur für alle Arbeitnehmer des Unternehmens, wenn er für allgemeinverbindlich erklärt wurde.
e) Der Tarifvertrag gilt für alle Arbeitnehmer, wenn der Arbeitgeber für die Mehrheit der Arbeitnehmer die tariflichen Vereinbarungen einzelvertraglich gewährt.

**154. Wer kann einen Tarifvertrag für allgemein verbindlich erklären?** ☐

a) Bundesministerium für Arbeit und Soziales
b) Bundesministerium für Wirtschaft und Energie
c) Arbeitgeberverbände
d) Gewerkschaften
e) Tarifpartner auf Antrag des Bundesministeriums für Arbeit und Soziales

**155. Was ist Aufgabe der Berufsgenossenschaft?** ☐

a) Krankmeldungen der Arbeitnehmer zu überprüfen
b) Aufsichtsbeamte des Technischen Überwachungsvereins zu überprüfen
c) Entschädigungsansprüche bei Arbeitsunfällen zu prüfen und zu bewilligen
d) Arbeitgeber in Fragen des Arbeitsplatzwechsels sowie der Eingliederung von Behinderten in den Arbeitsprozess zu beraten
e) Sicherheitsbeauftragte bestellen

**156. Welche fünf Versicherungszweige bilden zusammen die gesetzliche Sozialversicherung?**

a) Krankenversicherung, Rentenversicherung, Lebensversicherung, Unfallversicherung, Pflegeversicherung

b) Krankenversicherung, Rentenversicherung, Arbeitslosenversicherung, Unfallversicherung, Pflegeversicherung

c) Haftpflichtversicherung, Krankenversicherung, Arbeitslosenversicherung, Unfallversicherung, Pflegeversicherung

d) Rentenversicherung, Arbeitslosenversicherung, Unfallversicherung, Haftpflichtversicherung, Pflegeversicherung

e) Krankenversicherung, Rentenversicherung, Arbeitslosenversicherung, Lebensversicherung, Pflegeversicherung

**157. Welche Stelle ist Träger der gesetzlichen Rentenversicherung?**

a) Ortskrankenkassen

b) Berufsgenossenschaften

c) Deutsche Rentenversicherung

d) Bundesagentur für Arbeit

e) Betriebskrankenkassen

**158. Ab wann gilt für einen Mitarbeiter eines Unternehmens der gesetzliche Unfallversicherungsschutz?**

a) Mit Aufnahme seiner Tätigkeit bei Eintritt in das Unternehmen

b) Sobald der Arbeitnehmer den ersten Beitrag zur gesetzlichen Unfallversicherung gezahlt hat

c) Nach einer gründlichen Einarbeitung durch den Vorgesetzten

d) Nach der Anmeldung des Arbeitnehmers durch den Arbeitgeber bei der zuständigen Behörde

e) Sobald die Berufsgenossenschaft den Zahlungseingang bestätigt hat

**159. Ordnen Sie zu, wer zuständig ist.**

a) Kindergeld

b) Arbeitslosengeld

c) Vorgezogenes Altersruhegeld

d) Entgeltfortzahlung

e) Krankengeld

f) Rente wegen Berufskrankheit

Krankenversicherung

Rentenversicherung

gesetzliche Unfallversicherung

**160. Die Landshuter Bavaria Fahrradwerke KG beschäftigt mehrere Mitarbeiter mit Wohnsitz in München. An welche Stellen hat sie deren Lohn- und Kirchensteuern, Sozialversicherungsbeiträge sowie den Umlagebeitrag für die Unfallversicherung zu überweisen? Ordnen Sie zu.**

a) Finanzamt in München

b) Finanzamt in Landshut

c) Bundesagentur für Arbeit in Nürnberg

d) Deutsche Rentenversicherung Bund

e) Berufsgenossenschaft

f) AOK in München

g) AOK in Landshut

h) Deutsche Rentenversicherung Regional

Beiträge zur gesetzlichen Unfallversicherung

Lohn- und Kirchensteuer

Beiträge zur Kranken-, Renten- und Arbeitslosenversicherung

## B Produkt- und Dienstleistungsangebot



**1. Welche Aussage zu Dienstleistungsbetrieben ist richtig?**

a) Zu den Dienstleistungsbetrieben gehören nur die Handelsunternehmen.

b) Banken als Dienstleistungsbetriebe befassen sich mit dem Zahlungsverkehr, dem Einlagengeschäft, Finanzierungen und sonstigen Dienstleistungen (z. B. Wertpapierhandel).

c) Dienstleistungsbetriebe produzieren materielle Güter.

d) Die öffentliche Verwaltung gehört nicht zu den Dienstleistungsbetrieben.

**2. Welche Aufgabe gehört nicht zu den typischen Hauptaufgaben des Sachleistungsbetriebes?**

a) Forschung und Entwicklung

b) Fertigung und Qualitätskontrollen

c) Planung des Produktionsprogramms

d) Abwicklung des Zahlungsverkehrs

**3. Welche Aussage zu Handelsbetrieben ist richtig?**

a) Handelsbetriebe haben lediglich eine Überbrückungsfunktion.

b) Handelsbetriebe beschäftigen sich mit der Herstellung von Produkten.

c) Handelsbetriebe haben die Hauptaufgabe, die Herstellung von Produkten für einen anonymen Markt mit dem Verbrauch zu verbinden.

d) Handelsbetriebe sind dem primären Sektor zuzuordnen.

**4. Ordnen Sie zu:**
**(1) Primärer Sektor, (2) Sekundärer Sektor, (3) Tertiärer Sektor.**

a) Möbelfabrik

b) Großhandel

c) Forstbetrieb

d) Versicherung

e) Sägewerk

**5. Ordnen Sie mit den Ziffern 1 - 6 die folgenden Begriffe nach ihrer Stufe im Wirtschaftsprozess.**

a) Möbelfabrik

b) Großhandel

c) Forstbetrieb

d) Endverbraucher

e) Einzelhandel

f) Sägewerk

**6. Welche Marktsituation ist für den Käufer am günstigsten?**

a) Die Nachfrage nach Fisch ist größer als das Angebot.

b) Das Angebot an Obst ist größer als die Nachfrage.

c) Das Angebot an Heizöl entspricht der Nachfrage.

d) Das Angebot an Kalbfleisch ist geringer als die Nachfrage.

e) Der Nachfrage nach Baugrundstücken in einer Gemeinde steht kein Angebot gegenüber.

**7. Welche Aussage zum Preis p der grafischen Darstellung ist richtig?**

a) Zum Preis p entspricht die angebotene Menge der nachgefragten.

b) Zum Preis p ist die angebotene Menge größer als die nachgefragte.

c) Zum Preis p findet kein Umsatz statt.

d) Zum Preis p wird die Menge $m_1$ abgesetzt.

e) Zum Preis p wird die Menge $m_2$ abgesetzt.

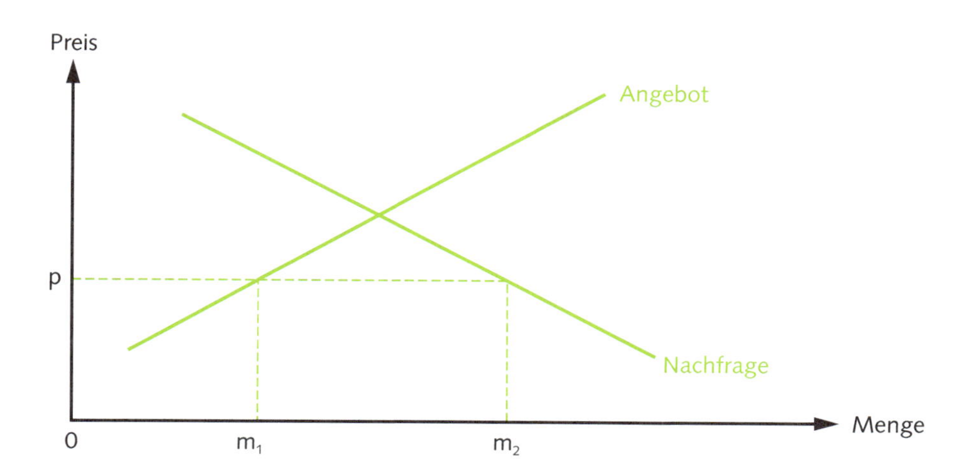


**8. Welche Funktion hat der Preis im Modell der vollständigen Konkurrenz?**

a) Er gibt dem Verbraucher die Qualität der Produkte an.

b) Er lenkt die Nachfrage nach den Wünschen des Staates.

c) Er führt den Ausgleich von Angebot und Nachfrage herbei.

d) Er ermöglicht eine Verteilung der Konsumgüter nach sozialen Gesichtspunkten.

e) Er lenkt das Güterangebot nach den Wünschen des Staates.

**9. Auf einem Markt mit vollständiger Konkurrenz besteht für ein gleichartiges Gut folgende Situation:**

| Preis (p) je t in EUR | Gesamte Nachfragemenge in t | Gesamte Angebotsmenge in t |
|---|---|---|
| 50,00 | 1000 | 600 |
| 55,00 | 900 | 700 |
| 60,00 | 800 | 800 |
| 65,00 | 700 | 900 |
| 70,00 | 600 | 1000 |

**Welche Aussage ist richtig?**

a) Bei einem Preis von 50,00 EUR entsteht ein Angebotsüberhang von 400 t.

b) Bei einem Preis von 70,00 EUR besteht ein Nachfrageüberhang von 400 t.

c) Bei einem Preis von 65,00 EUR ergibt sich eine Gleichgewichtsmenge von 700 t.

d) Bei einem Preis von 55,00 EUR besteht ein Nachfrageüberhang von 200 t.

e) Der Gleichgewichtspreis bildet sich bei einer Nachfragemenge von 900 t.

**10. Welche Aussage zur Marktpreisbildung bei vollkommener Konkurrenz ist richtig?**

a) Sinkende Nachfrage und gleichbleibendes Angebot führt zu steigenden Preisen.
b) Sinkende Nachfrage und steigendes Angebot führt zu sinkenden Preisen.
c) Gleichbleibende Nachfrage und steigendes Angebot führt zu steigenden Preisen.
d) Steigende Nachfrage und sinkendes Angebot führt zu sinkenden Preisen.
e) Steigende Nachfrage und gleichbleibendes Angebot führt zu sinkenden Preisen.

**Datengrundlage zu den Aufgaben 11 und 12:**

Auf einem Markt mit vollkommener Konkurrenz haben Verkäufer und Käufer folgende Preis-Mengen-Vorstellungen:

| Verkäufer | | Käufer | |
|---|---|---|---|
| **Preis/kg** | **Menge** | **Preis/kg** | **Menge** |
| 10,00 EUR | 2,00 kg | 2,00 EUR | 2,00 kg |
| 8,00 EUR | 1,50 kg | 4,00 EUR | 1,50 kg |
| 6,00 EUR | 1,00 kg | 6,00 EUR | 1,00 kg |
| 4,00 EUR | 0,50 kg | 8,00 EUR | 0,75 kg |
| | | 10,00 EUR | 0,50 kg |

**11. Welcher Marktpreis stellt sich bei vollkommener Konkurrenz ein?**

a) Höchstpreis
b) Mindestpreis
c) Monopolpreis
d) Gleichgewichtspreis
e) Festpreis
f) Richtpreis

**12. Wie viel EUR beträgt der Preis pro kg, der sich an diesem Markt bildet?**

a) 2,00 EUR
b) 4,00 EUR
c) 6,00 EUR
d) 8,00 EUR
e) 10,00 EUR

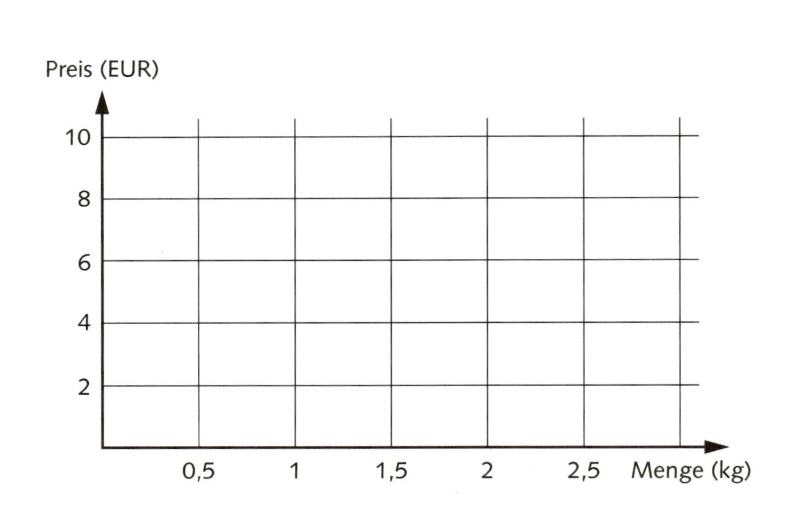

**13. Welche Schlussfolgerung müssen Sie nachfolgend abgebildeter Grafik entnehmen?**

a) Bei einem Preis von 5,00 EUR/Stück gibt es einen Nachfrageüberhang.

b) Bei einem Preis von 3,00 EUR/Stück gibt es einen Angebotsüberhang.

c) Beim Gleichgewichtspreis kommt es zu einem Umsatz von 12 000,00 EUR.

d) Ein Preis von 8,00 EUR/Stück führt zu keinem Umsatz.

e) Angebot und Nachfrage sind immer ausgeglichen.

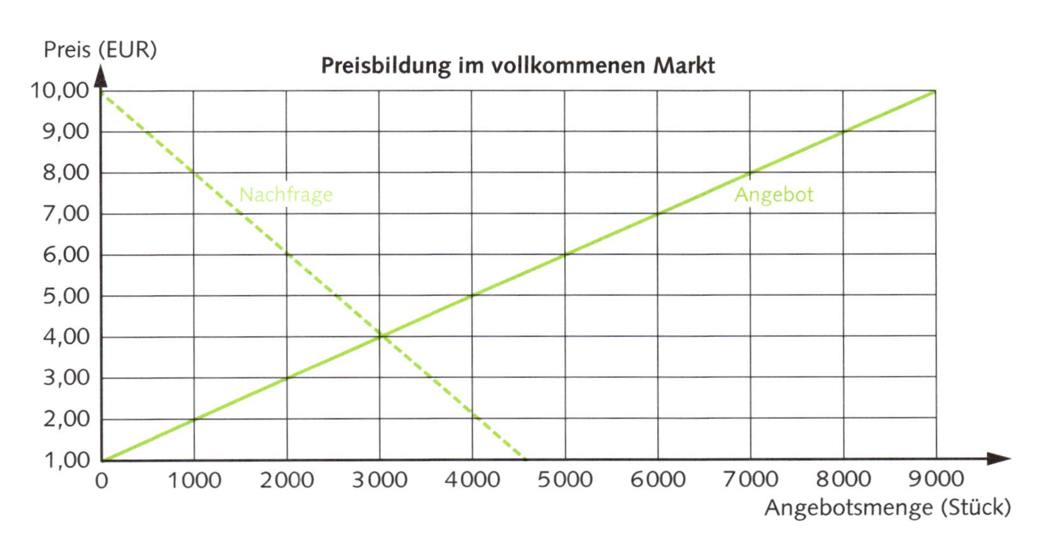


**14. Ordnen Sie die Wirkung zu: (0) Preis bleibt gleich, (1) Preis steigt, (2) Preis fällt.**

a) Angebot steigt – Nachfrage sinkt

b) Nachfrage steigt – Angebot sinkt

c) Angebot sinkt – Nachfrage sinkt

d) Nachfrage steigt – Angebot steigt

e) Angebot bleibt gleich – Nachfrage sinkt

f) Nachfrage steigt – Angebot bleibt gleich

**15. Welche Aussage über die Angebotsseite der Marktform der vollständigen Konkurrenz ist richtig?**

a) Es existiert nur ein Anbieter, der bei seiner Preisfestsetzung keine Konkurrenten berücksichtigen muss.

b) Es existiert nur ein Anbieter, der bei seiner Preisfestsetzung die Reaktionen der Nachfrager berücksichtigen muss.

c) Es existieren wenige große Anbieter, die den Marktpreis beeinflussen können, aber die Reaktionen ihrer Konkurrenten berücksichtigen müssen.

d) Es existieren viele kleine Anbieter, die miteinander in einem starken Preiswettbewerb stehen.

e) Es existieren viele kleine Anbieter, deren Wettbewerb durch staatliche Eingriffe eingeschränkt ist, um ruinöse Konkurrenz zu vermeiden.

**16. Welche Aussage entspricht dem Gesetz des Angebotes?**

a) Mit steigendem Angebot steigt der Preis, mit sinkendem Angebot sinkt der Preis.

b) Mit sinkendem Angebot sinkt der Preis, mit steigendem Angebot bleibt der Preis gleich.

c) Mit steigendem Angebot sinkt der Preis, mit sinkendem Angebot bleibt der Preis gleich.

d) Sinkendes Angebot und steigende Preise räumen den Markt.

e) Mit sinkendem Angebot steigt der Preis, mit steigendem Angebot sinkt der Preis.

**17. Welche Aussage zum Verkäufermarkt ist richtig?**

a) Beim Verkäufermarkt ist ein Angebotsüberhang vorhanden.

b) Beim Verkäufermarkt befindet sich der Nachfragende in der stärkeren Position.

c) Beim Verkäufermarkt besteht die Tendenz zur Preissenkung.

d) Beim Verkäufermarkt besteht die Tendenz zur Preisstabilität.

e) Beim Verkäufermarkt besteht die Tendenz zur Preissteigerung.

**18. Welche Aussage zum Käufermarkt ist richtig?**

a) Am Käufermarkt ist das Angebot größer als die Nachfrage.

b) Am Käufermarkt ist die Nachfrage größer als das Angebot.

c) Am Käufermarkt sind Angebot und Nachfrage ausgewogen.

d) Am Käufermarkt ist nur Nachfrage vorhanden.

e) Am Käufermarkt steigen die Preise besonders stark.

**19. Auf welche Marktsituation trifft der Begriff „Käufermarkt" zu?**

a) Das Sonderangebot in einem Verbrauchermarkt findet reißenden Absatz.

b) Die Nachfrage nach dem neuesten Handy-Modell kann nicht befriedigt werden.

c) Die Flugreisen zu den Kanarischen Inseln sind ausgebucht.

d) Die Gebrauchtwagenhändler können ihre Wagen zu den geforderten Preisen nicht absetzen.

e) Die Eintrittskarten für das Tennisturnier sind schon lange im Voraus ausverkauft.

**20. Ordnen Sie zu:**
**(1) Monopol, (2) Oligopol, (3) Polypol.**

a) viele Anbieter – viele Nachfrager

b) viele Nachfrager – ein Anbieter

c) wenige Anbieter – viele Nachfrager

**21. Welche Aussage zum Polypol ist richtig?**

a) Der eine Anbieter muss nur die eigenen Kosten und die Nachfrager in der Preisgestaltung berücksichtigen.

b) Die Anbieter folgen in der Preisgestaltung dem Marktführer.

c) Die Anbieter können wegen der großen Konkurrenz ihren Preis lediglich geringfügig z. B. aufgrund von Präferenzen variieren.

d) Die Anbieter können ihren Gewinn maximieren.

**22. Ordnen Sie zu:**
**(1) Monopol, (2) Oligopol, (3) Polypol.**

a) Ruinöser Wettbewerb ist eine mögliche, aber falsche Strategie.

b) Die Nachfrager haben „die Qual der Wahl".

c) Die Konkurrenzorientierung fällt bei der Preisbestimmung als Kriterium weg.

**23. Welches Merkmal kennzeichnet den Beginn eines konjunkturellen Aufschwungs?**

a) Sinkende Gewinnerwartung

b) Rasch steigende Lagerbestände wegen sinkender Nachfrage

c) Steigende Nachfrage nach Investitionsgütern

d) Anstieg der Arbeitslosenquote

e) Sinkende Preise und Löhne

**24. Welche Messgröße gibt Hinweise auf den zukünftigen Konjunkturverlauf?**

a) Erwerbspersonenpotenzial

b) Preisindex für die Lebenshaltungskosten der Arbeitnehmerhaushalte

c) Auftragseingänge in bedeutenden Industriezweigen

d) Steuereinnahmen des Bundes

e) Entwicklung der Export- und Importpreise

**25. Wie müssten sich die folgenden Konjunkturindikatoren in einer Abschwungphase theoretisch entwickelt haben?**

**(1) Auftragsbestand – (2) Kapazitätsauslastung – (3) Preis- und Zinsniveau – (4) Kreditnachfrage – (5) Arbeitslosenquote**

a) (1) bis (5) höher als vorher

b) (1) bis (5) niedriger als vorher

c) (1) bis (4) höher als vorher, (5) niedriger als vorher

d) (1) bis (4) niedriger als vorher, (5) höher als vorher

e) (1) und (2) niedriger als vorher, (3) bis (5) höher als vorher

**26. In der Grafik sind die Phasen des Konjunkturverlaufs dargestellt. Welche Aussage trifft auf die farbig unterlegte Phase zu?**

a) Die Produktionskapazitäten werden durch die wachsende Nachfrage nach Investitions- und Konsumgütern zunehmend ausgelastet.

b) Die Produktionskapazitäten sind voll ausgelastet und zum Teil überlastet. Auf den Konsumgütermärkten herrscht ein starker Nachfrageüberhang.

c) Die Einkommen der privaten Haushalte gehen zurück. Die Konsumgüternachfrage sinkt.

d) Die Gewinne schrumpfen. Die Preissteigerungsrate nimmt ab. Die Arbeitslosenquote steigt stark an.

e) Die Produktionskapazitäten sind zunehmend unausgelastet. Die Banken haben hohe Liquiditätsreserven.

f) Die Nachfrage der Unternehmer nach Investitionsgütern sinkt stark. Die Zukunftserwartungen der Unternehmer sind pessimistisch.

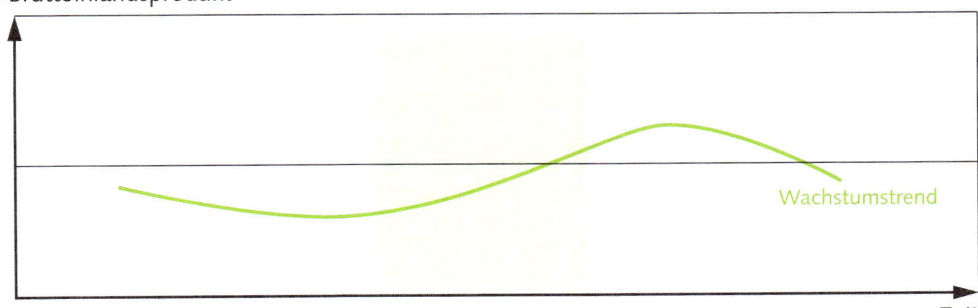

**27. An welchem Indikator lässt sich die Konjunkturentwicklung am frühesten erkennen?**

a) Zahlungsbilanz

b) Importpreisentwicklung

c) Steueraufkommen

d) Sparaufkommen

e) Auftragseingänge

f) Produktionsmenge

**28. Das Wirtschaftswachstum unterliegt konjunkturellen Schwankungen. Welche Situation beschreibt diese Schwankungen richtig?**

a) Es handelt sich dabei um kurzfristige Ausschläge der Wirtschaftsentwicklung aufgrund saisonaler Gegebenheiten.

b) Die Schwankung ist eine sich über mehrere Jahre vollziehende Wellenbewegung des Wachstums einer Volkswirtschaft.

c) Damit ist die langfristige Tendenz des stetigen Wachstums einer Volkswirtschaft gemeint.

d) Mit einer konjunkturellen Schwankung wird nur die Schwankung einer gesamten Branche bezeichnet, z. B. der Metallbranche.

e) Die konjunkturelle Schwankung ist gleichzusetzen mit dem Produktlebenszyklus.



**29. Der Staat möchte die Konjunktur ankurbeln und gleichzeitig Unternehmen direkt unterstützen, die neue und zukunftsweisende Produkte herstellen. Mit welcher Maßnahme kann diese Zielsetzung erreicht werden?**

a) Die Fördermittel des Bundes für die Entwicklung umweltschonender Technologien werden erhöht.

b) Die Bundesregierung sagt den von der Schließung bedrohten Textilfabriken finanzielle Unterstützung zu.

c) Die Bundesagentur für Arbeit senkt ihren Etat für Umschulungsmaßnahmen.

d) Die staatlichen Schulen stellen Chemie- und Physiklehrer ein.

e) Die Kohlebergwerke werden mit Subventionen bedacht.

**30. Ordnen Sie den drei Konjunkturphasen die jeweils richtige Beschreibung zu.**

a) Geringe Preissteigerung, niedrige Zinsen, erhöhte Nachfrage

b) Hohe Preissteigerung, hohe Zinsen, hohe Kapazitätsauslastung

c) Rückläufige Nachfrage, sinkende Zinsen, rückläufige Kapazitätsauslastung

d) Hohe Preissteigerung, hohe Zinsen, geringe Kapazitätsauslastung

e) Geringe Preissteigerung, hohe Zinsen, rückläufige Nachfrage

f) Niedrige Arbeitslosigkeit, niedrige Zinsen, niedrige Nachfrage

g) Hohe Arbeitslosigkeit, hohe Preissteigerung, hohe Nachfrage

Abschwung

Aufschwung

Boom

**31. Welches Merkmal zeigt das folgende Schaubild?**

a) Hochkonjunktur

b) Inflation

c) Deflation

d) Stagflation

e) Boom

**32. Welche Konjunkturphase ist nachfolgend idealtypisch beschrieben?**

- **Rückgang der Produktion, des Umsatzes, der Güterpreise**
- **Beginnende, steigende Arbeitslosigkeit**
- **Fallende Wertpapierkurse**
- **Sinkendes Zinsniveau**
- **Rückläufige Lohnentwicklung**
- **Pessimistische Stimmung des Produzenten und Konsumenten**

a) Aufschwung/Expansion

b) Abschwung/Rezession

c) Hochkonjunktur/Boom

d) Tiefstand/Depression

e) Aufschwung/Boom

**33. In welcher Zeile sind die folgenden Aussagen über die Konjunkturphasen richtig beurteilt?**

**(1) In der Hochkonjunktur ist das gesamtwirtschaftliche Angebot größer als die gesamtwirtschaftliche Nachfrage.**

**(2) In der Rezession ist die gesamtwirtschaftliche Nachfrage kleiner als das gesamtwirtschaftliche Angebot.**

**(3) In der Hochkonjunktur ist mit hohen Inflationsraten zu rechnen.**

a) Nur die Aussagen (1) und (2) sind richtig.

b) Nur die Aussagen (2) und (3) sind richtig.

c) Nur die Aussagen (1) und (3) sind richtig.

d) Nur die Aussage (1) ist richtig.

e) Alle Aussagen sind falsch.

f) Alle Aussagen sind richtig.

**34. Welche Aussage zur Einnahmen- und Ausgabenpolitik des Staates ist richtig?**

**Aussage A:** Zur Ankurbelung der Konjunktur werden die Abschreibungsmöglichkeiten erhöht und gleichzeitig die Steuern gesenkt.

**Aussage B:** Zur Drosselung der Konjunktur sollen Haushaltsrücklagen gebildet und gleichzeitig die Kreditaufnahmen erhöht werden.

**Aussage C:** Zur Ankurbelung der Konjunktur soll die Staatsverschuldung eingeschränkt und gleichzeitig sollten die Steuern gesenkt werden.

a) Nur Aussage A ist richtig.

b) Nur Aussage B ist richtig.

c) Nur Aussage C ist richtig.

d) Die Aussagen A und B sind richtig.

e) Die Aussagen B und C sind richtig.

## C Berufsbildung



**1. Wer sind die Partner im dualen Ausbildungssystem?**

a) Berufsschule und Auszubildende
b) Ausbildende und Auszubildende
c) Zuständige Kammer und Ausbildungsbetrieb
d) Ausbildungsbetrieb und gesetzlicher Vertreter
e) Ausbildungsbetrieb und Berufsschule

**2. Ein Ausbildungsunternehmen schließt mit einem 16-jährigen Bewerber einen Berufsausbildungsvertrag ab. Wer muss den Vertrag unterschreiben?**

a) Ausbildende und Auszubildender
b) Ausbildende, Auszubildender und Ausbilder
c) Ausbildende, Auszubildender und dessen gesetzlicher Vertreter
d) Auszubildender, Betriebs-/Personalrat und Ausbilder
e) Ausbildende und Erziehungsberechtigte des Auszubildenden

**3. Welche Institution ist für die Überwachung der Vorschriften des Berufsbildungsgesetzes zuständig?**

a) Arbeitsamt
b) Gewerkschaften
c) Industrie- und Handelskammer bzw. Handwerkskammer
d) Arbeitgeberverband
e) Berufsgenossenschaft

**4. Wo wird das Verzeichnis der Berufsausbildungsverhältnisse nach dem Berufsbildungsgesetz geführt?**

a) Gewerbeaufsichtsamt
b) Bundesagentur für Arbeit
c) Gemeindeverwaltung
d) Arbeitsamt
e) Industrie- und Handelskammer bzw. Handwerkskammer

**5. Welches Gesetz ist Grundlage für den Abschluss von Ausbildungsverträgen in kaufmännischen Ausbildungsberufen?**

a) Grundgesetz
b) Handelsgesetzbuch
c) Jugendschutzgesetz
d) Berufsbildungsgesetz
e) Betriebsverfassungsgesetz

**6. Welche Institutionen sind nach dem Berufsbildungsgesetz die für die Berufsausbildung rechtlich zuständigen Stellen?**

a) Handwerkskammern bzw. Industrie- und Handelskammern
b) Berufsschulen und Gewerbeaufsichtsämter
c) Berufsschulen und Berufsfachschulen

d) Berufsverbände und Industrie- und Handelskammern

e) Arbeitgeber- und Arbeitnehmerverbände

**7. Welche gesetzliche Bestimmung ist dem Berufsbildungsgesetz entnommen?**

a) Das Berufsausbildungsverhältnis beginnt mit der Probezeit.

b) Als Ruhepause gilt nur eine Arbeitsunterbrechung von 15 Minuten.

c) Für Zwecke der Planung und Ordnung der Berufsbildung wird eine Bundesstatistik geführt.

d) Der Betriebsrat hat bei Durchführung von Maßnahmen der betrieblichen Berufsbildung mitzubestimmen.

e) Das Berufsausbildungsverhältnis dauert höchstens 3 Jahre.

**8. Der Ausbildende hat dafür zu sorgen, dass der Auszubildende „charakterlich gefördert und sittlich sowie körperlich nicht gefährdet wird". Worin ist diese Vorschrift enthalten?**

a) Jugendschutzgesetz

b) Ausbildereignungsverordnung

c) Berufsbildungsförderungsgesetz

d) Berufsbildungsgesetz

e) Berufsschulordnung

**9. Welche Angabe muss der Berufsausbildungsvertrag enthalten?**

a) Beginn und Dauer der täglichen Mittagspause

b) Höhe der Vergütung

c) Form der Kündigung während der Probezeit

d) Zeitraum des Betriebsurlaubs

e) Möglichkeiten der Wiederholung von Abschlussprüfungen

f) Auflösung des Arbeitsverhältnisses nach der Ausbildungszeit

**10. Welche Vereinbarung im Ausbildungsvertrag verstößt gegen eine gesetzliche Bestimmung?**

a) Der Auszubildende hat alle ihm übertragenen Verrichtungen sorgfältig auszuführen.

b) Der Urlaubsanspruch beträgt 30 Werktage im Jahr.

c) Der Auszubildende verpflichtet sich zum Ausgleich der Ausbildungskosten mindestens ein Jahr nach der Ausbildung im Ausbildungsbetrieb zu arbeiten.

d) Der Ausbildende hat dem Auszubildenden eine angemessene Vergütung zu gewähren.

e) Der Ausbildende stellt Jugendliche einen Arbeitstag vor der schriftlichen Abschlussprüfung von der Arbeit frei.

**11. Mit dem Abschluss des Berufsausbildungsvertrages übernehmen die Vertragspartner verschiedenste Rechte und Pflichten. Welche zwei der sechs genannten sind Pflichten des Auszubildenden?**

a) Sorgfaltspflicht

b) Fürsorgepflicht

c) Anmeldepflicht zur Prüfung

d) Vergütungspflicht

e) Zeugnispflicht

f) Verschwiegenheitspflicht

**12. Zwei neue Auszubildende beginnen am 1. September ihre Ausbildung. Was ist ihnen vor Beginn ihrer Ausbildung auszuhändigen?**

a) Ausbildungsvertrag sowie zeitliche und sachliche Gliederung der Ausbildung
b) Rahmenlehrplan und Ausbildungsnachweisheft
c) Ausbildungsverordnung und Prüfungsordnung der IHK
d) Ausbildungsplan des Betriebes, Lehrplan der Berufsschule und Ausbildungsnachweisheft
e) Gehalts- und Manteltarifvertrag

**13. Welche Pflicht aus dem Berufsausbildungsvertrag gehört zu den Pflichten des Ausbildenden?**

a) Pflicht zur Einhaltung der betrieblichen Ordnung
b) Fürsorgepflicht
c) Lernpflicht
d) Sorgfaltspflicht
e) Pflicht zur Berichtsheftführung



**14. Wo sind die Pflichten des Ausbilders und die des Auszubildenden geregelt?**

a) Tarifvertrag
b) Betriebsverfassungsgesetz
c) Berufsbildungsgesetz
d) Jugendarbeitsschutzgesetz
e) Arbeitsstättenverordnung

**15. Welche der genannten Unterlagen muss ein noch nicht 18-jähriger Auszubildender zu Beginn seiner Ausbildung vorlegen?**

a) Polizeiliches Führungszeugnis
b) Abschlusszeugnis einer Berufsschule
c) Meldebescheinigung der Unfallversicherung
d) Bescheinigung über die Gesundheitsuntersuchung
e) Meldebescheinigung über den 1. Wohnsitz

**16. Sie haben zu Beginn Ihrer Ausbildung die Ausbildungsordnung erhalten. Was legt die Ausbildungsordnung fest?**

a) Aufgaben und Befugnisse des Betriebsrates
b) Ausbildungsvergütung für Auszubildende
c) Arbeitszeit
d) Urlaubsdauer
e) Sachliche und zeitliche Gliederung der Ausbildung

**17. Wo ist nachzulesen, welche Prüfungsanforderungen zu erfüllen sind, um die Abschlussprüfung zu bestehen?**

a) Berufsbildungsgesetz
b) Rahmenlehrplan der Kultusministerkonferenz
c) Verordnung über die Berufsausbildung des entsprechenden Berufes (Ausbildungsordnung)
d) Ausbildungsplan des Ausbildungsbetriebes
e) Prüfungsordnung der Berufsschule

**18. Ihnen liegt ein Berufsausbildungsvertrag zur Prüfung vor. Welchen Vertragsinhalt müssen Sie verbessern?**

a) Die jetzt gültigen Ausbildungsvergütungen sind für alle Ausbildungsjahre eingetragen.

b) Die Angaben der Eltern fehlen.

c) Die Kündigungsvoraussetzungen sind aufgeführt.

d) Die Probezeit beträgt 6 Monate.

e) Die Ausbildung dauert 26 Monate.

**19. Welche Aussage über die Probezeit ist nach dem Berufsbildungsgesetz richtig?**

a) Die Probezeit muss mindestens 4 Monate betragen.

b) Die Probezeit muss mindestens 6 Monate betragen.

c) Die Probezeit muss mindestens 3 Monate und darf höchstens 6 Monate betragen.

d) Die Probezeit muss mindestens 1 Monat und darf höchstens 4 Monate betragen.

e) Die Probezeit ist nicht gesetzlich geregelt.

**20. Ein Auszubildender will die am 1. September begonnene Ausbildung (3 Monate Probezeit) zum 31. Dezember desselben Jahres kündigen, da er einen anderen Beruf erlernen möchte. Der neue Ausbildungsplatz wurde ihm bereits zugesagt. Ist eine Kündigung möglich?**

a) Ja, eine Kündigung ist in jedem Fall ohne Frist möglich.

b) Ja, wenn die Kündigung dem Ausbildenden spätestens am 3. Dezember zugegangen ist.

c) Nein, eine Kündigung ist erst zum Ende des 1. Ausbildungsjahres möglich.

d) Ja, wenn er den vertraglich vereinbarten Schadensersatz zahlt.

e) Nein, weil die Probezeit bereits abgelaufen ist.

**21. Innerhalb der Probezeit kann ein Berufsausbildungsverhältnis ohne Angabe von Gründen und ohne Einhaltung einer Frist von beiden Vertragspartnern beendet werden. Unter welcher Voraussetzung kann ein Berufsausbildungsverhältnis nach Ablauf der Probezeit gekündigt werden?**

a) Mit einer 4-Wochen-Frist kann der Auszubildende kündigen, wenn er die Berufsausbildung aufgeben oder sich für eine andere Berufstätigkeit ausbilden lassen will.

b) Ein Berufsausbildungsverhältnis kann ohne Einhaltung einer Frist nach Ablauf der Probezeit gekündigt werden, wenn der Auszubildende die Berufsausbildung aufgeben will.

c) Ein Berufsausbildungsverhältnis kann nicht gekündigt werden; dies ist nur in der Probezeit möglich.

d) Ein Berufsausbildungsverhältnis unterliegt nach Ablauf der Probezeit einer Kündigungsfrist von 6 Wochen.

e) Die Kündigung eines Berufsausbildungsverhältnisses ist mit einer Frist von 2 Wochen möglich, wenn ein wichtiger Grund vorliegt.

**22. Welche Aussage über die Kündigung des Berufsausbildungsverhältnisses ist richtig?**

a) Nach der Probezeit kann das Berufsausbildungsverhältnis in keinem Fall mehr gekündigt werden.

b) Die Kündigung des Vertragsverhältnisses kann auch mündlich erfolgen.

c) Nach der Probezeit kann das Berufsausbildungsverhältnis aus einem wichtigen Grund ohne Einhaltung einer Kündigungsfrist gekündigt werden.

d) Die Kündigungsfrist beträgt nach der Probezeit 6 Wochen.

e) Während der Probezeit kann das Berufsausbildungsverhältnis nur unter Angabe des Grundes gekündigt werden.

**23. Nach Ablauf der Probezeit kündigt ein Auszubildender am 12. Dezember schriftlich mit Einschreiben ohne Angabe eines Grundes zum 15. Januar nächsten Jahres sein Ausbildungsverhältnis. Ist diese Kündigung wirksam?**

a) Die Kündigung ist wirksam, weil das Kündigungsschreiben rechtzeitig abgeschickt wurde.

b) Die Kündigung ist unwirksam, weil das Einverständnis der zuständigen Kammer fehlt.

c) Die Kündigung ist wirksam, weil das Kündigungsschreiben dem Empfänger rechtzeitig zugegangen ist.

d) Die Kündigung ist unwirksam, weil ein Kündigungsgrund fehlt.

e) Die Kündigung ist wirksam, weil ein Auszubildender ohne Angabe von Gründen kündigen kann.

**24. Ein Auszubildender hat die Absicht, nach Beendigung seiner Ausbildung das Unternehmen zu wechseln. Welche Aussage ist richtig?**

a) Er muss sofort nach Bestehen der Abschlussprüfung kündigen.

b) Er muss 42 Tage vor Quartalsende kündigen.

c) Er muss 3 Monate vor Ablauf des Ausbildungsvertrages kündigen.

d) Er muss nicht kündigen, da das Ausbildungsverhältnis mit Bestehen der Abschlussprüfung beendet ist.

e) Er muss 14 Tage vor dem Termin des mündlichen Teils der Abschlussprüfung kündigen.

**25. Ein Auszubildender besteht vor Ablauf der vertraglichen Ausbildungszeit die Abschlussprüfung. Wann endet das Ausbildungsverhältnis?**

a) Immer am 31. Januar bzw. am 31. Juli des jeweiligen Jahres

b) Am Tag der schriftlichen Prüfung

c) Am Ende des Monats, in dem die Abschlussprüfung bestanden wurde

d) Mit Ablauf der vertraglichen Ausbildungszeit

e) Mit dem Tag des Bestehens des letzten Prüfungsteils der Abschlussprüfung

**26. Wer entscheidet über die Zulassung zur vorzeitigen Abschlussprüfung?**

a) Arbeitsgericht

b) Abteilung Berufsausbildung bei der IHK

c) Berufsschule

d) Ausbildungsbetrieb

e) Prüfungsausschuss bei der IHK

**27. Welche Unterlagen müssen dem Auszubildenden beim Ausscheiden aus dem Unternehmen auf Verlangen ausgehändigt werden?**

a) Innerbetriebliche Beurteilungen

b) Qualifiziertes Arbeitszeugnis

c) Tabellarischer Lebenslauf

d) Arbeitsvertrag

e) Schulabschlusszeugnis

**28. In welchem Fall verstößt ein Unternehmen gegen das Jugendarbeitsschutzgesetz?**

a) Einem 17-Jährigen werden 27 Werktage Urlaub gewährt.

b) Ein 17-Jähriger wird mit Akkordarbeit betraut.

c) Ein 16-Jähriger ist ständig in einem Lager beschäftigt, das ausschließlich künstlich beleuchtet ist.

d) Ein 18-jähriger Auszubildender arbeitet am Fließband.

e) Ein 16-Jähriger wird zeitweilig mit körperlich harter Arbeit betraut.

**29. Sie erarbeiten einen Tagesablaufplan für Auszubildende. Wie viele Minuten Ruhepause müssen Sie einplanen, wenn die Jugendlichen täglich mehr als 6 Stunden arbeiten?**

a) 90 Minuten

b) 60 Minuten

c) 40 Minuten

d) 30 Minuten

e) 15 Minuten

**30. Wie viele Stunden dürfen Jugendliche ununterbrochen (ohne Ruhepause) längstens beschäftigt werden?**

a) 3 Stunden

b) 3 1/2 Stunden

c) 4 Stunden

d) 4 1/2 Stunden

e) 5 Stunden

**31. Wann muss sich ein jugendlicher Auszubildender laut Jugendarbeitsschutzgesetz einer ärztlichen Nachuntersuchung unterziehen?**

a) Nach Beendigung der Ausbildung und dem Bestehen der Abschlussprüfung

b) Vor Antritt seiner Ausbildung

c) Vierteljährlich während seiner Ausbildung

d) Vor Ablauf des ersten Berufsausbildungsjahres

**32. Ordnen Sie drei der folgenden Regelungen zu.**

a) Gesetzliche Kündigungsfristen der Angestellten und Arbeiter

b) Ruhepausen bei Jugendlichen

c) Wahl der Jugend- und Auszubildendenvertretung

d) Beginn und Beendigung der Berufsausbildung

e) Auszahlungstermin für die Ausbildungsvergütung

Jugendarbeitsschutzgesetz

Betriebsverfassungsgesetz

Berufsbildungsgesetz

**33. Ordnen Sie drei der folgenden Gesetzesinhalte den Gesetzen zu.**

a) Arbeitgeber und Betriebsrat haben über strittige Fragen mit dem ernsten Willen zur Einigung zu verhandeln.

b) Auf individuelle Ausbildungsförderung besteht für eine der Neigung, Eignung und Leistung entsprechende Ausbildung ein Rechtsanspruch.

c) Werdende Mütter dürfen nicht mit schweren körperlichen Arbeiten beschäftigt werden.

d) Das Recht, zur Wahrung und Förderung der Arbeits- und Wirtschaftsbedingungen Vereinigungen zu bilden, ist für alle Berufe gewährleistet.

e) Die Berufsschulzeit Auszubildender ist auf deren Arbeitszeit anzurechnen.

f) Jugendliche dürfen nicht über 8 Stunden täglich beschäftigt werden.

Betriebsverfassungsgesetz

Berufsbildungsgesetz

Jugendarbeitsschutzgesetz

**34. Welcher Berufsschultag wird nicht auf die tägliche Arbeitszeit mit 8 Stunden angerechnet?**

a) Schultag mit mehr als 6 Stunden je 60 Minuten

b) Schultag mit 6 Zeitstunden je 60 Minuten

c) Schultag mit 6 Unterrichtsstunden je 45 Minuten

d) Schultag mit mehr als 5 Unterrichtsstunden je 45 Minuten

e) Schultag mit 5 Unterrichtsstunden je 45 Minuten

**35. Im Ausbildungsvertrag eines Minderjährigen ist die Dauer des Urlaubs genau festgelegt. Welches Gesetz schreibt diese Eintragung vor?**

a) Jugendarbeitsschutzgesetz

b) Bundesurlaubsgesetz

c) Berufsbildungsgesetz

d) Jugendschutzgesetz

e) Arbeitsplatzschutzgesetz

f) Betriebsverfassungsgesetz

**36. Welches Gesetz regelt die Beendigung des Ausbildungsverhältnisses durch Kündigung?**

a) Bundesausbildungsförderungsgesetz

b) Bürgerliches Gesetzbuch

c) Berufsbildungsgesetz

d) Handelsgesetzbuch

e) Kündigungsschutzgesetz

**37. Einige Mitarbeiter sind krank geworden. Darf der Ausbilder von seinem Auszubildenden verlangen, dass dieser nach dem Berufsschulunterricht noch in den Ausbildungsbetrieb kommt?**

a) Ja, wenn die Unterrichtszeit nur 6 Zeitstunden betragen hat

b) Ja, aufgrund der besonderen Situation

c) Nein, in keinem Fall, wenn der Auszubildende noch Jugendlicher ist

d) Ja, wenn die Unterrichtszeit nur 5 Unterrichtsstunden zu jeweils 45 Minuten betragen hat

e) Ja, wenn die Erziehungsberechtigten des Auszubildenden zustimmen

**38. Welche Instanz überwacht die Einhaltung der Vorschriften des Jugendarbeitsschutzgesetzes?**

a) Arbeitsamt

b) Krankenkassen

c) Gewerkschaften

d) Jugendamt

e) Gewerbeaufsichtsbehörde

**39. Wer ist Jugendlicher im Sinne des Jugendarbeitsschutzgesetzes?**

a) Wer 7 Jahre, aber noch nicht 18 Jahre alt ist

b) Wer 10 Jahre, aber noch nicht 18 Jahre alt ist

c) Wer 14 Jahre, aber noch nicht 18 Jahre alt ist

d) Wer 15 Jahre, aber noch nicht 18 Jahre alt ist

e) Wer 15 Jahre, aber noch nicht 21 Jahre alt ist

**40. Nach dem Jugendarbeitsschutzgesetz darf die tägliche Arbeitszeit 8 Stunden, die wöchentliche Arbeitszeit 40 Stunden nicht übersteigen. Was ist die tägliche Arbeitszeit?**

a) Die tägliche Arbeitszeit ist die Zeit vom Beginn bis zum Ende der täglichen Beschäftigung einschließlich der Ruhepausen.

b) Die tägliche Arbeitszeit ist die Zeit, die unter Einbeziehen der Jugend- und Auszubildendenvertretung nach den betrieblichen Notwendigkeiten festgelegt wird.

c) Die tägliche Arbeitszeit für Jugendliche und Auszubildende wird von der Jugend- und Auszubildendenvertretung festgelegt.

d) Die tägliche Arbeitszeit ist die Zeit, die sich vom Beginn bis zum Ende der täglichen Beschäftigung einschließlich der Ruhepausen sowie der anrechenbaren Wegstrecke ergibt.

e) Die tägliche Arbeitszeit ist die Zeit vom Beginn bis zum Ende der täglichen Beschäftigung ohne die Ruhepausen.

**41. Welche Aussage über die Jugendvertretung trifft nach dem Betriebsverfassungsgesetz zu?**

a) Die Jugendvertretung vertritt nur die gewerkschaftlich organisierten Jugendlichen im Betrieb.

b) Bei der Wahl zur Jugendvertretung sind alle Arbeitnehmer wahlberechtigt, die das 24. Lebensjahr noch nicht vollendet haben.

c) Die Jugendvertretung hat die Aufgabe, Maßnahmen, die den jugendlichen Arbeitnehmern dienen, beim Betriebsrat zu beantragen.

d) Die Jugendvertretung kann nur dann einen Vertreter zu Betriebsratssitzungen entsenden, wenn Angelegenheiten behandelt werden, die besonders jugendliche Arbeitnehmer betreffen.

e) Die Jugendvertretung vertritt selbstständig die Interessen der jugendlichen Arbeitnehmer durch Verhandlungen mit der Geschäftsleitung.

**42. Welche Aussage zur Jugendvertretung ist richtig?**

a) Der Betriebsrat hat die Jugendvertretung zu allen Besprechungen zwischen Arbeitgeber und Betriebsrat hinzuzuziehen.

b) Bei Angelegenheiten jugendlicher Arbeitnehmer kann die Jugendvertretung von sich aus die Tagesordnung der nächsten Betriebsratssitzung erweitern.

c) Der Arbeitgeber ist nicht verpflichtet, die Aufwendungen für die Jugendvertretung zu tragen.

d) Die Jugendvertretung muss vor und nach jeder Betriebsratssitzung eine Jugendversammlung einberufen.

e) Jugendvertreter genießen während der Amtszeit einen erweiterten Kündigungsschutz.

**43. Für welchen Zeitraum wird die Jugend- und Auszubildendenvertretung im Regelfall gewählt?**

a) 1 Jahr

b) 2 Jahre

c) 3 Jahre

d) 4 Jahre

e) 5 Jahre

**44. Die Wahl der Jugend- und Auszubildendenvertretung wird vorbereitet. Wie viele Personen der nachfolgenden Aufstellung sind wahlberechtigt?**

| Alter (Jahre) | Mitarbeiter ohne Auszubildende | Auszubildende |
|---|---|---|
| 16 | 4 | 1 |
| 17 | 8 | – |
| 18 | 7 | 1 |
| 19 | 1 | 2 |
| 20 | 5 | – |
| 21 | 2 | 1 |
| 22 | 1 | 1 |
| 23 | 4 | – |
| 24 | 1 | 1 |
| 25 | 2 | – |
| 26 | 7 | 1 |

**45. Ab wie vielen Arbeitnehmern ist nach dem Betriebsverfassungsgesetz eine Jugendvertretung zu wählen?**

a) Der Betrieb beschäftigt ständig mindestens 3 Arbeitnehmer unter 18 Jahren.

b) Der Betrieb beschäftigt in der Regel mindestens 5 Arbeitnehmer über 18 Jahren.

c) Der Betrieb beschäftigt ständig mindestens 20 Arbeitnehmer unter 18 Jahren.

d) Der Betrieb beschäftigt ständig mindestens 3 Auszubildende unter 18 Jahren.

e) Der Betrieb beschäftigt in der Regel 5 Arbeitnehmer unter 18 Jahre oder Auszubildende, die das 25. Lebensjahr noch nicht vollendet haben.

**46. Welche Aussage über die Jugendvertretung ist richtig?**

a) Die Mitglieder des Betriebsrates können nicht zu Jugendvertretern gewählt werden.

b) Das passive Wahlrecht für die Jugendvertretung endet mit Vollendung des 18. Lebensjahres.

c) Das Mindestalter für das aktive Wahlrecht beträgt 16 Jahre.

d) Die regelmäßige Amtszeit der Jugendvertretung beträgt 3 Jahre.

e) Die Jugendvertretung hat in allen Betriebsratssitzungen volles Stimmrecht.

**47. Die 40 jugendlichen Arbeitnehmer einer Unternehmung wollen eine Jugend- und Auszubildendenvertretung wählen. Ein Kandidat ist der 23-jährige Günther Kohl. Kann er für 2 Jahre zum Jugend- und Auszubildendenvertreter gewählt werden?**

a) Ja, wenn er das Amt vorher schon innehatte, da dann das Lebensalter keine Rolle spielt

b) Ja, wenn er das Vertrauen der Jugendlichen genießt und gleichzeitig in den Betriebsrat gewählt wird

c) Ja, denn er hat das 25. Lebensjahr noch nicht vollendet

d) Nein, denn er ist bereits volljährig

e) Nein, denn er würde während seiner Amtszeit das 25. Lebensjahr überschreiten

**48. Wer kann die Jugend- und Auszubildendenvertretung wählen?**

a) Nur Arbeitnehmer unter 18 Jahren

b) Alle Arbeitnehmer des Betriebes

c) Alle Auszubildenden

d) Nur gewerkschaftlich organisierte Jugendliche und Auszubildende

e) Alle Arbeitnehmer unter 18 Jahren und alle Auszubildenden unter 25 Jahren

**49. In einer Bank-AG, in der ein Betriebsrat besteht, sind u. a. zwei Mitarbeiter unter 16 Jahren, zwei Auszubildende, die das 18. Lebensjahr gerade vollendet haben, und drei 24-jährige Auszubildende beschäftigt. Es soll eine Jugend- und Auszubildendenvertretung gewählt werden. Welche Aussage ist richtig?**

a) Die drei 24-jährigen Auszubildenden sind zwar wählbar, aber nicht wahlberechtigt zur Jugend- und Auszubildendenvertretung.

b) Wenn in diesem Betrieb keine weiteren Jugendlichen und Auszubildenden, aber noch andere Arbeitnehmer zwischen 18 und 25 Jahren beschäftigt werden, so sind insgesamt sieben Personen wählbar.

c) Bei den Wahlen zur Jugend- und Auszubildendenvertretung sind – anders als bei der Betriebsratswahl – aktives und passives Wahlrecht vom Gesetzgeber in gleicher Weise geregelt.

d) In diesem Betrieb kann eine Jugend- und Auszubildendenvertretung gewählt werden, weil mindestens fünf Wahlberechtigte beschäftigt werden.

e) In diesem Betrieb sind vier Personen wahlberechtigt und sieben Personen wählbar zur Jugend- und Auszubildendenvertretung, soweit sich diese nicht bereits an der Betriebsratswahl beteiligt haben.

**50. Die Jugend- und Auszubildendenvertretung wurde von den Auszubildenden gebeten, bei der Geschäftsleitung durchzusetzen, dass eine externe Vorbereitung auf die Abschlussprüfung vom Unternehmen bezahlt wird. An wen muss sie sich zur Durchsetzung dieser Forderung wenden?**

a) An den Betriebsrat

b) An den Ausbilder

c) An die Geschäftsleitung

d) An den Ausbildungsberater

e) An die Personalabteilung

**51. Die Auszubildende Petra Schmitt hat in ihrem Unternehmen eine Ausbildung zur Kauffrau für Büromanagement absolviert. Nun will sie noch Betriebswirtschaftslehre studieren. Sie verlangt ein Zeugnis. Welche Aussage ist zutreffend?**

a) Petra Schmitt erhält kein Zeugnis, da sie es für das Studium nicht benötigt.

b) Petra Schmitt hat als Auszubildende generell keinen Anspruch auf ein Zeugnis.

c) Petra Schmitt als Auszubildende kann nur ein einfaches Zeugnis erhalten.

d) Petra Schmitt als Auszubildende hat auf Antrag Anspruch auf ein qualifiziertes Zeugnis.

**52. In einem erfolgreichen Unternehmen wird besonderer Wert auf berufliche Fortbildung gelegt. Welche Aussage zur beruflichen Fortbildung ist richtig?**

a) Berufliche Fortbildung ist hauptsächlich für Dienstleistungsunternehmen von Bedeutung, da hier ein Dienst am Kunden erbracht wird.

b) Berufliche Fortbildungsmaßnahmen sollten nur durchgeführt werden, wenn Mitarbeiter neue Aufgaben übernehmen sollen.

c) Um berufliche Fortbildungsmaßnahmen erfolgreich einsetzen und nutzen zu können, ist eine gezielte Personalentwicklungsplanung von Bedeutung.

d) Berufliche Fortbildungsmaßnahmen sollten eher spontan durchgeführt werden, immer dann, wenn dem Unternehmen günstige Angebote von Bildungsträgern vorliegen.

e) Berufliche Fortbildung spielt nur im Vertriebsbereich eine wichtige Rolle, da alle Vertriebsmitarbeiter den direkten Kontakt zum Kunden haben.

**53. Ordnen Sie drei der folgenden Kompetenzen den ausgewählten Dimensionen der beruflichen Handlungskompetenz zu.**

a) Teamfähigkeit
b) PC-Kenntnisse
c) Informationen verarbeiten
d) Zuverlässigkeit
e) Wahrnehmungsfähigkeit

Fachkompetenz [ ]
Sozialkompetenz [ ]
Selbstkompetenz [ ]

**54. Ordnen Sie drei der folgenden Kompetenzen den ausgewählten Dimensionen der beruflichen Handlungskompetenz zu.**

a) Arbeitstechniken beherrschen
b) Kritikfähigkeit
c) Umgang mit Meinungsverschiedenheiten
d) Verantwortungsbewusstsein
e) Lerntechniken entwickeln

Methodenkompetenz [ ]
Kommunikative Kompetenz [ ]
Lernkompetenz [ ]

**55. Ordnen Sie drei der folgenden Beispiele den Maßnahmen der Berufsbildung zu.**

a) Erwerb der Kaufmannseigenschaft
b) Studium für beruflich Qualifizierte
c) Abschluss zum Kaufmann für Büromanagement
d) Einstellung eines neuen Mitarbeiters
e) Ausbildung zum Kaufmann für Büromanagement nach Gesundheitsproblemen im bisher erlernten Beruf

Ausbildung [ ]
Fortbildung [ ]
Umschulung [ ]

**56. Ordnen Sie drei der folgenden Bildungsmaßnahmen zu.**

a) Kurzeinweisung in ein neues Kopiergerät
b) Krankheitsbedingtes Erlernen eines zweiten Berufes
c) Vorbereitung auf die Prüfung zum Fachwirt
d) Mitarbeiterbesprechung zum Thema „Umsatzsteigerung"
e) Tagesschulungen zur „Formulierung von Geschäftsbriefen"
f) Vertriebsleitertagung zum Thema „Umsatzplanung"

Anpassungsfortbildung [ ]
Aufstiegsfortbildung [ ]
Umschulung [ ]

**57. Ordnen Sie drei der folgenden Beispiele den Maßnahmen der Förderung zu.**

a) Professionelle Beratung und individuelle Unterstützung für Führungskräfte
b) Selbstständige Erfüllung von Arbeitsaufgaben durch Kleingruppen
c) Programme zum Kennenlernen der Organisationstruktur für Absolventen ohne klassische Berufsausbildung
d) Erweiterung des Aufgabenfeldes durch höherwertige Tätigkeiten
e) Betreuung von neuen Mitarbeitern durch ausgewählte, erfahrene Kollegen

Traineeprogramme [ ]
Mentorenkonzept [ ]
Coaching [ ]

**58. Zur Beurteilung der Auszubildenden sollen künftig standardisierte Beurteilungsbögen eingesetzt werden. Welcher Vorteil ist damit verbunden?** [ ]

a) Der Beurteilende kann individueller auf den zu Beurteilenden eingehen.
b) Man kann die Beurteilungen besser vergleichen.
c) Der Beurteilende kann seine sprachlichen Fähigkeiten voll einbringen.
d) Die aktuellen Leistungen des zu Beurteilenden können besser berücksichtigt werden.
e) Der Beurteilende lässt sich weniger von Vorurteilen beeinflussen.

# D Sicherheit und Gesundheitsschutz bei der Arbeit

**1. Aufgrund welcher gesetzlichen Regelung muss in Betrieben ab einer bestimmten Anzahl von Mitarbeitern eine „Fachkraft für Arbeitssicherheit" bestellt werden?**

a) Arbeitsförderungsgesetz

b) Betriebsverfassungsgesetz

c) Arbeitsplatzschutzgesetz

d) Arbeitssicherheitsgesetz

e) Gewerbeordnung

**2. Ordnen Sie den entsprechenden Abbildungen[1] die Verhaltensweisen/Warnungen zu.**

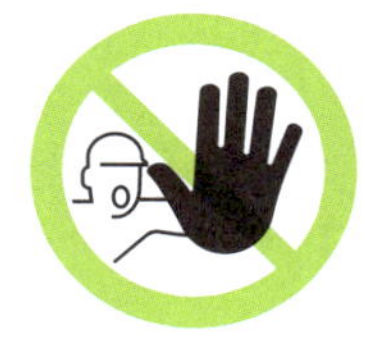

a) Kein Trinkwasser

b) Gehörschutz tragen

c) Warnung vor Gewittern

d) Zutritt für Unbefugte verboten

e) Augenschutz tragen

f) Warnung vor gefährlicher elektrischer Spannung

g) Warnung vor giftigen Stoffen

h) Warnung vor schwebender Last

i) Warnung vor explosivgefährlichen Stoffen

**3. Die Bavaria Fahrradwerke KG hat in der Produktion einige Behältnisse, die folgende Abbildungen[2] zeigen. Ordnen Sie die Bedeutungen zu.**

a) Umwelt- und gewässergefährdend

b) Explosives Gemisch

c) Desinfektion erforderlich

d) Gase unter Druck

e) Akute Toxizität

f) Warnung vor Fischsterben

g) Warnung vor giftigen Stoffen

h) Entzündbare Gase

i) Ätz- und Reizwirkung auf Haut und Metallen

[1] Zeichen eins und drei haben einen gelben Hintergrund, Zeichen zwei hat eine rote Umrahmung.

[2] Die Zeichen haben eine rote Umrahmung.

**4. In vielen Werkstätten wird Arbeitsschutz vorgeschrieben. Ordnen Sie die Symbole[1] zu.**

 ☐  ☐  ☐

a) Gehörschutz tragen
b) Kopfschutz tragen
c) Bei Kälte Ohrwärmer benutzen
d) Hut bei Kälte anziehen
e) Brille bei Kurzsichtigkeit tragen
f) Kappe oder Hut aufsetzen
g) Kopfhörer tragen
h) Schutzbrille erforderlich

**5. In der Bavaria Fahrradwerke KG überprüft der Sicherheitsbeauftragte Notausgänge. Welche Aussage ist richtig?** ☐

a) Die Notausgänge müssen nicht gesondert gekennzeichnet werden.
b) In besonderen Mitarbeiterschulungen werden die Notausgänge bekannt gegeben.
c) Es reicht, wenn bestimmte Mitarbeiter im Notfall die Türen aufschließen können.
d) Notausgänge müssen von innen zu jederzeit mit einer Klinke zu öffnen sein, von außen ist für Unbefugte kein Zugang möglich.
e) Die Zugänge zu den Notausgängen sind als zusätzlicher Lagerraum geeignet, sofern mindestens 40 cm Platz als Fluchtweg bleibt.

**6. Sie werden von Ihrem Vorgesetzten beauftragt, die Notausgänge auf Sicherheitsvorschriften zu überprüfen. Bei der Kontrolle stellen Sie folgende Tatbestände fest:** ☐

**Erdgeschoss:** **Die zu den Notausgängen führenden Rettungswege sind mit sehr schweren Kartons verstellt.**

**1. Stock:** **Die Notausgänge sind nicht als solche gekennzeichnet, die Mitarbeiter wurden jedoch darüber informiert.**

**2. Stock:** **Die Notausgänge sind zwar von innen mit einer Klinke leicht zu öffnen, von außen lassen sie sich aber nicht öffnen.**

a) Ja, sie wurden in allen drei Stockwerken eingehalten.
b) Nein, die Notausgänge im Erdgeschoss und im 1. Stock sind zu beanstanden.
c) Nein, die Notausgänge im Erdgeschoss und im 2. Stock sind zu beanstanden.
d) Nein, die Notausgänge 1. Stock und im 2. Stock sind zu beanstanden.
e) Nein, sämtliche Notausgänge sind zu beanstanden.

**7. Von welcher Institution können Arbeitssicherheitsvorschriften bezogen werden?** ☐

a) Berufsgenossenschaft
b) Industrie- und Handelskammer
c) Krankenkasse
d) Gewerkschaft
e) Arbeitsamt

[1] Die Zeichen haben einen blauen Hintergrund.

**8. Wann sind die Arbeitnehmer über die Unfall- und Gesundheitsgefahren im Unternehmen zu belehren?**

a) Nur bei Aufnahme der Beschäftigung

b) Bei Aufnahme der Beschäftigung, anschließend in regelmäßigen Abständen

c) Nach Ablauf der Probezeit, anschließend bei Bedarf

d) Nur bei Abschluss des Arbeitsvertrages

e) Es besteht keine Pflicht, der Arbeitnehmer muss sich selbst informieren.

**9. Die Bavaria Fahrradwerke KG ist laut Gesetz verpflichtet, geeignete Arbeitsschutzmaßnahmen für ihre Arbeitnehmer zu ergreifen. Wer ist für die Überprüfung solcher Arbeitsschutzmaßnahmen zuständig?**

a) Die gesetzlichen Krankenkassen und die Berufsgenossenschaft

b) Ausschließlich die Berufsgenossenschaft

c) Die Gewerbeaufsichtsämter und die gesetzlichen Krankenkassen

d) Der Betriebsarzt und die Berufsgenossenschaft

e) Die Berufsgenossenschaft und die Gewerbeaufsichtsämter bzw. die zuständigen Landesbehörden

**10. Die Mitarbeiter der Bavaria Fahrradwerke KG haben lt. BGV A1 wichtige Mitwirkungspflichten hinsichtlich der Unfallverhütung. Welche gehört nicht dazu?**

a) Mängel und Gefahren dem Unternehmer zu melden bzw. im Rahmen der eigenen Aufgabe und Befähigung unverzüglich zu beseitigen

b) Sich selbst nicht als Ersthelfer zur Verfügung zu stellen

c) Persönliche Schutzausrüstungen bestimmungsgemäß zu benutzen

d) Sich selbst und andere nicht durch den Konsum von Alkohol oder Drogen zu gefährden

e) Selbst für die Arbeitssicherheit und den Gesundheitsschutz zu sorgen, auch bei den anderen Beschäftigten, die von den eigenen Handlungen betroffen sind

**11. Die Arbeitgeber müssen sich an die „Allgemeinen Vorschriften" lt. BGV A1 halten. Welche drei Vorschriften gehören dazu?**

a) Die Arbeitnehmer sind über Arbeitssicherheit und Gesundheitsschutz regelmäßig zu unterweisen und die Unterweisung ist zu dokumentieren.

b) Bei Zusammenarbeit von Beschäftigten mehrerer Unternehmen braucht man keine Person, die zur Vermeidung einer gegenseitigen Gefährdung die Arbeiten aufeinander abstimmt. Jedes Unternehmen ist selbst für Arbeitssicherheit verantwortlich.

c) Persönliche Schutzausrüstungen zur Verfügung zu stellen sowie eine Kontrolle, ob diese bestimmungsgemäß benutzt werden, ist nicht erforderlich.

d) Für eine unverzügliche Erste Hilfe und die Rettung aus Gefahr ist zu sorgen, Meldeeinrichtungen zum Herbeiholen von Hilfe sind zu schaffen und ausreichend Ersthelfer einzusetzen (in großen Betrieben auch Betriebssanitäter).

e) Im Falle von Mängeln an Arbeitsmitteln, Einrichtungen oder Arbeitsverfahren sind diese stillzulegen.

**12. Welche Maßnahme gewährleistet keinen effektiven Brandschutz?**

a) Feuerlöscheinrichtungen müssen in jedem Unternehmen vorhanden sein.

b) Feuerlöscheinrichtungen müssen funktionsfähig gehalten werden.

c) Feuerlöscheinrichtungen sind nur in solchen Betrieben anzubringen, in denen Gefahrenstoffe hergestellt werden.

d) Die Überprüfung der Feuerlöscheinrichtungen ist nur von sachkundigem Personal durchzuführen.

e) Die Überprüfung von Feuerlöscheinrichtungen ist schriftlich festzuhalten.

**13.** **In der Bavaria Fahrradwerke KG befinden sich folgende Brandschutzzeichen[1]. Ordnen Sie die Bedeutungen zu.**

a) Notrufknopf zur Polizei

b) Rettungsseil

c) Löschschlauch in einem Wasserhydranten

d) Treffpunkt bei Brand

e) Feuermelder manuell

f) Sprühflasche zur Brandbekämpfung

g) Allgemeines Mittel zur Brandbekämpfung

h) Wasserstelle zur Brandbekämpfung

i) Feuerlöscher

**14.** **Die Geschäftsleitung Ihres Ausbildungsbetriebes hat verschiedene vorbeugende Maßnahmen getroffen, um auf das Verhalten der Mitarbeiter und Kunden im Falle eines Brandes Einfluss zu nehmen. Welche Maßnahme stimmt mit diesem Ziel nicht überein?**

a) Überprüfung von Feuerschutztüren

b) Kennzeichnung von Fluchtwegen durch gut sichtbare Hinweisschilder

c) Schulung von Verhaltensregeln für den Brandfall

d) Durchführung von Feuer-Alarm-Übungen, bei denen eine Gebäuderäumung erfolgt

e) Anbringen von Gefahr-Hinweisschildern an und in Fahrstühlen

**15.** **Auf dem Grundstücksgelände eines Unternehmens ist das abgebildete Schild[2] zu sehen. Welche Bedeutung hat dieses Zeichen?**

a) Mittelpunkt des Grundstückgeländes

b) Standplatz für den Einsatzleiter der Feuerwehr

c) Sammelplatz für Mitarbeiter im Falle eines Notfalls

d) Symbol für ein Geländespiel bei Betriebssport

e) Hauptwasserhydrant

[1] Die Zeichen haben einen roten Hintergrund.

[2] Das Schild hat einen grünen Hintergrund.

**16. Ordnen Sie den Sicherheitszeichen[1] die richtige Bedeutung zu.**

a) Notruftelefon
b) Sanitätsraum
c) Fluchtweg
d) Erste Hilfe
e) Krankentrage
f) Arzt
g) Feuermelder
h) Betriebsarzt

**17. In Ihrem Unternehmen befindet sich ein neues Sicherheitszeichen. Was bedeutet es?**

a) Externes Gerät für ein EKG
b) Automatisierter Externer Defibrillator
c) Blutdruckmessgerät
d) Betriebsarzt
e) Ärztliche Erste Hilfe

**18. In Ihrem Unternehmen ist eine Notfallsituation eingetreten. In welcher Reihenfolge geben Sie Informationen dem Rettungsdienst weiter? Tragen Sie Ziffern von 1 bis 5 ein.**

a) Wer meldet den Unfall? (Angabe des eigenen Namens und der eigenen Rufnummer)
b) Wie viele Verletzte gibt es?
c) Wo ist der Unfallort?
d) Was ist passiert? (z. B. Sturz, Unfall an einer Maschine)
e) Welche Art von Verletzungen oder Erkrankungen liegen vor (z. B. Bewusstlosigkeit, Vergiftung)?

**19. In Ihrem Unternehmen gab es einen Unfall mit einer Brandverletzung. Was tun Sie als Ersthelfer?**

a) Die Brandwunden werden einige Minuten gekühlt, dazu eignet sich fließendes kaltes Wasser.
b) Man muss für schnelle ärztliche Hilfe sorgen.
c) Brandwunden müssen gereinigt und die Brandblasen geöffnet werden.
d) Brandwunden werden mit keimfreiem Brandwunden-Verband abgedeckt.
e) Die Brandwunde wird sofort mit Öl oder einer Salbe abgedeckt.

[1] Sicherheitszeichen haben einen grünen Hintergrund.

**20. Welche Rechtsgültigkeit haben Unfallverhütungsvorschriften?**

a) Unfallverhütungsvorschriften haben keine Rechtsgültigkeit.

b) Unfallverhütungsvorschriften sind Regeln zur Unfallvermeidung.

c) Unfallverhütungsvorschriften sind Verordnungen der jeweiligen Landesregierungen. Sie werden von Sicherheitsbeamten auf Einhaltung kontrolliert.

d) Unfallverhütungsvorschriften sind autonome Rechtsnormen der gesetzlichen Unfallversicherung. Sie sind für die Mitglieder verbindlich.

e) Unfallverhütungsvorschriften sind Regeln, die der Betrieb selbst aufstellt. Deshalb haben sie nur eine bedingte Rechtsgültigkeit.

**21. In der Produktion der Bavaria Fahrradwerke KG ist ein Arbeitsunfall geschehen. Wem muss dieser gemeldet werden?**

a) Nur der Krankenkasse

b) Dem Gewerbeaufsichtsamt und der Krankenkasse

c) Der Personalabteilung und der Krankenkasse

d) Dem Gesundheitsamt

e) Der Berufsgenossenschaft

**22. In einem Warenhaus steht an einem Regal ein Stuhl mit Rollen, der offensichtlich als Aufstiegshilfe genutzt wird. Was ist zu tun?**

a) Nichts, er wird nur kurzfristig benutzt, da ist keine Gefahr zu befürchten.

b) Man weist die Mitarbeiter darauf hin, dass der Stuhl möglicherweise wegrollen kann.

c) Man stellt den Stuhl in eine Ecke als Zeichen, dass er nicht mehr eingesetzt werden soll.

d) Man entfernt nur den Stuhl.

e) Man entfernt den Stuhl und stellt eine trittsichere Leiter mit GS-Zeichen in das Lager.

**23. Was ist bei Verkehrswegen in Unternehmen grundsätzlich zu beachten?**

a) Es ist akzeptabel, wenn Verkehrswege für eine kurze Zeit mit Kartons ein wenig eingeengt werden.

b) Für wenig genutzte Verkehrswege reicht eine Notfallbeleuchtung aus.

c) Es genügt, wenn auf Stolperstellen mit einem Schild hingewiesen wird, damit kein Unfall passieren kann.

d) Man achtet bei Verkehrswegen darauf, dass sie breit genug und ausreichend beleuchtet sind, der Fußboden rutschhemmend ist und keine Stolperstellen aufweist.

e) Für die Sicherheit von Verkehrswegen gibt es keine besonderen Vorschriften.

**24. In Ihrem Unternehmen beschweren sich Mitarbeiter über angebliche Mängel hinsichtlich ihrer Arbeitsplätze. Welcher Mangel muss nicht beseitigt werden?**

a) Ein neuer Büroschrank wurde mit 3 cm Abstand zur Wand vor einem Lichtschalter aufgestellt. Dieser lässt sich gerade noch bedienen.

b) Ein Stromkabel zum Arbeitsplatz liegt lose auf dem Boden und ist mit einem Klebeband fixiert. Dies soll verhindern, dass man darüber stolpern kann.

c) Ein Bürostuhl lässt sich in der Höhe nicht mehr verstellen.

d) In einem Büro wurde ein neuer Arbeitsplatz eingerichtet. Durch den zusätzlichen Schreibtisch verringert sich der Verkehrsweg auf 60 cm Breite.

e) Die Schreibtischoberflächen in einem Büro weisen unterschiedliche Farben auf. Dies stört die Mitarbeiter erheblich und sie bestehen auf eine einheitliche Farbgestaltung.

**25. Wie ist die Zuständigkeit für den Gesundheits- und Unfallschutz in Unternehmen geregelt?**

a) Die Unternehmen sind für den Gesundheits- und Unfallschutz verantwortlich, sie werden durch die Gewerbeaufsichtsbehörden und die Berufsgenossenschaften kontrolliert.

b) Die Unternehmen sind für den Gesundheits- und Unfallschutz verantwortlich, sie werden durch die Industrie- und Handelskammern kontrolliert.

c) Die Unternehmen sind für den Gesundheits- und Unfallschutz verantwortlich, sie werden durch die Gewerkschaften kontrolliert.

d) Die Unternehmen sind für den Gesundheits- und Unfallschutz verantwortlich, sie werden durch die Arbeitgeberverbände kontrolliert.

e) Die Unternehmen sind für den Gesundheits- und Unfallschutz verantwortlich, sie werden durch die Sozialpartner kontrolliert.

**26. Die Mitarbeiter der Bavaria Fahrradwerke KG werden jährlich über die typischen Unfallgefahren ihres Arbeitsplatzes und die einschlägigen Vorkehrungen zur Unfallverhütung in einer zweistündigen Schulung belehrt. Wer ist zur Durchführung dieser Maßnahmen verpflichtet?**

a) Die Geschäftsführung der Bavaria Fahrradwerke KG

b) Die zuständige Berufsgenossenschaft

c) Die Aufsichtsbehörde für Arbeitsschutz

d) Der Betriebsrat der Bavaria Fahrradwerke KG

e) Der zuständige Betriebsarzt

**27. Sicherheit und Gesundheit wird in Ihrem Ausbildungsbetrieb groß geschrieben. Bei welchen der folgenden Maßnahmen steht die Gesundheit der Beschäftigten im Vordergrund?**

a) Die Beschäftigten nehmen an einer Informationsveranstaltung über Arbeitssicherheit teil.

b) Es werden kostenlose Kurse zur Rückenschule angeboten.

c) Die Büros werden mit neuer, augenfreundlicher Farbe angestrichen.

d) Das Unternehmen führt einen Feueralarm durch.

e) Das Unternehmen richtet einen Fitnessraum ein, den die Mitarbeiter kostenlos nutzen können.

**28. Mitarbeiter Ihres Unternehmens klagen über Kopfschmerzen und brennende Augen. Dies ist auf die ständige Arbeit am Computer zurückzuführen. Wodurch könnte die Belastung der Augen gemildert werden?**

a) Sie lassen sich einen Bildschirmschoner installieren.

b) Sie stellen die Helligkeit auf Maximalposition ein.

c) Sie schauen nach gewissen Arbeitseinheiten vom Bildschirm weg, machen eine Pause und betreiben etwas Augengymnastik.

d) Sie beantragen einen TÜV-geprüften Bildschirm, der Energie spart und sehr strahlungsarm ist.

e) Sie lassen die Jalousien herunter oder schalten, soweit es geht, das Licht am Arbeitstisch aus, um sich besser auf den Bildschirm zu konzentrieren.

**29. Mitarbeiter aus dem Personalwesen der Bavaria Fahrradwerke KG entwickeln gemeinsam mit dem Betriebsrat Maßnahmen zur Gesundheitsförderung. Welche eignen sich?**

a) Die Mitarbeiter werden dazu angehalten, sich selbst um gesundheitsbewusstes Verhalten zu kümmern.

b) Ab sofort wird eine neue Zeiterfassung für die Arbeitszeiten eingeführt.

c) Alle Mitarbeiter erhalten kostenloses Mineralwasser.

d) Das Unternehmen richtet einen Fitnessraum ein.

e) Ein neues PC-Programm beschleunigt die digitale Archivierung.

**30. In Ihrem Unternehmen kam es in letzter Zeit zu großen Arbeitsbelastungen. Einige Mitarbeiter zeigten große Stresssymptome und wurden krankgeschrieben. Welche zwei Maßnahmen sind geeignet, Stress abzubauen?**

a) Das Unternehmen bezahlt den Mitarbeitern autogenes Training.

b) Die Mitarbeiter kommen ohne Lohn- bzw. Zeitausgleich früher, dann haben sie mehr Zeit für die Tätigkeiten.

c) Die Vorgesetzten versuchen die Motivation und damit die Leistung zu steigern.

d) Es wird ein Fitnessraum eingerichtet und die Mitarbeiter werden ermutigt, sich Zeit für sich selbst zu nehmen, Sport zu treiben und sich gesund zu ernähren.

e) Man braucht nichts zu unternehmen, stressige Zeiten gehen von alleine vorüber.

**31. Ein Mitarbeiter der Bavaria Fahrradwerke KG fiel durch Alkoholgeruch und kontinuierlich schlechtere Arbeitsergebnisse auf. Ihm wurde nach zwei Abmahnungen gekündigt. Das Unternehmen überlegt sich nun Maßnahmen zur allgemeinen Suchtprävention. Welche Maßnahme gehört nicht dazu?**

a) Aufklärung und Information über Konsumrisiken

b) Betriebliche Regelungen vorgeben und konsequent umsetzen

c) Auffälliges Konsumverhalten frühzeitig ansprechen

d) Betriebliche Hilfsangebote bereitstellen

e) Einen Mitarbeiter einmal wöchentlich damit beauftragen, die Kollegen auf Auffälligkeiten zu befragen

**32. In Ihrem Unternehmen kam es zu erheblichen Konflikten zwischen Teammitgliedern. Diese wollen ab sofort nicht mehr gemeinsam an einem wichtigen Projekt weiterarbeiten. Legen Sie die Schritte fest, die bei einem Konfliktgespräch eingehalten werden sollen.**

a) Die Teammitglieder einigen sich auf bestimmte Ziele.

b) Der Mediator legt den Gesprächsverlauf fest.

c) Wege, die zum Ziel führen, werden besprochen.

d) Der Mediator erläutert die Regeln des Gespräches.

e) Die Teammitglieder legen im Gespräch ihre Position sachlich dar.

f) Ein Ergebnisprotokoll hält das Ergebnis und Beschlüsse fest.

**33. Gesunde und engagierte Mitarbeiter sind eine wichtige Voraussetzung für Produktivität und Wettbewerbsfähigkeit. Das betriebliche Gesundheitsmanagement der Bavaria Fahrradwerke KG legt gesundheitsfördernde und gesundheitsbelastende Merkmale fest. Welches ist gesundheitsbelastend?**

a) Psychisches Wohlbefinden am Arbeitsplatz

b) Hohe Arbeitszufriedenheit trotz Stressphasen

c) Hohe Bindung an das Unternehmen

d) Gefühl ständiger Überforderung

e) Stark ausgeprägte soziale Kompetenz

# E Umweltschutz

**1. Durch welche Maßnahme des Staates kann die Umweltbelastung verringert werden?**

a) Besteuerung von Kraftfahrzeugen nach Hubraum

b) Gewährung von Zuschüssen für den Umstieg bei der Stromgewinnung von Kohle auf Sonnen- bzw. Windenergie

c) Für jeden beim Straßenbau gefällten Baum wird ein neuer gepflanzt.

d) Erstellen von Waldschadensberichten

e) Förderung des Individualverkehrs

**2. Der Lagerleiter ordnet die gesonderte Aufbewahrung des zurückgenommenen Altöls im Öllager an. Welche rechtliche Vorschrift verbietet es aus Umweltschutzgründen, das Altöl zu verbrennen?**

a) Gefahrstoffverordnung

b) Bundesnaturschutzgesetz

c) Umwelthaftungsgesetz

d) Produkthaftungsgesetz

e) Bürgerliches Gesetzbuch

**3. „Abfälle sollen vermieden und sämtliche Stoffe und Materialien umweltschonend entsorgt werden", so lautet das Umweltkonzept der Bavaria Fahrradwerke KG. Welche der nachstehenden Maßnahmen widerspricht diesem Konzept?**

a) Gelieferte Ölkanister werden beim Kunden wieder abgeholt und auf Kosten des Kunden bei einem anerkannten Entsorgungsunternehmen fachgerecht entsorgt.

b) Ware wird in Mehrwegcontainern an den Kunden geliefert. Die Container werden nach 10 Tagen wieder zurückgenommen.

c) Umverpackungen werden künftig verringert.

d) Verpackungsmaterialien werden getrennt gesammelt und Entsorgungsunternehmen zugeführt.

e) Pappverpackungen sollen Styroporverpackungen weitestgehend ersetzen.

f) Durch Einwegverpackungen soll die Lagerkapazität besser ausgenutzt werden.

**4. Bei der Bavaria Fahrradwerke KG hat der Umweltschutz einen hohen Stellenwert. Welche der genannten Maßnahmen passt nicht zu diesem Leitbild?**

a) Künftig sollen nur nachfüllbare Textmarker verwendet werden.

b) Bei Kopiervorgängen soll zukünftig Recyclingpapier verwendet werden.

c) Verpackungsabfälle sollen bei verkauften Produkten vermieden werden.

d) Bei Werbemaßnahmen sollen künftig nur noch Hochglanzkataloge verwendet werden.

e) Häufige Bestellungen von Kleinpackungen sollen möglichst nicht mehr durchgeführt werden.

**5. In der Bavaria Fahrradwerke KG soll auch bei der Beschaffung von Briefumschlägen auf Umweltschutz geachtet werden. Welche Briefumschläge sind demnach zu beschaffen?**

a) Briefumschläge aus Recyclingpapier

b) Gefütterte Briefumschläge

c) Briefumschläge, die mit einem Wasserzeichen versehen sind

d) Briefumschläge aus buntem Hochglanzpapier

e) In Folie verpackte Briefumschläge

**6. Welche Institution ist für die Einhaltung und Überwachung der maßgeblichen Gesetze zum Schutz der Umwelt im Betrieb zuständig?**

a) Das Bundesumweltministerium

b) Das Bundesministerium des Inneren

c) Die Industrie- und Handelskammern bzw. die Handwerkskammern

d) Die Polizei

e) Die Gewerbeaufsichtsbehörde

**7. Bei welchem Gesetz bzw. bei welcher Vorschrift handelt es sich um eine Umweltschutzvorschrift?**

a) Beim Bürgerlichen Gesetzbuch

b) Bei der Verpackungsverordnung

c) Bei der Gewerbeordnung

d) Bei der Abgabenordnung

e) Beim Betriebsverfassungsgesetz

**8. Wodurch nimmt die betriebliche Umweltbelastung zu?**

a) Durch die sparsame Nutzung der Energie- und Rohstoffvorräte

b) Durch die Nutzung dezentraler Deponien

c) Durch die Emission giftiger und gesundheitsschädlicher Arbeitsstoffe in die Luft

d) Durch den Einsatz nachwachsender Rohstoffe

e) Durch die Anwendung „sanfter Technologien" (z. B. Sonnenenergie)

**9. Das Kreislaufwirtschaftsgesetz (KrWG) ist das zentrale Bundesgesetz des deutschen Abfallrechts. Was ist nicht im Gesetz geregelt?**

a) Das KrWG sorgt dafür, dass Abfälle zur Wiederverwendung vorbereitet werden bzw. umweltfreundlich beseitigt werden.

b) Das KrWG stellt den Schutz von Mensch und Umwelt bei der Erzeugung und Bewirtschaftung von Abfällen sicher.

c) Das KrWG stellt sicher, dass alle Abfälle wiederverwertet werden.

d) Ein Ziel des KrWG ist es, Abfälle zu reduzieren.

e) Das KrWG sorgt dafür, dass Verpackungen möglichst mehrfach genutzt werden.

**10. Die Bavaria Fahrradwerke KG arbeitet an einem Umweltschutzkonzept für das Unternehmen. Welche Maßnahme gehört nicht zu einem solchen Konzept?**

a) Mülleimer werden in verschiedenen Farben aufgestellt, damit der Abfall schon im Vorfeld entsprechend getrennt werden kann.

b) Eine neue Beleuchtung mit LED-Technologie wird installiert.

c) Beim Kauf neuer Geräte wird ab sofort auf geringen Energiebedarf und auf gute Recyclingfähigkeit geachtet.

d) Alte Drucker und Kopierer werden so lange weiterbenutzt, bis sie defekt sind, auch wenn sie einen hohen Energieverbrauch aufweisen und teilweise Schadstoffe absondern.

e) Beim Einkauf von Büromaterial wird auf Umweltschutzzeichen und geringen bis keinen Schadstoffgehalt geachtet.

**11. Eine Großhandels-GmbH informiert den Fachhandel in einer Fachzeitschrift mit dem abgebildeten Auszug. Welche Zielsetzung wird mit der Entsorgung nach dem Abfallgesetz angestrebt?**

a) Schutz der Umwelt

b) Schutz der Verbraucher

c) Schutz der Maschinen

d) Es wird die Schaffung von Sammelstellen für Altöl angestrebt.

e) Altöl kann kostengünstig recycelt werden und dadurch werden beim Weiterverkauf höhere Gewinne erzielt.

> **Wohin mit dem Altöl?**
> **Entsorgung im Fachhandel kein Problem**
>
> „Auf Altöle finden die Vorschriften des Abfallgesetztes auch Anwendung, wenn sie keine Abfälle im Sinne § 1 AbfG sind."
>
> „Altöle sind gebrauchte halbflüssige oder flüssige Stoffe, die ganz oder teilweise aus Mineralöl oder synthetischem Öl bestehen, einschließlich ölhaltiger Rückstände aus Behältern, Emulsionen und Wasser-Öl-Gemischen. Dies gilt auch, wenn es zur Wiederaufbereitung bestimmt ist.
>
> Die Gewerbetreibenden müssen die gleiche Menge Altöl kostenlos zurücknehmen, die sie an Neuölen abgegeben haben. Sie haben hierzu am Verkaufsort oder in dessen Nähe eine Annahmestelle für Altöle einzurichten und nachzuweisen…"

**12. In der Verwaltung der Bavaria Fahrradwerke KG sind an unterschiedlichen Stellen Abfallsammelstellen zur Abfalltrennung wie folgt eingerichtet:**

**Einzelner Arbeitsplatz – Papiermüll: unbeschichtetes Papier**

**Teeküche – Nassmüll: Kaffeefilter**

**Sammelstelle 1 – Restmüll: beschichtetes Papier**

**Sammelstelle 2 – Lösungsmittel-Abfall: Klebstoff**

**Welcher Abfall kann wiederverwertet werden?**

a) Klebstoff

b) Schrumpffolie

c) Kaffeefilter

d) Beschichtetes Papier

e) Unbeschichtetes Papier

f) Eddingstifte

**13. In der Bavaria Fahrradwerke KG sind Entsorgungsbehälter für Bioabfälle, Kunststoff, Metall und Verbundstoffe, Papier und Pappe sowie für Restmüll aufgestellt. Was dürfen Sie in keinen dieser Behälter entsorgen?**

a) Herausgetrenntes Kohlepapier aus dem Quittungsblock

b) Einen übrig gebliebenen Plastikbehälter mit verbrauchter Entwicklungsflüssigkeit aus dem alten Mikroverfilmungsgerät

c) Milchtüte (Mehrschichtverpackung/Tetrapak)

d) Beschädigte Plastikordner

e) Teebeutel aus der Kantine

f) Styroporverpackung

**14. Ihr Unternehmen möchte demnächst umweltbewusster einkaufen und schaut sich die Verpackungen von Lebensmitteln und Getränken an, die im Unternehmen verwendet werden. Die Symbole weisen darauf hin, was mit der nicht mehr benötigten Verpackung passieren soll.**

A

B

C

**a) Ordnen Sie den grünen Punkt sowie die Pfandsymbole Einweg und Mehrweg zu:**

Mineralwasser in PET-Flasche

Kaffee in Aluminiumverpackung

Limonade in Glasflasche

Brot in Folie

Apfelsaftschorle in Aluminiumdose

Orangensaftflaschen in Getränkekiste

Chipstüte

**b) Welches Symbol entspricht dem Umweltgedanken der Nachhaltigkeit am meisten?**

**15. Im Personalbüro wird nach Möglichkeit nur Recyclingpapier verwendet. Welche Aussage dazu ist zutreffend?**

a) Die umweltfreundliche Papierherstellung wird gefördert.

b) Das Papier zeigt nach wenigen Jahren starke Zerstörungserscheinungen und ist kostengünstiger zu vernichten.

c) Recyclingpapier ist reißfester.

d) Bei der Beschriftung mit dem Drucker ist das Recyclingpapier leichter zu korrigieren.

e) Kleine Flecken auf dem Papier stören nicht so wie auf gebleichtem Papier.

**16. In der Bavaria Fahrradwerke KG wird über Möglichkeiten der umweltschonenden Energie- und Materialverwendung diskutiert. Welcher Beitrag entspricht nicht diesem umweltschonenden Grundsatz?**

a) Durch die Belieferung „just in time" sollen Transportwege verkürzt und dadurch Energie eingespart werden.

b) Beim Kopieren sollte nach Möglichkeit auch die Rückseite benutzt werden.

c) Die Beleuchtung in den Arbeitsräumen sollte nur dann eingeschaltet werden, wenn es tatsächlich erforderlich ist.

d) Der Transport der Ware sollte mit verbrauchsarmen Fahrzeugen organisiert werden.

e) Beim Kopieren sollten nachfüllbare Tonerkartuschen verwendet werden.

**17. Welche der folgenden Maßnahmen trägt nicht unmittelbar zum Umweltschutz bei?**

a) Verwendung von unlackierten Holzbleistiften

b) Verwendung von Recyclingpapier

c) Einbau von Steckdosen mit Überspannungsschutz

d) Ersetzen der Energiesparlampen durch LEDs

e) Verwendung von biologisch abbaubaren Reinigungsmitteln

f) Mülltrennung in unterschiedliche Behälter

**18. Das Deutsche Institut für Gütesicherung und Kennzeichnung vergibt das Umweltzeichen „Blauer Umweltengel". Was gilt für Produkte, die mit diesem Zeichen gekennzeichnet sind?**

a) Der Verbrauch ist ohne Belastung der Umwelt.

b) Der Verbrauch ist relativ umweltfreundlich.

c) Diese Artikel können recycelt werden.

d) Der „Blaue Umweltengel" entspricht dem „Grünen Punkt" im Sinne des Umweltschutzes.

e) Der Verbrauch fördert die Vermeidung von Abfällen.

f) Es handelt sich um Nachfüllpackungen.

**19. Betrieblicher Umweltschutz berücksichtigt alle vom Betrieb ausgehenden umweltschädigenden Auswirkungen. Arbeitgeber müssen die gesetzlichen Auflagen erfüllen und je nach Erfordernissen spezielle Betriebsbeauftragte bestellen. Welcher gehört nicht dazu?**

a) Immissionsschutzbeauftragter

b) Sicherheitsbeauftragter

c) Strahlenschutzbeauftragter

d) Gefahrgutbeauftragter

e) Störfallbeauftragter

**20. Bei der Beschaffung von Büromaterial ist verstärkt darauf zu achten, dass Nachfüllprodukte gekauft werden, da somit ein Beitrag zum Umweltschutz geleistet werden kann. In welchem Fall kann auf Nachfüllprodukte zurückgegriffen werden?**

a) Klebestifte

b) Kugelschreiberminen

c) Tintenpatronen für einen Tintenstrahldrucker

d) Klebstofftuben

e) Knopfzellen (Batterien)

**21. Welcher Artikel passt nicht in ein ökologisch ausgerichtetes Büroartikelsortiment?**

a) Kopierpapier/Officepapier mit Spitzenweiße

b) Kopierpapier/Officepapier aus Recyclingprodukten

c) Nachfüllbehälter für Klebeflaschen

d) Ordner aus Pappe

e) Lösungsmittelfreier Kleber

**22. Welche Abfälle Ihres Ausbildungsunternehmens dürfen entsprechend der Abbildung entsorgt werden?**

a) Der Inhalt der Kundenmülleimer am Eingang des Unternehmens

b) Das anfallende Altpapier

c) Die Resttonerbehälter der Kopiergeräte

d) Die gekennzeichneten Verpackungen des dualen Systems

e) Die verbrauchten Batterien jeglicher Art

**23. Ordnen Sie drei der folgenden Umweltschutzmaßnahmen zu.**

a) Anfallende Verpackungen werden einem Entsorgungssystem zugeführt und wiederverwertet.

b) Es wird eine spezielle Abteilung mit Umweltprodukten eingerichtet.

c) An der Kasse werden Papiertüten ausgelegt, damit sich die Kunden beliebig bedienen können.

d) Die Ware wird in Leihverpackungen geliefert, die an den Hersteller zurückgehen.

e) Durch den Einbau von Öko-Spülungen wird wertvolles Trinkwasser gespart.

f) Die Kunden erhalten nur auf Wunsch eine Tragetasche für die gekaufte Ware.

Müllvermeidung ☐

Wertstoffrecycling ☐

Wiederverwendung ☐

**24. Welche Umweltschutzwirkung kann bei folgenden Verwendungs- bzw. Verhaltensmaßnahmen erreichen werden? Ordnen Sie zu.**

a) Abfallverminderung

b) Abfallvermeidung

c) Abfallverwertung

d) Schadstoffvermeidung

Altglas sortieren und sammeln ☐

Getränke in Mehrwegflaschen ☐

Pflanzliche Abfälle kompostieren ☐

Produkte mit Nachfüllpackung verwenden ☐

Wenn möglich, auf Kfz verzichten ☐

Kein Einweggeschirr verwenden ☐

Altpapier sammeln ☐

**25. Die Bavaria Fahrradwerke KG übernimmt Mitverantwortung gegenüber der Umwelt und der Mitmenschen. Damit möglichst nachhaltige Produkte angeschafft werden, achtet das Unternehmen besonders auf die entsprechenden Prüfsiegel. Ordnen Sie die diese zu:**

FAIRTRADE A

DER BLAUE ENGEL – weil energieeffizient und ressourcenschonend – schützt das KLIMA B

C

FSC www.fsc.org MIX Aus verantwortungsvollen Quellen FSC® C000000 D

Kaffee, der fair gehandelt wird ☐

Druckpapier aus nachhaltiger Forstwirtschaft ☐

Öko-Strom ☐

Gemüse für die Kantine ☐

Stromsparender Drucker ☐

Büromöbel aus heimischen zertifizierten Wäldern ☐

Neue lösungsmittelfreie Wandfarbe für das Büro ☐

Anschaffung eines Elektroautos ☐

**26. Die Bavaria Fahrradwerke KG möchte ihre Ökobilanz verbessern und führt eine Schulung für alle Mitarbeiter durch. Welches Thema ist für diese Schulung nicht geeignet?**

a) Getränkeautomaten sind ab sofort nicht mehr mit Plastikbechern oder Dosen zu füllen.

b) Bürogeräte mit geringem Energieverbrauch werden eingesetzt und nachts ausgeschaltet.

c) Ein Fahrtraining soll den Kraftstoffverbrauch der betrieblichen und privaten Kfz verringern.

d) Alle benötigten Waren werden möglichst aus der Region bezogen.

e) Die Mitarbeiter werden zum regelmäßigen Lüften aufgefordert, um den Sauerstoffgehalt der Luft zu verbessern.

**27. Die Geschäftsleitung beabsichtigt, die Unternehmenslogistik neu zu strukturieren. Dabei sollen ökologische Gesichtspunkte stärker berücksichtigt werden. Welche Maßnahme ist dazu nicht geeignet?**

a) Umstellung firmeneigener Lieferwagen auf alternative Energiekonzepte wie Hybridantrieb

b) Auswahl von Logistikunternehmen, welche ebenfalls Prinzipien des Umweltschutzes berücksichtigen

c) Optimierung von Auslieferungsrouten durch ein neues EDV-System

d) Garantierte Auslieferung just-in-time auch von Kleinmengen

e) Schulung des zuständigen Personals zu energiesparender Fahrweise

**28. Um die Umwelt zu schützen, wird auf Abfallvermeidung, Abfallverwertung und umweltgerechte Abfallentsorgung geachtet. Ordnen Sie drei der fünf Handlungen den entsprechenden Umweltschutzmaßnahmen zu.**

a) Autoradiolautsprecher werden in Blisterverpackungen verpackt.

b) Es werden Papiertücher statt Textil-Handtücher verwendet.

c) Die Abfälle werden zentral in geeigneten Abfallcontainern gesammelt.

d) Die Altreifen werden an den Hersteller zurückgegeben.

e) Bei den Gütertransporten werden Euro- statt Einwegpaletten verwendet.

Abfallvermeidung

Abfallverwertung

umweltgerechte Abfallentsorgung

**29. Welcher Nachweis muss laut Gefahrstoffverordnung erbracht werden, wenn in besonders gesicherten Behältern leicht entzündliche Flüssigkeit gelagert wird?**

a) Erste-Hilfe-Nachweisbuch

b) Bedienungsanleitung

c) Betriebsanweisung

d) Inventarverzeichnis

e) Sicherheitsdatenblätter

**30. Dem Grundsatz „Vermeidung vor Verwertung vor Entsorgung" entspricht u. a. die Möglichkeit, Transportverpackungen an den Hersteller zurückzuschicken. Welche rechtliche Vorschrift wird hier beachtet?**

a) Arbeitsstättenverordnung

b) Verpackungsverordnung

c) Produkthaftungsgesetz

d) Strafgesetzbuch

e) Arbeitssicherheitsgesetz

## Notizen

# Prüfungssimulationen

## Kundenbeziehungen

## Wirtschafts- und Sozialkunde

# Prüfungssimulationen

Die folgende Unternehmensbeschreibung und der Kontenplan gelten für beide Prüfungssimulationen.

## Unternehmensbeschreibung

| | |
|---|---|
| **Firma**<br>**Geschäftszweck**<br><br>**Geschäftssitz**<br>**Registergericht** | **Bavaria Fahrradwerke KG**<br>**Herstellung und Vertrieb von Fahrrädern und kleinmotorigen Zweirädern, Handel mit Zweiradzubehör**<br>**Weilerstraße 12, 84032 Landshut**<br>**Amtsgericht Landshut HRA 123459**<br>**Steuernummer: 368/2204/4876**<br>**USt-IdNr.: DE877008837** |
| **Gesellschafter**<br><br>**Prokura**<br>**allgemeine Handlungsvollmacht** | **Komplementär:** Hans Oberpriller<br>**Kommanditist:** Ulrich Benz<br>Hannah Kröger<br>Dennis Strecker |
| **Telefon – Telefax**<br>**Homepage**<br>**E-Mail** | 0871 39425-0 0871 39425-24<br>www.bafa.de<br>info@bafa.de |
| **Bankverbindung** | Sparkasse Landshut<br>**BIC:** BYLADEM1LAH<br>**IBAN:** DE18 7435 0000 0000 0999 99<br>HVB Landshut<br>**BIC:** HYVEDEMM433<br>**IBAN:** DE92 7432 0073 0033 4767 32 |
| **Mitarbeiter** | 116 Mitarbeiter/innen;<br>davon 8 Auszubildende<br>Betriebsrat und Jugendvertretung existieren.<br>Das Unternehmen unterliegt der Tarifbindung. |
| **Auszug aus dem Absatzprogramm** | **Produktionsprogramm**<br>• **Räder:** City-Räder, Trekking- oder Tourenräder, Mountain-Bikes, BMX-Räder, Cross-Räder, Komforträder, Tief-Einsteiger, Elektroräder, Rennräder<br>• **Mofas**<br>**Handelswaren**<br>• **Zweiradzubehör**<br>• **Zweiradbekleidung**<br>**Dienstleistungen:**<br>Lieferung, Montage, Werkstatt, Fabrikverkauf, Ladestation für E-Bikes |
| **Weitere Informationen** | |
| **Werkstoffe/Vorprodukte:**<br>**Rohstoffe**<br>**Hilfsstoffe**<br>**Betriebsstoffe**<br>**Vorprodukte** | <br>**Edelstahl- und Aluminiumbleche**<br>**Schrauben, Muttern, Kabelbinder**<br>**Strom, Wasser, Heizöl, Schmierstoffe**<br>**Speichen, Felgen, Lenker** |
| **Handelswaren** | **Ergometer, Fahrradspiegel, Fahrradkörbe, Reparatursets, Funktionsbekleidung rund ums Zweirad, Helme, Schuhe** |

## Auszug aus dem Kontenplan der Bavaria Fahrradwerke KG

| | |
|---|---|
| 0500 | Unbebaute Grundstücke |
| 0720 | Anlagen und Maschinen der Materialbearbeitung, -verarbeitung |
| 0840 | Fuhrpark |
| 0860 | Büromaschinen, Kommunikationsanlagen |
| 0870 | Büromöbel und sonstige Geschäftsausstattung |
| **Forderungen aus LL (Debitoren)** | |
| 2401 | Zweiradgroßhandlung Bauer & Proska, Landshut |
| 2402 | Fritz Berger, Zweiradeinzelhandel, Hersbruck |
| 2403 | Bodo Mülich, Zweiradgroßhandlung, Essen |
| 2404 | Meckendörfel KG, Zweiradgroßhandlung, Kaiserslautern |
| 2405 | Reif KG, Recklinghausen |
| 2600 | Vorsteuer (voller Steuersatz) |
| 2610 | Vorsteuer (ermäßigter Steuersatz) |
| 2800 | Kreditinstitute (Bank) |
| 2880 | Kasse |
| 3000 | Eigenkapital Oberpriller (Kommanditist) |
| 4250 | langfristige Bankverbindlichkeiten |
| **Verbindlichkeiten aus LL (Kreditoren)** | |
| 4401 | Fahrradbekleidung Wolf, Aschaffenburg |
| 4402 | Spedition Transconti, Altdorf |
| 4403 | Bürohandel Huber, Kempten |
| 4404 | Alumix GmbH, Trier |
| 4405 | Ferrokotta KG, Starnberg |
| 4406 | Elektrosports GmbH, Rosenheim |
| 4407 | Maschinenbau Ludwig Müller, Karlsruhe |
| 4800 | Umsatzsteuer (voller Steuersatz) |
| 4810 | Umsatzsteuer (ermäßigter Steuersatz) |
| 5100 | Umsatzerlöse für Waren/Handelswaren |
| 5101 | Erlösberichtigungen für Waren/Handelswaren |
| 5710 | Zinserträge |
| 6050 | Aufwendungen für Energie |
| 6080 | Aufwendungen für Waren/Handelswaren |
| 6081 | Bezugskosten für Waren/Handelswaren |
| 6082 | Nachlässe für Waren |
| 6140 | Frachten und Nebenkosten |
| 6150 | Vertriebsprovision |
| 6520 | Abschreibungen auf Sachanlagen |
| 6700 | Mieten, Pachten |
| 6750 | Kosten des Geldverkehrs |
| 6800 | Büromaterial |
| 6900 | Versicherungsbeiträge |
| 7020 | Grundsteuer |
| 7030 | Kraftfahrzeugsteuer |
| 8010 | Schlussbilanzkonto |
| 8020 | Gewinn- und Verlustkonto |

# Prüfungssimulation 1: Kundenbeziehungen

**Bearbeitungszeit: 150 Minuten. Alle Ergebnisse sind auf 2 Nachkommastellen zu runden.**

**Die erreichte Punktzahl wird durch den Faktor 1,5 dividiert. Dieser Punktwert geht in die weitere Berechnung des Gesamtergebnisses der Abschlussprüfung ein.**

## Situation 1

Sie sind in der Verkaufsabteilung der Bavaria Fahrradwerke KG eingesetzt. Rechtzeitig zur kommenden Saison soll das neue E-Bike „Easy Bike 2.0" den Privat- und den Geschäftskunden des Unternehmens angeboten werden. Zur Stärkung dieses Produktionszweiges gestaltet die Bavaria Fahrradwerke KG einen Aktionsstand im angeschlossenen Ladengeschäft.

1. **Im Ladengeschäft möchten Sie einem Kunden, der an dem Aktionsstand für das „Easy Bike 2.0" vorbeikommt, das neue Modell vorstellen. Er reagiert empört mit den Worten: „E-Bikes? Das ist doch was für alte Leute!"**

   **Bestimmen Sie mithilfe des 4-Ohren-Modells, welche vier möglichen Aussagen in der Äußerung des Kunden stecken. (6 Punkte)**

| Ebene des 4-Ohren-Modells | Mögliche Aussagen |
|---|---|
| Sachinformation | |
| Selbstkundgabe | |
| Beziehungshinweis | |
| Appell | |

**Situationserweiterung für die Aufgaben 2 – 5**

**Im Rahmen einer Teambesprechung stellen die Kundenberater fest, dass sich Kunden bis zu einem Alter von etwa 50 Jahren eher nicht für das Angebot des E-Bikes begeistern lassen. Ein Informationsflyer fasst die Vorteile für diese Generation zusammen:**

**Das E-Bike „Easy Bike 2.0" – das Fahrrad der neuen Generation!!!**

Sein Design besticht durch Sportlichkeit. Es ist als Trekking- bzw. Cross-Bike konzipiert: leicht und dennoch robust, für Berg, Tal und Stadt geeignet.

Je nach Lust und Laune oder Tagesform können Sie bequem über das Display den Akku ein- und ausschalten.

Dieses Rad macht einfach nur Spaß!

**Um diese Zielgruppe im Gespräch doch für das neue Modell interessieren zu können, bereiten Sie sich mithilfe des Flyers auf mögliche Kundeneinwände vor.**

2. **Formulieren Sie eine Argumentation für diese Zielgruppe, die den Einwand, dass sie noch zu jung für ein E-Bike sei, aufgreift, bevor er genannt wird (Einwandsvorwegnahme). (2 Punkte)**

**3. Formulieren Sie eine geeignete Reaktion (in wörtlicher Rede) für folgenden Einwand: „Ein E-Bike lohnt sich für mich nicht. Ich fahre viel zu selten Fahrrad." Nennen Sie auch die Methode, die Sie angewendet haben. (4 Punkte)**

**4. Im Verkaufstraining haben Sie als Fragetechnik u. a. die Suggestivfrage kennengelernt. Welche beiden Aussagen treffen auf die Suggestivfrage zu? (2,17397 Punkte)**

a) Suggestivfragen entsprechen in der Form der offenen Frage.

b) Suggestivfragen signalisieren Wertschätzung.

c) Suggestivfragen schränken die Entscheidungsfreiheit des Gesprächspartners stark ein.

d) Suggestivfragen verdeutlichen dem Gesprächspartner, wie man seine Äußerung interpretiert.

e) Suggestivfragen manipulieren den Gesprächspartner.

**5. Die Bedarfsermittlung vollzieht sich i. d. R. in drei Schritten. Geben Sie die richtige Reihenfolge der Schritte an. (2,17397 Punkte)**

a) Dem Gesprächspartner geschlossene Fragen stellen.

b) Dem Gesprächspartner offene Fragen stellen.

c) Das Gesagte zusammenfassen.

## Situation 2

Die Bavaria Fahrradwerke KG erhält eine Anfrage der Reif KG, dem Kaufhaus rund ums Rad im nördlichen Ruhrgebiet, die bisher noch kein Kunde der Bavaria Fahrradwerke KG ist. Die Reif KG interessiert sich für das E-Bike „Easy Bike 2.0", auf das sie bei der letzten Fahrradmesse in Köln aufmerksam geworden ist. Besonders das attraktive Preis-Leistungs-Verhältnis hat die Reif KG überzeugt.

| Datum | Ereignisse |
|---|---|
| 15.03. | Anfrage der Reif KG über die regelmäßige Lieferung von Easy Bikes 2.0 |
| 18.03. | Schriftliches Angebot der Bavaria Fahrradwerke KG über die Lieferung von 5 Easy Bikes 2.0 zum Listenpreis von 1399,00 EUR abzüglich 10 % Rabatt und 3 % Skonto bei Zahlung innerhalb von 14 Tagen oder 30 Tage netto. |
| 21.03. | Bestellung von 5 Easy Bikes durch die Reif KG mit der Abänderung, dass man zusätzlich 5 % Bonus erwartet, wenn der gesamte Bestellwert im Jahr 80 000,00 EUR übersteigt. |
| 22.03. | Die Bavaria Fahrradwerke KG akzeptiert die Bonusregelung unter sonst gleichen Bedingungen. |
| 01.04. | Auslieferung der Easy-Bikes 2.0 an die Reif KG mit Rechnungsstellung in Höhe von 7 491,65 EUR brutto |
| 10.04. | Zahlungsausgleich durch die Reif KG unter Ausnutzung von Skonto. |

1. **Erläutern Sie, welche rechtliche Wirkung die Anfrage der Reif KG hat. (4 Punkte)**

2. **Begründen Sie, wie lange die Bavaria Fahrradwerke KG an ihr Angebot vom 18.03. gebunden ist. (6 Punkte)**

3. **Zeigen Sie, durch welche beiden Willenserklärungen und wann der Kaufvertrag zwischen der Bavaria Fahrradwerke KG und der Reif KG zustande kommt. (6 Punkte)**

4. **Welche Unterlagen werden benötigt, um eine Rechnung an den Kunden auszustellen? (2,17397 Punkte)**

   a) Lieferschein, Bestellung des Kunden, Auftragsbestätigung
   b) Lieferschein, Auftragsbestätigung, Empfangsbestätigung des Kunden
   c) Lieferschein, Auftragsbestätigung, Anfrage des Kunden
   d) Unser Angebot, Bestellung des Kunden, Auftragsbestätigung
   e) Unser Angebot, Lieferschein, Auftragsbestätigung

5. **Die Bavaria Fahrradwerke KG speichert bei Kundenaufträgen personenbezogene Daten mit Erlaubnis der Betroffenen.Welches Recht gehört nach Bundesdatenschutzgesetz nicht zu den besonderen Schutzrechten? (2,17397 Punkte)**

   a) Recht auf Auskunft
   b) Recht auf Berichtigung
   c) Recht auf Sperrung
   d) Recht auf Effizienz

**6. Die Ausgangsrechnung an die Reif KG ist mit ausgewiesener Umsatzsteuer auszustellen. Es wurden 10 % Rabatt vereinbart. Der Rechnungsbetrag wird nach 30 Tagen fällig. Bei einer Zahlung innerhalb von 14 Tagen können 3 % Skonto abgezogen werden. In welcher Reihenfolge sind die Beträge in der Rechnung zu berücksichtigen? (2,17397 Punkte)**

a) Listenverkaufspreis – Rabatt + Umsatzsteuer

b) Listenverkaufspreis + Rabatt – Skonto + Umsatzsteuer

c) Listenverkaufspreis + Umsatzsteuer – Skonto – Rabatt

d) Listenverkaufspreis + Umsatzsteuer – Rabatt

e) Listenverkaufspreis – Rabatt – Skonto

**7. Warum ist die pünktliche Zahlung der Kunden von großer Bedeutung für das Unternehmen? (2,17397 Punkte)**

a) Bei pünktlicher Zahlung muss den Kunden Skonto eingeräumt werden.

b) Die pünktliche Zahlung ist eine wichtige Voraussetzung, um den eigenen Verbindlichkeiten nachkommen zu können.

c) Die pünktliche Zahlung führt zu einem steuerlichen Vorteil.

d) Durch pünktliche Zahlung wird der Eigentumsvorbehalt überflüssig.

e) Durch pünktliche Zahlung verkürzt sich die Gewährleistungsfrist.

**8. Die Reif KG zahlt die Rechnung unter Abzug von Skonto. Erläutern Sie, warum die Bavaria Fahrradwerke KG Skonto gewährt. (4 Punkte)**

**9. Ermitteln Sie den Nettoskontobetrag. (4 Punkte)**

**10. Die Reif KG musste zur Begleichung der Rechnung innerhalb der Skontofrist einen Bankkredit zu 9,5 % p. a. aufnehmen. Untersuchen Sie in einer strukturierten Berechnung, ob sich die Aufnahme des Bankkredits für die Reif KG gelohnt hat und welchem Bankzinssatz der Skontosatz entspricht. (6 Punkte)**

11. **Das Angebot der Bavaria Fahrradwerke KG enthält die Bemerkung: „Der Gerichtsstand ist für beide Parteien Landshut." Erläutern Sie diese Regelung. (5 Punkte)**

## Situation 3

Sie sind in der Personalabteilung der Bavaria Fahrradwerke KG u. a. mit der Vorbereitung und Durchführung von Personaleinstellungen betraut.

1. **Nennen Sie vier wesentliche Inhalte einer Stellenbeschreibung. (4 Punkte)**

2. **Erläutern Sie jeweils drei Vorteile von externer und von interner Personalbeschaffung. (6 Punkte)**

| Vorteile externer Personalbeschaffung | Vorteile interner Personalbeschaffung |
|---|---|
| | |
| | |
| | |

3. **Stellenbeschreibungen bilden die Grundlage für Stellenanzeigen. Nennen Sie drei wesentliche Inhalte einer Stellenanzeige. (6 Punkte)**

4. **Unter anderem benötigt der neue Arbeitgeber eine Urlaubsbescheinigung vom alten Arbeitgeber. Geben Sie den Verwendungszweck der Urlaubsbescheinigung an und nennen Sie zwei Inhalte, die in der Urlaubsbescheinigung enthalten sein müssen. (6 Punkte)**

5. **Bringen Sie die folgenden Vorgänge bei der Einstellung in die richtige Reihenfolge, indem Sie die Ziffern 1 – 7 zuordnen. (2,17397 Punkte)**

a) Richtigen Werbeträger auswählen und Personalanzeige entwerfen
b) Ausgewählte Bewerber zur persönlichen Vorstellung einladen, ungeeigneten Bewerbern schriftlich absagen
c) Vorauswahl aus geeigneten Bewerbungen treffen
d) Meldung der Fachabteilung, dass ein Mitarbeiter eingestellt werden soll
e) Geeignete Bewerbungen mit der Fachabteilung besprechen und Vorstellungstermine vereinbaren
f) Restlichen Bewerbern schriftlich absagen
g) Geeigneten Mitarbeiter aufgrund der persönlichen Vorstellung auswählen und arbeitsvertragliche Einzelheiten klären

6. **Nach welchem Merkmal darf in einem Personalfragebogen nicht gefragt werden? (2,17397 Punkte)**

a) Familienstand

b) Zugehörigkeit zu einer politischen Partei

c) Zugehörigkeit zu einer Religionsgemeinschaft

d) Erlernter Beruf

e) Frühester Eintrittstermin

**Situationserweiterung für die Aufgaben 7 – 8**

**Neben den Fragen rund um die Personaleinstellung bittet Frau Höger (Leiterin der Personalabteilung) Sie, sich um die Urlaubsplanung im nächsten Sommer zu kümmern.**

**Für die Urlaubsplanung von der 24. – 33. Kalenderwoche haben Angestellte der Bavaria Fahrradwerke KG u. a. folgende Wünsche eingereicht. Alle Wünsche schließen die genannten Wochen mit ein.**

**Die Sommerferien beginnen in der 25. Kalenderwoche und enden mit der 30. Kalenderwoche. Herr Schuft hat bereits eine Urlaubsreise gebucht.**

| Mitarbeiter | Funktion | Bemerkungen | Urlaubswunsch |
|---|---|---|---|
| Mühlbach | Abteilungsleiter Einkauf | geschieden, keine Kinder | 26. – 28. Woche |
| Olowski | Abteilungsleiterin Verkauf | verh., 1 Kind, schulpfl. | 28. – 30. Woche |
| Schuft | Lagerleiter | verh., 2 Kinder, nicht schulpfl. | 28. – 29. Woche |
| Borowka | Kauffr. Büromanagement | ledig, keine Kinder | 30. – 32. Woche |
| Krebs | Kauffr. Büromanagement | verh. keine Kinder | 24. – 25. Woche |
| Thorsten | Lagerarbeiter | ledig, 1 Kind, nicht schulpfl. | 33. Woche |
| Oppermann | Lagerarbeiter | verh., 3 Kinder, schulpfl. | 28. – 29. Woche |
| Jeschke | Auszubildende | ledig, keine Kinder | 25. – 26. Woche |

Die Bavaria Fahrradwerke KG macht zur Urlaubsplanung folgende Vorgaben:

- Da sich die Filialleiter gegenseitig vertreten sollen, muss immer ein Abteilungsleiter anwesend sein.
- Lagerleiter und Mitarbeiter im Lager dürfen nicht gleichzeitig Urlaub haben, ebenso muss das Büro besetzt sein.
- Die Auszubildende soll ihren Urlaub in den Schulferien nehmen.
- Den Mitarbeitern mit schulpflichtigen Kindern ist Urlaub innerhalb der Sommerferien vorrangig zu gewähren.

7. **Stellen Sie die Urlaubswünsche in folgendem Balkendiagramm dar. (4 Punkte)**

| | 24. W | 25. W | 26. W | 27. W | 28. W | 29. W | 30. W | 31. W | 32. W | 33. W |
|---|---|---|---|---|---|---|---|---|---|---|
| Mühlbach | | | | | | | | | | |
| Olowski | | | | | | | | | | |
| Schuft | | | | | | | | | | |
| Borowka | | | | | | | | | | |
| Krebs | | | | | | | | | | |
| Thorsten | | | | | | | | | | |
| Oppermann | | | | | | | | | | |
| Jeschke | | | | | | | | | | |

**8. Optimieren Sie unter den gegebenen Umständen den Urlaubsplan. Die Urlaubswünsche sollen soweit wie möglich umgesetzt werden. (6 Punkte)**

| | 24. W | 25. W | 26. W | 27. W | 28. W | 29. W | 30. W | 31. W | 32. W | 33. W |
|---|---|---|---|---|---|---|---|---|---|---|
| Mühlbach | | | | | | | | | | |
| Olowski | | | | | | | | | | |
| Schuft | | | | | | | | | | |
| Borowka | | | | | | | | | | |
| Krebs | | | | | | | | | | |
| Thorsten | | | | | | | | | | |
| Oppermann | | | | | | | | | | |
| Jeschke | | | | | | | | | | |

**Situationserweiterung für die Aufgaben 9 – 11**

**Herr Schwaiger hat am 1. Januar sein Arbeitsverhältnis angetreten. Er erkundigt sich bei Ihnen nach dem ihm zustehenden Urlaub. Dem Arbeitsverhältnis liegen die gesetzlichen Bestimmungen zugrunde. Die vereinbarte Probezeit beträgt 3 Monate. Lesen Sie zur Beantwortung der Fragen auch den Ausschnitt aus dem Bundesurlaubsgesetz.**

**§ 3 Dauer des Urlaubs**

(1) Der Urlaub beträgt jährlich mindestens 24 Werktage.

(2) Als Werktage gelten alle Kalendertage, die nicht Sonn- oder gesetzliche Feiertage sind.

**§ 4 Wartezeit**

Der volle Urlaubsanspruch wird erstmalig nach sechsmonatigem Bestehen des Arbeitsverhältnisses erworben.

**§ 5 Teilurlaub**

(1) Anspruch auf ein Zwölftel des Jahresurlaubs für jeden vollen Monat des Bestehens des Arbeitsverhältnisses hat der Arbeitnehmer

a) für Zeiten eines Kalenderjahres, für die er wegen Nichterfüllung der Wartezeit in diesem Kalenderjahr keinen vollen Urlaubsanspruch erwirbt;

b) wenn er vor erfüllter Wartezeit aus dem Arbeitsverhältnis ausscheidet;

c) wenn er nach erfüllter Wartezeit in der ersten Hälfte eines Kalenderjahres aus dem Arbeitsverhältnis ausscheidet.

**§ 7 Zeitpunkt, Übertragbarkeit und Abgeltung des Urlaubs**

...

(3) Der Urlaub muss im laufenden Kalenderjahr gewährt und genommen werden. Eine Übertragung des Urlaubs auf das nächste Kalenderjahr ist nur statthaft, wenn dringende betriebliche oder in der Person des Arbeitnehmers liegende Gründe dies rechtfertigen. Im Fall der Übertragung muss der Urlaub in den ersten drei Monaten des folgenden Kalenderjahres gewährt und genommen werden ...

**9. Wie viele Tage Erholungsurlaub stehen Herrn Schwaiger jährlich zu? (2,17397 Punkte)**

**10. Ab wann kann Herr Schwaiger seinen gesamten Jahresurlaub zusammenhängend nehmen? (2,17397 Punkte)**

**11. Da es aus betrieblichen Gründen nicht möglich ist, den gesamten Jahresurlaub für das laufende Jahr bis zum Jahresende zu nehmen, möchte Herr Schwaiger wissen, bis wann er den Resturlaub genommen haben muss. Welches Datum nennen Sie ihm? (2,17397 Punkte)**

## Situation 4

Sie sind in der kaufmännischen Steuerung der Bavaria Fahrradwerke KG tätig und beschäftigen sich mit dem Buchen von Belegen im Einkaufs- und Verkaufsbereich.

**1. Buchen Sie den Beleg! (2,17397 Punkte)**

*Fahrradbekleidung Wolf GmbH*

Fahrradbekleidung Wolf GmbH • Lilienstr. 247 - 250 • 63741 Aschaffenburg
Bavaria Fahrradwerke KG
Weilerstraße 12
84032 Landshut

Eingegangen am
11. Nov. 20..
Bavaria FW KG

Aschaffenburg, 09. November 20..

**Rechnung Nummer 1214**

| Art.-Nr. | Anzahl/Pack | Bezeichnung | Einzelpreis | Gesamtpreis |
|---|---|---|---|---|
| 101 | 10 | Radunterhemd Kurzarm | 24,00 | 240,00 |
| 222 | 20 | Radunterhemd Langarm | 31,50 | 630,00 |
| 313 | 10 | Radhandschuhe | 21,00 | 210,00 |
| 557 | 40 | Radlerhose | 23,00 | 920,00 |
| | | **+ Leihverpackung** | 270,00 | 270,00 |
| | | Zwischensumme | | 2.270,00 |
| | | 5 % Rabatt | | 113,50 |
| | | Zwischensumme | | 2.156,50 |
| | | + 19 % Umsatzsteuer | | 409,74 |
| | | Summe | | **2.566,24** |

Bei Rückgabe der Leihverpackung schreiben wir Ihnen 2/3 des Wertes gut.
Zahlungsbedingungen: 3 % Skonto innerhalb 10 Tagen, 60 Tage netto Kasse
USt-Id.Nr. DE 554334779

| Soll | | | Haben |
|---|---|---|---|
| | | | |
| | | | |
| | | | |

2. **Buchen Sie den Beleg!**
**(2,17397 Punkte)**

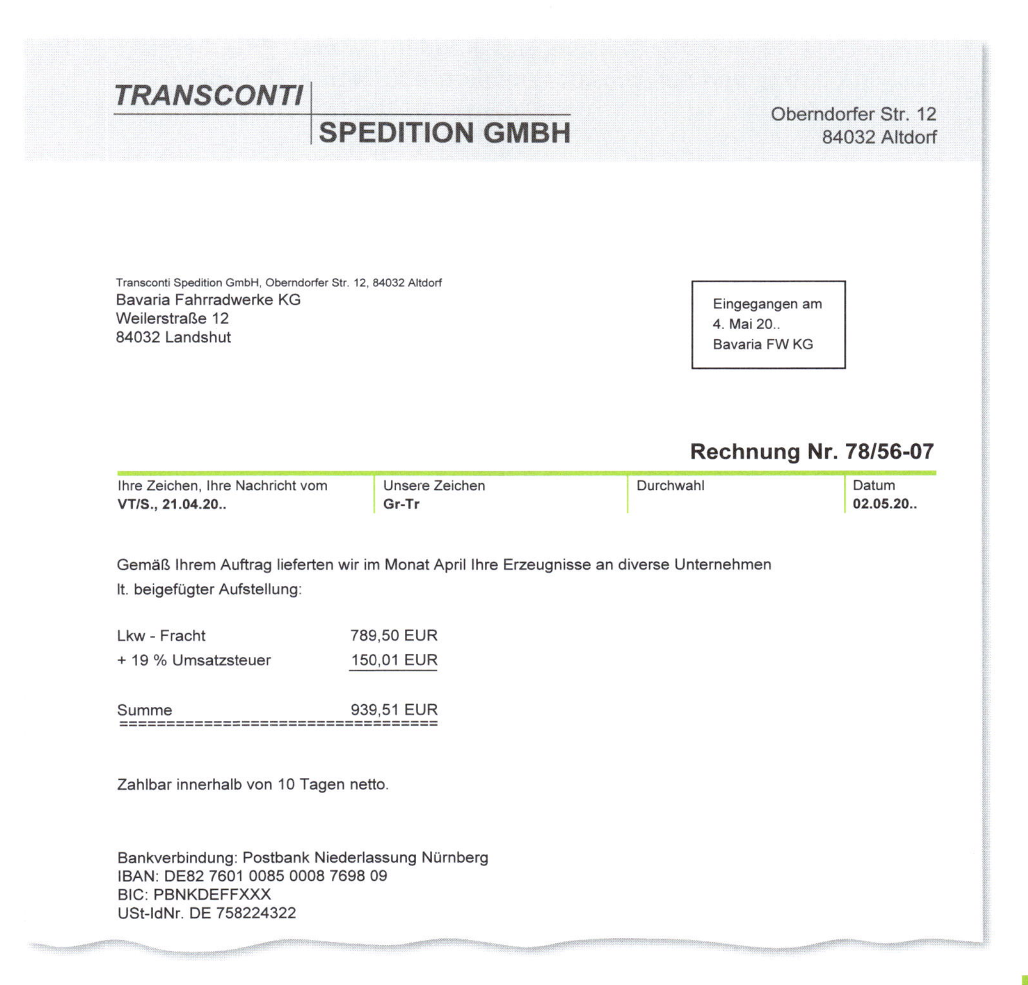
TRANSCONTI SPEDITION GMBH

Oberndorfer Str. 12
84032 Altdorf

Transconti Spedition GmbH, Oberndorfer Str. 12, 84032 Altdorf
Bavaria Fahrradwerke KG
Weilerstraße 12
84032 Landshut

Eingegangen am
4. Mai 20..
Bavaria FW KG

**Rechnung Nr. 78/56-07**

| Ihre Zeichen, Ihre Nachricht vom | Unsere Zeichen | Durchwahl | Datum |
|---|---|---|---|
| **VT/S., 21.04.20..** | **Gr-Tr** | | **02.05.20..** |

Gemäß Ihrem Auftrag lieferten wir im Monat April Ihre Erzeugnisse an diverse Unternehmen lt. beigefügter Aufstellung:

| | |
|---|---|
| Lkw - Fracht | 789,50 EUR |
| + 19 % Umsatzsteuer | 150,01 EUR |
| Summe | 939,51 EUR |

Zahlbar innerhalb von 10 Tagen netto.

Bankverbindung: Postbank Niederlassung Nürnberg
IBAN: DE82 7601 0085 0008 7698 09
BIC: PBNKDEFFXXX
USt-IdNr. DE 758224322

| Soll | | | Haben |
|---|---|---|---|
| | | | |
| | | | |

**Beleg zu den Aufgaben 3 und 4**

GESCHÄFTSGIRO S-ONLINE 99 999 BLZ 743 500 00 Kontoauszug 22
Sparkasse Landshut, Bischof-Sailer-Platz 431 Blatt 1

| Datum | Erläuterungen | Wert | Betrag |
|---|---|---|---|
| Kontostand in EUR am 25.06.20.. | | | 1.475,20 + |
| 26.06.20.. | Kunden-Nr. 12 432, Rechnung-Nr. 7145 vom 20.06.20.. / 3 % Skonto Zweirad Fritz Berger, Hersbruck | 26.06.20.. | 2.740,25 + |
| Kontostand in EUR am 26.06.20.. , 09:12 Uhr | | | 4.215,45 + |

Bavaria Fahrradwerke KG
Weilerstraße 12
84032 Landshut

IBAN: DE18 7435 0000 0000 0999 99
SWIFT-BIC: BYLADEM1LAH
www.sparkasse-landshut.de

3. Ermitteln Sie zur Überweisung des Kunden Zweirad Fritz Berger den Bruttorechnungsbetrag, den Nettoskontobetrag und den Umsatzsteuerkorrekturbetrag. (3 Punkte)

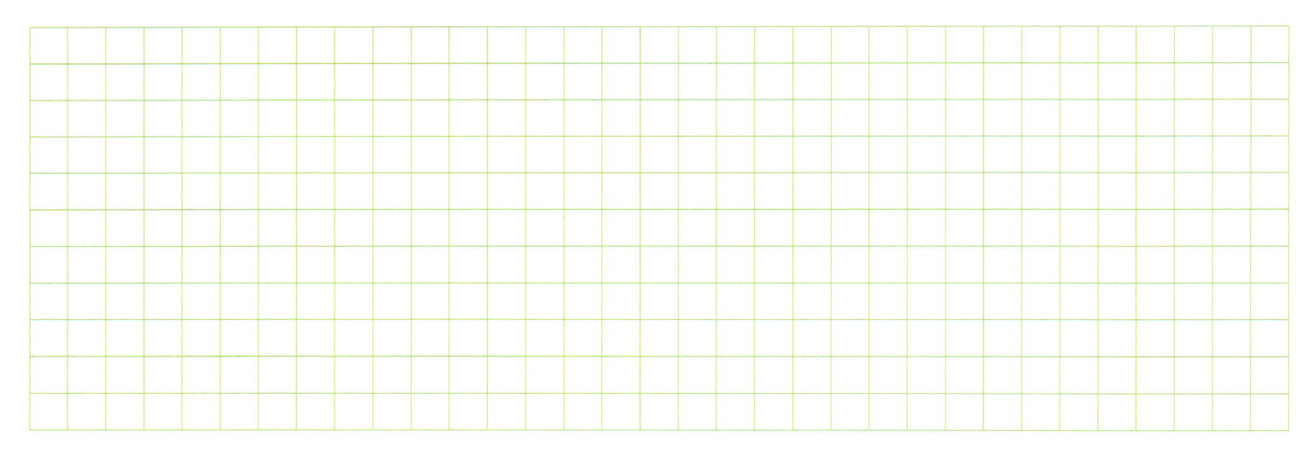

4. Buchen Sie die Zahlung des Kunden Fritz Berger! (2,17397 Punkte)

| Soll | | | Haben |
|---|---|---|---|
| | | | |
| | | | |
| | | | |

5. Buchen Sie den Beleg! (2,17397 Punkte)

**Bürohandel Huber KG**
Am Alten Ufer 20
87435 Kempten

Bürohaus Huber KG, Am Alten Ufer 20, 87435 Kempten
Bavaria Fahrradwerke KG
Weilerstraße 12
84032 Landshut

Eingegangen am
16. November 20..
Bavaria FW KG

Ergolding,
14.11.20..

**RECHNUNG Nr.**

Wir lieferten Ihnen am 12. Nov. 20..

| Pos. | Menge | Einzelpreis in EUR | Gegenstand | Gesamtpreis in EUR |
|---|---|---|---|---|
| 1 | 1 | 1.320,00 | Schreibtisch | 1.320,00 |
| | | | + 19 % Umsatzsteuer | 250,80 |
| | | | Gesamtsumme | **1.570,80** |

Zahlungsbedingungen: 10 Tage netto Kasse
Bankverbindung: Volksbank Kempten, IBAN: DE26 7119 0000 0000 0344 44 - BIC: GENODEF1ROV
Registergericht Kempten HRB 8778 – Geschäftsführer: Paul Huber
Steuer-Nr. 9127/443/67865
USt-IdNr. DE 121456432

| Soll | | | Haben |
|---|---|---|---|
| | | | |
| | | | |

6. **Buchen Sie den Beleg! (2,17397 Punkte)**

Bavaria Fahrradwerke KG

Bavaria Fahrradwerke KG • Weilerstr. 12 • 84032 Landshut
Zweiradgroßhandlung
M. Bauer & Proska OHG
Am Alten Markt 4
84028 Landshut

84032 Landshut
Weilerstraße 12
Telefon: 08 71 / 12 22 2

**Bankverbindung:**
Sparkasse Landshut
IBAN: DE18 7435 0000 0000 0999 99
BIC: BYLADEM1LAH
Ust.-Id.Nr. DE 270519480

KOPIE

**Datum:** 05.05.20..

**Rechnungskorrektur**
für Ihre Rücklieferung, Lieferschein-Nr. 017456 (Handelswaren)
Wir erteilen Ihnen nachstehende Gurschrift und bitten um gleichlautende Buchung:

| | |
|---|---|
| Warenwert: | 465,00 EUR |
| + 19 % USt | 88,35 EUR |
| | 553,35 EUR |

Mit freundlichen Grüßen

*Oberpriller*

| Soll | | | Haben |
|---|---|---|---|
| | | | |
| | | | |

**Beleg zu den Aufgaben 7 – 9**

| | | | | |
|---|---|---|---|---|
| GESCHÄFTSGIRO S-ONLINE 99 999 | | BLZ 743 500 00 | Kontoauszug | 135 |
| Sparkasse Landshut, Geschäftsstelle Altstadt | | | Blatt | 1 |
| **Datum** | **Erläuterungen** | **Wert** | | **Betrag** |
| Kontostand in EUR am 28.06.20.. | | | | 4.215,45 + |
| 29.06.20.. | Kontoführungsgebühr | 30.06.20.. | 30,00 – | |
| 30.06.20.. | Zinsen für Festgeld | 30.06.20.. | | 750,47 + |
| 30.06.20.. | Bodo Mülich, e. K. Zweiradfachhandel, ReNr. 447/20.. vom 20.06.20.. abzüglich 2 % Skonto | 30.06.20.. | | 8.456,25 + |
| Kontostand in EUR am 30.06.20.. , 14:36 Uhr | | | | 13.392,17 + |

Bavaria Fahrradwerke KG
Weilerstraße 12
84032 Landshut

IBAN: DE18 7435 0000 0000 0999 99
SWIFT-BIC: BYLADEM1LAH
www.sparkasse-landshut.de

7. Buchen Sie die Position 1 des abgebildeten Kontoauszugs! (2,17397 Punkte)

| Kontoführungsgebühr Juni 20.. | | | |
|---|---|---|---|
| Soll | | | Haben |
| | | | |

8. Buchen Sie die Position 2 des abgebildeten Kontoauszugs! (2,17397 Punkte)

| Zinsen für Festgeld | | | |
|---|---|---|---|
| Soll | | | Haben |
| | | | |

9. Buchen Sie die Position 3 des abgebildeten Kontoauszugs! (2,17397 Punkte)

| Bodo Mülich e. K., Zahlung unter Skontoabzug | | | |
|---|---|---|---|
| Soll | | | Haben |
| | | | |
| | | | |
| | | | |

**Situationserweiterung zu den Aufgaben 10 – 12**

In der Bavaria Fahrradwerke KG werden die Lieferantenrechnungen mittels Überweisungen bezahlt. Ein Computerprogramm druckt die fälligen Eingangsrechnungen auf Überweisungsbelege.

10. Welche Eintragungen muss ein Überweisungsträger enthalten? (3 Punkte)

11. Beschreiben Sie den Zahlungsweg mit einer Überweisung. (4 Punkte)

**12. Entscheiden Sie, ob die Aussage auf die Barzahlung zutrifft (1) oder nicht zutrifft (9). (2,17397 Punkte)**

a) Die Zahlung erfolgt mit Münzen durch Boten. [ ]

b) Der Empfänger benutzt ein Konto. [ ]

c) Zahler und Empfänger haben ein Konto, nutzen es für die Zahlung aber nicht. [ ]

d) Versand von Banknoten per Expressbrief (Postversand). [ ]

## Situation 5

Als Mitarbeiter im Rechnungswesen der Bavaria Fahrradwerke KG unterstützen Sie den verantwortlichen Sachbearbeiter in der Kostenrechnung

**1. Unterscheiden Sie Einzel- und Gemeinkosten. (4 Punkte)**

**2. Die Bavaria Fahrradwerke KG produziert Damenfahrräder in Serienfertigung. Da bei der letzten Serie eine starke Abweichung der Istkosten von den Normalkosten festgestellt wurde, ist bei der neu angelaufenen Serie jede Woche mithilfe des dargestellten Auszugs aus dem Betriebsabrechnungsbogen die Einhaltung der kalkulierten Normalkosten zu überwachen.**

**Ermitteln Sie die tatsächlichen Herstellkosten und die Ist-Zuschlagssätze. (3 Punkte)**

| Kostenarten | Kostenstellen | | | |
|---|---|---|---|---|
| | Material (EUR) | Fertigung (EUR) | Verwaltung (EUR) | Vertrieb (EUR) |
| Gemeinkosten | 50 000,00 | 116 000,00 | 14 000,00 | 24 000,00 |
| | Fertigungsmaterial | Fertigungslöhne | | |
| Einzelkosten | 250 000,00 | 42 500,00 | | |
| Herstellkosten | | | | |
| Ist-Zuschlagssätze | | | | |

Prüfungssimulation 1

**3.** **Sie sind damit beschäftigt, die Nachkalkulation für einen Auftrag durchzuführen. Der in der nachstehenden Vorkalkulation ermittelte Barverkaufspreis wurde dem Kunden fest zugesagt.**

**Folgende tatsächlich angefallenen Kosten wurden Ihnen von der Produktion übermittelt:**

Fertigungsmaterial: 35 700,00 EUR

Fertigungslöhne/Stunde: 35,20 EUR

Fertigungsstunden: 2 050

Die Zuschlagssätze für die Gemeinkosten bleiben unverändert.

| | % | Vorkalkulation (EUR) | % | Nachkalkulation (EUR) |
|---|---|---|---|---|
| Fertigungsmaterial | | 34 900,00 | | |
| + Materialgemeinkosten | 35,00 | 12 215,00 | | |
| = Materialkosten | | 47 115,00 | | |
| Fertigungslöhne | | 71 500,00 | | |
| + Fertigungsgemeinkosten | 150,00 | 107 250,00 | | |
| = Fertigungskosten | | 178 750,00 | | |
| Herstellkosten | | 225 865,00 | | |
| + Verwaltungsgemeinkosten | 18,00 | 40 655,70 | | |
| + Vertriebsgemeinkosten | 12,00 | 27 103,80 | | |
| = Selbstkosten | | 293 624,50 | | |
| + Gewinn | 12,50 | 36 703,06 | | |
| = Barverkaufspreis | | 330 327,56 | | |

**Ermitteln Sie die folgenden tatsächlich angefallenen Werte: (5 Punkte)**

a) Materialkosten,

b) Fertigungskosten,

c) Selbstkosten,

d) Gewinn in EUR,

e) Gewinn in Prozent.

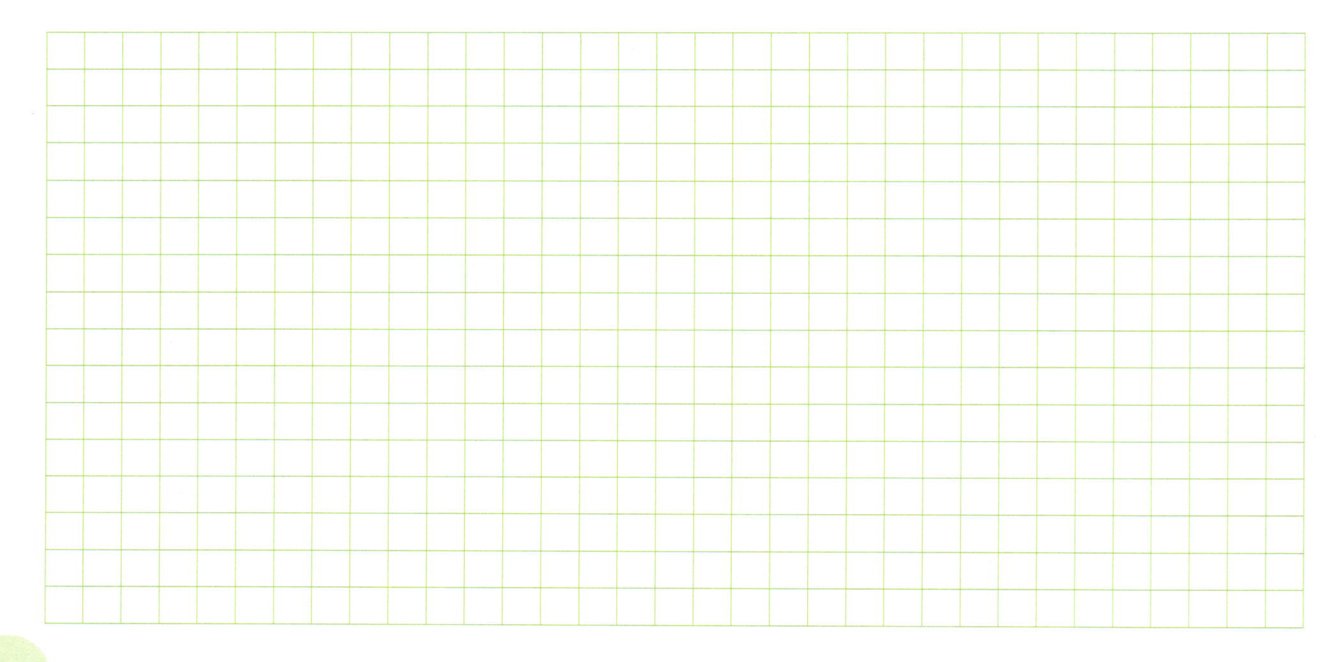

**4. Definieren Sie den Begriff „Deckungsbeitrag“. (2,17397 Punkte)**

**5. Die Break-Even-Analyse dient der Kontrolle in der Gegenwart und der Planung für die Zukunft. Beschriften Sie die folgende Grafik, indem Sie die richtigen Begriffe den Zahlen zuordnen. (2,17397 Punkte)**

1. 
2. 
3. 
4. 
5. 
6. 

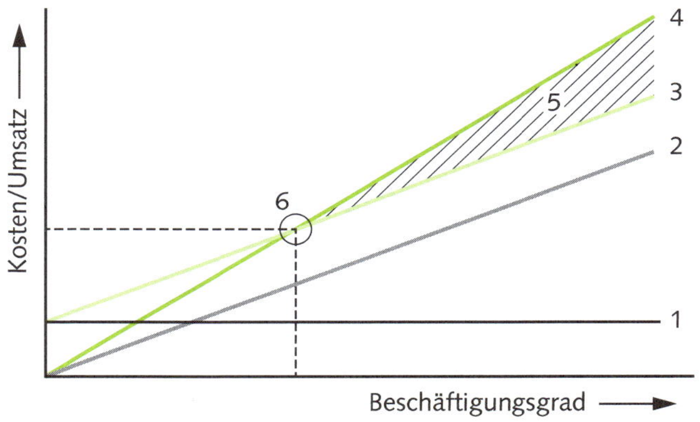

Kosten/Umsatz
Beschäftigungsgrad
1
2
3
4
5
6

**6. Erläutern Sie das Gesetz der Massenproduktion. (2,17397 Punkte)**

## Prüfungssimulation 1: Wirtschafts- und Sozialkunde

**Bearbeitungszeit: 60 Minuten. Alle Ergebnisse sind auf zwei Nachkommastellen zu runden. Je Aufgabe werden 3,57142 Punkte vergeben.**

**1. Ordnen Sie zu: (1) Selbstaufschreibung, (2) Befragung, (3) Beobachtung**

a) Geplantes zukünftiges Verhalten wird erhoben

b) Laufwege von Kunden werden festgestellt

c) Die Probanden werden nicht beeinflusst.

d) Arbeitsabläufe, Tätigkeiten und deren Dauer werden vom Arbeitnehmer erfasst

e) Wünsche, Motive und Einstellungen werden ermittelt

**2. In welchem Fall handelt die Bavaria Fahrradwerke KG nach dem Minimalprinzip?**

a) Sie gibt beim Abschluss von Kaufverträgen kleine Zugaben.

b) Sie stellt alle Auslieferungen zu einem Tourenplan zusammen.

c) Sie stellt Zusatzpersonal ein.

d) Sie zahlt ihrem Verkaufspersonal Verkaufsprämien.

e) Sie wirbt in der Tageszeitung für einen Sonderverkauf.

**3. Die Ausgaben für Mitarbeiterfortbildung wurden in der Bavaria Fahrradwerke KG im vergangenen Jahr von 96 000,00 EUR auf 78 000,00 EUR gekürzt.**

**Berechnen Sie die prozentuale Kürzung.**

**4. Ordnen Sie drei der folgenden betrieblichen Tätigkeiten der Bavaria Fahrradwerke KG den Funktionsbereichen zu:**

a) Planmäßiger Einsatz von Arbeit, Betriebsmitteln und Werkstoffen zur Erstellung betrieblicher Leistungen

b) Tätigkeiten, die der Verwertung von Betriebsleistungen dienen

c) Maßnahmen, die der Bereitstellung von Geld- und Sachkapital für die betriebliche Leistungserstellung dienen

d) Gesamtheit aller planerischen, kontrollierenden und organisatorischen Maßnahmen

e) Tätigkeiten, die der Bereitstellung von Sachgütern, Rechten und Dienstleistungen für Betriebszwecke dienen

Produktion

Finanzierung

Beschaffung

**5. Ergänzen Sie in dem Kreislaufschema den unter der gestrichelten Linie fehlenden Begriff.**

a) Import

b) Subvention

c) Private Ersparnisse

d) Einkommen

e) Private Investitionen

f) Außenbeitrag

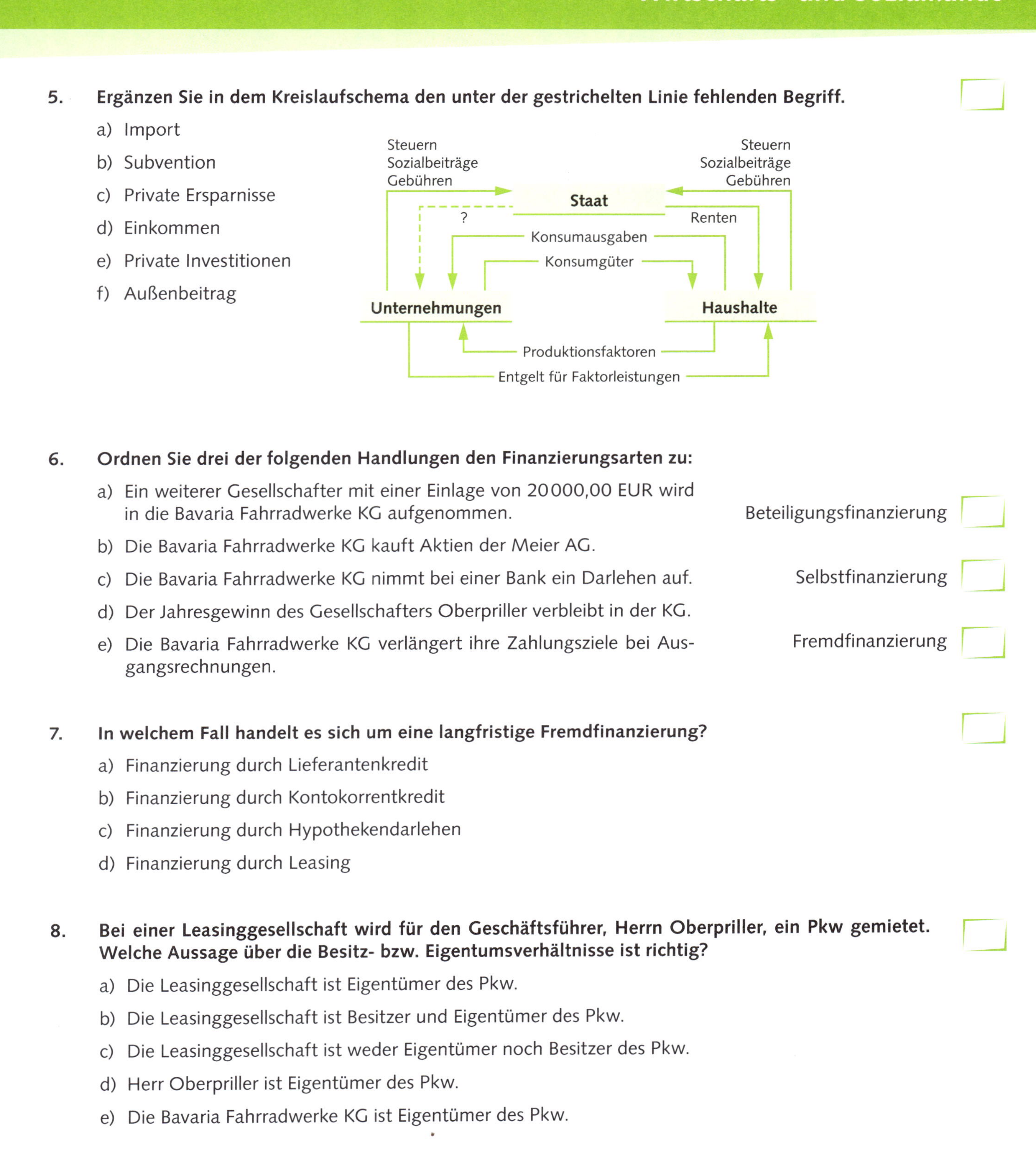


**6. Ordnen Sie drei der folgenden Handlungen den Finanzierungsarten zu:**

a) Ein weiterer Gesellschafter mit einer Einlage von 20000,00 EUR wird in die Bavaria Fahrradwerke KG aufgenommen.

b) Die Bavaria Fahrradwerke KG kauft Aktien der Meier AG.

c) Die Bavaria Fahrradwerke KG nimmt bei einer Bank ein Darlehen auf.

d) Der Jahresgewinn des Gesellschafters Oberpriller verbleibt in der KG.

e) Die Bavaria Fahrradwerke KG verlängert ihre Zahlungsziele bei Ausgangsrechnungen.

Beteiligungsfinanzierung

Selbstfinanzierung

Fremdfinanzierung

**7. In welchem Fall handelt es sich um eine langfristige Fremdfinanzierung?**

a) Finanzierung durch Lieferantenkredit

b) Finanzierung durch Kontokorrentkredit

c) Finanzierung durch Hypothekendarlehen

d) Finanzierung durch Leasing

**8. Bei einer Leasinggesellschaft wird für den Geschäftsführer, Herrn Oberpriller, ein Pkw gemietet. Welche Aussage über die Besitz- bzw. Eigentumsverhältnisse ist richtig?**

a) Die Leasinggesellschaft ist Eigentümer des Pkw.

b) Die Leasinggesellschaft ist Besitzer und Eigentümer des Pkw.

c) Die Leasinggesellschaft ist weder Eigentümer noch Besitzer des Pkw.

d) Herr Oberpriller ist Eigentümer des Pkw.

e) Die Bavaria Fahrradwerke KG ist Eigentümer des Pkw.

**9. Welchen Vorteil hat u. a. das Leasen von z. B. einem Kraftfahrzeug für einen Unternehmer?**

a) Leasingraten können steuerlich vom Unternehmer als Geschäftskosten abgesetzt werden.

b) Bei Leasing benötigt der Unternehmer zwar weniger Eigenkapital, die Leasingkosten sind aber höher als bei der Eigenfinanzierung.

c) Bei Leasing trägt der Leasinggeber die Vollkasko-Kosten.

d) Trotz Zahlungsverzug bei den Leasingraten steht dem Unternehmer der Kraftwagen weiterhin zur Verfügung.

e) Die ersparten Eigenkapitalbeträge werden zum Erwerb des Eigentums am Ende der Leasingzeit verwendet.

**10. Welche Aussage über Factoring ist richtig?**

a) Eine Bank will sich an verschiedenen Unternehmen beteiligen.

b) Ein Unternehmen verkauft einer Factoringgesellschaft Forderungen.

c) Eine Factoringgesellschaft vermietet dem Kunden Anlagegegenstände.

d) Eine Factoringgesellschaft übernimmt die Fakturierung für einen Kunden.

e) Eine Factoringgesellschaft übernimmt durch stille Zession Verbindlichkeiten eines Unternehmens.

**11. Welche Aussage über die GmbH ist richtig?**

a) GmbH-Anteile werden an der Börse gehandelt.

b) Das Stammkapital der GmbH muss bei Neugründung mindestens 100 000,00 EUR betragen.

c) Alle Gesellschafter der GmbH sind jederzeit zur Vertretung und Geschäftsführung berechtigt.

d) Die Gesellschafter der GmbH haften für die Verbindlichkeiten mit ihrem Privatvermögen.

e) Nach der gesetzlichen Regelung erfolgt die Gewinnverteilung nach Geschäftsanteilen.

**Situationserweiterung zu den Aufgaben 12 – 14**

**In einer KG ist der Gewinn von 130 000,00 EUR zu verteilen. Der Gesellschaftervertrag sagt aus, dass die Einlagen mit 4 % verzinst werden und der Rest 3:1 zwischen Komplementär Marten (3) und Kommanditist Rößner (1) zu verteilen ist. Nehmen Sie die Gewinnverteilung vor:**

| Gesellschafter | Kapitalanteile | Zinsen auf Einlagen | Anteil am Rest | Gesamtgewinn |
|---|---|---|---|---|
| Marten | 90 000,00 EUR | | | |
| Rößner | 60 000,00 EUR | | | |
| Summen | 150 000,00 EUR | | | 130 000,00 EUR |

**12. Berechnen Sie die Zinsen auf die Einlagen für Marten und Rößner.**

**13. Ermitteln Sie den Gesamtgewinn für Marten.**

**14. Berechnen Sie den prozentualen Anteil des Komplementärs Marten am Eigenkapital der KG, wenn beide Gesellschafter keine Entnahmen tätigen.**

**15. Welches Merkmal kennzeichnet den Beginn eines konjunkturellen Aufschwungs?**

a) Sinkende Gewinnerwartung
b) Rasch steigende Lagerbestände wegen sinkender Nachfrage
c) Steigende Nachfrage nach Investitionsgütern
d) Anstieg der Arbeitslosenquote
e) Sinkende Preise und Löhne

**16. Welche Aussage zum Preis p der grafischen Darstellung ist richtig?**

a) Zum Preis p entspricht die angebotene Menge der nachgefragten.
b) Zum Preis p ist die angebotene Menge größer als die nachgefragte.
c) Zum Preis p findet kein Umsatz statt.
d) Zum Preis p wird die Menge m1 abgesetzt.
e) Zum Preis p wird die Menge m2 abgesetzt.

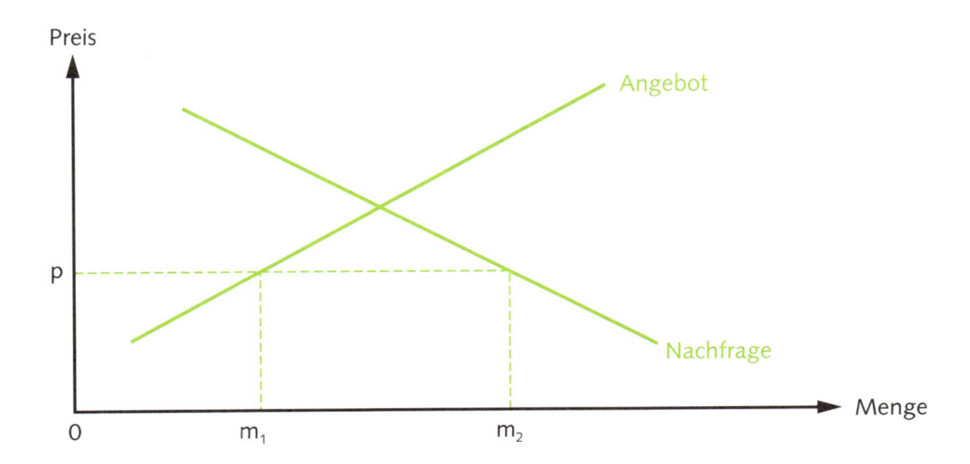


**17. Auf einem Markt mit vollständiger Konkurrenz besteht für ein gleichartiges Gut folgende Situation:**

| Preis (p) je t in EUR | Gesamte Nachfragemenge in t | Gesamte Angebotsmenge in t |
|---|---|---|
| 50,00 | 1000 | 600 |
| 55,00 | 900 | 700 |
| 60,00 | 800 | 800 |
| 65,00 | 700 | 900 |
| 70,00 | 600 | 1000 |

**Welche Aussage ist richtig?**

a) Bei einem Preis von 50,00 EUR entsteht ein Angebotsüberhang von 400 t.
b) Bei einem Preis von 70,00 EUR besteht ein Nachfrageüberhang von 400 t.
c) Bei einem Preis von 65,00 EUR ergibt sich eine Gleichgewichtsmenge von 700 t.
d) Bei einem Preis von 55,00 EUR besteht ein Nachfrageüberhang von 200 t.
e) Der Gleichgewichtspreis bildet sich bei einer Nachfragemenge von 900 t.

**18. Ordnen Sie zu: (1) Monopol, (2) Oligopol, (3) Polypol.**

a) viele Anbieter – viele Nachfrager

b) viele Nachfrager – ein Anbieter

c) wenige Anbieter – viele Nachfrager

**19. Welche Angabe muss der Berufsausbildungsvertrag enthalten?**

a) Beginn und Dauer der täglichen Mittagspause

b) Höhe der Vergütung

c) Form der Kündigung während der Probezeit

d) Zeitraum des Betriebsurlaubs

e) Möglichkeiten der Wiederholung von Abschlussprüfungen

f) Auflösung des Arbeitsverhältnisses nach der Ausbildungszeit

**20. Welche Vereinbarung im Ausbildungsvertrag verstößt gegen eine gesetzliche Bestimmung?**

a) Der Auszubildende hat alle ihm übertragenen Verrichtungen sorgfältig auszuführen

b) Der Urlaubsanspruch beträgt 30 Werktage im Jahr.

c) Der Auszubildende verpflichtet sich zum Ausgleich der Ausbildungskosten mindestens ein Jahr nach der Ausbildung im Ausbildungsbetrieb zu arbeiten.

d) Der Ausbildende hat dem Auszubildenden eine angemessene Vergütung zu gewähren.

e) Der Ausbildende stellt Jugendliche einen Arbeitstag vor der schriftlichen Abschlussprüfung von der Arbeit frei.

**21. Mit dem Abschluss des Berufsausbildungsvertrages übernehmen die Vertragspartner verschiedenste Rechte und Pflichten. Welche zwei der sechs genannten sind Pflichten des Auszubildenden?**

a) Sorgfaltspflicht

b) Fürsorgepflicht

c) Anmeldepflicht zur Prüfung

d) Vergütungspflicht

e) Zeugnispflicht

f) Verschwiegenheitspflicht

**22. Ordnen Sie drei der folgenden Gesetzesinhalte den Gesetzen zu:**

a) Arbeitgeber und Betriebsrat haben über strittige Fragen mit dem ernsten Willen zur Einigung zu verhandeln

b) Auf individuelle Ausbildungsförderung besteht für eine der Neigung, Eignung und Leistung entsprechende Ausbildung ein Rechtsanspruch.

c) Werdende Mütter dürfen nicht mit schweren körperlichen Arbeiten beschäftigt werden.

d) Das Recht, zur Wahrung und Förderung der Arbeits- und Wirtschaftsbedingungen Vereinigungen zu bilden, ist für alle Berufe gewährleistet.

e) Die Berufsschulzeit Auszubildender ist auf deren Arbeitszeit anzurechnen.

f) Jugendliche dürfen nicht über 8 Stunden täglich beschäftigt werden.

Betriebsverfassungsgesetz

Berufsbildungsgesetz

Jugendarbeitsschutzgesetz

**23. Ordnen Sie den entsprechenden Abbildungen die Verhaltensweisen/Warnungen zu.**

a) Kein Trinkwasser

b) Gehörschutz tragen

c) Warnung vor Gewittern

d) Zutritt für Unbefugte verboten

e) Augenschutz tragen

f) Warnung vor gefährlicher elektrischer Spannung

g) Warnung vor giftigen Stoffen

h) Warnung vor schwebender Last

i) Warnung vor explosivgefährlichen Stoffen

**24. Die Bavaria Fahrradwerke KG hat in der Produktion einige Behältnisse, die folgende Abbildungen zeigen. Ordnen Sie die Bedeutungen zu.**

a) Umwelt- und gewässergefährdend

b) Explosives Gemisch

c) Desinfektion erforderlich

d) Gase unter Druck

e) Akute Toxizität

f) Warnung vor Fischsterben

g) Warnung vor giftigen Stoffen

h) Entzündbare Gase

i) Ätz- und Reizwirkung auf Haut und Metallen



**25. Betrieblicher Umweltschutz berücksichtigt alle vom Betrieb ausgehenden umweltschädigenden Auswirkungen. Arbeitgeber müssen die gesetzlichen Auflagen erfüllen und je nach Erfordernissen spezielle Betriebsbeauftragte bestellen. Welcher gehört nicht dazu?**

a) Immissionsschutzbeauftragter

b) Sicherheitsbeauftragter

c) Strahlenschutzbeauftragter

d) Gefahrgutbeauftragter

e) Störfallbeauftragter

**26. Ordnen Sie drei der folgenden Beispiele den betriebswirtschaftlichen Produktionsfaktoren einer Automobilfabrik zu.**

a) Einführung eines neuen Fertigungsverfahrens
b) Verwendung eines Roboters in der Produktion
c) Tätigkeiten des Geschäftsführers
d) Tätigkeiten eines Facharbeiters in der Produktionsabteilung
e) Lagerbestände fertiggestellter Pkw
f) Schmiermittel für die Fertigungsmaschinen
g) Spende eines Pkw an das Rote Kreuz

Betriebsmittel ☐

Werkstoffe ☐

Ausführende Arbeit ☐

**27. Was versteht man unter innerbetrieblicher Arbeitsteilung?** ☐

a) Erhöhung der Produktivität
b) Wirtschaftlichen Einsatz der Produktionsfaktoren
c) Bessere Ausnutzung der besonderen Fähigkeiten
d) Herstellung eines Gutes in mehreren Teilverrichtungen
e) Abhängigkeitsverhältnis zwischen Arbeitnehmern und Unternehmern

**28. Prüfen Sie, in welchem Fall für die Bavaria Fahrradwerke KG ein Zielkonflikt zwischen Ökonomie und Ökologie entsteht.** ☐

a) Die Einkaufsabteilung kauft preiswerte Materialien für die Produktion.
b) Für bestimmte Bauteile werden wiederverwendbare Materialien eingesetzt.
c) Anfallende Materialabfälle werden recycelt.
d) Kunststoffabfälle werden kostengünstig im Restmüll entsorgt.
e) Der Versand erfolgt in kostengünstigen, wiederverwendbaren Verpackungen.

## Anleitung zur Auswertung der Prüfungsergebnisse

### Prüfungsteil Kundenbeziehungen (KB)

Der Prüfungsteil Kundenbeziehungen wird wie folgt in die Gesamtprüfung einbezogen:

**Gebundene Aufgaben** (man erkennt die Aufgaben an der Punktzahl 2,17397):
Das Prüfungsergebnis (maximal 50 Punkte) wird durch 1,5 dividiert.
Der Wert geht in die Prüfungsleistung ein.

| Gebundene Aufgaben KB |
|---|
| Anzahl richtig gelöster Aufgaben ________ x 2,17397 = __________ : 1,5 = __________ erreichte Punkte |

**Ungebundene Aufgaben** (alle anderen Aufgaben):
Das Prüfungsergebnis (maximal 100 Punkte) wird durch 1,5 dividiert.
Der Wert geht in die Prüfungsleistung ein.

| Ungebundene Aufgaben KB |
|---|
| Summe Punkte richtig gelöster Aufgaben _____________ : 1,5 = _________________ erreichte Punkte |

| Gesamtsumme Prüfungsteil Kundenbeziehungen | |
|---|---|
| erreichte Punkte gebundene Aufgaben | _______________ |
| + erreichte Punkte ungebundene Aufgaben | _______________ |
| = erreichte Punkte KB gesamt | _______________ |

### Prüfungsteil WISO

Der Prüfungsteil WISO wird wie folgt in die Gesamtprüfung einbezogen:

Je richtige Aufgabe werden 3,57142 Punkte vergeben. Der Wert geht in die Prüfungsleistung ein.

| Gebundene Aufgaben WISO/ Gesamtsumme Prüfungsteil WISO |
|---|
| Anzahl richtig gelöster Aufgaben ________ x 3,57142 = _____________ erreichte Punkte |

## Ausfüllen der Tabelle „Ermittlung des Prüfungsergebnisses"

Tragen Sie zunächst Ihr Ergebnis aus dem bereits bei der IHK absolvierten Prüfungsteil 1 ein. Ergänzen Sie dann die von Ihnen in der Prüfungssimulation erreichten Ergebnisse. Um Ihr voraussichtliches Gesamtergebnis ermitteln zu können, müssen Sie jetzt noch abschätzen, welche Punktzahl Sie sich in der Fachaufgabe zutrauen.

| Ermittlung des Prüfungsergebnisses | | | |
|---|---|---|---|
| **Prüfungsteil/Prüfungsfach** | **erreichte Punkte** | **Gewichtung (%)** | **Ergebnis** |
| **Teil 1** | | | |
| Informationstechnisches Büromanagement | | 25 | |
| **Teil 2** | | | |
| Wirtschafts- und Sozialkunde | | 10 | |
| Kundenbeziehungen | | 30 | |
| Fachaufgabe in der Wahlqualifikation | | 35 | |
| **Gesamtergebnis** | | | |
| bestanden/nicht bestanden | | | |

*Wir wünschen Ihnen viel Erfolg bei Ihrer Prüfung!*

# Prüfungssimulation 2: Kundenbeziehungen

**Bearbeitungszeit: 150 Minuten. Alle Ergebnisse sind auf 2 Nachkommastellen zu runden.**

**Die erreichte Punktzahl wird durch den Faktor 1,5 dividiert. Dieser Punktwert geht in die weitere Berechnung des Gesamtergebnisses der Abschlussprüfung ein.**

**Teilpunkte sind möglich bei:**
**Situation 1 - Aufgaben 5, 7; Situation 2 - Aufgaben 4, 5, 11, 12; Situation 3 - Aufgabe 17.**

## Situation 1

Die Bavaria Fahrradwerke KG bietet jedes Jahr ein ausgewähltes Sortiment an Zweiradbekleidung an. Das Sortiment wird von der Kundschaft hoch gelobt und entspricht allen Anforderungen. Dementsprechend liegen die Preise oberhalb des Durchschnitts von guter Zweiradbekleidung. Sie sind in der Einkaufsabteilung beschäftigt und planen die neue Kollektion für den nächsten Frühling.

**1. Unter anderem soll eine sehr leichte und außerordentlich atmungsaktive Regenbekleidung für Fahrradfahrer im Programm für das nächste Frühjahr stehen. Die Bavaria Fahrradwerke KG legt besonders bei der Regenhose größten Wert auf Funktionalität. Sie werden beauftragt, nach neuen Bezugsquellen zu suchen, die den Qualitätsansprüchen genügen. Nennen Sie 3 Möglichkeiten, neue Bezugsquellen zu ermitteln. (3 Punkte)**

**2. Erklären Sie den Begriff „B2B-Internetplattform“. (3 Punkte)**

**3. In welchem Fall handelt es sich um ein Angebot im rechtlichen Sinn? (2,173913 Punkte)**

a) Eine Ware wird einem Kunden von seinem Lieferer durch Zusendung von Prospekten mit Preisliste angeboten.

b) Eine Ware wird auf einer Messe ausgestellt.

c) Eine Ware wird in der Anzeige einer Fachzeitschrift beschrieben, wobei Preis, Beschaffenheit und Lieferbedingungen genannt werden.

d) Eine Ware wird mit genauen Angaben durch eine Postwurfsendung an alle Haushalte angeboten.

e) Eine Ware wird im Schaufenster ausgestellt.

4. **Bringen Sie die Verfahrensweise beim qualitativen Angebotsvergleich (Nutzwertanalyse) in die richtige Reihenfolge. (2,173913 Punkte)**

a) Die Kriterien werden gemäß ihrer Bedeutung gewichtet.

b) Es wird das Produkt aus Gewichtung und Punktzahl gebildet.

c) Jedes Kriterium wird bei jedem Lieferanten mit einer Punktzahl gemäß Skala bewertet.

d) Das Produkt aus Gewichtung und Punktzahl wird über alle Kriterien aufsummiert.

e) Es werden Kriterien festgelegt, die verglichen werden sollen.

5. **Letztlich entschließt man sich, die Regenbekleidung doch beim letztjährigen Lieferanten zu bestellen. Für die Versendung der Waren von Dresden nach Landshut fallen Beförderungskosten an. Welche Kosten entstehen der Bavaria Fahrradwerke KG bei folgenden Beförderungsbedingungen? (2,173913 Punkte)**

a) unfrei

b) frachtfrei

c) ab hier

d) frei Bahnhof dort

e) ab Werk

| | |
|---|---|
| **Rollgeld I (Lieferant – Bahnhof Dresden)** | **25,00 EUR** |
| **Verladekosten** | **10,00 EUR** |
| **Fracht** | **90,00 EUR** |
| **Entladekosten** | **10,00 EUR** |
| **Rollgeld II (Bahnhof Landshut – Bavaria KG)** | **15,00 EUR** |

6. **Erläutern Sie, welche Rechtswirkung eine inhaltlich abgeänderte Bestellung auf ein Angebot hat. (2 Punkte)**

7. **Entscheiden Sie, ob im jeweiligen Fall Nichtigkeit (1) oder Anfechtbarkeit (9) vorliegt. (2,173913 Punkte)**

a) Eine Willenserklärung wird zum Scherz abgegeben.

b) Die Willenserklärung wurde durch arglistige Täuschung erschlichen.

c) Eine Willenserklärung wurde durch eine andere Person falsch übermittelt.

d) Das Rechtsgeschäft verstößt gegen die guten Sitten.

e) Das Rechtsgeschäft verstößt gegen Formvorschriften.

8. **Nennen und erklären Sie die vorrangigen Rechte des Käufers bei mangelhafter Lieferung. (6 Punkte)**

**Situationserweiterung zu den Aufgaben 9 – 16**

**Die Abteilung Marketing/Verkauf ist von einigen Personalabgängen betroffen. Daher haben Sie seit einigen Wochen die Abteilung gewechselt und unterstützen nun die Mitarbeiterinnen und Mitarbeiter in der Abteilung Marketing/Verkauf. Für die neue Kollektion „Regenbekleidung" soll eine Marktforschung durchgeführt werden, Entscheidungen zur Absatzwerbung und zur Preispolitik sind zu treffen.**

**9. Die Sekundärforschung unterscheidet nach betriebsinternen und betriebsexternen Quellen. Welche der folgenden Quellen ist keine betriebsinterne Quelle? (2,173913 Punkte)**

a) Angebotsstatistik

b) Umsatzstatistik

c) Preislisten der Konkurrenz

d) Messeberichte von Handelsreisenden

e) Umsätze nach Kundengruppen

**10. Die Bavaria Fahrradwerke KG plant, zur Qualität der diesjährigen Kollektion an Fahrradbekleidung eine schriftliche Online-Befragung unter ihren Kunden durchzuführen. Erläutern Sie je einen Vor- und Nachteil der Methode und ordnen Sie die Methode begründet der Primär- oder Sekundärforschung zu. (4 Punkte)**

**11. Welche Aussage zu den Inhalten des Werbeplans ist nicht richtig? (2,173913 Punkte)**

a) Der Streukreis definiert das Gebiet, in dem geworben werden soll.

b) Das Streugebiet ist der geografische Raum, in dem geworben werden soll.

c) Die Streuzeit beschreibt auch die Häufigkeit der Werbung.

d) Mit Werbemitteln werden die Werbebotschaften an die Abnehmer herangetragen.

e) Das Werbeobjekt definiert, für welches Produkt geworben werden soll.

**12. Der Neukunde Zweirad Löppel e. K. möchte 50 Garnituren der leichten Regebekleidung und stellt weitere Aufträge in Aussicht. Um den Kunden zu binden, überlegen Sie, ob ein Rabatt oder ein Bonus das geeignetere Mittel ist. Erklären Sie Rabatt und Bonus am genannten Beispiel und entscheiden Sie, welches Mittel zur Kundenbindung besser geeignet ist. (4 Punkte)**

13. **Erklären Sie, welche drei Aspekte bei der Preisbildung berücksichtigt werden müssen. (3 Punkte)**

14. **Die Verkaufsleitung der Bavaria Fahrradwerke KG präferiert die Prämienpreisstrategie. Erläutern Sie diese Preisstrategie und gehen Sie insbesondere darauf ein, unter welchen Bedingungen die Strategie erfolgreich umgesetzt werden kann. (3 Punkte)**

15. **Welche Aussage zur Skimming-Strategie ist richtig? (2,173913 Punkte)**

a) Hohe Einkaufspreise werden dauerhaft weitergegeben.

b) Nach einem hohen Einstiegspreis wird der Verkaufspreis gesenkt.

c) Verkaufspreise bleiben dauerhaft niedrig, um die Absatzmenge hoch zu halten.

d) Nach niedrigem Einstiegspreis wird der Verkaufspreis erhöht.

e) Niedrige Einkaufspreise werden von Zeit zu Zeit weitergegeben.

16. **Ursachen von Beschwerden können produkt- bzw. dienstleistungsbezogen (1), mitarbeiterbezogen (2) oder abwicklungsbezogen (3) sein. Ordnen Sie die folgenden Beschwerden dem jeweiligen Bereich zu. (2,173913 Punkte)**

a) Der Mitarbeiter verhält sich gegenüber Kunden unfreundlich.

b) Die Reparatur des Fahrrades wird nicht fachgerecht ausgeführt.

c) Der Kunde stellt beim Auspacken der Ware fest, dass ihm anstelle von 50 Fahrradschlössern nur 40 geliefert wurden.

d) Die Ware wird an eine falsche Adresse geliefert.

e) Die Ware wird nicht zum vereinbarten Liefertermin geliefert.

## Situation 2

Um den Personalmangel in der Abteilung Marketing/Verkauf zu beheben, beabsichtigt die Bavaria Fahrradwerke KG, einen neuen Verkaufsmitarbeiter einzustellen. Der neue Mitarbeiter soll die Verkaufsleitung entlasten und moderne Marketinginstrumente in der Kommunikationspolitik implementieren.

**1. In der Verkaufsabteilung ergibt sich ein Mitarbeitersollbestand von 12 Stellen. Aktuell sind 9 Mitarbeiter in der Verkaufsabteilung beschäftigt. 2 Mitarbeiter werden aus Altersgründen vor Jahresende ausscheiden und von den 3 Auszubildenden aus dem letzten Ausbildungsjahr werden 2 Auszubildende übernommen.**

**Berechnen Sie den Ersatzbedarf und den Neubedarf am Jahresende. (4 Punkte)**

**2. Unterscheiden Sie Stellenbeschreibung und Stellenanzeige. (4 Punkte)**

**3. Unterscheiden Sie interne und externe Personalbeschaffung. (4 Punkte)**

**4. Welche beiden Personalbeschaffungswege gehören nicht zur internen Personalbeschaffung? (2,173913 Punkte)**

a) Versetzung

b) Agentur für Arbeit

c) Mehrarbeit

d) Stellenausschreibung im Intranet

e) Personalberater

**5. Bringen Sie die folgenden Schritte bei der Bearbeitung von Bewerbungsunterlagen in die richtige Reihenfolge. (2,173913 Punkte)**

a) Zur persönlichen Vorstellung durch die Personalabteilung einladen oder absagen ☐

b) Bewerbungsunterlagen durch die Personalabteilung sammeln ☐

c) Die Bewerbungsunterlagen sichten und auswerten ☐

d Gespräche mit dem Bewerber in der Fach- und Personalabteilung führen ☐

e) Einstellungsentscheidung fällen ☐

**6. Unterscheiden Sie einfaches und qualifiziertes Arbeitszeugnis. (4 Punkte)**

**7. Nach welchen beiden Merkmalen darf die Bavaria Fahrradwerke KG in ihrem Personalfragebogen nicht fragen? (2,173913 Punkte)** ☐ ☐

a) **Familienstand**

b) **Zugehörigkeit zu einer politischen Partei**

c) **Zugehörigkeit zu einer Religionsgemeinschaft**

d) **erlernter Beruf**

e) **frühester Eintrittstermin**

**8. Für den neuen Mitarbeiter in der Abteilung Marketing/Verkauf muss die Entgeltform festgelegt werden. Unterscheiden Sie Zeitlohn, Akkordlohn und Prämienlohn. (6 Punkte)**

**9. Entscheiden Sie begründet (vgl. Situation 2), welche Entgeltform der neue Mitarbeiter bekommen soll. (4 Punkte)**

**10. Welche Versicherung zahlt nur der Arbeitgeber? (2,173913 Punkte)**

a) Rentenversicherung

b) Krankenversicherung

c) Pflegeversicherung

d) gesetzliche Unfallversicherung

e) Arbeitslosenversicherung

**11. Ordnen Sie die Lohnsteuerklassen den Steuerpflichtigen zu (2,173913 Punkte).**

a) Lohnsteuerklasse I

b) Lohnsteuerklasse II

c) Lohnsteuerklasse III

d) Lohnsteuerklasse IV

e) Lohnsteuerklasse V

f) Lohnsteuerklasse VI

Verheiratet, der Ehegatte ist nicht erwerbstätig

Verheiratet, beide Ehegatten haben die gleiche Steuerklasse

Alleinstehende Person, 40 Jahre alt, 3 Kinder

**12. Nachstehend sind die Lohn- und Gehaltslisten (EUR) des Monats Mai zusammengefasst. (2,173913 Punkte)**

| Tariflöhne/ -gehälter | AG-Anteil VL | Lohn-steuer | Kirchen-steuer | Solida-ritäts-zuschlag | AN-Anteil SV | Über-weisung VL | Aus-zahlung | AG-Anteil SV |
|---|---|---|---|---|---|---|---|---|
| 926 460,00 | 9 200,00 | 128 740,20 | 9 048,12 | 7 080,71 | 193 166,92 | 16 400,00 | | 193 166,92 |

**Ermitteln Sie anhand des Auszugs**

**a) den Auszahlungsbetrag,**

**b) die Summe, die an die Sozialversicherungsträger zu überweisen ist,**

**c) die Summe, die für die Finanzbehörde einzubehalten ist,**

**d) die Personalkosten insgesamt für den Monat Mai.**

Prüfungssimulation 2

**13. Welche Aussage über die Krankenversicherungspflicht ist richtig? (2,173913 Punkte)**

a) Jeder Arbeitnehmer hat das Recht zu entscheiden, ob er der gesetzlichen Krankenversicherung beitritt oder nicht.

b) Der Arbeitgeber muss die krankenversicherungspflichtigen Mitarbeiter zur Krankenversicherung anmelden.

c) Die Höhe des Arbeitsentgeltes spielt keine Rolle bei der Krankenversicherungspflicht.

d) Jeder krankenversicherungspflichtige Mitarbeiter kann sich statt bei einer gesetzlichen bei einer privaten Krankenkasse versichern lassen.

e) Ein krankenversicherungspflichtiger Mitarbeiter kann verlangen, dass er bei seinem berufstätigen Ehepartner, der ebenfalls krankenversicherungspflichtig ist, mitversichert wird.

**14. Was versteht man unter der Beitragsbemessungsgrenze? (4 Punkte)**

## Situation 3

Sie arbeiten im Bereich kaufmännische Steuerung der Bavaria Fahrradwerke KG. Abteilungsleiterin Hannah Kröger überträgt Ihnen verschiedene Aufgaben:

- Sie sollen den Angebotspreis für Elektroroller kalkulieren.
- Sie kontieren verschiedene Belege.
- Sie begleichen eine Eingangsrechnung.
- Sie beschaffen eine Stahlrohrbiegemaschine und ermitteln und buchen Abschreibungsbeträge.

### Situationserweiterung zu den Aufgaben 1 – 9

**Die Reif KG aus Recklinghausen, einer der größten Kunden der Bavaria Fahrradwerke KG, hat die Lieferung von 50 Elektrorollern angefragt. Da die Bavaria Fahrradwerke KG die Roller noch nicht selbst produzieren kann, hat man bei der Elektrosports GmbH angefragt, die Roller als Handelsware zu beziehen.**

**Virginia Mischk (Einkaufssachbearbeiterin) hat noch vor ihrem Urlaub den Preis bei der Elektrosports GmbH angefragt und den Bezugspreis ermittelt (vgl. Notiz rechts).**

| | **Tretroller City Blitz E-Scooter Elektrosports GmbH** VG Virginia | | |
|---|---|---|---|
| | Listeneinkaufspreis/Stück | | 850,00 EUR |
| – | Liefererrabatt | 25 % | 212,50 EUR |
| = | Zieleinkaufspreis | | 637,50 EUR |
| – | Liefererskonto | 3 % | 19,13 EUR |
| = | Bareinkaufspreis | | 618,38 EUR |
| + | Bezugskosten | | 15,00 EUR |
| = | **Einstands- bzw. Bezugspreis** | | **633,38 EUR** |

**Frau Hannah Kröger, Abteilungsleiterin Verkauf, beauftragt Sie, einen Verkaufspreis für das Angebot an die Reif KG zu kalkulieren. Die Bavaria Fahrradwerke KG rechnet mit einem Handlungskostenzuschlagssatz von 30 %, einem Gewinnzuschlagssatz von 15 %, einem Kundenskonto von 2,5 % und muss ihrem Außendienstmitarbeiter 4 % Provision zahlen. Die Bavaria Fahrradwerke KG gewährt sehr guten Kunden 15 % Rabatt.**

1. Bestimmen Sie nachvollziehbar den Listenverkaufspreis (netto). (6 Punkte)

2. Schnell wird klar, dass die Reif KG einen Preis oberhalb von 1 100,00 EUR nicht akzeptieren will. Bestimmen Sie, welchen Bezugs- oder Einstandspreis die Bavaria Fahrradwerke KG mit der Elektrosports GmbH vereinbaren muss, um den Gewinn und alle weiteren prozentualen Vorgaben beibehalten zu können. (6 Punkte)

**3. Frau Kröger schlägt vor, zur Bestimmung des Listenverkaufspreises für die Reif KG die Teilkostenrechnung heranzuziehen. Welche Aussage zur Voll- bzw. Teilkostenrechnung ist richtig? (2,173913 Punkte)**

a) Einzelkosten sind nicht immer variable Kosten.

b) Fixkosten fallen unabhängig von der produzierten Menge an.

c) Gemeinkosten sind immer Fixkosten.

d) Fixe Stückkosten steigen mit der produzierten Menge.

e) Variable Stückkosten fallen mit der produzierten Menge.

**4. In der Teilkostenrechnung ist der Deckungsbeitrag eine wichtige Größe, um zu entscheiden, ob ein Auftrag lohnenswert ist. Erklären Sie, warum ein Unternehmen ein Produkt vom Markt nimmt, wenn der Deckungsbeitrag kleiner Null wird, auch wenn die freiwerdenden Kapazitäten nicht anders genutzt werden können. (4 Punkte)**

**5. Die Break-Even-Analyse dient der Kontrolle in der Gegenwart und der Planung für die Zukunft. Beschriften Sie die folgende Grafik, indem Sie den Begriffen die richtigen Zahlen zuordnen. (2,173913 Punkte)**

a) Gewinnzone

b) Betriebsergebnis = 0

c) Verlustzone

d) größter Gewinn

e) größter Verlust



**6. Erläutern Sie den Begriff „Fixkostendegression". (4 Punkte)**

7. **Letztlich ist die Elektrosports GmbH in harten Verhandlungen nicht bereit gewesen, ihre Preisgestaltung zu ändern. Schweren Herzens hat die Bavaria Fahrradwerke KG dem Geschäft zugestimmt und die Elektroroller dennoch bestellt. Verbuchen Sie die folgende Eingangsrechnung. (2,173913 Punkte)**

Elektrosports GmbH

Am Stadion 135
83026 Rosenheim

Elektrosports GmbH, Am Stadion 135, 83026 Rosenheim
Bavaria Fahrradwerke KG
Weilerstraße 12
84032 Landshut

Eingegangen am
16. November 20..
Bavaria Fahrradwerke KG

RECHNUNG Nr.

Rosenheim,
14.11.20..

Wir lieferten Ihnen am 12. Nov. 20..

| Pos. | Menge | Einzelpreis in EUR | Gegenstand | Gesamtpreis in EUR |
|---|---|---|---|---|
| 1 | 50 | 618,38 | Tretroller City Blitz E-Scooter | 30.919,00 |
| | | | Frachtkosten | 750,00 |
| | | | + 19 % Umsatzsteuer | 6.017,11 |
| | | | Gesamtsumme | **37.686,11** |

Zahlungsbedingungen: 14 Tage 3 % Skonto oder 30 Tage netto.

| Soll | | Haben | |
|---|---|---|---|
| | | | |
| | | | |
| | | | |

Prüfungssimulation 2

8. **Als guter Kunde zahlt die Bavaria Fahrradwerke KG die Rechnung nach 14 Tagen unter Abzug von Skonto. Buchen Sie die Zahlung der Rechnung per Banküberweisung. (2,173913 Punkte)**

| Soll | | Haben | |
|---|---|---|---|
| | | | |
| | | | |
| | | | |

9. **Die Sollzinssätze bei Ausnutzung der Kreditlinie sind immer noch vergleichsweise hoch. In der Bavaria Fahrradwerke KG überlegt man, ob sich die Inanspruchnahme eines Bankkredites zur Ausnutzung von Skonto lohnt. Die Bank verlangt 11,15 % Zinsen p. a.**

   **Bestimmen Sie in einer nachvollziehbaren Berechnung, ob sich die Inanspruchnahme eines Bankkredites lohnt. (4 Punkte)**

## Situationserweiterung zu den Aufgaben 10 – 18

**Die Bavaria Fahrradwerke KG hat am 16. September 20.. eine neue Stahlrohrbiegemaschine auf Ziel gekauft. Die Nutzungsdauer laut AfA-Tabelle beträgt 12 Jahre. Die Bavaria Fahrradwerke KG rechnet mit einem Wiederbeschaffungswert von 55000,00EUR.**

**Südring 110**
**76185 Karlsruhe**

Maschinenbau Ludwig Müller GmbH • Südring 110 • 76185 Karlsruhe
Bavaria Fahrradwerke KG
Weilerstraße 12
84032 Landshut

Bei Zahlungen bitte stets angeben

| Kundennummer | Rechnungsnummer | Datum |
| --- | --- | --- |
| **4573801** | **4573801** | 16.09.20.. |

**RECHNUNG**

| Artikel | Menge | E.-Preis | Preis in EUR |
| --- | --- | --- | --- |
| Rohrbiegemaschine Bigcraft<br>Rabatt 12,5 % | 1 | | 42.580,00<br>5.322,50 |
| | Warenwert (netto) | | 37.257,50 |
| | Umsatzsteuer 19 % | | 7.078,93 |
| | **Rechnungsbetrag** | | **44.336,43** |

Die Ware bleibt bis zur vollständigen Bezahlung unser Eigentum.
Zahlbar innerhalb von 10 Tagen 3 % Skonto oder 40 Tagen netto.
Erfüllungsort und Gerichtsstand ist für beide Teile Karlsruhe.

10. Neben der Eingangsrechnung der Firma Maschinenbau Ludwig Müller GmbH liegen Ihnen noch weitere Rechnungen vor:

| | | |
|---|---|---|
| – Transportkosten | 1 487,50 EUR | (brutto) |
| – Transportversicherung | 580,00 EUR | (netto) |
| – Fundamentierungsarbeiten | 2 500,00 EUR | (netto) |
| – Personalschulung durch die Ludwig Müller GmbH | 750,00 EUR | (netto) |

Begründen Sie allgemein, welche Kosten zu den Anschaffungskosten gehören. (2 Punkte)

11. Ermitteln Sie in einer begründeten Aufstellung die Anschaffungskosten der Stahlrohrbiegemaschine. (6 Punkte)

| | | |
|---|---|---|
| | | |
| | | |
| | | |
| | | |
| | | |
| | | |
| | | |
| | | |
| | | |
| | | |
| | | |
| | | |
| | | |

**12.** **Buchen Sie die Anschaffung der Stahlrohrbiegemaschine. (2,173913 Punkte)**

| Soll | | | Haben |
|---|---|---|---|
| | | | |
| | | | |

**13.** **Ermitteln Sie den Abschreibungsbetrag für das Jahr der Anschaffung. (4 Punkte)**

**14.** **Buchen Sie die Abschreibung am Ende des Jahres der Anschaffung. (2,173913 Punkte)**

| Soll | | | Haben |
|---|---|---|---|
| | | | |

**15.** **Welche Merkmale kennzeichnen die lineare Abschreibung? (2,173913 Punkte)**

a) Gleicher Abschreibungssatz vom Buchwert – gleicher Abschreibungsbetrag
b) Gleicher Abschreibungssatz vom Buchwert – fallender Abschreibungsbetrag
c) Gleicher Abschreibungssatz vom Anschaffungswert – gleicher Abschreibungsbetrag
d) Gleicher Abschreibungssatz vom Anschaffungswert – fallender Abschreibungsbetrag
e) Fallender Abschreibungssatz vom Buchwert – fallender Abschreibungsbetrag
f) Fallender Abschreibungssatz vom Anschaffungswert – gleicher Abschreibungsbetrag

**16.** **Bestimmen Sie den Buchwert am Ende des 2. Jahres. (4 Punkte)**

**17. Welche Aussagen zu Abschreibungen treffen zu (1) oder treffen nicht zu (9). (2,173913 Punkte)**

a) Abschreibungen sind erfolgswirksam.

b) Maximal 50 % der Anschaffungskosten dürfen pro Jahr abgeschrieben werden.

c) Abschreibungen müssen immer degressiv vorgenommen werden.

d) Abschreibungen steigern den Gewinn.

e) Wird das Anlagegut im Laufe des Jahres angeschafft, muss zeitanteilig abgeschrieben werden.

f) Abschreibungen mindern das Eigenkapital.

**18. In der Geschäftsbuchführung ist der Abschreibungsbetrag gesetzlich über Abschreibungstabellen vorgegeben. Welcher Betrag ist für die jährliche Abschreibung der Stahlrohrbiegemaschine in der Ergebnistabelle der Kosten- und Leistungsrechnung anzusetzen, wenn die gleiche Nutzungsdauer wie die gesetzlich vorgeschriebene berücksichtigt werden soll. (2 Punkte)**

# Prüfungssimulation 2: Wirtschafts- und Sozialkunde

**Bearbeitungszeit: 60 Minuten. Alle Ergebnisse sind auf 2 Nachkommastellen zu runden.**
**Je Aufgabe werden 3,57142 Punkte vergeben.**

## Situation 1

Die Bavaria Fahrradwerke KG legt großen Wert auf betriebsinterne und -externe Weiterbildung. Insbesondere im Bereich der E-Bikes schreitet die Entwicklung rasant voran. Hier ist Weiterbildung besonders wichtig, da der Bereich im Vergleich zu anderen Bereichen überproportional wächst.

**1. Franz Mühlenbauer erstellt einen elektronischen Fragebogen zum Fortbildungsbedarf, der im Intranet der Unternehmung an alle Mitarbeiter verschickt wird. Er benutzt ein Tool, das nur vorgegebene Auswahlentscheidungen zulässt. Entscheiden Sie, welche beiden Aspekte einen Nachteil bei der verwendeten Methode darstellen.**

a) Der Zeitaufwand für die Auswertung ist gering, da er mit einem Auswertungstool erfolgt.

b) Insgesamt fallen nur geringe Kosten an.

c) Es können nur geschlossene Fragen gestellt werden.

d) Die Auswertung erfordert keinen Personalaufwand.

e) Zu unklaren Aussagen können keine Rückfragen gestellt werden.

**2. Welche beiden Fragetechniken beschreiben die geschlossene Frage?**

a) Die Technik ist gut geeignet, um zu einer Entscheidung zu kommen.

b) Mit dieser Technik kann ein Gespräch in Gang gebracht werden.

c) Dem Gesprächspartner wird eine Antwort vorgegeben.

d) Der Gesprächspartner erhält zwei Antworten zur Auswahl.

e) Der Gesprächspartner kann eine ausführliche Antwort geben.

**3. Das Budget für die Personalfortbildung betrug im vergangenen Jahr 225 000,00 EUR. Im aktuellen Jahr hat die Geschäftsleitung das Budget um 50 000,00 EUR erhöht. Berechnen Sie die prozentuale Steigerung.**

**4. Insbesondere bei externen Weiterbildungsveranstaltungen handelt die Bavaria Fahrradwerke KG nach dem ökonomischen Prinzip. Entscheiden Sie, welche Aussage das ökonomische Prinzip nicht repräsentiert.**

a) Mit den geringsten Mitteln einen bestimmten Erfolg erzielen.

b) Den höchsten Erfolg mit den geringsten Mitteln erzielen.

c) Mit bestimmten Mitteln den höchsten Erfolg erzielen.

**5. Angebot und Nachfrage bestimmen auch auf dem Weiterbildungsmarkt den Preis für die Leistung. Entscheiden Sie, welche Situation in der folgenden Grafik dargestellt wird.**

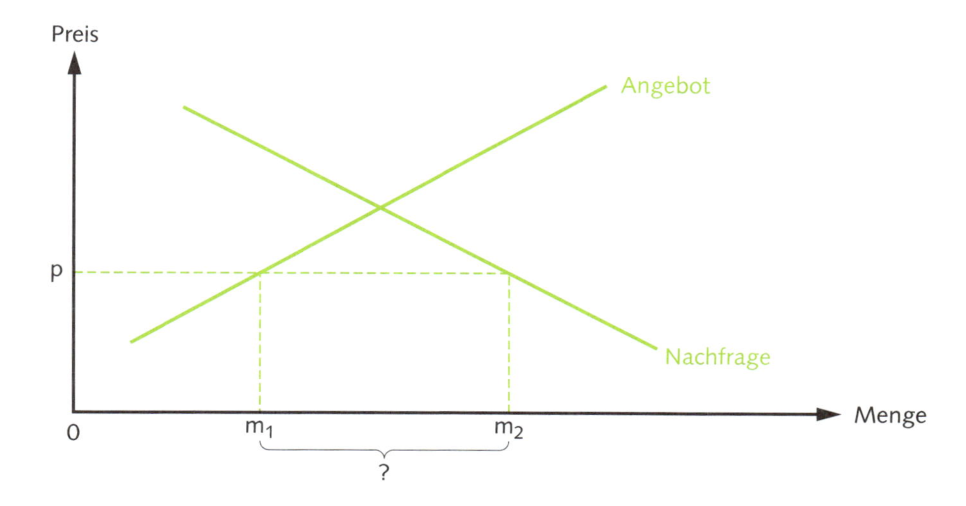


a) Angebotsüberhang

b) Gleichgewichtspreis

c) Konsumentenrente

d) Nachfrageüberhang

e) Produzentenrente

**Situationserweiterung zu den Aufgaben 6 – 9**

**Die Bavaria Fahrradwerke KG muss zwei Firmentransporter ersetzen. Beide Fahrzeuge sind vollständig abgeschrieben und können repräsentative Zwecke bei der Auslieferung von Fahrrädern nicht mehr erfüllen. Hannah Kröger schlägt als Finanzierungsmöglichkeit die Innenfinanzierung vor, Dennis Strecker verweist auf die zurzeit äußerst günstigen Kreditzinsen und Hans Oberpriller bringt Leasing ins Gespräch.**

**6. Stellen Sie fest, in welchen beiden Fällen eine Innenfinanzierung vorliegt.**

a) Herr Oberpriller leistet zur Finanzierung der Firmentransporter eine Einlage von 100000,00 EUR.

b) Stille Rücklagen werden durch den Verkauf eines nicht mehr benötigten Grundstücks aufgelöst und zum Kauf der Transporter verwendet.

c) Die Hausbank stellt einen Kredit von 100000,00 EUR zu äußerst günstigen Konditionen zur Verfügung.

d) Das Autohaus vermittelt ein attraktives Leasingangebot.

e) Nicht ausgeschüttete Gewinne werden für die Finanzierung der Firmentransporter genutzt.

**7. Schnell wird klar, dass eine Innenfinanzierung nicht infrage kommt. Es bleibt die Kreditfinanzierung oder die Einlagenfinanzierung. Welche Aussagen zu den beiden Finanzierungsarten sind richtig?**

a) Fremdfinanzierung hat keine Auswirkung auf die Liquidität der Unternehmung.

b) Die Einlagenfinanzierung belastet die Liquidität der Unternehmung.

c) Einlagenfinanzierung wird in der Bilanz nicht ausgewiesen.

d) Fremdkapitalgeber haben i. d. R. kein Mitspracherecht bei operativen Unternehmensentscheidungen.

e) Wird im Gesellschaftsvertrag keine Regelung zur Gewinnverteilung getroffen, greifen die Vorschriften des HGB.

**8. Die Hausbank möchte als Kreditsicherung für den Kredit über 100 000,00 EUR eine Sicherungsübereignung. Welche beiden Aussagen treffen auf die Sicherungsübereignung zu?**

a) Die Bavaria Fahrradwerke KG wird Eigentümer und Besitzer der Transporter.

b) Die Hausbank wird Eigentümer der Transporter.

c) Die Bavaria Fahrradwerke KG wird Besitzer der Transporter.

d) Die Hausbank wird Eigentümer und Besitzer der Transporter.

e) Die Bavaria Fahrradwerke KG wird Eigentümer der Transporter.

**9. Welche Aussage zum Leasing der beiden Firmentransporter ist falsch?**

a) Leasing erlaubt die Anpassung an technische Neuerungen.

b) Leasing schont die Kreditwürdigkeit.

c) Leasing schont die Liquidität über die gesamte Laufzeit des Vertrages im Vergleich mit einer Kreditfinanzierung (Ratendarlehen).

d) Leasing sorgt für eine Kostentransparenz.

e) Leasing kann das Know-how des Leasingebers nutzen.

**Situationserweiterung zu den Aufgaben 10 – 12**

**Selbstverständlich orientiert sich die Bavaria Fahrradwerke KG in ihren Planungen an Konjunkturprognosen. Gerade im Freizeitsportbereich macht das Unternehmen die größten Umsätze. Hier sind Kaufentscheidungen besonders konjunkturabhängig und schlagen auch auf die Produzenten durch.**

**10. Ordnen Sie die untenstehenden Begriffe den Ziffern in der Grafik zu.**

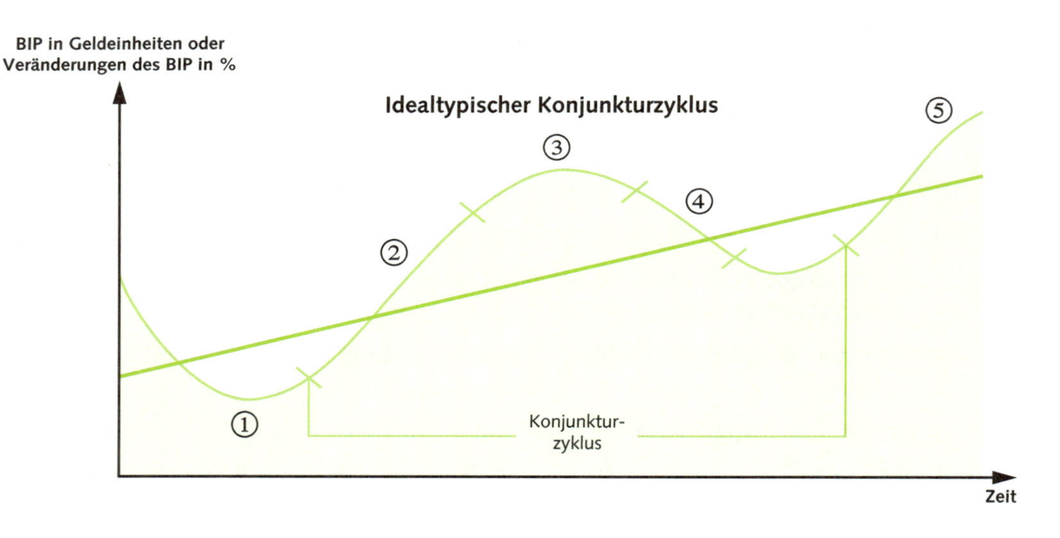


a) Trend

b) Aufschwung

c) Tiefstand

e) Boom

f) Abschwung



Prüfungssimulation

**11. Welche der folgenden Aussagen trifft nicht auf einen Aufschwung zu?**

a) Die Kapazitätsauslastung der Unternehmen nimmt zu.

b) Die Gewinnaussichten verbessern sich.

c) Die Nachfrage nach Investitionsgütern sinkt.

e) Die Zinsen sind noch niedrig.

f) Die Arbeitslosigkeit nimmt tendenziell ab.

**12. Welche Phase im Konjunkturzyklus wird mit den nachfolgenden Aussagen beschrieben?**
**Überkapazitäten werden abgebaut.**
**Gewinne bleiben teilweise aus.**
**Arbeitslosigkeit steigt deutlich.**
**Nachfrage nach Konsumgütern sinkt.**

a) Aufschwung

b) Tiefstand

c) Boom

d) Abschwung

**Situationserweiterung zu den Aufgaben 13 – 15**

**Arbeitssicherheit und Gesundheitsschutz werden in der Bavaria Fahrradwerke KG großgeschrieben. Regelmäßig informiert eine „Fachkraft für Arbeitssicherheit" über die geltenden Regelungen.**

**13. Aufgrund welcher gesetzlichen Regelung muss in Betrieben ab einer bestimmten Anzahl von Mitarbeitern eine „Fachkraft für Arbeitssicherheit" bestellt werden?**

a) Arbeitsförderungsgesetz

b) Betriebsverfassungsgesetz

c) Arbeitsplatzschutzgesetz

d) Arbeitssicherheitsgesetz

e) Gewerbeordnung

**14. Ordnen Sie den Sicherheitszeichen die richtige Bedeutung zu.**

a) Fluchtweg

b) automatisierter externen Defibrilator

c) Arzt

d) Erste Hilfe

e) Sanitätsraum

**15. Von welcher Institution können Arbeitssicherheitsvorschriften bezogen werden?**

a) Berufsgenossenschaft

b) Industrie- und Handelskammer

c) Krankenkasse

d) Gewerkschaft

e) Arbeitsamt

**Situationserweiterung zu den Aufgaben 16 – 18**

**Die Bavaria Fahrradwerke KG ist nach dem folgenden Organigramm (Auszug) aufgebaut.**

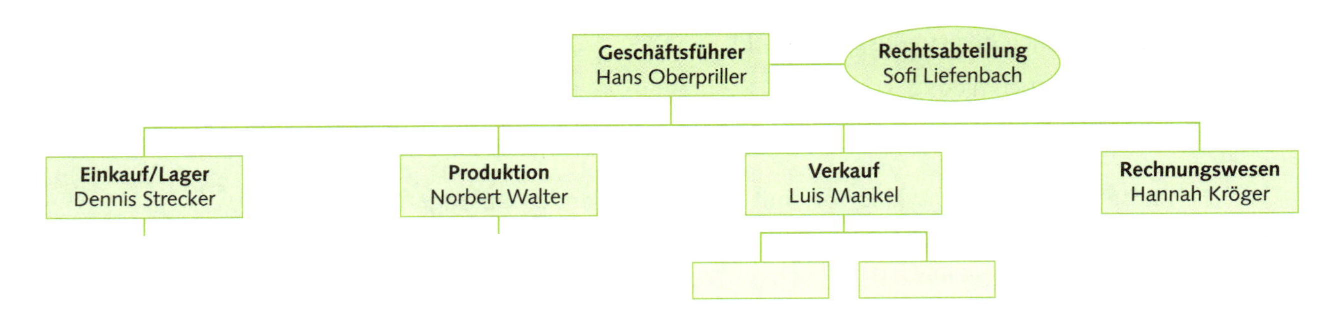


**16. Entscheiden Sie um welche Art von Leitungssystem es sich handelt.**

a) Einliniensystem

b) Spartenorganisation

c) Stabliniensystem

d) Mehrliniensystem

e) Matrixorganisation

**17. Bestimmen Sie die Instanzenbreite auf der zweiten Ebene.**

**18. Welche beiden Aussagen sind keine Vorteile des dargestellten Organigramms?**

a) Instanzen werden durch Spezialisten entlastet.

b) Das Spezialwissen der Vorgesetzten wird genutzt.

c) Es gibt keine Kompetenzprobleme.

d) Die Kommunikationswege sind kurz.

e) Der Dienstweg ist klar erkennbar.

**Situationserweiterung zu den Aufgaben 19 – 21**

**In der Bavaria Fahrradwerke KG wird die Beachtung des Jugendarbeitsschutzes großgeschrieben. Seit langem wird z. B. regelmäßig eine Jugendvertretung gewählt.**

**19. Wer ist Jugendlicher nach dem Jugendarbeitsschutzgesetz?**

a) Wer 7 Jahre, aber noch nicht 18 Jahre alt ist.

b) Wer 15 Jahre, aber noch nicht 18 Jahre alt ist.

c) Wer 10 Jahre, aber noch nicht 18 Jahre alt ist.

d) Wer 14 Jahre, aber noch nicht 18 Jahre alt ist.

e) Wer 7 Jahre, aber noch nicht 21 Jahre alt ist.

**20. Nach dem Jugendarbeitsschutzgesetz darf die tägliche Arbeitszeit 8 Stunden und die wöchentliche Arbeitszeit 40 Stunden nicht übersteigen. Was ist die tägliche Arbeitszeit?**

a) Die tägliche Arbeitszeit ist die Zeit vom Beginn bis zum Ende der täglichen Beschäftigung einschließlich der Ruhepausen.

b) Die tägliche Arbeitszeit ist die Zeit, die unter Einbeziehen der Jugend- und Auszubildendenvertretung nach den betrieblichen Notwendigkeiten festgelegt wird.

c) Die tägliche Arbeitszeit für Jugendliche und Auszubildende wird von der Jugend- und Auszubildendenvertretung festgelegt.

d) Die tägliche Arbeitszeit ist die Zeit vom Beginn bis zum Ende der täglichen Beschäftigung ohne die Ruhepausen.

e) Die tägliche Arbeitszeit ist die Zeit, die sich vom Beginn bis zum Ende der täglichen Beschäftigung einschließlich der Ruhepausen sowie der anrechenbaren Wegstrecke ergibt.

**21. Welche Aussage über die Jugendvertretung trifft nach dem Betriebsverfassungsgesetz zu?**

a) Die Jugendvertretung vertritt nur die gewerkschaftlich organisierten Jugendlichen im Betrieb.

b) Bei der Wahl zur Jugendvertretung sind alle Arbeitnehmer wahlberechtigt, die das 24. Lebensjahr noch nicht vollendet haben.

c) Die Jugendvertretung hat die Aufgabe, Maßnahmen, die den jugendlichen Arbeitnehmern dienen, beim Betriebsrat zu beantragen.

d) Die Jugendvertretung kann nur dann einen Vertreter zu Betriebsratssitzungen entsenden, wenn Angelegenheiten behandelt werden, die besonders jugendliche Arbeitnehmer betreffen.

e) Die Jugendvertretung vertritt selbstständig die Interessen der jugendlichen Arbeitnehmer durch Verhandlungen mit der Geschäftsleitung.

**Situationserweiterung zu den Aufgaben 22 – 24**

**Der nachhaltige Schutz der Umwelt bekommt als ökologisches Unternehmensziel in der Bavaria Fahrradwerke KG zunehmend mehr Bedeutung. Mit unterschiedlichen Maßnahmen wird dieses Ziel in allen Abteilungen gefördert.**

**22. Welche der Maßnahmen trägt nicht unmittelbar zum Umweltschutz bei?**

a) Verwendung von Recyclingpapier

b) Ersetzen von Energiesparleuchten durch LEDs

c) Mülltrennung in unterschiedliche Behälter

d) Einbau von Steckdosen mit Überspannungsschutz

e) Verwendung von biologisch abbaubaren Reinigern

**23. Die Geschäftsleitung beabsichtigt, die Unternehmenslogistik neu zu strukturieren. Dabei sollen ökologische Gesichtspunkte stärker berücksichtigt werden. Welche Maßnahme ist dazu nicht geeignet?**

a) Umstellung firmeneigener Lieferwagen auf alternative Energiekonzepte wie Hybridantrieb

b) Auswahl von Logistikunternehmen, welche ebenfalls Prinzipien des Umweltschutzes berücksichtigen

c) Optimierung von Auslieferungsrouten durch ein neues EDV-System

d) garantierte Auslieferung just-in-time auch von Kleinmengen

e) Schulung des zuständigen Personals zu energiesparender Fahrweise

**24. Dem Grundsatz „Vermeidung vor Verwertung vor Entsorgung" entspricht u. a. die Möglichkeit, Transportverpackungen an den Hersteller zurückzuschicken. Welche rechtliche Vorschrift wird hier beachtet?**

a) Arbeitsstättenverordnung

b) Verpackungsverordnung

c) Produkthaftungsgesetz

d) Strafgesetzbuch

e) Arbeitssicherheitsgesetz

**Situationserweiterung zu den Aufgaben 25 – 26**

**Sie sind als neuer Sachbearbeiter in die Bavaria Fahrradwerk KG eingetreten. Sie machen sich in der ersten Woche mit den grundlegenden Zielen der Unternehmung vertraut.**

**25. Die Bavaria Fahrradwerke KG verfolgt wirtschaftliche (1), ökologische (2) und soziale (3) Ziele. Ordnen Sie die folgenden Aussagen den drei Zielarten zu.**

a) Die Bavaria Fahrradwerke KG hat eine neue Anlage zum Recycling von Aluminiumresten eingebaut.

b) Die Bavaria Fahrradwerke KG will ihren Gewinn langfristig maximieren und die Zahlungsfähigkeit sicherstellen.

c) Ein transparentes Arbeitsbewertungssystem gewährleistet, dass das Lohn- und Gehaltsgefüge für jeden Mitarbeiter nachvollziehbar ist.

**26. Die folgenden 3 Grafiken zeigen, dass unternehmerische Ziele...**

a) miteinander unverträglich sind (konkurrierende Ziele).

b) unabhängig voneinander verfolgt werden können (indifferente Ziele).

c) sich miteinander vertragen (komplementäre Ziele).

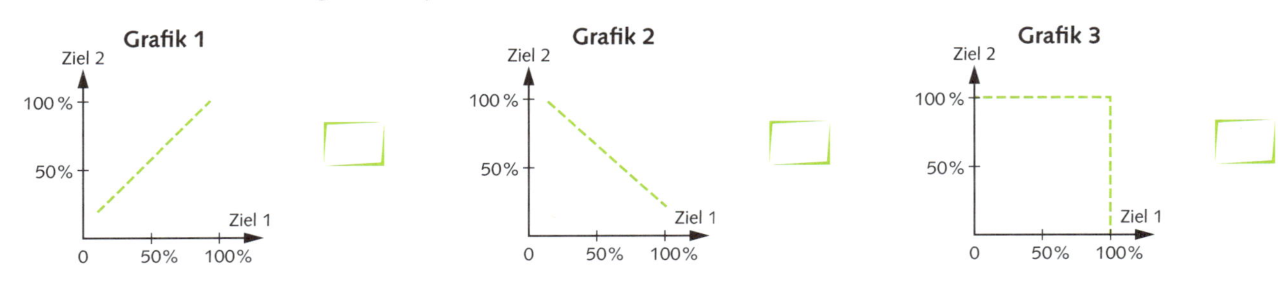


**Ordnen Sie die Zielbeziehungen a) - c) den Grafiken zu.**

**Situationserweiterung zu den Aufgaben 27 – 28**

**Fahrradhändler haben die Auswahl: Wer seine Wünsche nicht beim inländischen Fahrradhersteller seines Vertrauens erfüllt bekommt, deckt sich anderweitig auch aus dem Ausland ein.**

**27. Welche Aussage zum Käufermarkt ist richtig?**

a) Am Käufermarkt ist das Angebot größer als die Nachfrage.

b) Am Käufermarkt ist die Nachfrage größer als das Angebot.

c) Am Käufermarkt sind Angebot und Nachfrage ausgewogen.

d) Am Käufermarkt ist nur Nachfrage vorhanden.

e) Am Käufermarkt steigen die Preise besonders stark.

**28. Welche Aussage zum Polypol ist richtig?**

a) Der einzelne Anbieter muss nur die eigenen Kosten und die Nachfrager in der Preisgestaltung berücksichtigen.

b) Die Anbieter folgen in der Preisgestaltung dem Marktführer.

c) Die Anbieter können wegen der großen Konkurrenz ihren Preis lediglich geringfügig z. B. aufgrund von Präferenzen variieren.

d) Die Anbieter können ihren Gewinn maximieren.

e) Die Anbieter können ihre Preise frei gestalten.

## Anleitung zur Auswertung der Prüfungsergebnisse

### Prüfungsteil Kundenbeziehungen (KB)

Der Prüfungsteil Kundenbeziehungen wird wie folgt in die Gesamtprüfung einbezogen:

**Gebundene Aufgaben** (man erkennt die Aufgaben an der Punktzahl 2,17397):
Das Prüfungsergebnis (maximal 50 Punkte) wird durch 1,5 dividiert.
Der Wert geht in die Prüfungsleistung ein.

| Gebundene Aufgaben KB |
|---|
| Anzahl richtig gelöster Aufgaben ________ x 2,17397 = __________ : 1,5 = __________ erreichte Punkte |

**Ungebundene Aufgaben** (alle anderen Aufgaben):
Das Prüfungsergebnis (maximal 100 Punkte) wird durch 1,5 dividiert.
Der Wert geht in die Prüfungsleistung ein.

| Ungebundene Aufgaben KB |
|---|
| Summe Punkte richtig gelöster Aufgaben _____________ : 1,5 = _________________ erreichte Punkte |

| Gesamtsumme Prüfungsteil Kundenbeziehungen | |
|---|---|
| erreichte Punkte gebundene Aufgaben | _______________ |
| + erreichte Punkte ungebundene Aufgaben | _______________ |
| = erreichte Punkte KB gesamt | _______________ |

### Prüfungsteil WISO

Der Prüfungsteil WISO wird wie folgt in die Gesamtprüfung einbezogen:

Je richtige Aufgabe werden 3,57142 Punkte vergeben. Der Wert geht in die Prüfungsleistung ein.

| Gebundene Aufgaben WISO/ Gesamtsumme Prüfungsteil WISO |
|---|
| Anzahl richtig gelöster Aufgaben ________ x 3,57142 = _____________ erreichte Punkte |

### Ausfüllen der Tabelle „Ermittlung des Prüfungsergebnisses"

Tragen Sie zunächst Ihr Ergebnis aus dem bereits bei der IHK absolvierten Prüfungsteil 1 ein. Ergänzen Sie dann die von Ihnen in der Prüfungssimulation erreichten Ergebnisse. Um Ihr voraussichtliches Gesamtergebnis ermitteln zu können, müssen Sie jetzt noch abschätzen, welche Punktzahl Sie sich in der Fachaufgabe zutrauen.

| Ermittlung des Prüfungsergebnisses | | | |
|---|---|---|---|
| **Prüfungsteil/Prüfungsfach** | **erreichte Punkte** | **Gewichtung (%)** | **Ergebnis** |
| **Teil 1** | | | |
| Informationstechnisches Büromanagement | | 25 | |
| **Teil 2** | | | |
| Wirtschafts- und Sozialkunde | | 10 | |
| Kundenbeziehungen | | 30 | |
| Fachaufgabe in der Wahlqualifikation | | 35 | |
| **Gesamtergebnis** | | | |
| bestanden/nicht bestanden | | | |

*Wir wünschen Ihnen viel Erfolg bei Ihrer Prüfung!*

# Lösungen

## Prüfungsbereich Kundenbeziehungen

### 01 Kundenorientierte Auftragsabwicklung

A Kundenbeziehungen; Kommunikation

B Auftragsbearbeitung und -nachbearbeitung

### 02 Personalbezogene Aufgaben

### 03 Kaufmännische Steuerung

## Prüfungsbereich Wirtschafts- und Sozialkunde

### 01 Berufs- und Arbeitswelt

A Stellung, Rechtsform und Organisationsstruktur

B Produkt- und Dienstleistungsangebot

C Berufsbildung

D Sicherheit und Gesundheitsschutz bei der Arbeit

E Umweltschutz

## Prüfungssimulation

### Kundenbeziehungen

### Wirtschafts- und Sozialkunde

# Lösungen zu den Prüfungsbereichen

## 01 Kundenorientierte Auftragsabwicklung

### A Kundenbeziehungen; Kommunikation

#### Situation 1

| | |
|---|---|
| **Aufgabe 1** | Sekundärforschung: Die Sekundärforschung stützt sich auf bereits vorhandenes Datenmaterial, das in der Vergangenheit für andere Problemlösungen als Entscheidungsgrundlage erstellt oder zusammengetragen wurde.<br>Primärforschung: Unter Primärforschung versteht man die Sammlung, Analyse und Interpretation von neuen, noch nicht vorhandenen Daten. |
| **Aufgabe 2** | Interne Quellen: z. B. Angebotsstatistik, Umsatzstatistik, Messestatistik<br>Externe Quellen: z. B. Fachbücher, Fachzeitschriften, Prospekte, Testberichte |
| **Aufgabe 3** | • Keine Beeinflussung der beobachteten Personen<br>• Unverfälschtes Verhalten<br>• Unabhängig von der Auskunftsbereitschaft |
| **Aufgabe 4** | Ziele der Befragung:<br>Sie gibt Auskunft über das bisherige Verhalten.<br>Sie gibt Auskunft über das geplante zukünftige Verhalten.<br>Sie gibt Auskunft über Gewohnheiten.<br>Sie gibt Auskunft über Wünsche, Motive oder Einstellungen. |
| **Aufgabe 5** | c |
| **Aufgabe 6** | d |
| **Aufgabe 7** | d |
| **Aufgabe 8** | • A-Kunden sind wenige Kunden, die einen Großteil des Umsatzes ausmachen.<br>• B-Kunden sind mehrere Kunden, die einen mittleren Teil des Umsatzes ausmachen.<br>• C-Kunden sind viele Kunden, die nur einen geringen Teil des Umsatzes ausmachen. |

#### Situation 2

| | |
|---|---|
| **Aufgabe 1** | • Erreichung neuer Zielgruppen<br>• Umsatzsteigerung<br>• Gewinnsteigerung<br>• Erhöhung der Marktanteile<br>• Risikostreuung |
| **Aufgabe 2** | Information: z. B. Bedienungsanleitung für das E-Bike<br>Bezahlung: z. B. Finanzkauf<br>Bequemlichkeit: z. B. Lieferung<br>Sicherheit: z. B. Reparaturservice, Wartungsservice |

## Situation 2

**Aufgabe 3**

Ein Ziel ist es, auf die Kundenbedürfnisse einzugehen bzw. diese zu wecken, um letztendlich Gewinn daraus zu ziehen. Ein gutes Serviceangebot bietet zudem die Möglichkeit, sich von Wettbewerbern zu unterscheiden und die Kundenbindung zu stärken.

**Aufgabe 4**

| Kundengruppe | Informationsmaßnahme | Begründung für die Wahl |
|---|---|---|
| **Privatkunden** | • Versendung eines Informationsschreibens/Flyers<br>• Mündliche Information im Ladengeschäft | Über das Informationsschreiben wird das Interesse beim Kunden geweckt. Interessierte Kunden können sich dann gezielt an das Unternehmen wenden. Kunden, die das Geschäft besuchen, können bei der Beratung auf das neue Angebot aufmerksam gemacht werden. (Eine telefonische Information scheidet i. d. R. aus, da der Kunde ausdrücklich in die Maßnahme zur telefonischen Information eingewilligt haben muss (vgl. § 7 II Nr. 2 UWG).) |
| **Geschäftskunden** | • Versendung eines Informationsschreibens/Flyers<br>• Anruf bei den Kunden<br>• (Ggf. mündliche Information im Ladengeschäft) | Auch bei den Geschäftskunden wird über das Informationsschreiben Interesse geweckt. Bei bestehender Geschäftsbeziehung können die Kunden i. d. R. angerufen werden (vgl. § 7 II Nr. 2 UWG). Geschäftskunden kommen wahrscheinlich seltener in das Ladengeschäft. Sollte das doch der Fall sein, kann man dann die Gelegenheit für eine mündliche Information nutzen. |

**Aufgabe 5**

Eine genaue Zieldefinition ermöglicht es, während des Gesprächs Kompromisse zu schließen oder Zugeständnisse zu machen und trotzdem einen Erfolg zu erzielen.

**Aufgabe 6**

- Minimalziel
- Kernziel
- Idealziel

**Aufgabe 7**

Unser Top-Angebot hat für Sie große Vorteile. (Einleitungssatz)
Wenn Sie bei uns 50 unserer neuesten E-Bikes „Easy Bike 2.0“ kaufen (Bedingung) erhalten Sie 5 % Rabatt (1. Argument) und wir geben Ihnen außerdem noch eine Garantie von drei Jahren auf die Akkus (2. Argument). D. h., es handelt sich um ein sehr lohnenswertes Angebot (These).
(Hinweis: In diesem Fall wurde die Fünf-Satz-Technik eingesetzt. Der Einsatz anderer Techniken ist möglich.)

**Aufgabe 8**

| Ebenen des 4-Ohren-Modells | mögliche Aussagen |
|---|---|
| **Sachinformation** | E-Bikes sind für ältere Menschen gedacht. |
| **Selbstkundgabe** | Ich fühle mich zu jung für ein E-Bike und bin empört, dass man mir ein solches anbietet. |
| **Beziehungshinweis** | Der Verkäufer hat keine Ahnung, dass man nur ältere Leute auf das Angebot ansprechen sollte. |
| **Appell** | Bieten Sie mir kein E-Bike an! |

**Aufgabe 9**

a) Z. B.: „Sie werden bestimmt sagen, dass ein E-Bike doch eher etwas für ältere Leute ist. Wenn Sie sich jedoch dieses Modell ansehen, dann fällt schon auf, dass es ein sehr sportliches Design besitzt.“

b) Antwort: „Gerade für Leute, die bisher wenig Fahrrad gefahren sind, bietet das E-Bike genug Gründe, nun viel häufiger auf das Fahrrad umzusteigen. Wenn es Ihnen beispielsweise zu anstrengend wird, schalten Sie den Motor ein und Sie bestimmen, wie stark er Sie unterstützen soll.“ Methode: Bumerangmethode (Einwandsumkehr)

c) Der Verkäufer relativiert den Einwand des Kunden. Es kann sein, dass der Kunde dadurch das Gefühl hat, sein Einwand werde nicht ernst genommen, und noch ablehnender reagiert.

## Situation 2

**Aufgabe 10**

| Fragetechnik | Einsatz | Beispiel |
|---|---|---|
| **Offene Frage** | V. a. zu Beginn des Gespräches; man signalisiert Interesse und der Kunde fühlt sich wertgeschätzt. | „Was kann ich für Sie tun?" |
| **Geschlossene Frage** | V. a. am Ende der Bedarfsermittlung; sie dient der Absicherung, dass man den Wunsch des Kunden richtig verstanden hat. | „Sie interessieren sich also für ein sportliches E-Bike?" |
| **Entscheidungsfrage** | V. a. gegen Ende des Beratungsgespräches oder bei Terminvereinbarungen; die zuletzt genannte Alternative bleibt am besten im Gedächtnis. | „Möchten Sie eher ein City-E-Bike oder unser sportlicheres Modell, das sowohl für die Stadt als auch für Waldwege geeignet ist?" |
| **Kontrollfrage** | Sie ist sinnvoll im Rahmen des aktiven Zuhörens und dient zur Absicherung, ob man den Gesprächspartner richtig verstanden hat. | „Habe ich Sie richtig verstanden: Sie befürchten, dass die Handhabung des E-Bikes kompliziert ist?" |

**Aufgabe 11**

c, e

**Aufgabe 12**

2 - 1 - 3

**Aufgabe 13**

- Interesse signalisieren
- Gute Beziehung herstellen
- Gehörtes zusammenfassen

**Aufgabe 14**

- Sprechen Sie verständlich.
- Sprechen Sie abwechslungsreich.
- Bilden Sie kurze, aber vollständige Sätze.
- Sprechen Sie deutlich.
- Sprechen Sie nicht zu schnell und in einer angenehmen mittleren Lautstärke.

**Aufgabe 15**

- Ich zeige eine freundliche und interessierte Mimik.
- Ich achte auf eine angemessene Körperspannung.
- Ich unterstütze meine Aussagen durch passende Gestik.
- Ich halte eine angemessene räumliche Distanz zu meinem Gesprächspartner.

**Aufgabe 16**

✓ Verbale, nonverbale und paraverbale Kommunikation stimmig eingesetzt?
✓ Genaue und eindeutige Formulierungen verwendet?
✓ Aktiv zugehört?
✓ Fragetechniken situationsgerecht eingesetzt?
✓ Argumentation schlüssig aufgebaut?
✓ Passende Argumenttypen eingesetzt?

**Aufgabe 17**

a) „Das ist natürlich ärgerlich, dass der Akku nicht für die gesamte Wegstrecke gereicht hat. Ich zeige Ihnen gerne, woran Sie erkennen, ob der Akku richtig geladen ist."

b) „Bitte haben Sie noch einen Augenblick Geduld. Der Computer braucht leider immer etwas länger, wenn ihm nicht alle Bestelldaten bekannt sind."

c) Wenn der Kunde sich seiner Entscheidung nicht sicher ist, sollte man ihn nicht überreden. Ggf. helfen weitere Nutzenargumente oder auch eine Sprechpause, die dem Kunden Gelegenheit gibt, eine Entscheidung zu treffen.

**Aufgabe 18**

- Wer waren die Gesprächspartner?
- Wann hat das Gespräch stattgefunden?
- Was war das Thema des Gespräches?
- Welche Inhalte wurden besprochen?
- Was war das Ergebnis des Gespräches?
- Was sind die weiteren Schritte?

## Situation 2

**Aufgabe 19**

Reaktion: „Ja. Davon habe ich auch schon gehört. Sie haben Recht, das E-Bike ist gut geeignet für solche Touren. Wir hatten ja bereits festgestellt, dass die Ausstattung dieses Rades Ihren Vorstellungen entspricht. …“
Kundentyp: Vielredner

**Aufgabe 20**

| Italienische Verhaltensweise | Deutsche Verhaltensweise | Vorschlag |
|---|---|---|
| **„Sie sind nicht so pünktlich, erwarten aber Pünktlichkeit von uns Deutschen.“** | Für uns Deutsche ist Pünktlichkeit gerade im Geschäftsleben sehr wichtig. | Wir kalkulieren zeitlich ein, dass unsere italienischen Geschäftspartner später kommen als vereinbart. |
| **„Ohne Small Talk geht gar nichts.“** | Bei Geschäftsverhandlungen sind die geschäftlichen Informationen wichtig, persönliche Angelegenheiten zählen kaum. | Bei der Geschäftsverhandlung konzentrieren wir uns nicht nur auf den Verhandlungsgegenstand, sondern beginnen mit einer „lockeren“ Unterhaltung. |
| **„Berufliches und Privates trennen sie nicht unbedingt klar voneinander.“** | Privates hat im Geschäftsleben keine Bedeutung. | Sollten Ehepartner mit angereist sein, so laden wir sie zu den Geschäftsessen mit ein. |

## Situation 3

**Aufgabe 1**

- Alter: zwischen 25 - 45 Jahren (Alter, in dem man kleine Kinder hat)
- Geschlecht: sowohl männlich als auch weiblich
- Familienstatus: mit Kindern
- Wohnort: im Umkreis von Landshut

**Aufgabe 2**

b, c, g

**Aufgabe 3**

✓ Produktinformationen
✓ Preislisten
✓ Werbematerial zu Produkten, die nicht ausgestellt werden

## Situation 4

**Aufgabe 1**

- Mündlich
- Telefonisch
- Schriftlich
- Online

**Aufgabe 2**

Vorteile: hoher Rücklauf, Feststellung von Reaktionen
Nachteile: zeitaufwändig, kostenintensiv

**Aufgabe 3**

| Bereich | Fragen (Beispiele) |
|---|---|
| **Produkte und Dienstleistungen** | • Wie zufrieden sind Sie mit der Qualität unserer Produkte?<br>• Wie zufrieden sind Sie mit unserem Reparaturservice? |
| **Mitarbeiter** | • Wie zufrieden sind Sie mit der Freundlichkeit unseres Verkaufspersonals?<br>• Wie zufrieden sind Sie mit der Beratung durch unser Verkaufspersonal? |
| **Abwicklung** | • Wie zufrieden sind Sie mit der Terminvergabe in unserer Werkstatt?<br>• Wie zufrieden sind Sie mit der Zuverlässigkeit unseres Lieferservices? |

## Situation 5

| | |
|---|---|
| **Aufgabe 1** | c |
| **Aufgabe 2** | Eine Beschwerde ist die ausgedrückte Unzufriedenheit eines Kunden.<br>Von einer Reklamation spricht man, wenn ein bestimmter Rechtsanspruch geltend gemacht werden kann (z. B. wenn das gekaufte Produkt einen Mangel im rechtlichen Sinn aufweist). |
| **Aufgabe 3** | a, d, f |
| **Aufgabe 4** | Von einem Konflikt spricht man im Fall von Meinungsverschiedenheiten oder der Handlung einer Person, die von der anderen als störend erlebt wird. Es genügt, wenn eine der beiden Parteien die Situation als beeinträchtigend erlebt. |
| **Aufgabe 5** | Ursachen von Konflikten können auf der Sachebene liegen und damit offensichtlich sein, wenn beispielsweise die Parteien über unterschiedliche Informationen verfügen oder Informationen unterschiedlich bewerten oder auch, wenn sie unterschiedliche Ziele verfolgen. Häufiger spielen jedoch Ursachen auf der Beziehungsebene eine Rolle, bzw. wenn die Gesprächspartner unterschiedliche Wertvorstellungen besitzen oder Macht missbraucht wird; diese Ursachen sind nicht so leicht erkennbar. |
| **Aufgabe 6** | 1 - 2 - 1 - 1 |
| **Aufgabe 7** | (siehe Tabelle unten) |

| Phase | geeignete Verhaltensweisen des Mitarbeiters |
|---|---|
| **Das Anliegen des Kunden verstehen und wahrnehmen.** | • Auf eine positive Beziehungsebene achten<br>• Kunden ausreden lassen und aktiv zuhören<br>• Hintergrund der Beschwerde mit gezielter Fragetechnik ermitteln |
| **Die emotionale Ebene klären.** | • Verständnis zeigen und sich für Unannehmlichkeiten entschuldigen<br>• Dem Kunden wertschätzend begegnen (seine Sicht der Dinge bestätigen) |
| **Eine akzeptable Lösung finden.** | • Gemeinsam mit dem Kunden eine akzeptable Lösung finden<br>• Verbindliche Aussagen treffen<br>• Auf positive Formulierungen achten<br>• Sich beim Kunden für die Beschwerde bedanken |

| | |
|---|---|
| **Aufgabe 8** | a) „Kleinen Augenblick bitte. Ich finde für Sie den zuständigen Kollegen."<br>b) „Ich kann verstehen, dass Sie sich darüber ärgern. Ich werde den Akku kontrollieren. Dann sehen wir, woran das lag."<br>c) „Das tut mir leid, dass Sie sich in dem Fall nicht gut beraten gefühlt haben. Wie kann ich Ihnen denn jetzt helfen?" |
| **Aufgabe 9** | Wir haben die Aufgabe, auch mit schwierigen Kunden angemessen umzugehen. Häufig schicken Sie diese zu mir. Für mich ist es auch nicht einfach, mit diesen Kunden zu verhandeln. Wenn ich viele von ihnen beraten muss, fühle ich mich gestresst. Mir ist wichtig, dass wir uns gegenseitig in schwierigen Situationen unterstützen, dann ist das auch für mich eine Entlastung. Deshalb bitte ich Sie, dass wir uns darüber absprechen, wie wir uns in schwierigen Situationen mit Kunden zukünftig besser gegenseitig unterstützen können, sodass solche Gespräche für uns beide einfacher werden." |
| **Aufgabe 10** | • Dokumentation von Beschwerden<br>• Auswertung von Beschwerden |
| **Aufgabe 11** | Beschwerden bieten jedem Unternehmen die Chance, das Verhältnis zu seinen Kunden zu festigen. In solchen Fällen kann man dem Kunden zeigen, wie wichtig er dem Unternehmen ist. Kunden, deren Beschwerden bzw. Probleme zufriedenstellend für sie gelöst wurden, binden sich stärker an das Unternehmen als zuvor. |
| **Aufgabe 12** | 2 - 1 - 1 - 3 - 3 |
| **Aufgabe 13** | • Zeitpunkt der Beschwerde<br>• Ursache der Beschwerde<br>• (standardisierte) Verbesserungsmöglichkeiten |

# 01 Kundenorientierte Auftragsabwicklung

## B Auftragsbearbeitung und -nachbereitung

### Situation 1

| | |
|---|---|
| **Aufgabe 1** | Allgemeine Anfrage:<br>Bitte um Zusendung eines Kataloges, einer Preisliste oder Bitte um Vertreterbesuch<br>Bestimmte Anfrage:<br>Bitte um Informationen über bestimmte Waren hinsichtlich z. B. Art und Beschaffenheit der Ware, Preis, Lieferungs- und Zahlungsbedingungen |
| **Aufgabe 2** | Eine Anfrage hat grundsätzlich keine rechtsbindende Wirkung bezogen auf einen möglichen Vertragsabschluss. Sie will lediglich Informationen einholen. |
| **Aufgabe 3** | • Bisheriges Zahlungsverhalten: Pünktlichkeit der Zahlung, Überschreiten/Unterschreiten des Zahlungsziels, unberechtigte Abzüge, erfolgte Mahnschreiben<br>• Auftragsvolumen des Kunden: Höhe einzelner Kundenaufträge, Gesamtumsatz<br>• Image des Kunden: Zuverlässigkeit, Auftreten, Persönlichkeit |
| **Aufgabe 4** | • Verkaufsabteilung mit eigenen Erfahrungen<br>• Unternehmen, die als Referenz vom Kunden angegeben wurden<br>• öffentliche Register wie Handelsregister, Grundbuch<br>• halbamtliche Stellen wie Industrie- und Handelskammern<br>• gewerbsmäßige Auskunfteien |
| **Aufgabe 5** | Das Angebot ist eine an eine bestimmte Person oder Personengruppe gerichtete Willenserklärung, eine Leistung zu erbringen (z. B. Waren unter bestimmten Bedingungen zu liefern). |
| **Aufgabe 6** | Ein freibleibendes Angebot ist in allen Bestandteilen unverbindlich und hat deshalb keine rechtsbindende Wirkung. |
| **Aufgabe 7** | a |
| **Aufgabe 8** | Freizeichnungsklauseln schließen eine Bindung punktuell aus, z. B. Preis freibleibend, solange der Vorrat reicht, unverbindlich. Zeitliche Befristungen begrenzen die Dauer einer rechtlichen Bindung, z. B. gültig bis zum 22.07.20.. |
| **Aufgabe 9** | Ein Widerruf ist nur wirksam, wenn er spätestens gleichzeitig mit dem Antrag eintrifft. |
| **Aufgabe 10** | • Verlangtes Angebot: Eine Anfrage ging voraus.<br>• Unverlangtes Angebot: Lieferer bietet seine Produkte ohne vorausgegangene Anfrage an. |
| **Aufgabe 11** | Preis, Schnelligkeit, Verlässlichkeit, Qualität, technische Anforderungen, Bestell- und Lieferservice, Garantie, Umtauschrecht, Zahlungsziel |
| **Aufgabe 12** | d |

### Situation 2

| | |
|---|---|
| **Aufgabe 1** | Art, Güte und Beschaffenheit der Ware, Preis und Menge der Ware, Lieferungsbedingungen, Zahlungsbedingungen und Eigentumsvorbehalt, Erfüllungsort und Gerichtsstand |
| **Aufgabe 2** | Die Warenart wird i. d. R. über den handelsüblichen Namen bestimmt (z. B. Trekkingrad, Mountainbike). Sie kann aber auch ausdrücklich vertraglich festgelegt werden durch:<br>• Muster und Proben,<br>• Abbildungen und Beschreibungen,<br>• Herkunftsbezeichnung, Jahrgang<br>• Waren- und Gütezeichen,<br>• Güteklassen,<br>• Angabe von Zusammensetzung der Materialien. |

## Situation 2

**Aufgabe 3**

d

**Aufgabe 4**

Rabatte sind Preisnachlässe aus besonderen Motiven, z. B. Mengenrabatt, Treuerabatt, Personalrabatt.

Boni sind nachträglich gewährte Preisnachlässe, die in der Regel am Jahresende bei Erreichen eines bestimmten Umsatzes gewährt werden.

Skonti sind Preisnachlässe, die bei Zahlung innerhalb einer bestimmten Frist vom Rechnungsbetrag abgezogen werden.

**Aufgabe 5**

Der Kreditzeitraum beträgt 50 Tage.
50 Tage ≙ 2 %
360 Tage ≙ x %
**x = 14,4 %** (Jahreszinssatz)

**Aufgabe 6**

**Zur Berechnung des Finanzierungserfolgs:**

| | | |
|---|---|---|
| | eingespartes Nettoskonto | 240,00 EUR |
| – | Bankzinsen vom Überweisungsbetrag | 116,62 EUR |
| = | **Finanzierungsgewinn** | **123,38 EUR** |

**Nebenrechnungen:**

**Nettoskonto:** $12\,000{,}00 \text{ EUR} \cdot \frac{2}{100} = 240{,}00 \text{ EUR}$

**Überweisungsbetrag:**
12 000,00 EUR (Nettowarenwert) · 1,19 = 14 280,00 EUR (Bruttowarenwert)
14 280,00 EUR (Bruttowarenwert) · 0,98 (2 % Skontoabzug) = 13 994,40 EUR (Überweisungsbetrag)

**Bankzinsen:**
Kreditzeitraum: 30 Tage

$Z = \frac{K \cdot p \cdot t}{100 \cdot 360}$, also $\frac{13\,994{,}40 \cdot 10 \cdot 30}{100 \cdot 360} = 116{,}62 \text{ EUR}$

**Zur Erklärung:**

1. Den Bankzinssatz vom Überweisungsbetrag (der ja zwangsläufig ein Bruttobetrag ist) zu berechnen ist sinnvoll und richtig, da dies genau der Betrag ist, den der Kunde zu überweisen hat und entsprechend bei seiner Bank als Kredit aufnehmen muss, wenn er unter Abzug von Skonto zahlen möchte. In der Zinsformel muss für „K" (Kapital) stets der Überweisungsbetrag eingesetzt werden.
2. Die „echte" Ersparnis des Kunden durch Zahlung unter Abzug von Skonto beschränkt sich allerdings auf das Nettoskonto; zwar nehmen seine Verbindlichkeiten um das Bruttoskonto ab, aber es ist ja zeitgleich eine Vorsteuerkorrektur zu berücksichtigen, sodass dem Kunden letztlich nur das Nettoskonto als „echte" Ersparnis erhalten bleibt.

**Aufgabe 7**

| | |
|---|---|
| | Listeneinkaufspreis |
| – | Liefererrabatt |
| = | Zieleinkaufspreis |
| – | Liefererskonto |
| = | Bareinkaufspreis |
| + | Bezugskosten |
| = | Bezugspreis/Einstandspreis |
| + | Handlungskosten |
| = | Selbstkosten |
| + | Gewinn |
| = | Barverkaufspreis |
| + | Kundenskonto |
| = | Zielverkaufspreis |
| + | Kundenrabatt |
| = | Listenverkaufspreis |

## Situation 2

| | |
|---|---|
| **Aufgabe 8** | Materialkosten<br>+ Fertigungskosten<br>= Herstellkosten<br>+ Vw-/Vt-Gemeinkosten<br>= Selbstkosten<br>+ Gewinn<br>= Barverkaufspreis<br>+ Kundenskonto<br>= Zielverkaufspreis<br>+ Kundenrabatt<br>= Listenverkaufspreis |
| **Aufgabe 9** | Der Gläubiger kann die Lieferung sofort verlangen, der Schuldner die Lieferung sofort bewirken. |
| **Aufgabe 10** | Die Kosten für die Schutz- und Versandverpackung trägt der Käufer, die Kosten für die Verkaufsverpackung trägt der Verkäufer. |
| **Aufgabe 11** | |

| | Beförderungs-bedingung | Kosten für Verkäufer | Kosten für Käufer |
|---|---|---|---|
| a) | frei Waggon | • Anfuhrkosten zur Verladestation<br>• Verladekosten | • Fracht<br>• Entladekosten<br>• Zustellkosten<br>• Einlagerungskosten |
| b) | ab Werk | – | • alle Beförderungskosten |
| c) | unfrei, ab hier | • Anfuhrkosten zur Verladestation | • Verladekosten<br>• Fracht<br>• Entladekosten<br>• Zustellkosten<br>• Einlagerungskosten |
| d) | frachtfrei | • Anfuhrkosten zur Verladestation<br>• Verladekosten<br>• Fracht | • Entladekosten<br>• Zustellkosten<br>• Einlagerungskosten |
| e) | frei Keller | • alle Beförderungskosten | – |

| | |
|---|---|
| **Aufgabe 12** | Der Verkäufer trägt die Beförderungskosten bis inklusive Fracht. Die verbleibenden Frachtkosten in Höhe von **20,00 EUR** hat der Käufer zu tragen. |
| **Aufgabe 13** | Der Verkäufer trägt nur die Hausfracht vom Werk des Lieferers bis zum Versandbahnhof in Höhe von 40,00 EUR. Die übrigen Frachtkosten in Höhe von **120,00 EUR** (90,00 EUR Fracht + 30,00 EUR Zustellkosten) hat der Käufer zu tragen. |
| **Aufgabe 14** | b |
| **Aufgabe 15** | • Zahlung vor Lieferung: Vorauszahlung, Anzahlung<br>• Zahlung bei Lieferung: Barzahlung/Kartenzahlung, Teilzahlung bei Teillieferung<br>• Zahlung nach Lieferung: Zahlungsziel, Ratenzahlung |
| **Aufgabe 16** | Der gesetzliche Erfüllungsort ist nach der gesetzlichen Regelung der Wohn- bzw. Geschäftssitz des Schuldners. Der Erfüllungsort für die Warenschuld ist demnach der Wohn- bzw. Geschäftssitz des Verkäufers. Der Erfüllungsort für die Geldschuld ist der Wohn- bzw. Geschäftssitz des Käufers. |
| **Aufgabe 17** | e |
| **Aufgabe 18** | d |

## Situation 2

| | |
|---|---|
| **Aufgabe 19** | c |
| **Aufgabe 20** | c |
| **Aufgabe 21** | Allgemeine Geschäftsbedingungen sind alle für eine Vielzahl von Verträgen vorformulierten Vertragsbedingungen, die eine Vertragspartei der anderen Vertragspartei stellt. |
| **Aufgabe 22** | Regelungen zur Lieferpflicht und zur Lieferzeit, Bestimmungen zu Preisen und Nachlässen, Regelungen zu Zahlungsbedingungen und Zahlungsverzug, Handhabung des Warenversands (Mittel, Risiken, Kosten), Regelungen zur Wahrnehmung von Rechten des Käufers bei Kaufvertragsstörungen, Eigentumsvorbehalt des Verkäufers, Erfüllungsort und Gerichtsstand |
| **Aufgabe 23** | Eigentumsvorbehalt bedeutet, dass die Ware bis zur vollständigen Bezahlung Eigentum des Verkäufers bleibt. Der einfache Eigentumsvorbehalt erlischt, wenn die Ware an einen gutgläubigen Dritten verkauft, wenn sie verarbeitet oder verbraucht oder mit einer unbeweglichen Sache verbunden wird. |
| **Aufgabe 24** | **Erweiterter Eigentumsvorbehalt:**<br>Der Eigentumsvorbehalt erstreckt sich bis zur Begleichung **aller** Forderungen des Verkäufers auf **alle** von ihm gelieferten Waren – auch auf bereits bezahlte.<br>Verlängerter Eigentumsvorbehalt:<br>• Bei **Verarbeitung** der Sache: Übereignung der neu entstandenen Sache.<br>• Bei **Weiterverkauf** der Sache: Abtretung der Forderung gegenüber Dritten |
| **Aufgabe 25** | b |
| **Aufgabe 26** | Die Gewährleistungspflicht (i. d. R. 2 Jahre) ist gesetzlich vorgeschrieben. Zu darüber hinausgehenden Garantieleistungen kann sich ein Lieferer freiwillig verpflichten (freiwillige Selbstverpflichtung). Kulanzleistungen stehen im freien Ermessen des Lieferers und sind meist Einzelfallentscheidungen. |

## Situation 3

| | |
|---|---|
| **Aufgabe 1** | a) 3<br>b) 2<br>c) 1<br>d) 4<br>e) 5 |
| **Aufgabe 2** | Ist die angefragte Ware im Lager vorhanden? Sind schon Vormerkungen für andere Kunden vorhanden? Wann ist mit Lagerzugängen zu rechnen? Wie schnell können die Waren ggf. neu beschafft werden? |
| **Aufgabe 3** | b |
| **Aufgabe 4** | Angebot und Bestellung müssen inhaltlich übereinstimmen. |
| **Aufgabe 5** | b - e - c |
| **Aufgabe 6** | Der Käufer gibt ohne ein Angebot des Verkäufers eine Bestellung auf. Eine inhaltlich übereinstimmende Auftragsbestätigung des Verkäufers führt zum Abschluss des Kaufvertrages.<br>Der Käufer gibt auf ein Angebot eine Bestellung verspätet oder mit Abänderung auf. Es handelt sich um einen neuen Antrag. Die Annahme des neuen Antrags mit einer inhaltlich übereinstimmenden Auftragsbestätigung des Verkäufers führt zum Abschluss des Kaufvertrages. |
| **Aufgabe 7** | Missverständnisse bei einer telefonischen Bestellung werden vermieden. Kunde wird über die Allgemeinen Geschäftsbedingungen des Verkäufers informiert. Die Eigenschaften einer bestellten Ware haben sich verändert und Kunde wird darüber informiert. Bei erstmaliger Bestellung wird ein besonderer Dank an Kunden gesendet. |

## Situation 3

| | |
|---|---|
| **Aufgabe 8** | Unter Anwesenden muss die Annahme erfolgen, solange die Unterredung (auch telefonisch) dauert.<br>Unter Abwesenden muss die Annahme erfolgen, wie unter regelmäßigen Umständen eine Antwort erwartet werden kann. Für eine rechtzeitige Annahme sind zu berücksichtigen: Transportwege (Postweg), Überlegungsfrist, Zeit für die Erstellung der Mitteilung. |
| **Aufgabe 9** | e |
| **Aufgabe 10** | e |
| **Aufgabe 11** | Die Bestellung (wie auch das Angebot) ist an keine Formvorschrift gebunden. Sie kann mündlich (auch telefonisch) oder schriftlich per Brief oder Fax und auch in elektronischer Form abgegeben werden. |
| **Aufgabe 12** | Verkäufer: Sache übergeben/liefern und Eigentum übertragen<br>Käufer: Sache annehmen und Kaufpreis zahlen |
| **Aufgabe 13** | c |

## Situation 4

| | |
|---|---|
| **Aufgabe 1** | Die auslieferungsbereite Ware wird nach Angaben der Kundenbestellung zu Verpackungseinheiten und/oder Transporteinheiten zusammengestellt. |
| **Aufgabe 2** | a) 6 e) 2<br>b) 4 f) 5<br>c) 1 g) 8<br>d) 7 h) 3 |
| **Aufgabe 3** | • Die Transportverpackung schützt die Ware auf dem Weg vom Hersteller zum Händler mit Kartons, Kisten, Paletten, Containern u. a.<br>• Die Verkaufsverpackung bietet der Ware auch im Verkaufsraum Schutz, z. B. ist Zahnpasta in Tuben verpackt und Getränke sind in Flaschen oder Parfums in Flacons abgefüllt.<br>• Die Umverpackung dient als zusätzliche Schutzhülle für die Verkaufsverpackung und wertet sie ggf. auf, z. B. die Schachtel für die Zahnpastatube, der Kasten für die Getränkeflaschen, die gepolsterte Schachtel mit Schutzfolie für den Parfumflacon. |
| **Aufgabe 4** | Zustellung mit eigenen Fahrzeugen (Werkverkehr), Durchführung mit Logistikunternehmen/Transportunternehmen (z. B. KEP-Dienste, DHL, Deutsche Bahn, Güterkraftverkehr, Reedereien, Luftfahrtgesellschaften), Einschaltung von Spediteuren |
| **Aufgabe 5** | Die Abkürzung KEP-Dienste steht für Kurier-, Express- und Paketdienste. Dazu gehören z. B. DPD, UPS, GLS, FedEx. |
| **Aufgabe 6** | d |
| **Aufgabe 7** | Absender, Lieferadresse, Lieferscheinnummer, Kundennummer, Bestellnummer und Bestelldatum, Nummer und Datum der Auftragsbestätigung, Lieferdatum, Artikelbezeichnung und gelieferte Menge, Preis pro Einheit, Versandart, Möglichkeit für Bestätigung und Unterschrift |
| **Aufgabe 8** | Rechnungsabsender mit vollständigem Namen und Adresse, Rechnungsempfänger mit vollständigem Namen und Adresse, Steuernummer oder Umsatzsteuer-Identifikationsnummer, Rechnungsdatum und fortlaufende Rechnungsnummer, für jede aufgeführte Position: Menge, Artikelbezeichnung, Zeitpunkt der Lieferung, Einzelpreis (netto) und Gesamtpreis (netto), Summe der Nettobeträge, Umsatzsteuer, Zahlungsfrist und Zahlungsbedingungen, Bankverbindung des Zahlungsempfängers |
| **Aufgabe 9** | 10 Jahre |

## Situation 4

| | |
|---|---|
| **Aufgabe 10** | e |
| **Aufgabe 11** | b |
| **Aufgabe 12** | d<br>Nettopreis 15 994,87 EUR<br>+ USt 19 % 3 039,03 EUR<br>= Bruttopreis 19 033,90 EUR |
| **Aufgabe 13** | a |

## Situation 5

| | |
|---|---|
| **Aufgabe 1** | Terminkontrolle mit manuellen Ordnungssystemen (z. B. Kundenkartei), Terminkontrolle mithilfe der Datenverarbeitung, Offene-Posten-Liste |
| **Aufgabe 2** | b |
| **Aufgabe 3** | Fälligkeit der Zahlung; Mahnung, falls der Zahlungstermin nicht kalendermäßig bestimmt bzw. bestimmbar ist; Verschulden |
| **Aufgabe 4** | Der Schuldner gerät grundsätzlich spätestens 30 Tage nach Fälligkeit und Zugang der Rechnung automatisch (ohne Mahnung) in Verzug. Ist der Zeitpunkt des Zugangs der Rechnung unsicher, so wird stattdessen der Zeitpunkt des Zugangs der Leistung angenommen. Diese Regelung gilt allerdings gegenüber Schuldnern, die Verbraucher sind, nur, wenn sie auf diese Folgen in der Rechnung hingewiesen worden sind. |
| **Aufgabe 5** | b |
| **Aufgabe 6** | • ohne Nachfrist: Erfüllung des Vertrages und ggf. Schadensersatz (Verzögerungsschaden)<br>• nach erfolglos abgelaufener Nachfrist: Rücktritt vom Vertrag und ggf. Schadensersatz statt der Leistung (Nichterfüllungsschaden) oder Ersatz vergeblicher Aufwendungen |
| **Aufgabe 7** | • Höfliche Zahlungserinnerung, ggf. mit Rechnungskopie oder Kontoauszug, d. h., das Wort „Mahnung“ wird in dem Schreiben in der Regel nicht verwendet.<br>• Mahnung mit einer deutlichen Zahlungsaufforderung, gegebenenfalls mit Fristsetzung.<br>• Mahnung mit Fristsetzung, gegebenenfalls Ankündigung des Einzugs durch Postnachnahme oder durch ein Inkasso-Institut.<br>• Gegebenenfalls Zustellung einer Postnachnahme oder Übergabe an ein Inkasso-Institut.<br>• Letzte Mahnung mit Androhung gerichtlicher Schritte; es wird ein letzter Termin gesetzt, danach wird das gerichtliche Mahnverfahren eingeleitet oder Klage erhoben. |
| **Aufgabe 8** | 5 Prozentpunkte über dem aktuellen Basiszinssatz der EZB |
| **Aufgabe 9** | a) 1<br>b) 6<br>c) 3<br>d) 4<br>e) 5<br>f) 2 |
| **Aufgabe 10** | e |
| **Aufgabe 11** | Beim örtlich zuständigen Amtsgericht des Antragstellers bzw. beim Zentralen Mahngericht des Bundeslandes |
| **Aufgabe 12** | Binnen zwei Wochen |
| **Aufgabe 13** | b - f - d |

## Situation 5

| | |
|---|---|
| **Aufgabe 14** | • Schuldner zahlt (Verfahren beendet)<br>• Schuldner legt Widerspruch ein (mündliche Verhandlung vor Gericht, ggf. vollstreckbarer Titel)<br>• Schuldner unternimmt nichts (Vollstreckungsbescheid) |
| **Aufgabe 15** | Binnen zwei Wochen |
| **Aufgabe 16** | d |
| **Aufgabe 17** | Vollstreckungsbescheid beantragen |
| **Aufgabe 18** | a |
| **Aufgabe 19** | a) **8,5 % p. a.** (9,0 Prozentpunkte über dem Basiszinssatz i. H. v. – 0,5 % p. a.)<br>b) **45 Tage** (Zahlungsziel bis 20.05., danach Verzugszinsen bis 05.07.)<br>c) $Z = \frac{K \cdot p \cdot t}{100 \cdot 360}$<br>$Z = \frac{10200{,}00\text{ EUR} \cdot 8{,}5 \cdot 45\text{ Tage}}{100 \cdot 360\text{ Tage}}$<br>Z = **108,38 EUR**<br>d) **148,38 EUR** (Verzugszinsen 108,38 EUR + Mahnpauschale 40,00 EUR nach § 288 V BGB) |
| **Aufgabe 20** | $p = \frac{Z \cdot 100 \cdot 360}{K \cdot t}$<br>$p = \frac{50{,}00\text{ EUR} \cdot 100 \cdot 360\text{ Tage}}{6000{,}00\text{ EUR} \cdot 30\text{ Tage}}$<br>p = **10 %** |
| **Aufgabe 21** | Hinweis: Weder K noch Z sind bekannt, deshalb ist ein Lösungsansatz über die Zinsformel hier nicht möglich. Stattdessen:<br>360 Tage ≙ 9,5 % (Zinssatz p. a.)<br>50 Tage ≙ 1,3194 % (Zinssatz für Verzugszeitraum)<br>7295,00 EUR ≙ 101,3194 % (gezahlter Betrag)<br>**7200,00 EUR** ≙ 100,00 % (ursprünglicher Rechnungsbetrag) |
| **Aufgabe 22** | $t = \frac{Z \cdot 100 \cdot 360}{K \cdot p}$<br>$t = \frac{74{,}67\text{ EUR} \cdot 100 \cdot 360\text{ Tage}}{6400{,}00\text{ EUR} \cdot 10{,}5}$<br>t = **40 Tage** |

## Situation 6

| | |
|---|---|
| **Aufgabe 1** | Unter Verjährung versteht man eine gesetzlich geregelte Frist, nach deren Ablauf der Schuldner berechtigt ist, die von ihm geschuldete Leistung (hier: Zahlung) wegen Zeitablaufs zu verweigern. |
| **Aufgabe 2** | 3 Jahre |
| **Aufgabe 3** | Die regelmäßige Verjährungsfrist beginnt grundsätzlich mit dem Schluss des Jahres, in dem der Anspruch entstanden ist und der Gläubiger von den Umständen, die den Anspruch begründen, und der Person des Schuldners Kenntnis erlangt oder ohne grobe Fahrlässigkeit erlangen müsste. |
| **Aufgabe 4** | a - f - b |
| **Aufgabe 5** | Die besonderen Verjährungsfristen beginnen mit dem Fälligkeitstag des Anspruchs. |
| **Aufgabe 6** | c |

## Situation 6

| | |
|---|---|
| **Aufgabe 7** | Im Zeitpunkt des Neubeginns beginnt die Verjährungsfrist erneut in voller Länge zu laufen. Die bereits abgelaufene Verjährungszeit zählt nicht mehr. |
| **Aufgabe 8** | Durch eine Hemmung der Verjährung wird die Verjährungsfrist um einen entsprechenden Zeitraum verlängert. |
| **Aufgabe 9** | d |
| **Aufgabe 10** | d |
| **Aufgabe 11** | Die Verjährung beginnt neu zu laufen. |
| **Aufgabe 12** | Der Anspruch ist trotz Verjährung nicht erloschen. Leistet ein Schuldner also aus Unkenntnis trotz Verjährung, so kann er die Leistung nachträglich nicht zurückverlangen. |
| **Aufgabe 13** | d |

## Situation 7

**Aufgabe 1**

a) 10 c) 6 e) 4 g) 9 i) 8
b) 1 d) 5 f) 2 h) 3 j) 7

**Aufgabe 2**

| | | | |
|---|---|---|---|
| Bezugspreis | 100,00 % | | 392,00 EUR |
| + Handlungskosten | 20,00 % | | 78,40 EUR |
| = Selbstkosten | 120,00 % | 100,00 % | 470,40 EUR |
| + Gewinn | | 12,50 % | 58,80 EUR |
| = Barverkaufspreis | 94,00 % | 112,50 % | 529,20 EUR |
| + Kundenskonto | 2,00 % | | 11,26 EUR |
| + Vertreterprovision | 4,00 % | | 22,52 EUR |
| = **Zielverkaufspreis** | 100,00 % | | **562,98 EUR** |

**Aufgabe 3**

| | | |
|---|---|---|
| Bezugspreis (Wareneinsatz) | 100,00 % | 4 500 000,00 EUR |
| + **Handlungskosten** (sonstige Kosten) | **22,00 %** | 990 000,00 EUR |

Hinweis: Die übrigen Angaben werden für die Berechnung des Handlungskostenzuschlagssatzes nicht benötigt.

**Aufgabe 4**

| | | |
|---|---|---|
| Bezugspreis (Wareneinsatz) | | 4 000 000,00 EUR |
| + Handlungskosten (sonstige Kosten) | | 650 000,00 EUR |
| = Selbstkosten | 100,00 % | 4 650 000,00 EUR |
| + **Gewinn** (UE – K) | **9,68 %** | **450 000,00 EUR** |
| = Barverkaufspreis (Nettoumsatzerlöse) | | 5 100 000,00 EUR |

**Aufgabe 5**

Wareneinsatz (≙ Bezugspreis): 250 000,00 EUR
Handlungskosten: 65 000,00 EUR
(15 000,00 EUR + 10 000,00 EUR + 5 000,00 EUR + 15 000,00 EUR + 20 000,00 EUR)

| | | |
|---|---|---|
| Bezugspreis | 100,00 % | 250 000,00 EUR |
| + **Handlungskosten** | **26,00 %** | 65 000,00 EUR |

## Situation 7

**Aufgabe 6**

| | | | |
|---|---|---|---|
| = Barverkaufspreis | 98,00 % | | 441,00 EUR |
| + Kundenskonto | 2,00 % | | 9,00 EUR |
| = Zielverkaufspreis | 100,00 % | 90,00 % | 450,00 EUR |
| + Kundenrabatt | | 10,00 % | 50,00 EUR |
| = **Listenverkaufspreis** | | 100,00 % | **500,00 EUR** |

**Aufgabe 7**

| | | | |
|---|---|---|---|
| = Selbstkosten | 100,00 % | | 69 696,00 EUR |
| + Gewinn | 12,50 % | | 8 712,00 EUR |
| = Barverkaufspreis | 112,50 % | | 78 408,00 EUR |
| + Kundenskonto | | 0,00 % | 0,00 EUR |
| = Zielverkaufspreis | 95,00 % | | 78 408,00 EUR |
| + Kundenrabatt | 5,00 % | | 4 126,74 EUR |
| = **Listenverkaufspreis** | 100,00 % | | **82 534,74 EUR** |

**Aufgabe 8**

$$\text{Kalkulationszuschlagssatz} = \frac{\text{Listenverkaufspreis} - \text{Bezugspreis}}{\text{Bezugspreis}} \cdot 100$$

$$\text{Kalkulationszuschlagssatz Artikel A: } \frac{369{,}27\text{ EUR} - 144{,}65\text{ EUR}}{144{,}65\text{ EUR}} \cdot 100 = 155{,}29\ \%$$

Verkaufspreis Artikel B: 15,54 EUR + 24,13 EUR (155,29 % von 15,54 EUR) = **39,67 EUR**

**Aufgabe 9**

Differenzkalkulation:

| | | | |
|---|---|---|---|
| Bezugspreis | 100,00 % | | 135,00 EUR |
| + Handlungskosten | 42,00 % | | 56,70 EUR |
| = Selbstkosten | 142,00 % | | 191,70 EUR |
| + **Gewinn** | | | **4,25 EUR** |
| = Barverkaufspreis | | 98,00 % | 195,95 EUR |
| + Kundenskonto | | 1,50 % | 3,00 EUR |
| + Vertreterprovision | | 0,50 % | 1,00 EUR |
| = Zielverkaufspreis | | 100,00 % | 199,95 EUR |
| + Kundenrabatt | 0,00 % | | 0,00 EUR |
| = Listenverkaufspreis | | | 199,95 EUR |

**Aufgabe 10**

Hinweis: Da es sich um prozentuale Zuschläge handelt, kann zur Berechnung ein beliebiger Bezugspreis unterstellt werden, z. B. 100,00 EUR.

| | | | |
|---|---|---|---|
| Bezugspreis | 100,00 % | | **100,00 EUR** |
| + Handlungskosten | 21,00 % | | 21,00 EUR |
| = Selbstkosten | 121,00 % | 100,00 % | 121,00 EUR |
| + Gewinn | | 10,00 % | 12,10 EUR |
| = Barverkaufspreis | 97,00 % | 110,00 % | 133,10 EUR |
| + Kundenskonto | 3,00 % | | 4,12 EUR |
| = Zielverkaufspreis | 100,00 % | 70,00 % | 137,22 EUR |
| + Kundenrabatt | | 30,00 % | 58,81 EUR |
| = Listenverkaufspreis | | 100,00 % | **196,03 EUR** |

Fortsetzung der Lösung auf folgender Seite.

## Situation 7

### Aufgabe 10

a) $\text{Kalkulationszuschlagssatz} = \dfrac{\text{Listenverkaufspreis} - \text{Bezugspreis}}{\text{Bezugspreis}} \cdot 100$

$\textbf{Kalkulationszuschlagssatz} = \dfrac{196{,}03\ \text{EUR} - 100{,}00\ \text{EUR}}{100{,}00\ \text{EUR}} \cdot 100 = \mathbf{96{,}03\ \%}$

b) $\text{Handelsspanne} = \dfrac{\text{Listenverkaufspreis} - \text{Bezugspreis}}{\text{Listenverkaufspreis}} \cdot 100$

$\textbf{Handelsspanne} = \dfrac{196{,}03\ \text{EUR} - 100{,}00\ \text{EUR}}{196{,}03\ \text{EUR}} \cdot 100 = \mathbf{48{,}99\ \%}$

### Aufgabe 11

Rechenschritt 1: Ermittlung der Selbstkosten durch Rückwärtskalkulation

| | | | |
|---|---|---|---|
| **Selbstkosten** | | 100,00 % | **310,33 EUR** |
| + Gewinn | | 20,00 % | 62,07 EUR |
| = Barverkaufspreis | 98,00 % | 120,00 % | 372,40 EUR |
| + Kundenskonto | 1,00 % | | 3,80 EUR |
| + Vertreterprovision | 1,00 % | | 3,80 EUR |
| = Zielverkaufspreis | 100,00 % | | 380,00 EUR |

Rechenschritt 2: Ermittlung des neuen Listenverkaufspreises
380,00EUR ≙ 100,00 %
**361,00 EUR** ≙ 95,00 %

Rechenschritt 3: Ermittlung des Gewinns in EUR bzw. Prozent durch Differenzkalkulation

| | | | |
|---|---|---|---|
| Selbstkosten | 100,00 % | | 310,33 EUR |
| + **Gewinn** | **14,00 %** | | **43,45 EUR** |
| = Barverkaufspreis | | 98,00 % | 353,78 EUR |
| + Kundenskonto | | 2,00 % | 7,22 EUR |
| = Zielverkaufspreis | | 100,00 % | 361,00 EUR |

### Aufgabe 12

Differenzkalkulation:

| | | | |
|---|---|---|---|
| Selbstkosten | 100,00 % | | 194,00 EUR |
| + **Gewinn** | **5,00 %** | | 9,70 EUR |
| = Barverkaufspreis | | 97,00 % | 203,70 EUR |
| + Kundenskonto | | 2,00 % | 4,20 EUR |
| + Vertreterprovision | | 1,00 % | 2,10 EUR |
| = Zielverkaufspreis | | 100,00 % | 210,00 EUR |

### Aufgabe 13

Differenzkalkulation:

| | | | |
|---|---|---|---|
| Bareinkaufspreis | | | 720,00 EUR |
| + Bezugskosten | | | 48,00 EUR |
| = Bezugspreis | 100,00 % | | 768,00 EUR |
| + Handlungskosten | 25,00 % | | 192,00 EUR |
| = Selbstkosten | 125,00 % | 100,00 % | 960,00 EUR |
| + **Gewinn** | | **6,25 %** | 60,00 EUR |
| = Barverkaufspreis | | | 1020,00 EUR |

### Aufgabe 14

$\text{Handelsspanne} = \dfrac{\text{Listenverkaufspreis} - \text{Bezugspreis}}{\text{Listenverkaufspreis}} \cdot 100$

$\textbf{Handelsspanne} = \dfrac{900{,}00\ \text{EUR} - 495{,}00\ \text{EUR}}{900{,}00\ \text{EUR}} \cdot 100 = \mathbf{45{,}00\ \%}$

## Situation 7

### Aufgabe 15

| | Kalkulationszuschlagssatz | Kalkulationsfaktor |
|---|---|---|
| a) | 20,63 % | **1,2063** |
| b) | **89,57 %** | 1,8957 |
| c) | 120,24 % | **2,2024** |
| d) | **200,00 %** | 3,0000 |
| e) | 324,27 % | **4,2427** |
| f) | **1000,00 %** | 11,0000 |
| g) | 1534,67 % | **16,3467** |

Hinweis:

$$\text{Kalkulationsfaktor} = 1 + \frac{\text{Kalkulationszuschlagssatz}}{100}$$

Kalkulationszuschlagssatz = (Kalkulationsfaktor · 100) – 100

### Aufgabe 16

| | | | |
|---|---|---|---|
| | Listeinkaufspreis | | 1480,00 EUR |
| – | Liefererrabatt | 20,00 % | 296,00 EUR |
| = | Zieleinkaufspreis | | 1184,00 EUR |
| – | Liefererskonto | 0,00 % | 0,00 EUR |
| = | Bareinkaufspreis | | 1184,00 EUR |
| + | Bezugskosten | | 0,00 EUR |
| = | Bezugspreis | | 1184,00 EUR |

$$\text{Handelsspanne} = \frac{\text{Listenverkaufspreis} - \text{Bezugspreis}}{\text{Listenverkaufspreis}} \cdot 100$$

$$\textbf{Handelsspanne} = \frac{2\,131{,}20\ \text{EUR} - 1\,184{,}00\ \text{EUR}}{2\,131{,}20\ \text{EUR}} \cdot 100 = \mathbf{44{,}44\ \%}$$

### Aufgabe 17

$$\text{Kalkulationszuschlagssatz} = \frac{\text{Listenverkaufspreis} - \text{Bezugspreis}}{\text{Bezugspreis}} \cdot 100$$

$$\textbf{Kalkulationszuschlagssatz} = \frac{2\,092{,}50\ \text{EUR} - 1\,500{,}00\ \text{EUR}}{1500{,}00\ \text{EUR}} \cdot 100 = \mathbf{39{,}50\ \%}$$

### Aufgabe 18

$$\text{Kalkulationsfaktor} = \frac{\text{Listenverkaufspreis}}{\text{Bezugspreis}}$$

$$\textbf{Kalkulationsfaktor} = \frac{949{,}20\ \text{EUR}}{565{,}00\ \text{EUR}} = \mathbf{1{,}6800}$$

### Aufgabe 19

Rechenschritt 1: Ermittlung des ursprünglichen Listenverkaufspreises
Hinweis: Da es sich beim Kalkulationszuschlagssatz um einen prozentualen Zuschlag handelt, kann zur Berechnung ein beliebiger Bezugspreis unterstellt werden, z. B. 100,00 EUR.

| | | | |
|---|---|---|---|
| | Bezugspreis | 100,00 % | 100,00 EUR |
| + | Kalkulationszuschlag | 60,00 % | 60,00 EUR |
| = | Listenverkaufspreis | 160,00 % | 160,00 EUR |

Rechenschritt 2: Ermittlung des verminderten Listenverkaufspreises

| | | |
|---|---|---|
| | Listenverkaufspreis alt | 160,00 EUR |
| – | 10 % Preissenkung | 16,00 EUR |
| = | Listenverkaufspreis neu | 144,00 EUR |

Rechenschritt 3: Ermittlung des neuen Kalkulationszuschlagssatzes

$$\text{Kalkulationszuschlagssatz} = \frac{\text{Listenverkaufspreis} - \text{Bezugspreis}}{\text{Bezugspreis}} \cdot 100$$

$$\textbf{Kalkulationszuschlagssatz} = \frac{144{,}00\ \text{EUR} - 100{,}00\ \text{EUR}}{100{,}00\ \text{EUR}} \cdot 100 = \mathbf{44{,}00\ \%}$$

## Situation 7

**Aufgabe 20**

$$\text{Kalkulationsfaktor} = \frac{\text{Listenverkaufspreis}}{\text{Bezugspreis}}$$

$$\textbf{Kalkulationsfaktor} = \frac{504{,}00\ \text{EUR}}{400{,}00\ \text{EUR}} = \mathbf{1{,}2600}$$

**Aufgabe 21**

Rechenschritt 1: Ermittlung des ursprünglichen Listenverkaufspreises
Hinweis: Da es sich bei der Handelsspanne um einen prozentualen Abschlag handelt, kann zur Berechnung ein beliebiger Listenverkaufspreis unterstellt werden, z. B. 100,00 EUR.

| | | |
|---|---|---|
| Listenverkaufspreis | 100,00 % | 100,00 EUR |
| – Handelsspanne | 35,00 % | 35,00 EUR |
| = Bezugspreis | 65,00 % | 65,00 EUR |

Rechenschritt 2: Ermittlung des Kalkulationszuschlagssatzes

$$\text{Kalkulationszuschlagssatz} = \frac{\text{Listenverkaufspreis} - \text{Bezugspreis}}{\text{Bezugspreis}} \cdot 100$$

$$\textbf{Kalkulationszuschlagssatz} = \frac{100{,}00\ \text{EUR} - 65{,}00\ \text{EUR}}{65{,}00\ \text{EUR}} \cdot 100 = \mathbf{53{,}85\ \%}$$

**Aufgabe 22**

$$\text{Kalkulationszuschlagssatz} = \frac{\text{Listenverkaufspreis} - \text{Bezugspreis}}{\text{Bezugspreis}} \cdot 100$$

$$\textbf{Kalkulationszuschlagssatz} = \frac{361{,}43\ \text{EUR} - 210{,}00\ \text{EUR}}{210{,}00\ \text{EUR}} \cdot 100 = \mathbf{72{,}11\ \%}$$

**Aufgabe 23**

Berechnungsmöglichkeit 1:

| | | |
|---|---|---|
| **Listenverkaufspreis** | 100,00 % | **660,00 EUR** |
| – Handelsspanne | 16 $^2/_3$ % | 110,00 EUR |
| = Bezugspreis | 83 $^1/_3$ % | 550,00 EUR |

Berechnungsmöglichkeit 2:

$$\text{Handelsspanne} = \frac{\text{Listenverkaufspreis} - \text{Bezugspreis}}{\text{Listenverkaufspreis}} \cdot 100$$

$$\text{Handelsspanne} = \frac{x - 550{,}00}{x} \cdot 100 \approx 16{,}67$$

Schritt 1: auf beiden Seiten durch 100 dividieren

$$\frac{x - 550{,}00}{x} \approx 0{,}1667$$

Schritt 2: auf beiden Seiten mit x multiplizieren

$x - 550{,}00 \approx 0{,}1667\ x$

Schritt 3: nach x auflösen

$x - 0{,}1667\ x = 550{,}00$

$0{,}8333\ x = 550{,}00$

$x = 660{,}02$

Der Listenverkaufspreis beträgt 660,02 EUR (Rundungsdifferenz wg. Umwandlung des Bruchs in eine Dezimalzahl mit nur 2 Nachkommastellen).

**Aufgabe 24**

1600,00 EUR (Listenverkaufspreis alt) – 100,00 EUR (Preissenkung)
= 1500,00 (Listenverkaufspreis neu)

1500,00 EUR (Listenverkaufspreis neu) : 1,2800 (Kalkulationsfaktor)
= 1171,88 EUR (maximaler Bezugspreis neu)

1250,00 EUR (Bezugspreis alt) – 1171,88 EUR (Bezugspreis neu) = **78,12 EUR**

## Situation 7

**Aufgabe 25**

| | | |
|---|---|---|
| Listenverkaufspreis | 100 % | 360,00 EUR |
| – Handelsspanne | 40 % | 144,00 EUR |
| = **Bezugspreis** | 60 % | **216,00 EUR** |

**Aufgabe 26**

Bezugspreis · Kalkulationsfaktor = Listenverkaufspreis
**Bezugspreis** = Listenverkaufspreis : Kalkulationsfaktor
**680,00 EUR** = 1870,00 EUR : 2,7500

**Aufgabe 27**

| | | |
|---|---|---|
| Einkaufspreis | | 180,00 EUR |
| + Bezugskosten | | 18,00 EUR |
| = Bezugspreis | | 198,00 EUR |

Bezugspreis · Kalkulationsfaktor = **Listenverkaufspreis**
198,00 EUR · 1,4500 = **287,10 EUR**

**Aufgabe 28**

d - f - e

**Aufgabe 29**

| | | | |
|---|---|---|---|
| Selbstkosten | 100,00 % | | 245,00 EUR |
| + Gewinn | 25,00 % | | 61,25 EUR |
| = Barverkaufspreis | 125,00 % | 98,00 % | 306,25 EUR |
| + Kundenskonto | | 2,00 % | 6,25 EUR |
| = **Zielverkaufspreis** | | 100,00 % | **312,50 EUR** |

**Aufgabe 30**

30 (1)
a) Gewinnzuschlagssatz **15 %**
b) Kundenskonto **2 %**
c) Kundenrabatt **25 %**

30 (2)
a) **2 641,27 EUR**
b) **1,18 %**
c) **30 958,73 EUR** (33 600,00 EUR – 2 641,27 EUR)

| | % | | **Vorkalkulation (EUR)** | % | | **Kalkulation für Großkunden (EUR)** |
|---|---|---|---|---|---|---|
| Selbstkosten | 100 | | 224 000,00 | 100 | | 224 000,00 |
| + Gewinn | **15** | | 33 600,00 | **1,18** | | **2 641,27** |
| = Barverkaufspreis | | | 257 600,00 | | | 226 641,27 |
| + Kundenskonto | | **2** | 5 257,14 | | 3 | 7 009,52 |
| = Zielverkaufspreis | | 100 | 262 857,14 | | 100 | 233 650,79 |
| + Kundenrabatt | **25** | | 87 619,04 | 33 1/3 | | 116 825,39 |
| = Listenverkaufspreis | 100 | | 350 476,18 | 100 | | 350 476,18 |

## Situation 8

| | |
|---|---|
| **Aufgabe 1** | Lieferungsverzug liegt vor, wenn der Verkäufer schuldhaft nicht oder nicht rechtzeitig leistet. |
| **Aufgabe 2** | • Fälligkeit der Lieferung: Die Lieferung muss fällig sein, d. h. vom Käufer verlangt werden können. Der Schuldner hat nicht oder nicht rechtzeitig geleistet.<br>• Ggf. Mahnung durch den Käufer<br>• Verschulden des Schuldners (Fahrlässigkeit oder Vorsatz) |
| **Aufgabe 3** | Mahnung erforderlich: Die Lieferung muss vom Käufer grundsätzlich bei oder nach Eintritt der Fälligkeit angemahnt werden. Der Lieferverzug beginnt mit dem Tag der Zustellung der Mahnung. Einer Mahnung gleichgestellt ist die Erhebung der Klage auf die Leistung sowie die Zustellung eines Mahnbescheids.<br>Mahnung entfällt,<br>• wenn die Lieferung kalendermäßig bestimmt ist (z. B. Fixkauf: Lieferung am 22.07.) oder bestimmbar ist (z. B. 7. Kalenderwoche).<br>• beim Zweckkauf, d. h. die Lieferung ist nach einem bestimmten Ereignis für den Käufer bedeutungslos (z. B. normalerweise Feuerwerkskörper nach Silvester).<br>• bei Selbstinverzugsetzung des Verkäufers, d. h., der Verkäufer verweigert ernsthaft und endgültig die Leistung. |
| **Aufgabe 4** | e |
| **Aufgabe 5** | Erfüllung des Vertrages und/oder Schadensersatz wegen verspäteter Lieferung |
| **Aufgabe 6** | Rücktritt vom Vertrag und/oder Schadensersatz statt der Lieferung bzw. Ersatz vergeblicher Aufwendungen |
| **Aufgabe 7** | Ist die Nachfrist abgelaufen, kann der Käufer bei einem anderen Lieferer die Waren besorgen (Deckungskauf) und einen eventuellen Mehrpreis dem in Verzug geratenen Lieferer in Rechnung stellen (Schadensersatz statt der Leistung). |
| **Aufgabe 8** | konkrete Schadensberechnung (z. B. Deckungskauf), abstrakte Schadensberechnung (z. B. entgangener Gewinn), Konventionalstrafe (vereinbarte Vertragsstrafe) |
| **Aufgabe 9** | Um Streitigkeiten bei der Schadensermittlung zu vermeiden, kann im Kaufvertrag die Zahlung einer Vertragsstrafe (Konventionalstrafe) vereinbart werden. Tritt der Lieferungsverzug ein, so ist die vorher festgelegte Geldsumme fällig – eine entsprechende konkrete Schadenshöhe muss grundsätzlich nicht belegt werden. |
| **Aufgabe 10** | a) 5<br>b) 4<br>c) 1<br>d) 3<br>e) 2<br>f) 6 |
| **Aufgabe 11** | b |
| **Aufgabe 12** | c |
| **Aufgabe 13** | d |

## Situation 9

| | |
|---|---|
| **Aufgabe 1** | Mangel in der Beschaffenheit, Mangel bei der Montage, mangelhafte Montaganleitung, Mangel in der Art, Mangel in der Menge |
| **Aufgabe 2** | offener Mangel, versteckter Mangel, arglistig verschwiegener Mangel |
| **Aufgabe 3** | b |

## Situation 9

| | |
|---|---|
| **Aufgabe 4** | a |
| **Aufgabe 5** | Prüfpflicht, Rügepflicht, Aufbewahrungspflicht. |
| **Aufgabe 6** | d |
| **Aufgabe 7** | b |
| **Aufgabe 8** | e |
| **Aufgabe 9** | • Zweiseitiger Handelskauf: Zu prüfen ist unverzüglich nach Ablieferung der Ware; unverzüglich heißt „ohne schuldhaftes Verzögern".<br>• Verbrauchsgüterkauf: Zu prüfen ist innerhalb der gesetzlich festgelegten Gewährleistungsfrist von 2 Jahren. Mit Ablauf der Gewährleistungsfrist verjähren bei beweglichen Sachen die Ansprüche aus mangelhafter Lieferung. Die Gewährleistungsfrist bei gebrauchten Gegenständen kann vertraglich bis auf 1 Jahr reduziert werden. |
| **Aufgabe 10** | Zweiseitiger Handelskauf: Zu rügen sind<br>• offene Mängel unverzüglich nach Lieferung, sonst ist Genehmigung erteilt.<br>• versteckte Mängel unverzüglich nach Entdeckung, spätestens 2 Jahre nach Lieferung, sonst ist Verjährung eingetreten.<br>Verbrauchsgüterkauf: Offene und versteckte Mängel sind innerhalb von 2 Jahren nach Lieferung zu rügen, sonst ist Verjährung eingetreten.<br>Arglistig verschwiegene Mängel sind sowohl bei zweiseitigem Handelskauf als auch bei Verbrauchsgüterkauf innerhalb von 3 Jahren nach Entdeckung des Mangels zu rügen, sonst ist Verjährung eingetreten. |
| **Aufgabe 11** | Zeigt sich beim Verbrauchsgüterkauf innerhalb von sechs Monaten seit Gefahrenübergang ein Sachmangel, so wird vermutet, dass die Sache bereits bei Gefahrenübergang mangelhaft war (Umkehrung der Beweislast). Gegebenenfalls muss der Verkäufer beweisen, dass die Ware bei Übergabe nicht mit Mängeln behaftet war. |
| **Aufgabe 12** | BGB |
| **Aufgabe 13** | • Nachbesserung: kostenlose Beseitigung des Mangels<br>• Neulieferung: kostenlose Lieferung einer mangelfreien Sache<br>• Ggf. Schadensersatz neben der Leistung: Der Anspruch auf Schadensersatz ist jedoch an die Voraussetzung einer Pflichtverletzung des Verkäufers gebunden, d. h., der Verkäufer leistet schuldhaft nicht so wie vereinbart (Schadensersatz wegen Pflichtverletzung). Der Käufer hat dann Anspruch auf Erfüllung des Vertrages und auf Ersatz der Kosten, die durch die mangelhafte Lieferung verursacht wurden. |
| **Aufgabe 14** | Eine Nachbesserung gilt in der Regel nach einem zweiten erfolglosen Versuch als fehlgeschlagen. |
| **Aufgabe 15** | (siehe Tabelle unten) |
| **Aufgabe 16** | c |
| **Aufgabe 17** | Er kann kein Recht aus mangelhafter Lieferung geltend machen, da bereits Verjährung eingetreten ist. |

Aufgabe 15:

| | **Unerheblicher Mangel** | **Erheblicher Mangel** |
|---|---|---|
| Kein Verschulden des Verkäufers | Minderung des Kaufpreises | Rücktritt vom Vertrag |
| Verschulden des Verkäufers | Minderung und ggf. Schadensersatz neben der Leistung | Rücktritt und ggf. Schadensersatz statt der Leistung oder Ersatz vergeblicher Aufwendungen |

## Situation 10

| | |
|---|---|
| **Aufgabe 1** | d |
| **Aufgabe 2** | b |
| **Aufgabe 3** | e |
| **Aufgabe 4** | d |
| **Aufgabe 5** | c - a - f |
| **Aufgabe 6** | a) 5<br>b) 1<br>c) 4<br>d) 6<br>e) 2<br>f) 3 |
| **Aufgabe 7** | a) 5<br>b) 3<br>c) 1<br>d) 6<br>e) 4<br>f) 7<br>g) 2 |
| **Aufgabe 8** | a |
| **Aufgabe 9** | c |
| **Aufgabe 10** | b |
| **Aufgabe 11** | b |
| **Aufgabe 12** | c |
| **Aufgabe 13** | d |
| **Aufgabe 14** | c |
| **Aufgabe 15** | c |
| **Aufgabe 16** | e - a - d |

# 02 Personalbezogene Aufgaben

## Situation 1

| | |
|---|---|
| **Aufgabe 1** | Personalbeschaffung, Personaleinsatz, Personalverwaltung, Personalbetreuung, Personalabrechnung, Personalentwicklung, Personalfreistellung |
| **Aufgabe 2** | Teilzeitbeschäftigung, Altersteilzeit, keine Wiederbesetzung frei gewordener Stellen, Abbau von Überstunden |
| **Aufgabe 3** | Auftragszunahme, neue Niederlassungen, Arbeitszeitverkürzung |
| **Aufgabe 4** | Personalbeschaffungsbedarf |
| **Aufgabe 5** | Reservebedarf |
| **Aufgabe 6** | Altersstruktur, Fluktuationsrate, voraussichtliche Entwicklung des Unternehmens |
| **Aufgabe 7** | Es sollte mit Zustimmung des Betriebsrates Mehrarbeit angesetzt werden. |
| **Aufgabe 8** | Nettopersonalbedarf = Summe der Abgänge – Summe der Zugänge<br>Nettopersonalbedarf = 18 – 11 = 7 |
| **Aufgabe 9** | Erreichen der Altersgrenze eines Mitarbeiters, Kündigung durch Mitarbeiter, Kündigung durch Arbeitgeber, Elternzeit, Tod eines Mitarbeiters, Arbeitsplatzwechsel wegen Teilzeit oder Höherqualifizierung |
| **Aufgabe 10** | a |

## Situation 2

| | |
|---|---|
| **Aufgabe 1** | Personalplanung = quantitative und qualitative Anpassung der Personalkapazität an die betrieblichen Anforderungen |
| **Aufgabe 2** | • Abschätzung des Personalbedarfs für die Zukunft;<br>• Planung des quantitativen Personalbedarfs: u. a. Ermittlung des zukünftigen Bedarfs (aktueller Bestand – voraussichtliche Abgänge + voraussichtliche Zugänge = zukünftiger Bedarf);<br>• Planung des qualitativen Personalbedarfs: u. a. Ermittlung der in der Zukunft benötigten Qualifikationen (Fähigkeiten, Fertigkeiten, Kenntnisse) bzw. Anforderungsprofile (z. B. gelernt, angelernt, ungelernt; gering oder hoch qualifiziert; ausführende oder leitende Arbeit) |
| **Aufgabe 3** | • Zusatzbedarf: kurzfristiger, vorübergehender Bedarf an zusätzlichem Personal, z. B. saisonabhängiger Bedarf (Konjunkturanstieg, Erntezeit)<br>• Reservebedarf: Bedarf an abrufbereitem Personal für Notsituationen<br>• Neubedarf: Bedarf an dauerhaften, neuen Stellen<br>• Ersatzbedarf: durch Abgänge von Mitarbeitern verursachter Bedarf (Tod, Invalidität, Pensionierung, Kündigung)<br>• Freistellungsbedarf: Personalüberschuss, der abgebaut werden muss (z. B. bei Rückgang der Produktion, Stilllegung von Betriebsteilen) |
| **Aufgabe 4** | • Externe Personalbeschaffung: Das benötigte Personal wird von außen, also vom Arbeitsmarkt beschafft.<br>• Interne Personalbeschaffung: Das benötigte Personal kommt aus dem eigenen Betrieb (innerbetriebliche Stellenausschreibung). |

## Situation 2

<table>
<tr><td>Aufgabe 5</td><td>

| Vorteile externer Personalbeschaffung | Vorteile interner Personalbeschaffung |
|---|---|
| • Deckung des Personalbedarfs, ohne in anderen Bereichen eine Lücke zu reißen<br>• Möglichkeit der Entdeckung qualifizierterer Bewerber<br>• Bereicherung durch neue Ideen, Methoden, Kontakte<br>• Objektivere Auswahl der Bewerber wahrscheinlich<br>• Neubewerber völlig unbelastet<br>• Verringerung von Konkurrenzdenken und Missgunst unter den Mitarbeitern | • Schnelleres Besetzen der offenen Stelle(n) möglich<br>• Geringe Beschaffungskosten<br>• Betriebskenntnisse bei Bewerbern bereits vorhanden<br>• Umfangreiches Datenmaterial über Bewerber liegt vor<br>• Wahrung des betrieblichen Entgeltniveaus<br>• Motivierung der Mitarbeiter durch Aufstiegschance |

</td></tr>
<tr><td>Aufgabe 6</td><td>Rückgriff auf frühere Bewerber, Auswerten von Stellengesuchen, Kontakt aufnehmen zu Ausbildungseinrichtungen, Einschalten der Agentur für Arbeit und von Perso nalberatern (private Arbeitsvermittlung), Stellenausschreibungen in Lokalzeitungen, Aushängen von Stellenangeboten sowie Austeilen von Handzetteln, Suche über Internet (Jobbörsen), Radio, Kinowerbung, Stellenvermittlung über Mitarbeiter und Bekannte</td></tr>
<tr><td>Aufgabe 7</td><td>• Rückgriff auf frühere Bewerber – Unterlagen liegen bereits vor.<br>• Auswerten von Stellengesuchen – Telefonische Kontaktaufnahme genügt; Stellenausschreibung entfällt.<br>• Agentur für Arbeit – Anruf ist ausreichend.<br>• Nutzen der Internet-Jobbörsen – Kontaktaufnahme per E-Mail genügt.</td></tr>
<tr><td>Aufgabe 8</td><td>Betriebsrat</td></tr>
<tr><td>Aufgabe 9</td><td>Nach § 93 BetrVG hat der Betriebsrat ein Mitbestimmungsrecht. Er kann eine innerbetriebliche Stellenausschreibung verlangen.</td></tr>
</table>

## Situation 3

<table>
<tr><td>Aufgabe 1</td><td>Stellenbezeichnung, Stelleneinordnung, Stellenvertretung, Stellenverantwortung, Stellenaufgabe, Tätigkeiten, Stellenbefugnisse, Stellenanforderungen</td></tr>
<tr><td>Aufgabe 2</td><td>• Firmenprofil: z. B. Firma, Branche, Unternehmensgröße, Standort, Produkte, Bezeichnung der ausgeschriebenen Stelle und Einsatzbereich: z. B. Abteilungsleiter<br>• Anforderungsmerkmale: z. B. Ausbildung, Abschlüsse, Berufserfahrung, fachliche Kenntnisse<br>• betriebliche Leistungen: tarifliche Leistungen, Weiterbildung<br>• Hinweise zur Bewerbung: z. B. erforderliche Bewerbungsunterlagen, Anschrift, Ansprechpartner</td></tr>
<tr><td>Aufgabe 3</td><td>e - b - a</td></tr>
<tr><td>Aufgabe 4</td><td>d</td></tr>
<tr><td>Aufgabe 5</td><td>a) 3<br>b) 1<br>c) 2<br>d) 4<br>e) 5</td></tr>
<tr><td>Aufgabe 6</td><td>a) 2<br>b) 5<br>c) 3<br>d) 1<br>e) 4<br>f) 7<br>g) 6</td></tr>
<tr><td>Aufgabe 7</td><td>b</td></tr>
</table>

## Situation 4

| | |
|---|---|
| **Aufgabe 1** | Paul, Ingrid; Podolski, Jutta; Podolsky, Rolf; Pohl, Traudlinde; Pohlmann, Herbert; Polle, Ingrid; Pollmann, Gertrud; Possekel, Susanne |
| **Aufgabe 2** | Die genannten Einstellungskriterien sind bei der Sortierung zu beachten. Eine solide Ausbildung, 3 Jahre und mehr Berufserfahrung sowie gute Englischkenntnisse sind Voraussetzung für die Auswahl. Sollten über 10 Kandidaten diese Anforderungen erfüllen, könnten die Schul- und Abschlussnoten, aber auch die längere Berufserfahrung den Ausschlag geben. |
| **Aufgabe 3** | Bevor die Einladungsschreiben an die Kandidaten verschickt werden, sind terminliche Abstimmungen mit Herrn Oberpriller, Herrn Hobmeier und Herrn Huber vorzunehmen. Auch ist zu prüfen, ob an den einzelnen Terminen jeweils ein geeigneter Raum zur Verfügung steht. |
| **Aufgabe 4** | • Standort: Arbeitsplatz des zuständigen Sachbearbeiters in der Personalabteilung bzw. Abteilungsablage der Personalabteilung<br>• Registratur/Ablageform: Stehsammler (leichtes Einstellen und Entnehmen möglich) oder auch liegende Ablage, da die Bewerbungsunterlagen oft in Form von Bewerbungsmappen oder Schnellheftern geschickt werden |
| **Aufgabe 5** | Zeit- und Kostenersparnis, Vorbeugen von Fehlern, effektiveres Arbeiten bei Standardvorgängen, Minimierung des Vergesslichkeitsrisikos, problemlose Weiterführung des Arbeitsvorgangs im Vertretungsfall |
| **Aufgabe 6** | • Fachliche Anforderungen, z. B. Schul- und Ausbildung, Praktika, Berufserfahrung, fachliche Qualifikation<br>• Außerfachliche Anforderungen, z. B. Zusatzqualifikationen, Sprachkenntnisse, außerfachliche IT-Kenntnisse, Medienkompetenz<br>• Soziale Kompetenz, z. B. Teamfähigkeit, Führungsqualitäten, Kommunikationsfähigkeit<br>• Physische Kompetenz, z. B. langes Stehen, andere körperliche Belastungen<br>• Weitere Anforderungen, z. B. Lkw-Führerschein, technisches Verständnis, Lernbereitschaft |
| **Aufgabe 7** | Soft Skills sind sogenannte „weiche" Fähig- und Fertigkeiten wie Neigungen, Interessen, Belastbarkeit. Oft werden auch die sozialen Kompetenzen als „Soft Skills" bezeichnet. „Weich" steht aber auch dafür, dass diese Kompetenzen nicht so exakt und mit der gleichen Verlässlichkeit wie die „Hard Skills" (z. B. Leistungsfähigkeit durch Leistungstests) erfasst werden können. |

## Situation 5

**Aufgabe 1**

| Vorteile aus der Sicht der Geschäftsleitung | Vorteile aus der Sicht der Mitarbeiter |
|---|---|
| • Minimierung von Fehlzeiten<br>• Ausgleich saisonaler und konjunktureller Schwankungen<br>• Höhere Auslastung während der Arbeitszeit<br>• Höhere Motivation der Mitarbeiter | • Bessere Vereinbarkeit von Beruf und Familie<br>• Höhere Motivation wegen individueller Arbeitszeitgestaltung<br>• Zeitautonomie und Zeitsouveränität<br>• Steigerung der Lebensqualität |

**Aufgabe 2**

Arbeitszeitgesetz, Jugendarbeitsschutzgesetz, Betriebsverfassungsgesetz

**Aufgabe 3**

| Gleitzeit | Kernarbeitszeit |
|---|---|
| Der Mitarbeiter kann innerhalb eines vorgegebenen Rahmens Lage und Dauer seiner Arbeitszeit selbst bestimmen. Dabei sind ein frühestmöglicher Beginn und spätestmögliches Ende der Arbeitszeit vorgegeben. | Hierbei handelt es sich um den Zeitraum, in dem alle Mitarbeiter im Betrieb anwesend sein müssen. |

## Situation 5

**Aufgabe 4**

| Kurzarbeit | Teilzeitarbeit |
|---|---|
| Über einen gewissen Zeitraum hinweg wird eniger (oder gar nicht) gearbeitet. Der Verdienstausfall wird durch Kurzarbeitergeld durch die Bundesagentur für Arbeit ausgeglichen. Kurzarbeit dient dem Arbeitsplatzerhalt bei schwieriger Wirtschaftslage. | Die vertraglich vereinbarte Arbeitszeit ist kürzer als die im Unternehmen vorgesehene Regelarbeitszeit (z. B. Halbtagsbeschäftigung; Beschäftigung nur zu bestimmten Stunden am Tag, tageweise im Wechsel oder bei Spitzenbelastung). |

**Aufgabe 5**

Jobsharing: Hier teilen sich zwei oder mehrere Arbeitnehmer einen Vollzeitarbeitsplatz. Dabei sind sie gemeinsam für die gestellte Arbeitsaufgabe verantwortlich. Arbeitszeit und auch die Arbeitsinhalte können die Betroffenen gegenseitig abstimmen.

**Aufgabe 6**

| Datum | Arbeitsbeginn | Arbeitsende | Arbeitszeit (Std./Min.) | Abweichung von der Soll-Arbeitszeit | |
|---|---|---|---|---|---|
| | | | | + (Std./Min.) | – (Std./Min.) |
| | | | Übertrag | 1:30 | – |
| 03.02 | 7:45 | 17:30 | 9:15 | 1:15 | – |
| 04.02 | 8:00 | 16:30 | 8:00 | – | – |
| 05.02 | 7:30 | 15:30 | 7:30 | – | 0:30 |
| 06.02 | 8:45 | 16:00 | 6:45 | – | 1:15 |
| 07.02 | Urlaub | Urlaub | – | – | – |
| | | | Saldo/Übertrag | + 1:00 | |

**Aufgabe 7**

- Telearbeit: Arbeitsformen, bei denen der Mitarbeiter mindestens einen Teil seiner Arbeit außerhalb des Betriebsgebäudes verrichtet. (Die Übermittlung der Arbeitsergebnisse erfolgt häufig über digitale Kanäle.)
- Teleheimarbeit: Arbeitnehmer verrichtet seine gesamte Tätigkeit zu Hause.
- Alternierende Telearbeit: Mitarbeiter arbeitet abwechselnd im Unternehmen und zu Hause (häufigste Form).
- Mobile Telearbeit: Die Arbeit findet an wechselnden Orten statt. (Vertreter arbeiten in der Kundenwohnung, in der eigenen Wohnung, im Unternehmen und haben oft Zugriff auf ein firmeninternes Informationsnetz.)

**Aufgabe 8**

| Vorteile der Teleheimarbeit | Nachteile der Teleheimarbeit |
|---|---|
| • Kosten- und Platzersparnis im Unternehmen<br>• ggf. freie Zeiteinteilung<br>• ggf. vorteilhaft bei körperlicher Behinderung<br>• Familie und Beruf besser vereinbar<br>• Höhere Produktivität durch konzentrierteres Arbeiten möglich (z. B. keine Störungen durch Mitarbeiter)<br>• Keine Wegezeiten, dadurch mehr Freizeit | • Gefahr der Isolation<br>• Kein betriebliches „Wir-Gefühl"<br>• Chancen für weiteren Aufstieg eher gering<br>• Interessenskonflikt Beruf und Privatleben<br>• Hohes Maß an Selbstdisziplin erforderlich |

**Aufgabe 9**

c

**Aufgabe 10**

Bei diesem Arbeitszeitmodell entfallen feste Anwesenheitspflichten. Der Arbeitgeber setzt ein hohes Vertrauen in die Leistungsbereitschaft des Mitarbeiters und gewissenhafte Erledigung der Arbeitsaufgabe. Das Modell eignet sich besonders für Projekte, die eigenverantwortlich von Mitarbeitern wahrgenommen werden.

## Situation 5

| | |
|---|---|
| **Aufgabe 11** | Arbeitssoll pro Tag = 480 Minuten<br>Arbeitszeit am Montag = 495 Minuten<br>Gleitzeitkonto am Montagabend = + 190 Minuten + 15 Minuten = **+ 205 Minuten** |

## Situation 6

**Aufgabe 1**

- Kleinere Arbeiten können während der Reise erledigt werden, z. B. Arbeiten am Notebook.
- Das Reisen ist i. d. R. entspannter als mit dem Pkw.
- Die Reise ist sicherer.
- Bei Ausnutzen von Bahnvorteilen kann die Reise kostengünstiger sein.
- Der Reisende ist für das Erledigen seiner eigentlichen Arbeit, z. B. Führen von Verkaufsgesprächen, ausgeruhter.
- Der Reisende kann sich vorbereiten.

**Aufgabe 2**

Schlechte Verbindung zum Zielort, häufiges Umsteigen, hoher Zeitaufwand, viel Gepäck bzw. Unterlagen, Imagegründe, Wahrnehmung mehrerer Termine auf der Reiseroute

**Aufgabe 3**

| Prüfbeleg (durch Sachbearbeiter auszufüllen) | | |
|---|---|---|
| **Anzahl** | **Bemerkungen** | **Betrag (EUR)** |
| 2 | 12. Jan./15. Jan. | 24,00 |
| 2 | 13. Jan./14. Jan. | + 48,00 |
| 3 | Übernachtungen (Ü/F) lt. Hotelrechnung | + 330,00 |
| | Abzüge von Tagespauschale (3 · 4,80 EUR) | – 14,40 |
| 560 | Fahrtkosten | + 168,00 |
| | Nebenkosten[1] | – – – |
| | **Auszahlungsbetrag** | **555,60 EUR** |

[1] Mit der Abrechnung von Geschäftsreisen über die Kilometerpauschale sind alle Fahrtkosten abgedeckt, d. h. Rechnungen für Kraftstoff, Verschleiß, Versicherung oder ähnliches dürfen dann nicht mehr angesetzt werden.

## Situation 7

**Aufgabe 1**

Datensicherheit beruht auf gelingender Datensicherung.

Von Datensicherung spricht man, wenn die in einem Computersystem vorhandenen Daten auf einem Speichermedium gesichert werden, um diese aufzubewahren und im Falle eines Datenverlustes wiederherstellen zu können.

Datensicherung liegt also vor, wenn Daten durch technisch-organisatorische Maßnahmen gegen Zerstörung, Verlust oder Missbrauch geschützt werden, also ein sog. Backup erstellt ist.

**Aufgabe 2**

Datenverlust kann entstehen durch Hardwareschäden, Diebstahl, Feuer, Fluten (Katastrophen), versehentliches oder absichtliches Löschen, Überschreiben, Zerstören, logische Fehler innerhalb der Dateien.

## Situation 7

| | |
|---|---|
| **Aufgabe 3** | a) Durch die europaweit geltende DSGVO sollen die Grundrechte und Grundfreiheiten natürlicher Personen insbesondere im Hinblick auf den Schutz ihrer persönlichen Daten gesichert werden (vgl. Art. 1 DSGVO).<br>Natürliche Personen (nicht: juristische Personen; vgl. Erwägungsgrund 14 DSGVO) sollen davor geschützt werden, dass bei der Verarbeitung personenbezogener Daten die Sicherheit nicht gewährleistet ist und/oder Unbefugte Zugang zu solchen Daten erhalten (vgl. Art. 4, 12. DSGVO).<br>b) Personenbezogene Daten sind alle Daten, die sich (unmittelbar oder mittelbar) einer einzelnen natürlichen Person zuordnen lassen. Dazu gehören im Einzelnen die Daten zur physischen, physiologischen, genetischen, psychischen, wirtschaftlichen, kulturellen oder sozialen Identität dieser natürlichen Person (vgl. Art. 4, 1. DSGVO), z. B. Daten zu deren Alter, Bildung, Weltanschauung, Krankheiten, Vorstrafen oder zu Vermögen bzw. Schulden.<br>c) Unter den Begriff „Verarbeitung" fällt im Prinzip jeder Umgang mit personenbezogenen Daten, „das Erheben, das Erfassen, die Organisation, das Ordnen, die Speicherung, die Anpassung oder Veränderung, das Auslesen, das Abfragen, die Verwendung, die Offenlegung durch Übermittlung, Verbreitung oder eine andere Form der Bereitstellung, den Abgleich oder die Verknüpfung, die Einschränkung, das Löschen oder die Vernichtung" (Art. 4, 2. DSGVO) - und zwar unabhängig davon, ob zur Datenverarbeitung automatisierte Verfahren eingesetzt werden oder nicht.<br>d) Die DSGVO findet keine Anwendung in den folgenden Fällen: 1. wenn der Anwendungsbereich außerhalb des Unionsrechtes (des Rechts der Europäischen Union) liegt, 2. bei natürlichen Personen, die personenbezogene Daten ausschließlich zu persönlichen oder familiären Zwecken verarbeiten, 3. bei Behörden im Zusammenhang mit Strafverfolgung, Strafvollstreckung bzw. Strafvermeidung; (vgl. Art. 2, II DSGVO). |
| **Aufgabe 4** | Weitere personenbezogene Daten darf der Arbeitgeber nur dann verarbeiten, wenn der Beschäftigte eine **freiwillige** Einigung in **Schriftform** abgibt (vgl. § 26 II BDSG, auch Art. 7 DSGVO). |
| **Aufgabe 5** | • Auskunftsrecht: z. B. darüber, ob und welche personenbezogenen Daten über die betroffene Person gespeichert sind; woher bzw. aus welchen Quellen die gespeicherten Daten stammen; zu welchem Ver-wendungszweck sie gespeichert sind.<br>• Recht auf Berichtigung: Sind falsche Daten gespeichert, müssen diese korrigiert werden.<br>• Recht auf Löschung: Personenbezogene Daten sind unverzüglich zu löschen, wenn sie unrechtmäßig verarbeitet wurden (z. B. die Speicherung unzulässig war), wenn die Daten für den Verarbeitungszweck nicht mehr benötigt werden oder die betroffene Person ihre Einwilligung widerruft oder Widerspruch einlegt.<br>• Recht auf Einschränkung der Verarbeitung: Statt der Löschung kann die betroffene Person auch verlangen, dass die Verarbeitung ihrer personenbezogenen Daten eingeschränkt wird, z. B. indem sie auf ein anderes Verarbeitungssystem übertragen oder für Nutzer gesperrt werden oder veröffentliche Daten vorübergehend von einer Website entfernt werden.<br>• Widerspruchsrecht: Insbesondere im Zusammenhang mit Direktwerbung hat die betroffene Person jederzeit das recht, einer Verarbeitung ihrer personenbezogenen Daten zu widersprechen.<br>• Recht auf Schadenersatz: Bei Verstoß gegen die Datenschutzbestimmungen besteht ein Anspruch auf Schadenersatz sowohl des materiellen als auch des immateriellen Schadens. |
| **Aufgabe 6** | In § 64 BDSG werden als Datenschutzmaßnahmen bei automatisierter Verarbeitung personenbezogener Daten u. a. folgende technische und organisatorische Maßnahmen aufgezählt:<br>• Zugriffskontrolle: Zugriff erhalten nur Berechtigte und dies nur im Umfang ihrer Berechtigung.<br>• Zugangskontrolle: Unbefugten wird der Zugang zu Verarbeitungsanlagen verwehrt.<br>• Datenträgerkontrolle: Das unbefugte Lesen, Kopieren, Verändern oder Löschen von Datenträgern wird verhindert.<br>• Übertragungskontrolle: Es muss festgestellt werden können, an wen die Daten übermittelt werden oder wurden. |

## Situation 7

| | |
|---|---|
| **Aufgabe 6 (Fortsetzung)** | • Eingabekontrolle: Es ist zu gewährleisten, dass nachträglich noch feststellbar ist, wer Daten eingegeben bzw. verändert hat.<br>• Auftragskontrolle: Es ist sicherzustellen, dass die Weiterverarbeitung von Daten nur gemäß den Weisungen des Auftraggebers erfolgt.<br>• Verfügbarkeitskontrolle: Die Daten sind gegen zufällige Zerstörung oder Verlust zu schützen.<br>• Transportkontrolle: Unbefugtes Lesen beim Datentransport ist zu verhindern.<br>• Trennbarkeit: Zu unterschiedlichen Zwecken erhobene Daten müssen getrennt weiterverarbeitet werden können.<br>Zur Durchsetzung dieser Maßnahmen werden u. a. die Pseudonymisierung von Daten sowie der Einsatz von Verschlüsselungsverfahren (z. B. durch Passwörter) genutzt. |
| **Aufgabe 7** | a) Alleine nach Art. 37 DSGVO wäre die Bavaria Fahrradwerke KG nicht verpflichtet, einen Datenschutzbeauftragten zu stellen: Sie ist weder eine Behörde noch eine öffentliche Stelle (vgl. (1) a), ihre Kerntätigkeit erfordert keine Verarbeitungsvorgänge, die eine umfangreiche regelmäßige und systematische Überwachung von betroffenen Personen erforderlich machen (vgl. (1) b) und ihre Kerntätigkeit besteht auch nicht in der umfangreichen Verarbeitung besonderer Kategorien personenbezogener Daten (z. B. zu rassischer und ethnischer Herkunft, politischen Meinungen, religiösen oder weltanschaulichen Überzeugungen, Gewerkschaftszugehörigkeit, genetischen Daten, biometrischen Daten, Gesundheitsdaten oder Daten zur sexuellen Orientierung einer natürlichen Person) (vgl. (1) c).<br>Aufgrund von § 38 BDSG muss die Bavaria Fahrradwerke aber einen Datenschutzbeauftragten stellen, da mehr als 10 Mitarbeiter (hier: 15 Mitarbeiter in der Verwaltung) ständig automatisiert personenbezogene Daten verarbeiten, z. B. wenn sie E-Mails schreiben, Kundenaufträge erfassen oder Rechnungen versenden.<br>Die Kontaktdaten des Datenschutzbeauftragten sind zu veröffentlichen und der Aufsichtsbehörde mitzuteilen (Art. 37 (7) DSGVO).<br>b) • ordnungsgemäße und frühzeitige Einbindung des Datenschutzbeauftragten<br>• für die Aufgabenerfüllung erforderliche Ressourcen bzw. Zugänge zur Verfügung stellen<br>• Ressourcen zur Erhaltung des Fachwissens (z. B. Schulungen) zur Verfügung stellen<br>• Sicherstellen der Ungebundenheit des Datenschutzbeauftragten bei der Aufgabenerfüllung<br>c) • Fachwissen im Datenschutzrecht und in der Datenschutzpraxis<br>• Fähigkeit, die in Art. 39 DSGVO genannten Aufgaben zu erfüllen (vgl. auch Aufgabe 8)<br>d) Datenschutzbeauftragte sollten unabhängig davon, ob es sich bei ihnen um Beschäftigte des Verantwortlichen handelt oder nicht, ihre Pflichten und Aufgaben in vollständiger Unabhängigkeit ausüben können (vgl. § 38 (3), (6) DSGVO). |
| **Aufgabe 8** | • Unterrichtung und Beratung des Verantwortlichen/Auftraggebers und der Beschäftigten über deren Pflichten<br>• Überwachung der Einhaltung aller Datenschutzvorschriften<br>• Zuweisung von Zuständigkeiten<br>• Sensibilisierung und Schulung der Beschäftigten<br>• Mitwirkung bei der Datenschutz-Folgenabschätzung<br>• Zusammenarbeit mit der Aufsichtsbehörde |
| **Aufgabe 9** | d |
| **Aufgabe 10** | d |
| **Aufgabe 11** | a - e |
| **Aufgabe 12** | d |
| **Aufgabe 13** | d |

## Situation 8

**Aufgabe 1**

Die Fluktuation ist aufgrund geringerer Abgänge in den letzten drei Monaten niedriger als in den Vormonaten.

**Aufgabe 2**

Auffällig sind die hohen Fehlzeiten in den Abteilungen Vertrieb und Produktion. Da diese beiden Abteilungen mit 48,1 % bzw. 12,0 % einen erheblichen Anteil an der Gesamtbelegschaft ausmachen, ist Handlungsbedarf gegeben. Gespräche zwischen Geschäftsleitung/Personalabteilung, Betriebsrat und Mitarbeitern der Abteilungen sollten Aufschluss über die Ursachen geben.

| Abteilung | Belegschaft | Anteil an der Gesamtbelegschaft | ø Fehltage/ Summe pro Monat | ø monatliche Fehltage je Mitarbeiter | ø jährliche Fehltage je Mitarbeiter |
|---|---|---|---|---|---|
| Personalabteilung | 5 | 3,8 % | 2,2 | 0,44 | 5,28 |
| Buchhaltung | 6 | 4,5 % | 4,0 | 0,67 | 8,04 |
| Finanzabteilung | 5 | 3,8 % | 2,6 | 0,52 | 6,24 |
| Einkauf | 12 | 9,0 % | 7,6 | 0,63 | 7,56 |
| Vertrieb | 16 | 12,0 % | 15,6 | 0,98 | 11,76 |
| Marketing | 5 | 3,8 % | 2,6 | 0,52 | 6,24 |
| Außendienst | 9 | 6,8 % | 6,9 | 0,77 | 9,24 |
| Technik und Entwicklung | 11 | 8,3 % | 5,4 | 0,49 | 5,88 |
| Produktion | 64 | 48,1 % | 66,2 | 1,03 | 12,36 |
| Gesamt | 133 | 100,0 % | 113,1 | 0,85 | 10,20 |

**Aufgabe 3**

| Personalstatistiken | Erläuterungen |
|---|---|
| Krankheitsstatistik | Die Krankheitsstatistik erhebt die Anzahl der erkrankten Mitarbeiter im Verhältnis zur Gesamtzahl der Mitarbeiter für einen bestimmten Zeitraum und/ oder bestimmte Abteilungen. |
| Personalkostenstatistik | Die Personalkostenstatistik kann sich auf unterschiedliche kostenbezogene Bereiche beziehen, z. B. Personalkosten in Abteilungen, Unterscheidung nach Personalkostenarten wie tarifliche und freiwillige Leistungen, Aufwendungen für Ausbildung und Fortbildung, Personalkosten im Verhältnis zum Umsatz/Gewinn. |
| Lohn- und Gehaltsstatistik | Die Lohn- und Gehaltsstatistik differenziert Aufwendungen z. B. für Arbeiter, Angestellte und Auszubildende, nach Vollzeit- und Teilzeitkräften, nach Abteilungen. |
| Personalstrukturstatistik | Die Personalstrukturstatistik informiert über die Zusammensetzung der Belegschaft nach unterschiedlichen Merkmalen, z. B. Alter, Geschlecht, Familienstand, Dauer der Betriebszugehörigkeit, Qualifikationen (z. B. schulische und berufliche Vorbildung), Teilzeit-/ Vollzeitbeschäftigung, Stellung im Unternehmen. |

## Situation 9

| | |
|---|---|
| **Aufgabe 1** | e - d - a |
| **Aufgabe 2** | Betriebsverfassungsgesetz |
| **Aufgabe 3** | Arbeitgeber und Betriebsrat |
| **Aufgabe 4** | e - c |
| **Aufgabe 5** | Der Betriebsrat hat ein volles Mitbestimmungsrecht. |
| **Aufgabe 6** | a |

## Situation 9

| | |
|---|---|
| **Aufgabe 7** | e |
| **Aufgabe 8** | c - e - a |
| **Aufgabe 9** | Es ist das Recht der Tarifpartner, ohne Eingriffe von außen Vereinbarungen zu treffen. |
| **Aufgabe 10** | Tarifvertragsgesetz (TVG) |
| **Aufgabe 11** | a) 1<br>b) 4<br>c) 2<br>d) 5<br>e) 3<br>f) 6 |
| **Aufgabe 12** | Arbeitszeit, Kündigungsfristen, Urlaub, Sonderzahlungen, Weihnachtsgeld |
| **Aufgabe 13** | b |
| **Aufgabe 14** | d |
| **Aufgabe 15** | Auf Antrag einer der Tarifvertragsparteien können Tarifverträge vom Bundesministerium für Arbeit und Soziales oder vom jeweiligen Landesarbeitsministerium für allgemeinverbindlich erklärt werden. |
| **Aufgabe 16** | Das Rangprinzip besagt, dass ranghöhere Normen rangniedrigeren Normen grundsätzlich vorgehen (z. B. in der Reihenfolge: Grundgesetz, Bundesgesetze, Landesgesetze, Tarifverträge, Betriebsvereinbarungen, Arbeitsvertrag).<br>Das Günstigkeitsprinzip sieht Ausnahmen zum Rangprinzip vor, wenn die Bedingungen der rangniedrigeren Norm den Arbeitnehmer besserstellen. Zum Beispiel darf im Arbeitsvertrag von den Tarifbestimmungen nur zugunsten der Arbeitnehmer abgewichen werden. |
| **Aufgabe 17** | Entgeltgruppen, Entgelt, Ausbildungsvergütungen |
| **Aufgabe 18** | Günstigkeitsprinzip |

## Situation 10

| | |
|---|---|
| **Aufgabe 1** | Die Befristung auf drei Jahre ist möglich, da ein sachlicher Grund vorliegt (§14 (1) 3. TzBfG). |
| **Aufgabe 2** | Liegt kein sachlicher Grund vor, ist eine Befristung nur bis zu einer Gesamtdauer von zwei Jahren zulässig; innerhalb der zwei Jahre können kürzere Verträge maximal dreimal verlängert werden. |
| **Aufgabe 3** | Schriftform |
| **Aufgabe 4** | Das Arbeitsverhältnis besteht länger als sechs Monate. Der Arbeitnehmer macht spätestens drei Monate vor Beginn der Teilzeitarbeit die Verringerung und die gewünschte Verteilung der Arbeitszeit geltend. Im Betrieb sind in der Regel mehr als 15 Arbeitnehmer beschäftigt. |
| **Aufgabe 5** | c |
| **Aufgabe 6** | b |

## Situation 11

| | |
|---|---|
| **Aufgabe 1** | Sie informieren den Vorgesetzten von Frau Weller und die zuständige Aufsichtsbehörde (z. B. Gewerbeaufsichtsamt bzw. staatlicher Arbeitsschutz). |
| **Aufgabe 2** | 30.08. bis 06.12. |
| **Aufgabe 3** | b |

## Situation 11

| | |
|---|---|
| **Aufgabe 4** | a |
| **Aufgabe 5** | Das Arbeitsverhältnis endet mit der vereinbarten Frist. |
| **Aufgabe 6** | b |
| **Aufgabe 7** | e |

## Situation 12

| | |
|---|---|
| **Aufgabe 1** | 24 Werktage |
| **Aufgabe 2** | Herr Schwaiger hat erst ab 1. Juli Anspruch auf den gesamten Jahresurlaub. |
| **Aufgabe 3** | Bis 31. März nächsten Jahres |
| **Aufgabe 4** | b |
| **Aufgabe 5** | Es stehen ihm noch 10 Werktage zu. |
| **Aufgabe 6** | Der Urlaubsanspruch verlängert sich um 4 Tage. |
| **Aufgabe 7** | d |

## Situation 13

| | |
|---|---|
| **Aufgabe 1** | a |
| **Aufgabe 2** | 5 Tage (30 Tage : 12 Monate · 2 Monate) |
| **Aufgabe 3** | b |

## Situation 14

| | |
|---|---|
| **Aufgabe 1** | Bürgerliches Gesetzbuch (BGB) |
| **Aufgabe 2** | 31.10. dieses Jahres<br>(Das Beschäftigungsverhältnis besteht seit mindestens 15, aber noch nicht seit 20 Jahren; damit greift § 622 II 6 BGB; die Kündigungsfrist beträgt sechs Monate zum Ende eines Kalendermonats: Ende April + 6 Monate = Ende Oktober.) |
| **Aufgabe 3** | 03.12. dieses Jahres<br>(Der Arbeitnehmer kann mit einer Frist von vier Wochen zum Fünfzehnten oder zum Ende eines Kalendermonats kündigen, vgl. § 622 I BGB). |
| **Aufgabe 4** | a |
| **Aufgabe 5** | a |
| **Aufgabe 6** | • Personenbedingte Kündigung: Die Gründe liegen in der Person des Arbeitnehmers und können von diesem in der Regel nicht verändert oder beeinflusst werden (z. B. fehlende Fähigkeiten und Eigenschaften, dauerhaft verminderte Leistungsfähigkeit, Krankheit).<br>• Verhaltensbedingte Kündigung: Es handelt sich insbesondere um Vertragspflichtverletzungen, die der Arbeitnehmer ändern könnte, wenn er wollte (z. B. Unpünktlichkeit, Arbeitsverweigerung, Beleidigungen, unentschuldigtes Fehlen, unerlaubte Internetnutzung, Diebstahl, Straftaten, Verletzung der Geheimhaltungspflicht).<br>• Betriebsbedingte Kündigungen: Sie werden ausgesprochen, wenn die Gründe in dringenden betrieblichen Erfordernissen liegen, die einer Weiterbeschäftigung des Arbeitnehmers entgegenstehen (z. B. Rationalisierung, Auftragsrückgang, Rohstoffmangel, Wegfall von Arbeitsplätzen und keine weitere Beschäftigungsmöglichkeit in demselben Betrieb). |

## Situation 14

| | |
|---|---|
| **Aufgabe 7** | Eine außerordentliche Kündigung ist eine fristlose Kündigung aus wichtigem Grund. Das Arbeitsverhältnis kann von Arbeitgeber oder Arbeitnehmer ohne Einhaltung einer Kündigungsfrist gekündigt werden, wenn Tatsachen vorliegen, aufgrund derer dem Kündigenden die Fortsetzung des Arbeitsverhältnisses bis zum Ablauf der Kündigungsfrist nicht zugemutet werden kann. Eine wirksame Kündigung muss innerhalb von zwei Wochen nach Kenntnis der für die Kündigung maßgebenden Tatsachen erfolgen. Der Betriebsrat ist zu hören. |
| **Aufgabe 8** | Zu Störungen im Verhaltens- und Leistungsbereich gehören insbesondere (schuldhafte) Verletzungen der Arbeitspflicht oder der Vergütungspflicht. Eine wirksame Kündigung seitens des Arbeitgebers ist nur nach vorheriger erfolgloser Abmahnung möglich.<br><br>Zu Störungen im Vertrauensbereich gehören insbesondere strafbare Handlungen gegenüber dem Arbeitgeber (z. B. Diebstahl, Unterschlagung) und gegenüber anderen Mitarbeitern (z. B. Tätlichkeiten, sexuelle Belästigung). Eine vorherige Abmahnung ist rechtlich nicht erforderlich, wird aber häufig als letzte Möglichkeit genutzt. |
| **Aufgabe 9** | c |
| **Aufgabe 10** | Schwangere und Mütter nach der Entbindung, Betriebsräte, Jugend- und Auszubildendenvertreter, Schwerbehinderte |

## Situation 15

| | |
|---|---|
| **Aufgabe 1** | Der Abschluss eines Arbeitsvertrages ist grundsätzlich formfrei, es sei denn, Gesetze, tarifvertragliche Regelungen oder Betriebsvereinbarungen sehen Schriftform vor. Auch wegen der Beweissicherheit ist Schriftform, insbesondere bei individuellen Regelungen, die über tarifliche Vorgaben hinausgehen, jedoch zu empfehlen. |
| **Aufgabe 2** | Im 1995 eingeführten Nachweisgesetz (NachwG) ist geregelt, dass der Arbeitgeber spätestens einen Monat nach Beginn des Arbeitsverhältnisses die wesentlichen Vertragsbedingungen schriftlich niederzulegen und dem Arbeitnehmer die Niederschrift auszuhändigen hat. Diese Verpflichtung trifft auch auf Änderungen wesentlicher Vertragsbedingungen zu. Hat der Arbeitgeber dies versäumt, obliegt ihm die Beweislast für arbeitsvertragliche Vereinbarungen. |
| **Aufgabe 3** | c |
| **Aufgabe 4** | b |
| **Aufgabe 5** | (siehe Tabelle unten) |
| **Aufgabe 6** | b |
| **Aufgabe 7** | F. (Nach § 3 BUrlG beträgt der Mindesturlaubsanspruch 24 Werktage.) |
| **Aufgabe 8** | Der Arbeitnehmer verpflichtet sich, nach Beendigung des Arbeitsverhältnisses nicht zeitnah eine Tätigkeit bei einem Mitbewerber aufzunehmen. |
| **Aufgabe 9** | b - a - e |

Aufgabe 5:

| **Pflichten des Arbeitgebers (Rechte des Arbeitnehmers)** | **Pflichten des Arbeitnehmers (Rechte des Arbeitgebers)** |
|---|---|
| • Vergütung (z. B. Gehalt, Provision, Gewinnbeteiligung)<br>• Fürsorge (Erhaltung der Gesundheit, Anmeldung zur Sozialversicherung, Gewährung von Urlaub)<br>• Zeugniserteilung (einfaches oder auf Wunsch qualifiziertes Zeugnis mit Angaben über Führung und Leistung) | • Dienstleistung (gewissenhafte Erbringung der Arbeitsleistung)<br>• Treue- und Verschwiegenheit (Interessen des Betriebes wahren; über Geschäftsgeheimnisse schweigen)<br>• Wettbewerbsverbot (ohne Einwilligung kein Handelsgewerbe; keine Geschäfte im Handelszweig des Arbeitgebers) |

## Situation 16

| | |
|---|---|
| **Aufgabe 1** | Beim Zeitlohn wird die Arbeit nach der Dauer (Stunden, Tage, Wochen, Monate) der geleisteten Arbeitszeit vergütet. Beim Leistungslohn richtet sich die Entlohnung nach der Menge der geleisteten Arbeit. |
| **Aufgabe 2** | Erschwerniszulagen, Funktionszulagen wegen Übernahme zusätzlicher Verantwortung, persönliche Zulagen oder Sozialzulagen wie Kinder- oder Ortszulagen; Zuschläge für Nachtarbeit, Überstunden oder Sonn- und Feiertagsarbeit |
| **Aufgabe 3** | b |
| **Aufgabe 4** | d |
| **Aufgabe 5** | e |
| **Aufgabe 6** | c - a - e |
| **Aufgabe 7** | c |
| **Aufgabe 8** | • Steuerliche Abzüge: Lohnsteuer, Solidaritätszuschlag, Kirchensteuer<br>• Sozialversicherungsbeiträge: Krankenversicherung, Pflegeversicherung, Rentenversicherung, Arbeitslosenversicherung |
| **Aufgabe 9** | Familienstand und Zahl der Kinder, Steuerklassen, Religionszugehörigkeit, Freibeträge |
| **Aufgabe 10** | Vermögenswirksame Leistungen sind Geldzahlungen, die vom Arbeitgeber für den Arbeitnehmer in vom Gesetzgeber festgelegten langfristigen Sparformen (5. Vermögensbildungsgesetz) angelegt werden. Der Staat unterstützt diese Art der Vermögensbildung der Arbeitnehmer durch eine Arbeitnehmersparzulage, die beim Finanzamt beantragt und auf das betreffende Geldanlagekonto überwiesen wird. Die Gewährung der Arbeitnehmersparzulage ist an bestimmte Einkommensgrenzen des zu versteuernden Einkommens und an bestimmte Sparformen gebunden. Begünstigte Anlagemöglichkeiten sind Bausparverträge und Wertpapierfonds. |
| **Aufgabe 11** | b |
| **Aufgabe 12** | • I: Ledige, verwitwete oder geschiedene Arbeitnehmer sowie verheiratete Arbeitnehmer, die von ihrem Ehegatten dauernd getrennt leben<br>• II: Die in Steuerklasse I genannten Arbeitnehmer, wenn ihnen ein Entlastungsfreibetrag für Alleinerziehende zusteht<br>• III: Verheiratete Arbeitnehmer, deren Ehegatten kein Einkommen beziehen oder auf Antrag in Steuerklasse V eingestuft wurden; geschiedene Ehegatten in dem Kalenderjahr, in dem die Ehe aufgelöst wurde; verwitwete Arbeitnehmer für das Kalenderjahr, das dem Todesjahr des Ehegatten folgt<br>• IV: Verheiratete Arbeitnehmer, wenn beide Ehegatten Arbeitslohn beziehen, im Inland wohnen und nicht dauernd getrennt leben<br>• V: Verheiratete Arbeitnehmer, wenn beide Ehegatten Arbeitslohn beziehen und einer auf Antrag in Steuerklasse III eingestuft wurde<br>• VI: Arbeitnehmer, die aus mehreren Arbeitsverhältnissen nebeneinander Arbeitslohn beziehen |
| **Aufgabe 13** | c - d - b |
| **Aufgabe 14** | e - c - d |
| **Aufgabe 15** | Der eingetragene Freibetrag vermindert den zu versteuernden Bruttolohn. |
| **Aufgabe 16** | c |
| **Aufgabe 17** | b |

## Situation 16

**Aufgabe 18**

Finanzbehörde (Bundeszentralamt für Steuern)

**Aufgabe 19**

Jede natürliche Person; die Steuer-Identifikationsnummer wird bei der Geburt vom Bundeszentralamt für Steuern zugeteilt und bleibt ein Leben lang gleich.

**Aufgabe 20**

e

**Aufgabe 21**

e

**Aufgabe 22**

Von der Finanzbehörde

**Aufgabe 23**

a) 3
b) 2
c) 5
d) 4
e) 6
f) 1

**Aufgabe 24**

| | | |
|---|---|---|
| | Grundentgelt (27 Jahre) | 1800,00 EUR |
| + | verheiratet (1 Kind) | 50,00 EUR |
| + | VL-AG | 30,00 EUR |
| + | Zulage 10 % | 180,00 EUR |
| = | **Bruttoentgelt** | **2060,00 EUR** |

**Aufgabe 25**

a)

| | | |
|---|---|---|
| | Tariflöhne/-gehälter | 926460,00 EUR |
| + | VL-AG | 9200,00 EUR |
| – | Lohnsteuer | 128740,20 EUR |
| – | Kirchensteuer | 9048,12 EUR |
| – | Solidaritätszuschlag | 7080,71 EUR |
| – | AN-Anteil SV | 193166,92 EUR |
| – | VL-Überweisung | 16400,00 EUR |
| = | **Auszahlungsbetrag** | **581224,05 EUR** |

b) Hinweis: Seit 01.01.2019 wird auch der Zusatzbeitrag zur KV paritätisch (= von AG und AN zu gleichen Teilen) geleistet.

| | | |
|---|---|---|
| | AN-Anteil SV | 193166,92 EUR |
| + | AG-Anteil SV | 193166,92 EUR |
| = | **Summe Sozialversicherungsträger** | **386333,84 EUR** |

c)

| | | |
|---|---|---|
| | Lohnsteuer | 128740,20 EUR |
| + | Kirchensteuer | 9048,12 EUR |
| + | Solidaritätszuschlag | 7080,71 EUR |
| = | **Summe Finanzbehörde** | **144869,03 EUR** |

d)

| | | |
|---|---|---|
| | Tariflöhne/-gehälter | 926460,00 EUR |
| + | VL-AG | 9200,00 EUR |
| + | AG-Anteil SV | 193166,92 EUR |
| = | **Personalkosten** | **1128826,92 EUR** |

## Situation 16

**Aufgabe 26**

| | | | |
|---|---|---|---|
| | Tariflohn | 2 110,00 EUR | |
| + | vermögenswirksame Leistungen (AG) | 20,00 EUR | |
| + | Erschwerniszuschalg | 95,00 EUR | |
| = | **sozialversicherungspflichtiges Bruttoentgelt** | **2 225,00 EUR** | b) |
| – | Steuerfreibetrag | 150,00 EUR | |
| = | **steuerpflichtiges Bruttoentgelt** | **2 075,00 EUR** | a) |
| – | Gesamtabzüge | 498,70 EUR | |
| = | **Nettoentgelt** | **1 726,30 EUR** | |
| – | vermögenswirksame Leistungen (Sparbetrag) | 40,00 EUR | |
| + | steuer- und sozialversichungsfreier Zuschlag | 16,50 EUR | |
| = | **Auszahlungsbetrag** | **1 702,80 EUR** | c) |

**Aufgabe 27** a - e

## Situation 17

| | |
|---|---|
| **Aufgabe 1** | e - a - c |
| **Aufgabe 2** | e - c - f |
| **Aufgabe 3** | Bei der Deutschen Rentenversicherung |
| **Aufgabe 4** | Die Beitragsbemessungsgrenzen geben den bei der Berechnung der Sozialversicherungsbeiträge maximal zu berücksichtigenden Bruttolohn an. Die Beitragsbesmessungsgrenzen sind jeweils identisch für die KV und PV sowie für die RV und ALV. Sie werden jährlich angepasst. |
| **Aufgabe 5** | a - c - b |
| **Aufgabe 6** | c |
| **Aufgabe 7** | b |
| **Aufgabe 8** | Seit dem 01.01.2006 müssen sämtliche Beiträge für die Sozialversicherung bereits am drittletzten Bankarbeitstag des laufenden Monats an die Krankenkassen abgeführt werden, die die Beiträge zur Renten- und Arbeitslosenversicherung an deren Träger weiterleiten. Sind die genauen Beiträge noch nicht bekannt, ist eine Schätzung der voraussichtlichen Beitragshöhe erforderlich. Differenzen nach erfolgter Lohnabrechnung am Ende des Monats werden im Folgemonat ausgeglichen. |
| **Aufgabe 9** | e |
| **Aufgabe 10** | c |
| **Aufgabe 11** | Der Unfallbericht ist sofort an die zuständige Berufsgenossenschaft zu schicken. |
| **Aufgabe 12** | c |

## Situation 18

### Aufgabe 1

| | | | | |
|---|---|---|---|---|
| | Bruttoentgelt | | 2 715,00 EUR | |
| + | vermögenswirksame Leistungen | | 0,00 EUR | |
| = | sozialversicherungspflichtiges Bruttoentgelt | | 2 715,00 EUR | |
| – | Steuerfreibetrag | | 0,00 EUR | |
| = | steuerpflichtiges Bruttoentgelt | | 2 715,00 EUR | |
| – | Lohnsteuer | | 380,75 EUR | |
| – | Kirchensteuer | | 34,26 EUR | |
| – | Solidaritätszuschlag | | 20,94 EUR | |
| | **Summe Steuern** | | **435,95 EUR** | b) |
| – | Krankenversicherung | 7,75 % | 210,41 EUR | |
| – | Pflegeversicherung | 1,525 % | 41,40 EUR | |
| – | Rentenversicherung | 9,30 % | 252,50 EUR | |
| – | Arbeitslosenversicherung | 1,25 % | 33,94 EUR | |
| | **Summe Sozialversicherung** | | **538,25 EUR** | a) |
| **=** | **Nettoentgelt** | | **1 740,80 EUR** | c) |

### Aufgabe 2

| | | | | |
|---|---|---|---|---|
| | Bruttoentgelt | | 2 690,00 EUR | |
| + | vermögenswirksame Leistungen | | 20,00 EUR | |
| = | sozialversicherungspflichtiges Bruttoentgelt | | 2 710,00 EUR | |
| – | Steuerfreibetrag | | 0,00 EUR | |
| = | steuerpflichtiges Bruttoentgelt | | 2 710,00 EUR | |
| – | Lohnsteuer | | 156,66 EUR | |
| – | Kirchensteuer | | 14,09 EUR | |
| – | Solidaritätszuschlag | | 0,00 EUR | |
| | **Summe Steuern** | | **170,75 EUR** | b) |
| – | Krankenversicherung | 7,75 % | 210,03 EUR | |
| – | Pflegeversicherung | 1,525 % | 41,33 EUR | |
| – | Zusatzbeitrag kinderlos über 23 Jahre | 0,25 % | 6,78 EUR | |
| – | Rentenversicherung | 9,30 % | 252,03 EUR | |
| – | Arbeitslosenversicherung | 1,25 % | 33,88 EUR | |
| | **Summe Sozialversicherung** | | **544,05 EUR** | a) |
| = | Nettoentgelt | | 1 995,20 EUR | |
| – | Vorschuss | | 200,00 EUR | |
| – | vermögenswirksame Leistungen | | 40,00 EUR | |
| **=** | **Auszahlungsbetrag** | | **1 755,20 EUR** | c) |

## Situation 18

### Aufgabe 3

| | vor der Geburt (IV/0) | | nach der Geburt (III/2) | |
|---|---|---|---|---|
| Bruttoentgelt | 2730,00 EUR | | 2730,00 EUR | |
| + vermögenswirksame Leistungen | 0,00 EUR | | 0,00 EUR | |
| = sozialversicherungspflichtiges Bruttoentgelt | 2730,00 EUR | | 2730,00 EUR | |
| – Steuerfreibetrag | 0,00 EUR | | 0,00 EUR | |
| = steuerpflichtiges Bruttoentgelt | 2730,00 EUR | | 2730,00 EUR | |
| – Lohnsteuer | 384,58 EUR | | 161,33 EUR | |
| – Kirchensteuer | 34,61 EUR | | 0,00 EUR | |
| – Solidaritätszuschlag | 21,15 EUR | | 0,00 EUR | |
| **Summe Steuern** | **440,34 EUR** | a) | **161,33 EUR** | b) |

| | | |
|---|---|---|
| **Steuerersparnis** | **279,01 EUR** (440,34 EUR – 161,33 EUR) | c) |

### Aufgabe 4

| | | | |
|---|---|---|---|
| Bruttoentgelt | | 2820,00 EUR | |
| + vermögenswirksame Leistungen | | 0,00 EUR | |
| = sozialversicherungspflichtiges Bruttoentgelt | | 2820,00 EUR | |
| – Steuerfreibetrag | | 100,00 EUR | |
| = steuerpflichtiges Bruttoentgelt | | 2720,00 EUR | |
| – Lohnsteuer | | 158,66 EUR | |
| – Kirchensteuer | | 3,55 EUR | |
| – Solidaritätszuschlag | | 0,00 EUR | |
| **Summe Steuern** | | **162,21 EUR** | b) |
| – Krankenversicherung | 7,75 % | 218,55 EUR | |
| – Pflegeversicherung | 1,525 % | 43,01 EUR | |
| – Rentenversicherung | 9,30 % | 262,26 EUR | |
| – Arbeitslosenversicherung | 1,25 % | 35,25 EUR | |
| **Summe Sozialversicherung** | | **559,07 EUR** | a) |
| **= Nettoentgelt** | | **2 098,72 EUR** | c) |

# 03 Kaufmännische Steuerung

## Situation 1

**Aufgabe 1**

a) 1
b) 9
c) 9
d) 9
e) 1
f) 9

**Aufgabe 2**

| Soll | | | Haben |
|---|---|---|---|
| 6920 | Beiträge zu Wirtschaftsverbänden und Berufsvertretungen | 2800 | Bank |
| X | erfolgswirksam | | erfolgsneutral |

**Aufgabe 3**

| Soll | | | Haben |
|---|---|---|---|
| 7600 | Außerordentliche Aufwendungen | 2280 | Waren |
| X | erfolgswirksam | | erfolgsneutral |

**Aufgabe 4**

| Soll | | | Haben |
|---|---|---|---|
| 2800 | Bank | 0870 | Kasse |
| | erfolgswirksam | X | erfolgsneutral |

**Aufgabe 5**

| Soll | | | Haben |
|---|---|---|---|
| 6160 | Fremdinstandsetzung | 4400 | Verbindlichkeiten aus LL |
| 2600 | Vorsteuer | | |
| X | erfolgswirksam | | erfolgsneutral |

**Aufgabe 6**

| Soll | | | Haben |
|---|---|---|---|
| 4400 | Verbindlichkeiten aus LL | 2800 | Bank |
| | erfolgswirksam | X | erfolgsneutral |

**Aufgabe 7**

| Soll | | | Haben |
|---|---|---|---|
| 4250 | Langfr. Bankverbindlichkeiten/Darlehen | 2800 | Bank |
| | erfolgswirksam | X | erfolgsneutral |

**Aufgabe 8**

| Soll | | | Haben |
|---|---|---|---|
| 6170 | Sonstige Aufwendungen | 2880 | Kasse |
| X | erfolgswirksam | | erfolgsneutral |

**Aufgabe 9**

| Soll | | | Haben |
|---|---|---|---|
| 7510 | Zinsaufwendungen | 2800 | Bank |
| 6750 | Kosten des Geldverkehrs | | |
| X | erfolgswirksam | | erfolgsneutral |

## Situation 1

**Aufgabe 10**

| Soll | | | Haben |
|---|---|---|---|
| 2800 | Bank | 4250 | Langf. Bankverbindlichkeiten/Darlehen |
| | erfolgswirksam | X | erfolgsneutral |

**Aufgabe 11**

| Soll | | | Haben |
|---|---|---|---|
| 2800 | Bank | 5401 | Nebenerlöse aus Vermietung/Verpachtung |
| X | erfolgswirksam | | erfolgsneutral |

## Situation 2

| | |
|---|---|
| **Aufgabe 1** | Eigentümer, Mitarbeiter, Gläubiger (Kreditgeber), Staat bzw. Finanzamt |
| **Aufgabe 2** | Finanzbuchhaltung:<br>z. B. Erfassen der Aufwendungen und Erträge sowie Ermitteln des Unternehmensergebnisses<br>Kosten- und Leistungsrechnung:<br>z. B. Ermitteln der Kosten und Leistungen sowie Kontrolle der Wirtschaftlichkeit, Feststellen des Betriebsergebnisses |
| **Aufgabe 3** | Buchführungsarbeiten sind ordnungsgemäß, wenn sich ein sachverständiger Dritter (Steuerberater, Betriebsprüfer des Finanzamts) innerhalb angemessener Zeit einen Überblick über die Geschäftsfälle und über die wirtschaftliche Lage des Unternehmens verschaffen kann. |
| **Aufgabe 4** | b |
| **Aufgabe 5** | Die Aufbewahrungsfrist beginnt mit dem Ende des Geschäftsjahres, indem der Vorgang entstanden ist. |
| **Aufgabe 6** | 10 Jahre:<br>Bücher der Buchführung, Inventare, Eröffnungsbilanzen, Jahresabschlüsse, Buchungsbelege<br>6 Jahre:<br>empfangene Handelsbriefe (z. B. Angebote), Kopien abgesandter Handelsbriefe (z. B. Bestellungen) |
| **Aufgabe 7** | Grundbuch:<br>Im Grundbuch werden alle Geschäftsfälle in zeitlicher Reihenfolge (chronologisch) erfasst, sodass ein schnelles Auffinden und Überprüfen eines Geschäftsfalles sichergestellt ist. Das Grundbuch bildet die Grundlage für die Buchungen im Hauptbuch.<br>Hauptbuch:<br>Das Hauptbuch erfasst alle Geschäftsfälle nach sachlichen Gesichtspunkten auf T-Konten (Sachkonten). Damit lässt sich der Stand des Vermögens und des Kapitals ablesen. |
| **Aufgabe 8** | Kontenrahmen:<br>Der Kontenrahmen ist ein allgemeines, auf die Branche bezogenes Organisationsmittel für die Kontierung von Geschäftsfällen.<br>Kontenplan:<br>Der Kontenplan ist ein nach betriebsindividuellen Gesichtspunkten angepasster Kontenrahmen. Er enthält nur die Konten, die tatsächlich im Unternehmen geführt werden. |
| **Aufgabe 9** | Erste Ziffer:<br>Sie gibt die Kontenklasse an (Aktiv- bzw. Passivkonto oder Ertrags- bzw. Aufwandskonto).<br>Letzte Ziffer:<br>Die letzte Ziffer gibt Aufschluss darüber, um welches Konto (Kontenart) es sich handelt. |
| **Aufgabe 10** | b |

## Situation 3

| | |
|---|---|
| **Aufgabe 1** | Inventur:<br>Inventur ist die mengen- und wertmäßige Bestandsaufnahme aller Vermögengegenstände und aller Schulden eines Unternehmens zu einem bestimmten Zeitpunkt.<br>Inventar:<br>Das Inventar stellt das Ergebnis der Inventur in einem ausführlichen Bestandsverzeichnis aller Vermögenswerte und Schulden dar. Üblicherweise wird im Inventar auch das Reinvermögen ermittelt. Die Aufstellung des Inventars erfolgt in Staffelform. |
| **Aufgabe 2** | Die Inventurergebnisse werden mengen- und wertmäßig in das Inventar übernommen; gegebenenfalls muss der Buchbestand laut Buchführung berichtigt werden. |
| **Aufgabe 3** | Stichtagsinventur:<br>Bestandsaufnahme innerhalb einer Frist von 10 Tagen vor und bis zu 10 Tagen nach dem Bilanzstichtag<br>Verlegte Inventur:<br>Bestandsaufnahme innerhalb von 3 Monaten vor und bis zu 2 Monaten nach dem Bilanzstichtag<br>Permanente Inventur:<br>„Laufende" Inventur mittels Warenwirtschaftssystem, aber: Einmal jährlich ist eine körperliche Bestandsaufnahme erforderlich. |
| **Aufgabe 4** | Zu hoher Sollwert:<br>z. B. durch nicht erfasste Warenabgänge (Diebstahl, Verderb, Ausbuchung vergessen, ...)<br>Zu niedriger Sollwert:<br>z. B. durch nicht erfasste Warenzugänge (Einbuchung von Wareneingang vergessen, Kundenretouren nicht erfasst,...) |
| **Aufgabe 5a** | Soll: 6170 Sonstige Aufwendungen — Haben: 2880 Kasse |
| **Aufgabe 5b** | Soll: 2280 Waren — Haben: 5430 Sonstige betriebliche Erträge |
| **Aufgabe 6** | Die Bilanz ist die kurzgefasste wertmäßige Darstellung von Vermögen und Kapital in Kontenform. |
| **Aufgabe 7** | c und e |
| **Aufgabe 8** | a) 1   d) 2<br>b) 6   e) 5<br>c) 4   f) 3 |
| **Aufgabe 9** | b |
| **Aufgabe 10** | c |

Aufgabe 5a:

| Soll | | | Haben |
|---|---|---|---|
| 6170 | Sonstige Aufwendungen | 2880 | Kasse |

Aufgabe 5b:

| Soll | | | Haben |
|---|---|---|---|
| 2280 | Waren | 5430 | Sonstige betriebliche Erträge |

## Situation 4

**Aufgabe 1**

Die Anschaffungskosten für Anlagegüter werden mit folgenden Nettowerten berechnet:

| | |
|---|---|
| | Anschaffungspreis (Listeneinkaufspreis) |
| + | Anschaffungsnebenkosten |
| + | nachträgliche Anschaffungskosten |
| – | Anschaffungspreisminderungen |
| = | Anschaffungskosten |

Lösungen

## Situation 4

| | |
|---|---|
| **Aufgabe 2** | d |
| **Aufgabe 3** | a) 1<br>b) 9<br>c) 9<br>d) 9<br>e) 1<br>f) 1 |
| **Aufgabe 4** | Die Abschreibung ist das Verfahren, mit dem die Anschaffungskosten als Aufwand auf die Nutzungsdauer verteilt und die jährliche Wertminderung buchmäßig erfasst wird, damit die Schlussbilanz die tatsächlichen Werte des Anlagevermögens ausweist. |
| **Aufgabe 5** | Abnutzung durch regelmäßigen Gebrauch, natürlicher Verschleiß, technischer Fortschritt |
| **Aufgabe 6** | $\text{Abschreibungsbetrag p. a. (EUR)} = \frac{\text{Anschaffungskosten}}{\text{Nutzungsdauer}}$<br>$\text{Abschreibungssatz p. a. (\%)} = \frac{100\ \%}{\text{Nutzungsdauer}}$ |
| **Aufgabe 7** | c |

**Aufgabe 8**

Anlagegut 1:

- $\text{Abschreibungssatz} = \frac{100\ \%}{\text{Nutzungdauer}} = \frac{100\ \%}{6\ \text{Jahre}} = \mathbf{16\ ^2/_3\ \%}$
- $\text{Abschreibungsbetrag} = \frac{\text{Anschaffungskosten}}{\text{Nutzungsdauer}} = \frac{72\,000{,}00\ \text{EUR}}{6\ \text{Jahre}} = \mathbf{12\,000{,}00\ EUR}$
- **Buchwert zum 31.12.20..** = Anschaffungskosten – Abschreibungsbetrag
  = 72 000,00 EUR – 6 000,00 EUR = **60 000,00 EUR**

Anlagegut 2:

- $\text{Abschreibungssatz} = \frac{100\ \%}{\text{Nutzungsdauer}} = \frac{100\ \%}{12\ \text{Jahre}} = \mathbf{8\ ^1/_3\ \%}$
- $\text{Abschreibungsbetrag} = \frac{\text{Anschaffungskosten}}{\text{Nutzungsdauer}} \cdot \text{Monatsanteil} = \frac{234\,000{,}00\ \text{EUR}}{12\ \text{Jahre}} \cdot {}^8/_{12}$
  = **13 000,00 EUR**
- **Buchwert zum 31.12.20..** = Anschaffungskosten – zeitanteiliger Abschreibungsbetrag
  = 234 000,00 EUR – 13 000,00 EUR = **221 000,00 EUR**

**Aufgabe 9**

a)

| | | |
|---|---|---|
| | Anschaffungskosten | 90 000,00 EUR |
| – | Abschreibung Ende 1. Jahr ($^7/_{12}$) | 8 750,00 EUR |
| = | Buchwert Ende 1. Jahr | 81 250,00 EUR |
| – | Abschreibung Ende 2. Jahr | 15 000,00 EUR |
| = | Buchwert Ende 2. Jahr | 66 250,00 EUR |
| – | Abschreibung Ende 3. Jahr | 15 000,00 EUR |
| = | **Buchwert Ende 3. Jahr** | **51 250,00 EUR** |

b)

| | | |
|---|---|---|
| | Buchwert Ende 3. Jahr | 51 250,00 EUR |
| – | Abschreibung für Januar und Februar ($^2/_{12}$) | 2 500,00 EUR |
| = | **Buchwert bei Verkauf** | **48 750,00 EUR** |

c)

| **Soll** | | | **Haben** |
|---|---|---|---|
| 6520 | Abschreibungen auf Sachanlagen | 0840 | Fuhrpark |

## Situation 4

**Aufgabe 10**

a) Zu Beginn des 4. Nutzungsjahres ist die jährliche AfA erst drei Mal erfolgt.
kumulierter Abschreibungsbetrag : 3 Jahre = **Abschreibungsbetrag je Jahr**
105 000,00 EUR : 3 Jahre = **35 000,00 EUR**

b) Anschaffungskosten : Abschreibungsbetrag je Jahr = **Nutzungsdauer**
175 000,00 EUR : 35 000,00 EUR = **5 Jahre**

c) $\frac{100\ \%}{\text{Nutzungsdauer}} = \frac{100\ \%}{5\ \text{Jahre}}$ = **20,0 % (Abschreibungssatz)**

d) **40 %** (noch zwei Jahre lang abschreiben)

e) Anschaffungskosten – kumulierter Abschreibungsbetrag – weiterer Abschreibungsbetrag für ein Jahr = **Buchwert nach 4 Jahren**
175 000,00 EUR – 105 000,00 EUR – 35 000,00 EUR = **35 000,00 EUR**

## Situation 5

**Aufgabe 1**

S **2280 Waren** H

| S | | H | |
|---|---|---|---|
| 8000 | 10 000,00 | 8010 | 1 000,00 |
| | | 6080 | 9 000,00 |
| | 10 000,00 | | 10 000,00 |

S **6080 Aufwendungen f. Waren** H

| S | | H | |
|---|---|---|---|
| 4400 | 5 000,00 | **8020** | **14 200,00** |
| 6081 | 200,00 | | |
| 2280 | 9 000,00 | | |
| | 14 200,00 | | 14 200,00 |

S **5100 Umsatzerlöse f. Waren** H

| S | | H | |
|---|---|---|---|
| 5101 | 500,00 | 2400 | 20 000,00 |
| **8020** | **19 500,00** | | |
| | 20 000,00 | | 20 000,00 |

S **6081 Bezugskosten** H

| S | | H | |
|---|---|---|---|
| 2880 | 200,00 | 6080 | 200,00 |

S **5101 Erlösberichtigungen** H

| S | | H | |
|---|---|---|---|
| 2400 | 500,00 | 5100 | 500,00 |

S **8020 GuV** H

| S | | H | |
|---|---|---|---|
| **6080** | **14 200,00** | **5100** | **19 500,00** |

Der **Rohgewinn** beträgt: **5 300,00 EUR** (19 500,00 EUR – 14 200,00 EUR)

**Aufgabe 2**

S **2280 Waren** H

| S | | H | |
|---|---|---|---|
| 8000 | 100 000,00 | 8010 | 160 000,00 |
| 6080 | 60 000,00 | | |
| | 160 000,00 | | 160 000,00 |

S **6080 Aufwendungen f. Waren** H

| S | | H | |
|---|---|---|---|
| ... | 1 500 000,00 | ... | 46 000,00 |
| 6081 | 20 000,00 | 2280 | 60 000,00 |
| | | 6082 | 14 000,00 |
| | | **8020** | **1 400 000,00** |
| | 1 520 000,00 | | 1 520 000,00 |

S **5100 Umsatzerlöse f. Waren** H

| S | | H | |
|---|---|---|---|
| 5101 | 38 000,00 | ... | 2 238 000,00 |
| **8020** | **2 200 000,00** | | |
| | 2 238 000,00 | | 2 238 000,00 |

S **6081 Bezugskosten** H

| S | | H | |
|---|---|---|---|
| ... | 20 000,00 | 6080 | 20 000,00 |

S **5101 Erlösberichtigungen** H

| S | | H | |
|---|---|---|---|
| ... | 38 000,00 | 5100 | 38 000,00 |

S **6082 Nachlässe** H

| S | | H | |
|---|---|---|---|
| 6080 | 14 000,00 | ... | 14 000,00 |

S **8020 GuV** H

| S | | H | |
|---|---|---|---|
| **6080** | **1 400 000,00** | **5100** | **2 200 000,00** |
| 6140 | 6 000,00 | | |

S **6140 Frachten und Nebenkosten** H

| S | | H | |
|---|---|---|---|
| ... | 6 000,00 | 8020 | 6 000,00 |

Der **Rohgewinn** beträgt: **800 000,00 EUR** (2 200 000,00 EUR – 1 400 000,00 EUR)

## Situation 5

| | |
|---|---|
| **Aufgabe 3** | AB Waren + Aufwendungen für Waren + Bezugskosten – Nachlässe – SB Waren lt. Inventur<br>= 20200,00 EUR + 125000,00 EUR + 800,00 EUR – 600,00 EUR – 26400,00 EUR<br>= **119000,00 EUR** |
| **Aufgabe 4** | $\frac{\text{Eigenkapital}}{\text{Anlagevermögen}} \cdot 100 =$ **Deckungsgrad I**<br>$\frac{9000{,}00 \text{ EUR}}{8200{,}00 \text{ EUR}} \cdot 100 =$ **109,76 %** |
| **Aufgabe 5** | $\frac{\text{Fremdkapital}}{\text{Gesamtkapital}} \cdot 100 =$ **Fremdkapitalquote**<br>$\frac{11400{,}00 \text{ EUR}}{20000{,}00 \text{ EUR}} \cdot 100 =$ **55 %** |
| **Aufgabe 6** | $\frac{\text{Eigenkapital}}{\text{Gesamtkapital}} \cdot 100 =$ **Eigenkapitalquote**<br>$\frac{9000{,}00 \text{ EUR}}{20000{,}00 \text{ EUR}} \cdot 100 =$ **45 %** |
| **Aufgabe 7** | $\frac{\text{Flüssige Mittel}}{\text{Kurzfristige Verbindlichkeiten}} \cdot 100 =$ **Liquidität 1. Grades**<br>$\frac{1800{,}00 \text{ EUR}}{4320{,}00 \text{ EUR}} \cdot 100 =$ **41,67 %** |
| **Aufgabe 8** | 9000,00 TEUR (Eigenkapital neu) – 8238,00 TEUR (Eigenkapital alt) = **762,00 TEUR Gewinn** |
| **Aufgabe 9** | gerechnet mit durchschnittlich gebundenem Eigenkapital<br>$\frac{\text{Gewinn}}{\text{EK}} \cdot 100 =$ **EK-Rentabilität**<br>$\frac{762 \text{ TEUR}}{\left(\frac{9000 \text{ TEUR} + 8232 \text{ TEUR}}{2}\right)} \cdot 100 =$ **8,84 %** |
| **Aufgabe 10** | durchschnittlich gebundenes Gesamtkapital ist nicht gegeben, deshalb<br>$\frac{\text{Gewinn + FK-Zinsen}}{\text{GK}} \cdot 100 =$ **GK-Rentabilität**<br>$\frac{762 \text{ TEUR} + 300 \text{ TEUR}}{20000 \text{ TEUR}} \cdot 100 =$ **5,31 %** |

## Situation 6[1]

**Aufgabe 1**

| | | Angebot I | | Angebot II | |
|---|---|---|---|---|---|
| | Listeneinkaufspreis | | 700,00 EUR | | 710,00 EUR |
| – | Liefererrabatt | 0 % | 0,00 EUR | 0 % | 0,00 EUR |
| = | Zieleinkaufspreis | | 700,00 EUR | | 710,00 EUR |
| – | Liefererskonto | 2 % | 14,00 EUR | 1 % | 7,10 EUR |
| = | Bareinkaufspreis | | 686,00 EUR | | 702,90 EUR |
| + | Bezugskosten | | 19,00 EUR | | 0,00 EUR |
| = | **Bezugspreis** | | 705,00 EUR | | **702,90 EUR** |

**Aufgabe 2**

| | | Angebot I | | Angebot II | |
|---|---|---|---|---|---|
| | Listeneinkaufspreis | | 20,00 EUR | | 27,50 EUR |
| – | Liefererrabatt | 0 % | 0,00 EUR | 20 % | 5,50 EUR |
| = | Zieleinkaufspreis | | 20,00 EUR | | 22,00 EUR |
| – | Liefererskonto | 3 % | 0,60 EUR | 2 % | 0,44 EUR |
| = | Bareinkaufspreis | | 19,40 EUR | | 21,56 EUR |
| + | Bezugskosten | | 0,40 EUR | | 0,15 EUR |
| = | **Bezugspreis** | | **19,80 EUR** | | **21,71 EUR** |

[1] Ausführliche Informationen zum jeweiligen Grundwert finden Sie in den Lösungen zu Kundenbeziehungen Teil B, Situation 7.

## Situation 6

### Aufgabe 3

| | | | |
|---|---|---|---|
| | Bezugspreis | | 392,00 EUR |
| + | Handlungskosten | 20,00 % | 78,40 EUR |
| = | Selbstkosten | | 470,40 EUR |
| + | Gewinn | 12,50 % | 58,80 EUR |
| = | Barverkaufspreis | | 529,20 EUR |
| + | Kundenskonto | 2,00 % | 10,80 EUR |
| = | **Zielverkaufspreis** | | **540,00 EUR** |

### Aufgabe 4

| | | | |
|---|---|---|---|
| | Bareinkaufspreis | | 560,00 EUR |
| + | Bezugskosten | | 20,00 EUR |
| = | Bezugspreis | | 580,00 EUR |
| + | **Handlungskosten** | **25,00 %** | 145,00 EUR |
| = | Selbstkosten | | 725,00 EUR |

### Aufgabe 5

| | | | |
|---|---|---|---|
| | Einstandspreis | | 750,00 EUR |
| + | Handlungskosten | 20,00 % | 150,00 EUR |
| = | Selbstkosten | | 900,00 EUR |
| + | **Gewinn** | **24,00 %** | **216,00 EUR** |
| = | Barverkaufspreis | | 1116,00 EUR |
| + | Kundenskonto | 3,00 % | 34,52 EUR |
| = | Zielverkaufspreis | | 1150,52 EUR |

### Aufgabe 6

| | | | |
|---|---|---|---|
| | **Bezugspreis** | | **240,00 EUR** |
| + | Handlungskosten | 25,00 % | 60,00 EUR |
| = | Selbstkosten | | 300,00 EUR |
| + | Gewinn | 10,00 % | 30,00 EUR |
| = | Barverkaufspreis | | 330,00 EUR |
| + | Umsatzsteuer | 19,00 % | 62,70 EUR |
| = | Bruttoverkaufspreis | | 392,70 EUR |

### Aufgabe 7

$$\frac{\text{Listenverkaufspreis} - \text{Bezugspreis}}{\text{Listenverkaufspreis}} \cdot 100 = \textbf{Handelsspanne}$$

$$\frac{320{,}00 \text{ EUR} - 235{,}00 \text{ EUR}}{320{,}00 \text{ EUR}} \cdot 100 = \textbf{26,56 \%}$$

### Aufgabe 8

| | | | |
|---|---|---|---|
| | Listeneinkaufspreis | | 600,00 EUR |
| – | Liefererrabatt | 10,00 % | 60,00 EUR |
| = | Zieleinkaufspreis | | 540,00 EUR |
| – | Liefererskonto | 0,00 % | 0,00 EUR |
| = | Bareinkaufspreis | | 540,00 EUR |
| + | Bezugskosten | | 10,00 EUR |
| = | Bezugspreis | | 550,00 EUR |

Listenverkaufspreis : Bezugspreis = **Kalkulationsfaktor**
825,00 EUR : 550,00 EUR = **1,5**

### Aufgabe 9

Listenverkaufspreis : Kalkulationsfaktor = **Bezugspreis**
480,00 EUR : 1,2 = **400,00 EUR**

Lösungen

## Situation 7

### Aufgabe 1

Einzelkosten: Einzelkosten können einem Kostenträger (Produkt) eindeutig zugeordnet werden.

Gemeinkosten: Gemeinkosten können einem Kostenträger (Produkt) nicht oder nur mit nicht zu vertretendem Aufwand zugeordnet werden.

### Aufgabe 2

Als Kostenträger bezeichnet man die hergestellten Produkte (Waren) oder eine Dienstleistung.

### Aufgabe 3

Kostenarten: Materialkosten, Beschaffungskosten, Lohnkosten, Mietkosten, Energiekosten, …

Kostenträger: Fertigerzeugnisse, Handelswaren, Dienstleistungen, …

Kostenstellen: Materialkostenstelle, Fertigungskostenstelle, Verwaltungskostenstelle, Vertriebskostenstelle, allgemeine Kostenstelle, …

### Aufgabe 4

Die Zahlen im Rechnungskreis I der Tabelle für die Abgrenzungsrechnung (Ergebnistabelle) werden den Erfolgskonten der Finanzbuchführung entnommen.

### Aufgabe 5

Neutrale Aufwendungen sind betriebsfremde, periodenfremde oder außerordentliche Aufwendungen.

### Aufgabe 6

**Ergebnistabelle**

| Finanzbuchhaltung | | | | Kosten- und Leistungsrechnung | | | | | |
|---|---|---|---|---|---|---|---|---|---|
| Gesamtergebnisrechnung der Finanzbuchhaltung | | | | Abgrenzungsrechnung | | Kostenrechn. Korrekturen | | Betriebsergebnisrechnung | |
| Konto | | Aufwendungen | Erträge | neutrale Aufwendungen | neutrale Erträge | betriebl. Aufwendungen | verrechnete Kosten | Kosten | Leistungen |
| 5000 | Umsatzerlöse | | 290000 | | | | | | 290000 |
| 5200 | Bestandsveränderungen (Mehrbestand) | | 48000 | | | | | | **48000** |
| 5400 | Nebenerlöse aus Vermietung und Verpachtung | | 18000 | | 18000 | | | | |
| 5460 | Erträge aus Abgang von Vermögen | | 5000 | | **5000** | | | | |
| 5710 | Zinserträge | | 8000 | | 8000 | | | | |
| 6000 | Rohstoffaufwendungen | 75000 | | | | 75000 | 70000 | 70000 | |
| 6160 | Fremdinstandhaltung | 3000 | | | | | | 3000 | |
| 6200 | Löhne | 65000 | | | | | | 65000 | |
| 6300 | Gehälter | 18000 | | | | | | **18000** | |
| 6400 | AG-Anteil zur Sozialversicherung | 9500 | | | | | | 9500 | |
| 6520 | Abschreibungen | 21000 | | | | 21000 | 25000 | 25000 | |
| 6700 | Mieten, Pachten | 40000 | | 5000 | | | | 35000 | |
| 6800 | Büromaterial | 1500 | | | | | | 1500 | |
| 6960 | Verluste aus Abgang von Vermögen | 2500 | | **2500** | | | | | |
| 7510 | Zinsaufwendungen | 8000 | | | | 8000 | 16000 | 16000 | |
| | Unternehmerlohn | | | | | | 8000 | 8000 | |
| | **Summen** | **243500** | **369000** | **7500** | **31000** | **104000** | **119000** | **251000** | **338000** |
| | **Saldo** | **125500** | | **23500** | | **15000** | | **87000** | |
| | **Summen** | **369000** | **369000** | **31000** | **31000** | **119000** | **119000** | **338000** | **338000** |
| | **Abstimmung der Ergebnisse:** | | | | | | | | |
| | Gesamtergebnis im Rechenkreis I | | | | | | | | +125500,00 € |
| | Ergebnis aus unternehmensbezogener Abgrenzung | | | | | | | +23500,00 € | |
| | Ergebnis aus kostenrechnerischen Korrekturen | | | | | | | +15000,00 € | |
| | Betriebsergebnis | | | | | | | +87000,00 € | |
| | Gesamtergebnis im Rechenkreis II | | | | | | | | +125500,00 € |

Der Unternehmensgewinn von 125 500,00 EUR wird zum größten Teil durch die betriebliche Tätigkeit erwirtschaftet. Der neutrale Gewinn aus unternehmensbezogener Abgrenzung trägt lediglich 23 500,00 EUR zum Erfolg bei. Insgesamt wurden 15 000,00 EUR mehr Kosten verrechnet als in der Geschäftsbuchführung angefallen sind.

### Aufgabe 7

Fertigungsmaterial + Materialgemeinkosten + Fertigungslöhne + Fertigungsgemeinkosten = **Herstellkosten**

440 000,00 EUR + 24 500,00 EUR + 123 000,00 EUR + 168 000,00 EUR = **755 500,00 EUR**

### Aufgabe 8

a)

Fertigungsmaterial + Materialgemeinkosten + Fertigungslöhne + Fertigungsgemeinkosten = **Herstellkosten**

40 180,00 EUR + 4 820,00 EUR + 122 000,00 EUR + 52 000,00 EUR = **219 000,00 EUR**

b)

$$\frac{\text{Vertriebsgemeinkosten}}{\text{Herstellkosten}} \cdot 100 = \textbf{Vertriebsgemeinkostenzuschlagssatz}$$

$$\frac{10\,920{,}00 \text{ EUR}}{219\,000{,}00 \text{ EUR}} \cdot 100 = \textbf{4,99 \%}$$

**Aufgabe 9**

| | | | | |
|---|---|---|---|---|
| = | Selbstkosten | 50000,00 EUR | | 52000,00 EUR |
| + | **Gewinn** | 8000,00 EUR | **7,52 %** | **3910,40 EUR** |
| = | Barverkaufspreis | 58000,00 EUR | | 55910,40 EUR |
| + | Kundenrabatt | 11888,00 EUR | 20,0 % | 13977,60 EUR |
| = | Listenverkaufspreis | 69888,00 EUR | | 69888,00 EUR |

**Aufgabe 10**

| | | % | Vorkalkualtion (EUR) | % | Nachkalkualtion (EUR) | |
|---|---|---|---|---|---|---|
| | Fertigungsmaterial | | 34900,00 | | 35700,00 | |
| + | Materialgemeinkosten | 35,00 % | 12215,00 | 35,00 % | 12495,00 | |
| = | **Materialkosten** | | 47115,00 | | **48195,00** | a) |
| | Fertigungslöhne | | 71500,00 | | 72160,00 | |
| + | Fertigungsgemeinkosten | 150,00 % | 107250,00 | 150,00 % | 108240,00 | |
| = | **Fertigungskosten** | | 178750,00 | | **180400,00** | b) |
| | **Herstellkosten** | | 225865,00 | | 228595,00 | |
| + | Verwaltungsgemeinkosten | 18,00 % | 40655,70 | 18,00 % | 41147,10 | |
| + | Vertriebsgemeinkosten | 12,00 % | 27103,80 | 12,00 % | 27431,40 | |
| = | **Selbstkosten** | | 293624,50 | | **297173,50** | c) |
| + | Gewinn | 12,50 % | 36703,06 | **11,16 %** | **33154,06** | d) + e) |
| = | **Barverkaufspreis** | | 330327,56 | | 330327,56 | |

**Aufgabe 11**

| | **Kostenstellen** | | | |
|---|---|---|---|---|
| | **Material (EUR)** | **Fertigung (EUR)** | **Verwaltung (EUR)** | **Vertrieb (EUR)** |
| **Gemeinkosten** | 50000,00 | 116000,00 | 14000,00 | 24000,00 |
| | **Fertigungsmaterial** | **Fertigungslöhne** | | |
| **Einzelkosten** | 250000,00 | 42500,00 | | |
| **Herstellkosten** | | | **458500,00** | |
| **Ist-Zuschlagssätze** | **20,00 %** | **272,94 %** | **3,05 %** | **5,23 %** |

**Aufgabe 12**

| | | % | Vorkalkulation (EUR) |
|---|---|---|---|
| | Fertigungsmaterial | | 30000,00 |
| + | Materialgemeinkosten | 25,00 % | 7500,00 |
| = | Materialkosten | | 37500,00 |
| | Fertigungslöhne | | 62000,00 |
| + | Fertigungsgemeinkosten | 90,00 % | 55800,00 |
| = | Fertigungskosten | | 117800,00 |
| | **Herstellkosten** | | **155300,00** |

**Aufgabe 13**

**Rückwärtskalkulation:**

| | | | |
|---|---|---|---|
| | **Fertigungsmaterial** | | **800,00 EUR** |
| + | Materialgemeinkosten | 12,00 % | 96,00 EUR |
| = | Materialkosten | | 896,00 EUR |
| | Fertigungslöhne | | 420,00 EUR |
| + | Fertigungsgemeinkosten | 120,00 % | 504,00 EUR |
| = | Fertigungskosten | | 924,00 EUR |
| | Herstellkosten | | 1820,00 EUR |
| + | Vertriebs- u. Verwaltungsgemeinkosten | 25,00 % | 455,00 EUR |
| = | Selbstkosten | | 2 275,00 EUR |

**Aufgabe 14**

| | | % | Normalkosten (EUR) |
|---|---|---|---|
| | Fertigungsmaterial | | 30000,00 |
| + | Materialgemeinkosten | 5,00 % | 1500,00 |
| = | Materialkosten | | 31500,00 |
| | Fertigungslöhne | | 50000,00 |
| + | Fertigungsgemeinkosten | 120,00 % | 60000,00 |
| = | Fertigungskosten | | 110000,00 |
| | Herstellkosten | | 141500,00 |
| + | Verwaltungsgemeinkosten | 8,00 % | 11320,00 |
| + | Vertriebsgemeinkosten | 12,00 % | 16980,00 |
| **=** | **Selbstkosten** | | **169800,00** |

| | | | |
|---|---|---|---|
| | Nettoverkaufserlöse | | 184000,00 |
| – | Selbstkosten | | 169800,00 |
| = | Umsatzergebnis | | 14200,00 |
| **+** | **Kostenüberdeckung** | | **3400,00** |
| = | Betriebsergebnis | | 17600,00 |

**Aufgabe 15**

a)

| | Summe aus KLR | Material | Fertigung | Verwaltung | Vertrieb |
|---|---|---|---|---|---|
| **Istgemeinkosten** | 115850,00 € | 8200,00 € | 62150,00 € | 36300,00 € | 9200,00 € |
| **Zuschlagsgrundlage** | | 53200,00 € | 65800,00 € | 189350,00 € | 189350,00 € |
| **Istzuschlagssatz** | | 15,41 % | 94,45 % | 19,17 % | 4,86 % |
| **Normalzuschlagssatz** | | 15,0 % | 96,0 % | 19,0 % | 5,0 % |
| **Zuschlagsgrundlage** | | 53200,00 € | 65800,00 € | 190148,00 € | 190148,00 € |
| **Normalgemeinkosten** | | 7980,00 € | 63168,00 € | 36128,12 € | 9507,40 € |
| **Über- bzw. Unterdeckung** | | **– 220,00 €** | **+ 1018,00 €** | **– 171,88 €** | **+ 307,40 €** |
| **Kostendeckung gesamt** | | **+ 933,52 € (Kostenüberdeckung)** | | | |

b) Z. B. geringere Kosten für Hilfslöhne und soziale Aufwendungen in der Produktion durch Kündigung eines Mitarbeiters, geringere kalkulatorische Abschreibungen durch die ungeplante längere Nutzung einer Fertigungsanlage

## Situation 8

**Aufgabe 1**

Variable Kosten: Variable Kosten verändern sich in Abhängigkeit von der Ausbringungsmenge.
Fixkosten: Fixkosten sind konstant und unabhängig von der Ausbringungsmenge.

**Aufgabe 2**

Umsatzerlöse – variable Kosten = Deckungsbeitrag

Der Deckungsbeitrag gibt an, welcher Betrag nach Abzug der variablen Kosten verbleibt, um die Fixkosten (zum Teil) zu decken.

**Aufgabe 3**

1. Fixkosten
2. Variable Kosten
3. Gesamtkosten
4. Umsatzerlöse
5. Gewinnzone
6. Break-Even-Point (Gewinnschwelle)

**Aufgabe 4**

Bei Preiserhöhungen braucht nur eine kleinere Menge abgesetzt zu werden, um die Gewinnschwelle zu erreichen.

Bei Preissenkungen muss eine größere Menge abgesetzt werden, um die Gewinnschwelle zu erreichen.

**Aufgabe 5**

Nettoverkaufspreis – variable Stückkosten = **Stückdeckungsbeitrag**
5,00 EUR – 2,80 EUR = **2,20 EUR**

**Aufgabe 6**

a) variable Gesamtkosten : zugehörige Menge = **variable Stückkosten**
3 000,00 EUR : 50 Stück = **60,00 EUR/Stück**

b) Fixkosten : zugehörige Menge = **fixe Stückkosten**
15 000,00 EUR : 300 Stück = **50,00 EUR/Stück**

c) Erlöse : zugehörige Menge = **Marktpreis/Stück**
6 000,00 EUR : 50 Stück = **120,00 EUR/Stück**

d) Erlöse je Stück – variable Kosten je Stück = **Deckungsbeitrag je Stück**
120,00 EUR – 60,00 EUR = **60,00 EUR**

e) Gewinnschwelle = Ausbringungsmenge, bei der weder Gewinn noch Verlust entsteht (250 Stück - vgl. Tabelle).
(rechnerisch:) Fixkosten : Deckungsbeitrag je Stück = **Gewinnschwelle**
15 000,00 EUR : 60,00 EUR = **250 Stück**

**Aufgabe 7**

a)

| | | | |
|---|---|---|---|
| | Fertigungsmaterial | | 91,00 EUR |
| + | Materialgemeinkosten | 10 % | 9,10 EUR |
| = | **Materialkosten** | | **100,10 EUR** |
| | Fertigungslöhne | | 71,38 EUR |
| + | Fertigungsgemeinkosten | 110 % | 78,52 EUR |
| = | **Fertigungskosten** | | **149,90 EUR** |
| | Herstellkosten | | 250,00 EUR |
| + | Verwaltungs- und Vertriebsgemeinkosten | 20 % | 50,00 EUR |
| = | **Selbstkosten** | | **300,00 EUR** |

b) Laut Vollkostenrechnung sollte der Auftrag nicht angenommen werden, da das Unternehmen mit jedem verkauften Einrad 10,00 EUR Verlust machen würde (Umsatzerlöse 290,00 EUR – Selbstkosten 300,00 EUR). Somit würde sich für diesen Zusatzauftrag (4 500 Stück) ein negatives Betriebsergebnis (Verlust) in Höhe von 45 000,00 EUR ergeben.

c) Bei einer Auslastung von 60 % – dies entspricht 3 000 Stück – fallen 900 000,00 EUR Kosten an. Wenn 300 000,00 EUR Kosten Fixkosten darstellen, verursachen 3 000 Stück 600 000,00 EUR (900 000,00 EUR – 300 000,00 EUR) variable Kosten. Die variablen Stückkosten betragen somit 200,00 EUR. Nach Teilkostenrechnung fallen dann bei 4 500 Stück 900 000,00 EUR (200,00 EUR · 4 500 Stück) variable Kosten an. Hinzu kommen 300 000,00 EUR Fixkosten. Es ergeben sich Gesamtkosten von 1 200 000,00 EUR. Dem stehen bei diesem Auftrag Gesamterlöse von 1 305 000,00 EUR gegenüber. Der Auftrag lohnt sich und sollte angenommen werden.

**Situation 8**

**Aufgabe 7**

d)

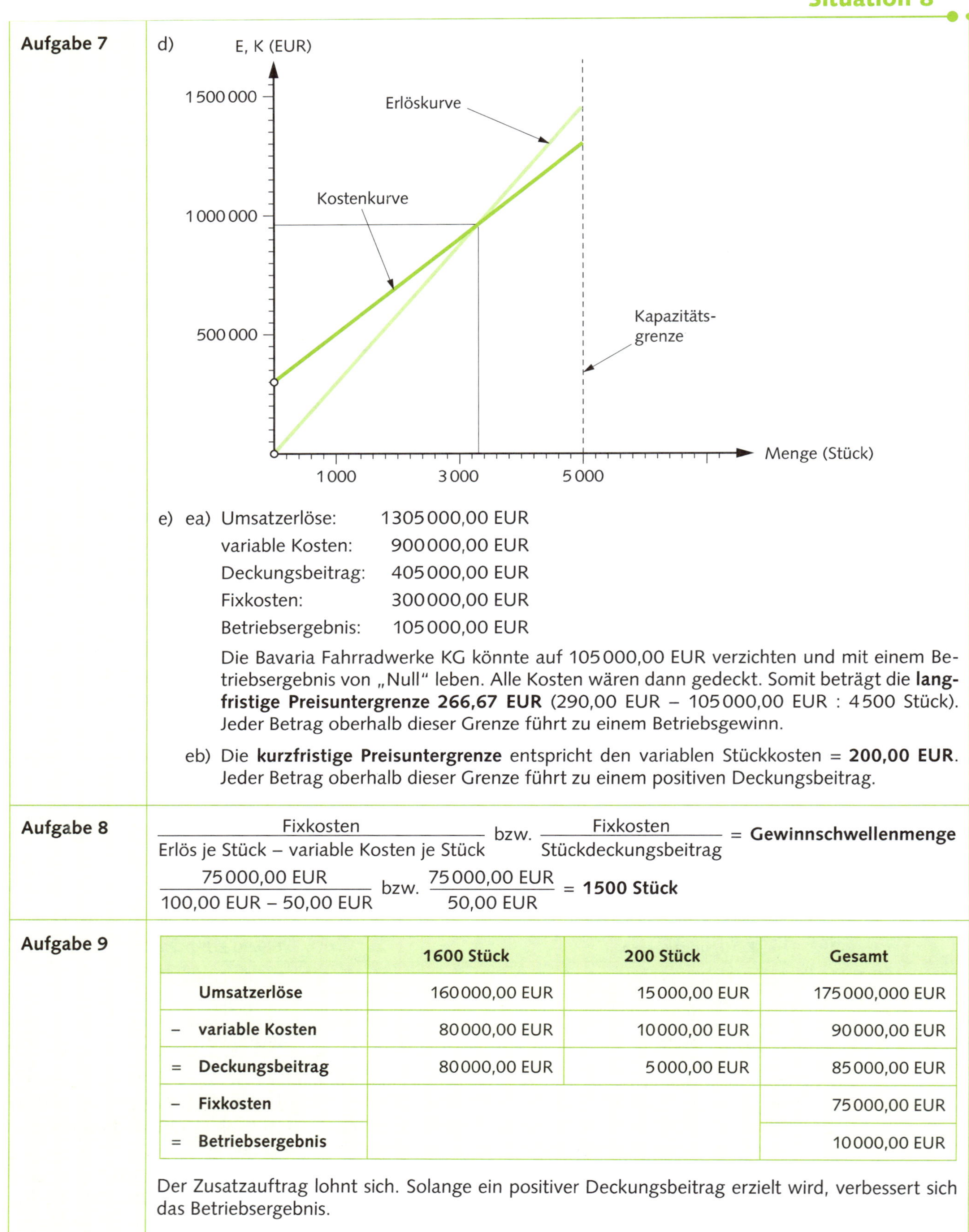


e) ea)

| | |
|---|---|
| Umsatzerlöse: | 1 305 000,00 EUR |
| variable Kosten: | 900 000,00 EUR |
| Deckungsbeitrag: | 405 000,00 EUR |
| Fixkosten: | 300 000,00 EUR |
| Betriebsergebnis: | 105 000,00 EUR |

Die Bavaria Fahrradwerke KG könnte auf 105 000,00 EUR verzichten und mit einem Betriebsergebnis von „Null" leben. Alle Kosten wären dann gedeckt. Somit beträgt die **langfristige Preisuntergrenze 266,67 EUR** (290,00 EUR – 105 000,00 EUR : 4 500 Stück). Jeder Betrag oberhalb dieser Grenze führt zu einem Betriebsgewinn.

eb) Die **kurzfristige Preisuntergrenze** entspricht den variablen Stückkosten = **200,00 EUR**. Jeder Betrag oberhalb dieser Grenze führt zu einem positiven Deckungsbeitrag.

**Aufgabe 8**

$$\frac{\text{Fixkosten}}{\text{Erlös je Stück} - \text{variable Kosten je Stück}} \text{ bzw. } \frac{\text{Fixkosten}}{\text{Stückdeckungsbeitrag}} = \textbf{Gewinnschwellenmenge}$$

$$\frac{75\,000{,}00 \text{ EUR}}{100{,}00 \text{ EUR} - 50{,}00 \text{ EUR}} \text{ bzw. } \frac{75\,000{,}00 \text{ EUR}}{50{,}00 \text{ EUR}} = \textbf{1500 Stück}$$

**Aufgabe 9**

| | 1600 Stück | 200 Stück | Gesamt |
|---|---|---|---|
| **Umsatzerlöse** | 160 000,00 EUR | 15 000,00 EUR | 175 000,000 EUR |
| – **variable Kosten** | 80 000,00 EUR | 10 000,00 EUR | 90 000,00 EUR |
| = **Deckungsbeitrag** | 80 000,00 EUR | 5 000,00 EUR | 85 000,00 EUR |
| – **Fixkosten** | | | 75 000,00 EUR |
| = **Betriebsergebnis** | | | 10 000,00 EUR |

Der Zusatzauftrag lohnt sich. Solange ein positiver Deckungsbeitrag erzielt wird, verbessert sich das Betriebsergebnis.

**Aufgabe 10**

Mit zunehmender Produktionsmenge verteilen sich die Fixkosten auf mehr Produkte. Hierdurch sinkt der Fixkostenanteil, der auf ein produziertes Produkt entfällt. Damit fallen auch die Selbstkosten pro Stück, die nicht unter die variablen Stückkosten fallen können. Folglich: Je größer die Produktionsmenge, desto geringer die Stückkosten.

## Situation 9

**Aufgabe 1**

| Soll | | Haben | |
|---|---|---|---|
| 4400 | Verbindlichkeiten aus LL | 6080 | Aufwendungen f. Waren |
| | | 2600 | Vorsteuer |

**Aufgabe 2**

| Soll | | Haben | |
|---|---|---|---|
| 2850 | Postbank | 2400 | Forderungen aus LL |

**Aufgabe 3**

| Soll | | Haben | |
|---|---|---|---|
| 2400 | Forderungen aus LL | 5101 | Erlösberichtigungen |
| | | 4800 | Umsatzsteuer |

**Aufgabe 4**

| Soll | | Haben | |
|---|---|---|---|
| 2400 | Forderungen aus LL | 5100 | Umsatzerlöse f. Waren |
| | | 4800 | Umsatzsteuer |

**Aufgabe 5**

| Soll | | Haben | |
|---|---|---|---|
| 5101 | Erlösberichtigungen | 2400 | Forderungen aus LL |
| 4800 | Umsatzsteuer | | |

**Aufgabe 6**

| Soll | | Haben | |
|---|---|---|---|
| 6080 | Aufwendungen f. Waren | 4400 | Verbindlichkeiten aus LL |
| 2600 | Vorsteuer | | |

**Aufgabe 7**

| Soll | | Haben | |
|---|---|---|---|
| 2800 | Bank | 2400 | Forderungen aus LL |
| 5001 | Erlösberichtigungen | | |
| 4800 | Umsatzsteuer | | |

**Aufgabe 8**

| Soll | | Haben | |
|---|---|---|---|
| 6140 | Frachten und Nebenkosten | 4400 | Verbindlichkeiten aus LL |
| 2600 | Vorsteuer | | |

**Aufgabe 9**

| Soll | | Haben | |
|---|---|---|---|
| 2400 | Forderungen aus LL | 5100 | Umsatzerlöse f. Waren |
| | | 4800 | Umsatzsteuer |

**Aufgabe 10**

| Soll | | Haben | |
|---|---|---|---|
| 5100 | Umsatzerlöse f. Waren | 2400 | Forderungen aus LL |
| 4800 | Umsatzsteuer | | |

## Situation 9

**Aufgabe 11**

| Soll | | | Haben |
|---|---|---|---|
| 2400 | Forderungen aus LL | 5100 | Umsatzerlöse f. Waren |
| | | 4800 | Umsatzsteuer |

**Aufgabe 12**

| Soll | | | Haben |
|---|---|---|---|
| 6080 | Aufwendungen f. Waren | 4400 | Verbindlichkeiten aus LL |
| 2600 | Vorsteuer | | |

**Aufgabe 13**

| Soll | | | Haben |
|---|---|---|---|
| 6081 | Bezugskosten | 4400 | Verbindlichkeiten aus LL |
| 2600 | Vorsteuer | | |

**Aufgabe 14**

| Soll | | | Haben |
|---|---|---|---|
| 4400 | Verbindlichkeiten aus LL | 6080 | Aufwendungen f. Waren |
| | | 2600 | Vorsteuer |

**Aufgabe 15**

| Soll | | | Haben |
|---|---|---|---|
| 4400 | Verbindlichkeiten aus LL | 2800 | Bank |
| | | 6082 | Nachlässe |
| | | 2600 | Vorsteuer |

**Aufgabe 16**

| Soll | | | Haben |
|---|---|---|---|
| 6080 | Aufwendungen f. Waren | 4400 | Verbindlichkeiten aus LL |
| 6081 | Bezugskosten | | |
| 2600 | Vorsteuer | | |

**Aufgabe 17**

| Soll | | | Haben |
|---|---|---|---|
| 2280 | Waren | 6080 | Aufwendungen f. Waren |

**Aufgabe 18**

| Soll | | | | | Haben |
|---|---|---|---|---|---|
| 6080 | Aufwendungen f. Waren | 2 500,00 | 4401 | Verb. (DEKRUBA) | 3 153,50 |
| 6081 | Bezugskosten | 150,00 | | | |
| 2600 | Vorsteuer | 503,50 | | | |

**Aufgabe 19**

| Soll | | | | | Haben |
|---|---|---|---|---|---|
| 2401 | Ford. (Maier Radhandel) | 5 569,20 | 5100 | Umsatzerlöse f. Waren | 4 680,00 |
| | | | 4800 | Umsatzsteuer | 889,20 |

## Situation 9

**Aufgabe 20**

| Soll | | | | | Haben |
|---|---|---|---|---|---|
| 4401 | Verb. (DEKRUBA) | 3153,50 | 2800 | Bank | 3074,66 |
| | | | 6082 | Nachlässe | 66,25 |
| | | | 2600 | Vorsteuer | 12,59 |

**Aufgabe 21**

| Soll | | | | | Haben |
|---|---|---|---|---|---|
| 2800 | Bank | 5402,12 | 2401 | Ford. (Maier Radhandel) | 5569,20 |
| 5101 | Erlösberichtigungen | 140,40 | | | |
| 4800 | Umsatzsteuer | 26,68 | | | |

## Situation 10

**Aufgabe 1 a)**

| | | |
|---|---|---|
| Listeneinkaufspreis, netto | | 120000,00 EUR |
| – Liefererrabatt | 15 % | 18000,00 EUR |
| = Zieleinkaufspreis | | 102000,00 EUR |
| – Liefererskonto | 3 % | 3060,00 EUR |
| = Bareinkaufspreis | | 98940,00 EUR |
| + Werbelackierung | | 2500,00 EUR |
| + Überführung | | 850,00 EUR |
| + Zulassung | | 400,00 EUR |
| = **Anschaffungskosten** | | **102690,00 EUR** |

Die Versicherung und die erste Tankfüllung gehören nicht zu den Anschaffungskosten, da sie für die reine Betriebsbereitschaft nicht notwendig sind und nicht einmalig, sondern über die gesamte Nutzungszeit hinweg immer wieder anfallen.

**Aufgabe 1 b)**

| Soll | | | Haben |
|---|---|---|---|
| 0840 | Fuhrpark | 4400 | Verbindlichkeiten aus LL |
| 2600 | Vorsteuer | | |

| Soll | | | Haben |
|---|---|---|---|
| 7030 | Kfz-Steuer | 2800 | Bank |

| Soll | | | Haben |
|---|---|---|---|
| 6050 | Aufwendungen für Energie | 2800 | Bank |
| 2600 | Vorsteuer | | |

**Aufgabe 2 a)**

| | |
|---|---|
| Listeneinkaufspreis, brutto | 59976,00 EUR |
| Umsatzsteuer | 9576,00 EUR |
| Listeneinkaufspreis, netto | 50400,00 EUR |
| AfA jährlich | 8400,00 EUR |
| **anteilige Afa für 8 Monate** | **5600,00 EUR** |

## Situation 10

**Aufgabe 2 b)**

| Buchwert am Ende des Anschaffungsjahres | 44 800,00 EUR |
|---|---|
| AfA jährlich | 8 400,00 EUR |
| **Buchwert am Ende des ersten vollen Jahres** | **36 400,00 EUR** |

**Aufgabe 3**

| Soll | | | Haben |
|---|---|---|---|
| 0720 | Anlagen ... der Materialbearbeitung | 4400 | Verbindlichkeiten aus LL |
| 2600 | Vorsteuer | | |

**Aufgabe 4**

| Soll | | | Haben |
|---|---|---|---|
| 6520 | Abschreibungen auf Sachanlagen | 0840 | Fuhrpark |

**Aufgabe 5**

| Soll | | | Haben |
|---|---|---|---|
| 0500 | Unbebaute Grundstücke | 4400 | Verbindlichkeiten aus LL |
| 2600 | Vorsteuer | | |

**Aufgabe 6**

| Soll | | | Haben |
|---|---|---|---|
| 4800 | Umsatzsteuer | 2600 | Vorsteuer |

**Aufgabe 7**

| Soll | | | Haben |
|---|---|---|---|
| 4800 | Umsatzsteuer | 8010 | Schlussbilanzkonto |

**Aufgabe 8**

| Soll | | | Haben |
|---|---|---|---|
| 4800 | Umsatzsteuer | 2800 | Bank |

**Aufgabe 9**

| Soll | | | Haben |
|---|---|---|---|
| 8010 | Schlussbilanzkonto | 2600 | Vorsteuer |

## Situation 11

**Aufgabe 1**

Eigenbelege: Z. B. Ausgangsrechnungen, Lohnabrechnungen, Materialentnahmescheine, Reisekostenabrechnungen

Fremdbelege: Z. B. Eingangsrechnungen, Kontoauszüge, Quittungen

**Aufgabe 2**

Sachliche Richtigkeit: Es wurden 60 Fahrradcomputer geliefert, berechnet wurden aber 80 Stück. Unterstellt man, dass tatsächlich nur 60 Fahrradcomputer geliefert wurden, ändert sich die Lösung entsprechend. Letztlich lässt sich dies nur mit Bestellung und Inventur klären.

Rechnerische Richtigkeit: Der Gesamtpreis für die Fahrradhelme muss 8 280,00 EUR betragen. Die Umsatzsteuer ist mit 16 % ausgewiesen, zurzeit gilt aber ein Umsatzsteuersatz von 19 %. Der korrekte Warenwert muss 9 544,00 EUR betragen. Die Umsatzsteuer muss mit 1 813,36 EUR berechnet werden. Der Rechnungsbetrag lautet dann auf 11 357,36 EUR.

## Situation 11

**Aufgabe 3**

| Soll | | Haben | |
|---|---|---|---|
| 4400 | Verbindlichkeiten aus LL | 6081 | Bezugskosten |
| | | 2600 | Vorsteuer |

**Aufgabe 4**

| Soll | | Haben | |
|---|---|---|---|
| 5100 | Umsatzerlöse f. Waren | 2400 | Forderungen aus LL |
| 4800 | Umsatzsteuer | | |

**Aufgabe 5**

| Soll | | Haben | |
|---|---|---|---|
| 2800 | Bank | 2400 | Forderungen aus LL |
| 5101 | Erlösberichtigungen | | |
| 4800 | Umsatzsteuer | | |

**Aufgabe 6**

| Soll | | Haben | |
|---|---|---|---|
| 6080 | Aufwendungen f. Waren | 4400 | Verbindlichkeiten aus LL |
| 6081 | Bezugskosten | | |
| 2600 | Vorsteuer | | |

**Aufgabe 7**

| Soll | | Haben | |
|---|---|---|---|
| 6140 | Frachten und Nebenkosten | 4400 | Verbindlichkeiten aus LL |
| 2600 | Vorsteuer | | |

**Aufgabe 8**

| Soll | | Haben | |
|---|---|---|---|
| 2800 | Bank | 2400 | Forderungen aus LL |
| 5101 | Erlösberichtigungen | | |
| 4800 | Umsatzsteuer | | |

**Aufgabe 9**

| Soll | | Haben | |
|---|---|---|---|
| 0500 | Unbebaute Grundstücke | 4400 | Verbindlichkeiten aus LL |
| 2600 | Vorsteuer | | |

**Aufgabe 10**

| Soll | | Haben | |
|---|---|---|---|
| 0500 | Unbebaute Grundstücke | 4400 | Verbindlichkeiten aus LL |

**Aufgabe 11**

| Soll | | Haben | |
|---|---|---|---|
| 6850 | Reisekosten | 2880 | Kasse |
| 2610 | Vorsteuer | | |

**Aufgabe 12**

| Soll | | Haben | |
|---|---|---|---|
| 6420 | Beiträge zur Berufsgenossenschaft | 2800 | Bank |

## Situation 11

### Aufgabe 13

| Soll | | Haben | |
|---|---|---|---|
| 2880 | Kasse | 5100 | Umsatzerlöse f. Waren |
| | | 4800 | Umsatzsteuer |

### Aufgabe 14

| Soll | | Haben | |
|---|---|---|---|
| 6160 | Fremdinstandsetzung | 4400 | Verbindlichkeiten aus LL |
| 2600 | Vorsteuer | | |

### Aufgabe 15

| Soll | | Haben | |
|---|---|---|---|
| 6830 | Telekommunikation | 4400 | Verbindlichkeiten aus LL |
| 2600 | Vorsteuer | | |

### Aufgabe 16

| Soll | | Haben | |
|---|---|---|---|
| 6870 | Werbung | 4400 | Verbindlichkeiten aus LL |
| 2600 | Vorsteuer | | |

### Aufgabe 17

| Soll | | Haben | |
|---|---|---|---|
| 6820 | Porto | 4400 | Verbindlichkeiten aus LL |

### Aufgabe 18

| Soll | | Haben | |
|---|---|---|---|
| 5101 | Erlösberichtigungen | 2400 | Forderungen aus LL |
| 4800 | Umsatzsteuer | | |

### Aufgabe 19

| Soll | | Haben | |
|---|---|---|---|
| 0840 | Fuhrpark | 4400 | Verbindlichkeiten aus LL |
| 2600 | Vorsteuer | | |

### Aufgabe 20

| Soll | | Haben | |
|---|---|---|---|
| 0840 | Fuhrpark | 4400 | Verbindlichkeiten aus LL |
| 2600 | Vorsteuer | | |

### Aufgabe 21

| Soll | | Haben | |
|---|---|---|---|
| 6160 | Fremdinstandsetzung | 2880 | Kasse |
| 2600 | Vorsteuer | | |

### Aufgabe 22

| Soll | | Haben | |
|---|---|---|---|
| 6030 | Aufwendungen f. Betriebsstoffe | 4400 | Verbindlichkeiten aus LL |
| 2600 | Vorsteuer | | |

## Situation 11

**Aufgabe 23**

| Soll | | | Haben |
|---|---|---|---|
| 6150 | Vertriebsprovision | 2400 | Forderungen aus LL |
| 2600 | Vorsteuer | | |

**Aufgabe 24**

| Soll | | | Haben |
|---|---|---|---|
| 5101 | Erlösberichtigungen | 2400 | Forderungen aus LL |
| 4800 | Umsatzsteuer | | |

**Aufgabe 25**

| Soll | | | Haben |
|---|---|---|---|
| 4400 | Verbindlichkeiten aus LL | 2800 | Bank |
| | | 6082 | Nachlässe |
| | | 2600 | Vorsteuer |

**Aufgabe 26**

| Soll | | | Haben |
|---|---|---|---|
| 4400 | Verbindlichkeiten aus LL | 6080 | Aufwendungen f. Waren |
| | | 2600 | Vorsteuer |

**Aufgabe 27**

| Soll | | | Haben |
|---|---|---|---|
| 4400 | Verbindlichkeiten aus LL | 2800 | Bank |
| | | 6082 | Nachlässe |
| | | 2600 | Vorsteuer |

**Aufgabe 28**

| Soll | | | Haben |
|---|---|---|---|
| 0870 | BGA | 4400 | Verbindlichkeiten aus LL |
| 2600 | Vorsteuer | | |

**Aufgabe 29**

| Soll | | | Haben |
|---|---|---|---|
| 0870 | BGA | 4400 | Verbindlichkeiten aus LL |
| 2600 | Vorsteuer | | |

**Aufgabe 30**

| Soll | | | Haben |
|---|---|---|---|
| 0840 | Fuhrpark | 4400 | Verbindlichkeiten aus LL |
| 2600 | Vorsteuer | | |

| Soll | | | Haben |
|---|---|---|---|
| 6050 | Aufwendungen für Energie | 2880 | Kasse |
| 2600 | Vorsteuer | | |

## Situation 11

### Aufgabe 31

| Soll | | | Haben |
|---|---|---|---|
| 6030 | Aufwendungen f. Betriebsstoffe | 4400 | Verbindlichkeiten aus LL |
| 2600 | Vorsteuer | | |

### Aufgabe 32

| Soll | | | Haben |
|---|---|---|---|
| 6900 | Versicherungsbeiträge | 2800 | Bank |

### Aufgabe 33

| Soll | | | Haben |
|---|---|---|---|
| 2800 | Bank | 5401 | Nebenerlöse aus Vermietung/Verpachtung |

| Soll | | | Haben |
|---|---|---|---|
| 6750 | Kosten des Geldverkehrs | 2800 | Bank |

| Soll | | | Haben |
|---|---|---|---|
| 2800 | Bank | 5710 | Zinserträge |

| Soll | | | Haben |
|---|---|---|---|
| 2800 | Bank | 2403 | Ford. (Bodo Münch e. K.) |
| 5101 | Erlösberichtigungen | | |
| 4800 | Umsatzsteuer | | |

### Aufgabe 34

a) 8456,25 (Zahlungsbetrag) ≙ 98 %; Bruttoskonto ≙ 2 %

$$\frac{8456{,}25 \text{ EUR} \cdot 2}{98} = 172{,}58 \text{ EUR (Bruttoskonto)}$$

Zahlungsbetrag + Bruttoskonto = **Bruttorechnungsbetrag**
8456,25 EUR + 172,58 EUR = **8628,83 EUR**

b) Bruttoskonto : 1,19 = **Nettoskonto**
172,58 EUR : 1,19 = **145,03 EUR**

c) Bruttoskonto – Nettoskonto = **Umsatzsteuerkorrekturbetrag**
172,58 EUR – 145,03 EUR = **27,55 EUR**

## Situation 12

### Aufgabe 1

Bargeld: Bargeld besteht aus Banknoten und Münzen.

Buchgeld: Buchgeld besteht aus Giroeinlagen (Sichtguthaben) bei Kreditinstituten.

### Aufgabe 2

Barzahlung: Unmittelbar persönlich durch Banknoten bzw. Münzen oder durch die Einschaltung eines Boten bzw. per Postbank …

Halbbare Zahlung: Zahlschein, Postnachnahme, Barscheck …

Bargeldlose Zahlung: Überweisung, Verrechnungsscheck, Lastschrift …

## Situation 12

| | |
|---|---|
| **Aufgabe 3** | a) 1 c) 1<br>b) 9 d) 1 |
| **Aufgabe 4** | a) 3 c) 1 e) 2<br>b) 2 d) 3 |
| **Aufgabe 5** | a) Zahlungsempfänger, IBAN des Zahlungsempfängers, Betrag, Verwendungszweck, Kontoinhaber, IBAN des Kontoinhabers, Datum, Unterschrift<br>b) Der Überweisungsträger wird der Bank persönlich oder elektronisch übermittelt. Der Zahler erteilt seinem Geldinstitut den Auftrag, zu Lasten seines Kontos einen bestimmten Geldbetrag dem Konto des Zahlungsempfängers gutzuschreiben. |
| **Aufgabe 6** | Barscheck: Der Barscheck wird durch die bezogene Bank an den Inhaber bei Sicht bar ausgezahlt.<br>Verrechnungsscheck: Der Verrechnungsscheck wird dem Einreicher von seiner Bank auf seinem Konto zunächst (Eingang vorbehalten) gutgeschrieben und dann mit der Bank des Zahlers verrechnet. Der Verrechnungsscheck kann nicht bar eingelöst werden. |
| **Aufgabe 7** | Der Verrechnungsscheck wird dem Scheckinhaber lediglich auf ein seinem Konto gutgeschrieben. Dies erhöht die Sicherheit der Scheckzahlung. Könnte man aus einem Verrechnungsscheck wieder einen Barscheck machen, würde dieser Scheck bei Sicht vom bezogenen Kreditinstitut an jeden Inhaber bar ausgezahlt. Die Sicherheit des Scheckverkehrs wäre nicht mehr gewährleistet. |
| **Aufgabe 8** | Inhaberscheck: Durch die Überbringerklausel wird der Scheck zum Inhaberpapier. Er kann von jedem Inhaber eingelöst werden.<br>Orderscheck: Der Orderscheck ist ein geborenes Orderpapier und das Eigentum kann nur durch Einigung, Übergabe und Indossament auf Dritte übertragen werden. Bei der Einlösung sind die Scheckberechtigung des Vorlegers und die Ordnungsgemäßheit des Indossaments zu prüfen. |
| **Aufgabe 9** | Die Streichung der Klausel hat keine rechtliche Wirkung. Der Inhaberscheck darf nach wie vor bei Sicht an den Inhaber ausgezahlt werden. |
| **Aufgabe 10** | a) 2 c) 4 e) 3<br>b) 1 d) 4 |
| **Aufgabe 11** | Mit Karte: Z. B. Girokarte/ec-Karte, Geldkarte, Kreditkarte<br>Ohne Karte: Z. B. Online Banking, Paypal |
| **Aufgabe 12** | Das Vertragsunternehmen (Verkäufer) liest die Daten der Karte elektronisch ein. Der Kreditkarteninhaber unterschreibt den Beleg und erhält ein Duplikat. Alternativ werden bei online-Zahlungen Kartennummer und PIN angegeben. Das Vertragsunternehmen der Kreditkartengesellschaft rechnet mit dieser ab und zahlt eine Gebühr. Die Kreditkartengesellschaft rechnet dann mit dem Kreditkarteninhaber z. B. monatlich in einer Summe ab. Die spätere Belastung gewährt somit einen Zinsnutzen. |
| **Aufgabe 13** | Vorkasse: Die Zahlung erfolgt vor Lieferung.<br>Zahlung Zug um Zug: Die Zahlung erfolgt bei Lieferung.<br>Zahlungsziel: Die Zahlung erfolgt in einem bestimmten Zeitraum nach Lieferung. |
| **Aufgabe 14** | Skonti sind Preisnachlässe, die bei Zahlung innerhalb einer bestimmten Frist vom Rechnungsbetrag abgezogen werden dürfen. |
| **Aufgabe 15** | a) 42 760,00 EUR (Nettowarenwert) · 0,03 (3 % Skontosatz) = **1 282,80 EUR (Nettoskonto)**<br>b) eingespartes Nettoskonto: 1 282,80 EUR<br>Zahlungsbetrag: 42 760,00 EUR (netto) · 1,19 (USt) · 0,97 (Skontoabzug) = 49 357,87 EUR<br>Kreditaufnahme bei der Hausbank: 49 357,87 EUR für 20 Tage<br>Zinsen für den Kredit: $Z = \frac{K \cdot p \cdot t}{100 \cdot 360}$, also $\frac{49\,357{,}87 \cdot 9 \cdot 20}{100 \cdot 360} = 246{,}79$ EUR<br>**Finanzierungsgewinn** bei Skontozahlung:<br>**1036,01 EUR** (1 282,80 EUR Nettoskonto – 246,79 EUR Kreditzinsen)<br>Die Inanspruchnahme von Skonto entspricht einem **Jahreszinssatz** von ≈ 54 %.<br>20 Tage ≙ 2 %; 360 Tage ≙ **54 %** |

Lösungen

## Situation 13

**Aufgabe 1**

a) $Z = \frac{K \cdot p \cdot Tage}{100 \cdot 360} = \frac{25000{,}00 \cdot 7 \cdot 175}{100 \cdot 360} =$ **850,69 EUR**

b) $Z = \frac{K \cdot p \cdot Monate}{100 \cdot 12} = \frac{25000{,}00 \cdot 7 \cdot 8}{100 \cdot 12} =$ **1166,67 EUR**

c) $Z = \frac{K \cdot p \cdot Jahre}{100 \cdot 1} = \frac{25000{,}00 \cdot 7 \cdot 3}{100 \cdot 1} =$ **5250,00 EUR**

**Aufgabe 2**

Endet der Zinszeitraum am 28. (bzw. 29.) Februar, wird im Februar taggenau abgerechnet.

**Aufgabe 3**

$p = \frac{Z}{K} \cdot 100 = \frac{6000{,}00}{150000{,}00} \cdot 100 =$ **4 % p. a.**

**Aufgabe 4**

$K = \frac{Z \cdot 100 \cdot 360}{p \cdot t} = \frac{318{,}75 \cdot 100 \cdot 360}{8{,}5 \cdot 90} =$ **15000,00 EUR**

**Aufgabe 5**

$t = \frac{Z \cdot 100 \cdot 360}{K \cdot p} = \frac{4000{,}00 \cdot 100 \cdot 360}{80000{,}00 \cdot 4{,}5} =$ **400 Tage**

**Aufgabe 6**

Unter Kostenaspekten ist ausschließlich die Zinsbelastung zu bewerten: Die geringsten Kosten verursacht das Ratendarlehen, mittlere Kosten das Annuitätendarlehen, die höchsten Kosten das Endfälligkeitsdarlehen.

**Endfälligkeitsdarlehen**

| Jahr | Schuld zu Beginn des Jahres | Tilgung | Zinsen | jährliche Rate | Restschuld am Ende des Jahres |
|---|---|---|---|---|---|
| 1 | 210000,00 | --- | 18900,00 | 18900,00 | 210000,00 |
| 2 | 210000,00 | --- | 18900,00 | 18900,00 | 210000,00 |
| 3 | 210000,00 | --- | 18900,00 | 18900,00 | 210000,00 |
| 4 | 210000,00 | --- | 18900,00 | 18900,00 | 210000,00 |
| 5 | 210000,00 | 210000,00 | 18900,00 | 228900,00 | 0,00 |
| Σ | --- | **210000,00** | **94500,00** | **304500,00** | --- |

**Ratendarlehen**

| Jahr | Schuld zu Beginn des Jahres | Tilgung | Zinsen | jährliche Rate | Restschuld am Ende des Jahres |
|---|---|---|---|---|---|
| 1 | 210000,00 | 42000,00 | 18900,00 | 60900,00 | 168000,00 |
| 2 | 168000,00 | 42000,00 | 15120,00 | 57120,00 | 126000,00 |
| 3 | 126000,00 | 42000,00 | 11340,00 | 53340,00 | 84000,00 |
| 4 | 84000,00 | 42000,00 | 7560,00 | 49560,00 | 42000,00 |
| 5 | 42000,00 | 42000,00 | 3780,00 | 45780,00 | 0,00 |
| Σ | --- | **210000,00** | **56700,00** | **266700,00** | --- |

**Annuitätendarlehen**

| Jahr | Schuld zu Beginn des Jahres | Tilgung | Zinsen | Annuität | Restschuld am Ende des Jahres |
|---|---|---|---|---|---|
| 1 | 210000,00 | 35089,42 | 18900,00 | 53989,42 | 174910,58 |
| 2 | 174910,58 | 38247,46 | 15741,95 | 53989,42 | 136663,12 |
| 3 | 136663,12 | 41689,74 | 12299,68 | 53989,42 | 94973,39 |
| 4 | 94973,39 | 45441,81 | 8547,60 | 53989,42 | 49531,57 |
| 5 | 49531,57 | 49531,57 | 4457,84 | 53989,42 | 0,00 |
| Σ | --- | **210000,00** | **59947,07** | **269941,10** | --- |

Hinweis: Beim Annuitätendarlehen treten in der Summenzeile Rundungsdifferenzen auf.

# 01 Berufs- und Arbeitswelt

## A Stellung, Rechtsform und Organisationsstruktur

**1.** a) 2
b) 1
c) 3
d) 1
e) 2
f) 3

**2.** a) 3
b) 1
c) 2
d) 1

**3.** b

**4.** d

**5.** e

**6.** a

**7.** c

**8.** b - d

**9.** c

**10.** b

**11.** e

**12.** a) 2
b) 1
c) 3
d) 3
e) 1
f) 2

**13.** a - c - e

**14.** a) 1
b) 4
c) 5
d) 3
e) 2

**15.** c

**16.** b

**17.** a) 1
b) 2
c) 1
d) 3
e) 3
f) 3
g) 1

**18.** c

**19.** d - g - b

**20.** d

**21.** a

**22.** c - f - a - d

**23.** d

**24.** 3/660,00 EUR

**25.** b

**26.** b

**27.** c / Σ 110,00 EUR

**28.** d

**29.** c

**30.** c - f

**31.** b - f - d

**32.** d

**33.** b

**34.** c

**35.** d

**36.** d

**37.** a

**38.** d

**39.** d

**40.** a

**41.** c

**42.** a

**43.** c

**44.** b

**45.** d

**46.** a

**47.** b

**48.** e - c - g

**49.** 4

**50.** b

**51.** c

**52.** c

**53.** b

**54.** b

**55.** a - c

**56.** e

**57.** a) 3
b) 1
c) 4
d) 2

**58.** e

**59.** a) 3
b) 1
c) 2

**60.** c

**61.** d

**62.** a) 1
b) 3
c) 2
d) 3
e) 1

**63.** c

**64.** a

**65.** b - e - g

**66.** c

**67.** b

**68.** b - e

**69.** c

**70.** a) 1
b) 3
c) 2
d) 1
e) 3

71. 40640,00 EUR[1]

72. c

73. a) 2
b) 3
c) 1

74. b

75. $\frac{100000,00}{25000} \cdot 7500$
= 30000,00 EUR

76. d

77. a

78. c

79. b

80. c

81. a) 2
b) 2
c) 1

82. a) 2
b) 1
c) 3

83. f

84. c

85. e

86. b

87. a

88. d

89. b

90. a) 2
b) 1
c) 1
d) 2
e) 1
f) 2

91. c

92. d

93. c

94. e

95. a - d - c

96. e - b - a

97. a

98. b

99. a

100. d

101. c

102. a

103. a

104. a) 3
b) 1
c) 4
d) 5
e) 6
f) 2

105. c

106. d

107. d

108. b - e

109. c

110. a

111. a

112. b

113. c

114. b

115. b

116. a

117. a

118. a

119. e

120. b - d - c

121. d

122. d

123. c

124. c - e

125. b - c - a

126. 8750,00 EUR

127. b

128. c

129. a) 1
b) 9
c) 9
d) 9
e) 1

130. a) 2
b) 3
c) 3
d) 1

131. a) 2
b) 3
c) 1

132. b

133. d

134. a) 2
b) 2
c) 1
d) 3
e) 3
f) 1

135. d

136. a) 2
b) 3
c) 1
d) 2

[1] **Lösungsweg zu Aufgabe 71**

| | Kapitalanteil in EUR | Verzinsung des Kapitalanteils in EUR (4 % lt. Gesetz) | Verhältnis zur Verteilung des Restgewinns | Anteil am Restgewinn in EUR | Auszahlung in EUR (Verzinsung + Anteil am Restgewinn) |
|---|---|---|---|---|---|
| Volker Schobus (Komplementär) | 20000,00 | 800,00 | 4 | 80000,00 | 80800,00 |
| Verena Schobus (Kommanditistin) | 16000,00 | 640,00 | 2 | 40000,00 | **40640,00** |
| Viktor Subed (Kommanditist) | 12000,00 | 480,00 | 1 | 20000,00 | 20480,00 |
| Summen | 48000,00 | 1920,00 | **7** | 140000,00 | 141920,00 |

Nebenrechnung zur Verteilung des Restgewinns im Verhältnis 4:2:1
7 Anteile am Restgewinn = 140000,00 EUR
1 Anteil am Restgewinn = 20000,00 EUR

**137.** a) 3
b) 6

**138.** a) 1
b) 9
c) 1
d) 1
e) 9

**139.** a) 1
b) 1
c) 9
d) 9
e) 1

**140.** a) 1
b) 3
c) 1
d) 2

**141.** a) 2
b) 1
c) 3

**142.** a) 1
b) 1
c) 9
d) 1
e) 9
f) 9

**143.** a) 1
b) 1
c) 9
d) 1
e) 9
f) 9
g) 9

**144.** a) 1
b) 9
c) 1
d) 1
e) 9

**145.** a) 2
b) 1
c) 1
d) 2
e) 1

**146.** 4 - 5 - 3 - 1 - 2

**147.** b

**148.** a) 3
b) 2
c) 2
d) 1
e) 1

**149.** a) 9
b) 1
c) 9
d) 1
e) 9

**150.** a) 3
b) 1
c) 2

**151.** e - b - c

**152.** d

**153.** d

**154.** a

**155.** c

**156.** b

**157.** c

**158.** a

**159.** e - c - f

**160.** e - b - g

## B Produkt- und Dienstleistungsangebot

**1.** b

**2.** d

**3.** c

**4.** a) 2
b) 3
c) 1
d) 3
e) 2

**5.** a) 3
b) 4
c) 1
d) 6
e) 5
f) 2

**6.** b

**7.** d

**8.** c

**9.** d

**10.** b

**11.** d

**12.** c

**13.** c

**14.** a) 2
b) 1
c) 0
d) 0
e) 2
f) 1

**15.** d

**16.** e

**17.** e

**18.** a

**19.** d

**20.** a) 3
b) 1
c) 2

**21.** c

**22.** a) 2
b) 3
c) 1

**23.** c

**24.** c

**25.** d

**26.** a

**27.** e

**28.** b

**29.** a

**30.** c - a - b

**31.** c

**32.** b

**33.** b

**34.** a

## C Berufsbildung

1. e
2. c
3. c
4. e
5. d
6. a
7. a
8. d
9. b
10. c
11. a - f
12. a
13. b
14. c
15. d
16. e
17. c
18. d
19. d
20. b
21. a
22. c
23. d
24. d
25. e
26. e
27. b
28. b
29. b
30. d
31. d
32. b - c - d
33. a - e - f
34. e
35. a
36. c
37. d
38. e
39. d
40. e
41. c
42. e
43. b
44. 19
45. e
46. a
47. c
48. e
49. d
50. a
51. d
52. c
53. b - a - d
54. a - c - e
55. c - b - e
56. e - c - b
57. c - e - a
58. b

## D Sicherheit und Gesundheitsschutz bei der Arbeit

**1.** d

**2.** g - d - f

**3.** i - a - h

**4.** h - a - b

**5.** d

**6.** b

**7.** a

**8.** b

**9.** e

**10.** b

**11.** a - d - e

**12.** c

**13.** c - i - e

**14.** a

**15.** c

**16.** e - f - d - c

**17.** b

**18.** a) 5
b) 3
c) 1
d) 2
e) 4

**19.** a - b - d

**20.** d

**21.** e

**22.** e

**23.** d

**24.** e

**25.** a

**26.** a

**27.** b - e

**28.** c

**29.** c - d

**30.** a - d

**31.** e

**32.** a) 5
b) 1
c) 4
d) 2
e) 3
f) 6

**33.** d

## E Umweltschutz

**1.** b

**2.** a

**3.** f

**4.** d

**5.** a

**6.** e

**7.** b

**8.** c

**9.** c

**10.** d

**11.** a

**12.** e

**13.** b

**14 a)** c - b - a - b - c - a - b

**14 b)** a

**15.** a

**16.** a

**17.** c

**18.** b

**19.** b

**20.** c

**21.** a

**22.** d

**23.** f - a - d

**24.** c - b - c - a - d - b - c

**25.** a - d - b - c - b - d - b - b

**26.** e

**27.** d

**28.** e - d - c

**29.** e

**30.** b

# Prüfungssimulation 1

## Kundenbeziehungen

### Situation 1

| | |
|---|---|
| **Aufgabe 1** | **Ebene des 4-Ohren-Modells** / **Mögliche Aussagen**<br>**Sachinformation**: E-Bikes sind für ältere Menschen gedacht.<br>**Selbstkundgabe**: Ich fühle mich zu jung für ein E-Bike und bin empört, dass man mir ein solches anbietet.<br>**Beziehungshinweis**: Der Verkäufer hat keine Ahnung, dass man nur ältere Leute auf das Angebot ansprechen sollte.<br>**Appell**: Bieten Sie mir kein E-Bike an! |
| **Aufgabe 2** | Z. B.: „Sie werden bestimmt sagen, dass ein E-Bike doch eher etwas für ältere Leute ist. Wenn Sie sich jedoch dieses Modell ansehen, dann fällt schon auf, dass es ein sehr sportliches Design besitzt." |
| **Aufgabe 3** | „Gerade für Leute, die bisher wenig Fahrrad gefahren sind, bietet das E-Bike genug Gründe, nun viel häufiger auf das Fahrrad umzusteigen. Wenn es Ihnen beispielsweise zu anstrengend wird, schalten Sie den Motor ein und Sie bestimmen, wie stark er Sie unterstützen soll."<br>**Methode:** Bumerangmethode (Einwandsumkehr) |
| **Aufgabe 4** | c, e |
| **Aufgabe 5** | 2 - 1 - 3 |

Tabelle zu Aufgabe 1:

| Ebene des 4-Ohren-Modells | Mögliche Aussagen |
|---|---|
| **Sachinformation** | E-Bikes sind für ältere Menschen gedacht. |
| **Selbstkundgabe** | Ich fühle mich zu jung für ein E-Bike und bin empört, dass man mir ein solches anbietet. |
| **Beziehungshinweis** | Der Verkäufer hat keine Ahnung, dass man nur ältere Leute auf das Angebot ansprechen sollte. |
| **Appell** | Bieten Sie mir kein E-Bike an! |

### Situation 2

| | |
|---|---|
| **Aufgabe 1** | Die Anfrage hat grundsätzlich keine rechtsbindende Wirkung bezogen auf einen Vertragsabschluss. Sie stellt lediglich eine Bitte um Information dar. |
| **Aufgabe 2** | Die Bavaria Fahrradwerke KG ist so lange an das Angebot gebunden, wie unter regelmäßigen Umständen eine Antwort erwartet werden kann. Das Angebot erfolgt schriftlich auf dem Postweg. Mit Postweg und Entscheidungszeit bei der Reif KG kann man von einer Bindungsfrist von max. 1,5 Wochen ausgehen. |
| **Aufgabe 3** | Die Reif KG ändert das Angebot der Bavaria Fahrradwerke am 21.03. ab (neuer Antrag). Die Bavaria Fahrradwerke KG stimmt am 22.03. dem neuen Antrag zu (Annahme). Der Kaufvertrag kommt damit am 22.03. zustande. |
| **Aufgabe 4** | e |
| **Aufgabe 5** | d |
| **Aufgabe 6** | a |
| **Aufgabe 7** | b |
| **Aufgabe 8** | Die Bavaria Fahrradwerke KG gewährt Skonto, um einen Anreiz zu schaffen, dass ihre Kunden den Rechnungsbetrag vorzeitig, d. h. vor Ablauf des gewährten Zahlungsziels begleichen. So stehen ihr frühzeitig wieder liquide Mittel zur Verfügung. |

## Situation 2

| | |
|---|---|
| **Aufgabe 9** | 6295,50 EUR Nettowarenwert · 3 % Skonto = **188,87 EUR Nettoskonto** |
| **Aufgabe 10** | Rechnungsbetrag 7491,65 EUR · 97 % = Überweisungsbetrag 7266,90 EUR<br>Zinsen an die Bank: $\frac{7266{,}90 \cdot 9{,}5 \cdot 16}{100 \cdot 360}$ = 30,68 EUR<br>Entgangener Nettoskonto (wenn nach 30 Tagen bezahlt wird): 188,87 EUR<br>**Finanzierungsvorteil** bei Aufnahme eines Bankkredits: 188,87 EUR – 30,68 EUR = **158,19 EUR**<br>3 % Skonto ≙ 16 Tage<br>x % ≙ 360 Tage<br>$\frac{3 \cdot 360}{16}$ = **67,5 % p. a.** |
| **Aufgabe 11** | Im Gegensatz zum Verbrauchsgüterkauf, bei dem der Gerichtsstand der Wohn- bzw. Geschäftssitz des jeweiligen Schuldners ist, können Kaufleute untereinander einen einheitlichen Gerichtsstand vereinbaren. Dies bedeutet im vorliegenden Fall, dass sowohl Streitigkeiten um die Geldschuld als auch Streitigkeiten um die Warenschuld in Landshut verhandelt werden. |

## Situation 3

| | |
|---|---|
| **Aufgabe 1** | Stellenbezeichnung, Stelleneinordnung, Stellenvertretung, Stellenverantwortung, Stellenaufgabe, Tätigkeiten, Stellenbefugnisse, Stellenanforderungen |

**Aufgabe 2**

| Vorteile externer Personalbeschaffung | Vorteile interner Personalbeschaffung |
|---|---|
| • breite Auswahlmöglichkeit aus vielen Bewerbern | • stärkere Bindung an das Unternehmen durch Aufstiegsmöglichkeit |
| • neue Ideen, Impulse, Innovationen | • kurze Einarbeitungszeiten aufgrund Betriebskenntnis |
| • Vereinbarung einer Probezeit | • Kenntnis über die Fähigkeiten des Mitarbeiters |

| | |
|---|---|
| **Aufgabe 3** | • Firmenprofil: z. B. Firma, Branche, Unternehmensgröße, Standort, Produkte, Bezeichnung der ausgeschriebenen Stelle und Einsatzbereich: z. B. Abteilungsleiter Einkauf<br>• Anforderungsmerkmale: z. B. Ausbildung, Abschlüsse, Berufserfahrung, fachliche Kenntnisse<br>• betriebliche Leistungen: tarifliche Leistungen, Weiterbildung<br>• Hinweise zur Bewerbung: z. B. erforderliche Bewerbungsunterlagen, Anschrift, Ansprechpartner |
| **Aufgabe 4** | Die Urlaubsbescheinigung dient der Ermittlung des Resturlaubs, der dem Arbeitnehmer beim neuen Arbeitgeber noch zusteht.<br>Inhalte der Urlaubsbescheinigung: z. B. Urlaubsanspruch gesamt, bereits gewährter Urlaub, evtl. Zusatzurlaub, Urlaubsabgeltung in Geld |
| **Aufgabe 5** | a) 2<br>b) 5<br>c) 3<br>d) 1<br>e) 4<br>f) 7<br>g) 6 |
| **Aufgabe 6** | b |

## Situation 3

**Aufgabe 7**

| | 24. W | 25. W | 26. W | 27. W | 28. W | 29. W | 30. W | 31. W | 32. W | 33. W |
|---|---|---|---|---|---|---|---|---|---|---|
| Mühlbach | | | X | X | X | | | | | |
| Olowski | | | | | X | X | X | | | |
| Schuft | | | | | X | X | | | | |
| Borowka | | | | | | | X | X | X | |
| Krebs | X | X | | | | | | | | |
| Thorsten | | | | | | | | | | X |
| Oppermann | | | | | X | X | | | | |
| Jeschke | | X | X | | | | | | | |

**Aufgabe 8**

| | 24. W | 25. W | 26. W | 27. W | 28. W | 29. W | 30. W | 31. W | 32. W | 33. W |
|---|---|---|---|---|---|---|---|---|---|---|
| Mühlbach | | X | X | X | | | | | | |
| Olowski | | | | | X | X | X | | | |
| Schuft | | | | | X | X | | | | |
| Borowka | | | | | | | X | X | X | |
| Krebs | X | X | | | | | | | | |
| Thorsten | | | | | | | | | | X |
| Oppermann | | | X | X | | | | | | |
| Jeschke | | X | X | | | | | | | |

**Aufgabe 9** 24 Werktage

**Aufgabe 10** Herr Schwaiger hat erst ab 1. Juli Anspruch auf den gesamten Jahresurlaub.

**Aufgabe 11** Bis 31. März nächsten Jahres

## Situation 4

**Aufgabe 1**

| Soll | | | Haben |
|---|---|---|---|
| 6080 | Aufwendungen für Waren | 4401 | Verb. (Fahrradbekleidung Wolf, Aschaffenburg) |
| 6081 | Bezugskosten | | |
| 2600 | Vorsteuer | | |

**Aufgabe 2**

| Soll | | | Haben |
|---|---|---|---|
| 6140 | Frachten und Nebenkosten | 4402 | Verb. (Spedition Transconti, Altdorf) |
| 2600 | Vorsteuer | | |

## Situation 4

**Aufgabe 3**

**Bruttorechnungsbetrag:**
2 740,25 EUR · 100 : 97 = **2 825,00 EUR**

**Nettoskontobetrag:**
2 740,25 EUR · 3 % = **71,22 EUR**

**Umsatzsteuerkorrekturbetrag:**
71,22 EUR · 19 % = **13,53 EUR**

**Aufgabe 4**

| **Soll** | | | **Haben** |
|---|---|---|---|
| 2800 | Bank | 2402 | Ford. (Fritz Berger, Zweiradeinzelhandel, Hersbruck) |
| 5101 | Erlösberichtigungen | | |
| 4800 | Umsatzsteuer | | |

**Aufgabe 5**

| **Soll** | | | **Haben** |
|---|---|---|---|
| 0870 | BGA | 4403 | Verb. (Bürohandel Huber, Kempten) |
| 2600 | Vorsteuer | | |

**Aufgabe 6**

| **Soll** | | | **Haben** |
|---|---|---|---|
| 5100 | Umsatzerlöse für Waren | 2401 | Ford. (Zweiradgroßhandlung Bauer & Proska, Landshut) |
| 4800 | Umsatzsteuer | | |

**Aufgabe 7**

| **Kontoführungsgebühr Juni 20..** | | | |
|---|---|---|---|
| **Soll** | | | **Haben** |
| 6750 | Kosten des Geldverkehrs | 2800 | Bank |

**Aufgabe 8**

| **Zinsen für Festgeld** | | | |
|---|---|---|---|
| **Soll** | | | **Haben** |
| 2800 | Bank | 5710 | Zinserträge |

**Aufgabe 9**

| **Bodo Mülich e. K., Zahlung unter Skontoabzug** | | | |
|---|---|---|---|
| **Soll** | | | **Haben** |
| 2800 | Bank | 2403 | Ford. (Bodo Mülich, Zweiradgroßhandlung, Essen) |
| 5101 | Erlösberichtigungen | | |
| 4800 | Umsatzsteuer | | |

**Aufgabe 10**

Zahlungsempfänger, IBAN des Zahlungsempfängers, Betrag, Verwendungszweck, Kontoinhaber, IBAN des Kontoinhabers, Datum, Unterschrift

**Aufgabe 11**

Der Überweisungsträger wird der Bank persönlich oder elektronisch übermittelt. Der Zahler erteilt seinem Geldinstitut den Auftrag, zu Lasten seines Kontos einen bestimmten Geldbetrag dem Konto des Zahlungsempfängers gutzuschreiben.

**Aufgabe 12**

a) 1
b) 9
c) 1
d) 1

## Situation 5

**Aufgabe 1**

**Einzelkosten:** Einzelkosten können einem Kostenträger (Produkt/Artikel) eindeutig zugeordnet werden.

**Gemeinkosten:** Gemeinkosten können einem Kostenträger (Produkt/Artikel) nicht oder nur mit nicht zu vertretendem Aufwand zugeordnet werden.

**Aufgabe 2**

| Kostenarten | Kostenstellen | | | |
|---|---|---|---|---|
| | Material (EUR) | Fertigung (EUR) | Verwaltung (EUR) | Vertrieb (EUR) |
| Gemeinkosten | 50000,00 | 116000,00 | 14000,00 | 24000,00 |
| Einzelkosten | **Fertigungsmaterial** | **Fertigungslöhne** | | |
| | 250000,00 | 42500,00 | | |
| Herstellkosten | | | 458500,00 | |
| Ist-Zuschlagssätze | 20,00 % | 272,94 % | 3,05 % | 5,23 % |

**Aufgabe 3**

| | % | Vorkalkualtion (EUR) | % | Nachkalkualtion (EUR) | |
|---|---|---|---|---|---|
| Fertigungsmaterial | | 34900,00 | | 35700,00 | |
| + Materialgemeinkosten | 35,00 % | 12215,00 | 35,00 % | 12495,00 | |
| = **Materialkosten** | | 47115,00 | | **48195,00** | a) |
| Fertigungslöhne | | 71500,00 | | 72160,00 | |
| + Fertigungsgemeinkosten | 150,00 % | 107250,00 | 150,00 % | 108240,00 | |
| = **Fertigungskosten** | | 178750,00 | | **180400,00** | b) |
| **Herstellkosten** | | 225865,00 | | 228595,00 | |
| + Verwaltungsgemeinkosten | 18,00 % | 40655,70 | 18,00 % | 41147,10 | |
| + Vertriebsgemeinkosten | 12,00 % | 27103,80 | 12,00 % | 27431,40 | |
| = **Selbstkosten** | | 293624,50 | | **297173,50** | c) |
| + Gewinn | 12,50 % | 36703,06 | **11,16 %** | **33154,06** | d) + e) |
| = **Barverkaufspreis** | | 330327,56 | | 330327,56 | |

**Aufgabe 4**

Umsatzerlöse – variable Kosten = Deckungsbeitrag

Der Deckungsbeitrag gibt an, welcher Betrag nach Abzug der variablen Kosten verbleibt, um die Fixkosten (zum Teil) zu decken.

**Aufgabe 5**

1. Fixkosten
2. Variable Kosten
3. Gesamtkosten
4. Umsatzerlöse
5. Gewinnzone
6. Break-Even-Point (Gewinnschwelle)

**Aufgabe 6**

Mit zunehmender Produktionsmenge verteilen sich die Fixkosten auf mehr Produkte. Hierdurch sinkt der Fixkostenanteil, der auf ein produziertes Produkt entfällt. Damit fallen auch die Selbstkosten pro Stück, die nicht unter die variablen Stückkosten fallen können. Folglich: Je größer die Produktionsmenge, desto geringer die Selbstkosten pro Stück (Stückkosten).

## Wirtschafts- und Sozialkunde

| | |
|---|---|
| **Aufgabe 1** | a) 2<br>b) 3<br>c) 3<br>d) 1<br>e) 2 |
| **Aufgabe 2** | b |
| **Aufgabe 3** | Ausgaben 96 000,00 EUR ≙ 100 %<br>Kürzung 18 000,00 EUR ≙ 18,75 % |
| **Aufgabe 4** | a - c - e |
| **Aufgabe 5** | b |
| **Aufgabe 6** | a - d - c |
| **Aufgabe 7** | c |
| **Aufgabe 8** | a |
| **Aufgabe 9** | a |
| **Aufgabe 10** | b |
| **Aufgabe 11** | e |

**Aufgaben 12 – 14**

| Gesellschafter | Kapitalanteile | Zinsen auf Einlagen | Anteil am Rest | Gesamtgewinn |
|---|---|---|---|---|
| Marten | 90 000,00 EUR | 3 600,00 EUR | 93 000,00 EUR | 96 600,00 EUR |
| Rößner | 60 000,00 EUR | 2 400,00 EUR | | |
| Summen | 150 000,00 EUR | 6 000,00 EUR | 124 000,00 EUR | 130 000,00 EUR |

**Aufgabe 12:**
Zinsen Marten 90 000,00 EUR · 4 % = 3 600,00 EUR
Zinsen Rößner 60 000,00 EUR · 4 % = 2 400,00 EUR

**Aufgabe 13:**
Summe Rest 124 000,00 EUR ≙ 4 Teile
31 000,00 EUR ≙ 1 Teil
Martens Anteil am Rest ≙ 31 000,00 EUR · 3 Teile = 93 000,00 EUR
3 600,00 EUR (Zinsen) + 93 000,00 EUR (Anteil am Rest) = 96 600,00 EUR (Gesamtgewinn Marten)

**Aufgabe 14:**
90 000,00 EUR (alter Kapitalanteil Marten) + 96 600,00 EUR (Erhöhung Anteil Marten)
= 186 600,00 EUR (neuer Gesamtanteil Marten)

150 000,00 EUR (alter Kapitalanteil gesamt) + 130 000,00 EUR (Gewinn/Erhöhung Anteile gesamt)
= 280 000,00 EUR (neues Eigenkapital der KG)

280 000,00 EUR ≙ 100 %
186 600,00 EUR ≙ 66,64 % (Martens neuer Anteil am EK)

| | |
|---|---|
| **Aufgabe 15** | c |
| **Aufgabe 16** | d |

| | |
|---|---|
| **Aufgabe 17** | d |
| **Aufgabe 18** | a) 3<br>b) 1<br>c) 2 |
| **Aufgabe 19** | b |
| **Aufgabe 20** | c |
| **Aufgabe 21** | a - f |
| **Aufgabe 22** | a - e - f |
| **Aufgabe 23** | g - d - f |
| **Aufgabe 24** | i - a - h |
| **Aufgabe 25** | b |
| **Aufgabe 26** | b - f - d |
| **Aufgabe 27** | d |
| **Aufgabe 28** | d |

# Prüfungssimulation 2

## Kundenbeziehungen

### Situation 1

| | |
|---|---|
| **Aufgabe 1** | • Besuche auf Messen und Ausstellungen<br>• Fachzeitschriften und Wirtschaftszeitungen<br>• Internetplattformen<br>• ... |
| **Aufgabe 2** | Eine B2B (Business to Business)-Internetplattform verbindet Unternehmen miteinander. Im Gegensatz zu B2C (Business to Consumer)-Internetplattformen, die den Endverbraucher ansprechen, findet auf B2B-Internetplattformen der Handel zwischen Unternehmen statt. |
| **Aufgabe 3** | a |
| **Aufgabe 4** | a) 2<br>b) 4<br>c) 3<br>d) 5<br>e) 1 |
| **Aufgabe 5** | a) 125,00 EUR; b) 25,00 EUR; c) 125,00 EUR; d) 25,00 EUR; e) 150,00 EUR |
| **Aufgabe 6** | Ändert der Käufer in der Bestellung das Angebot des Verkäufers ab, so gilt die Bestellung als neuer Antrag. Damit ein Kaufvertrag zustande kommt (2 übereinstimmende Willenserklärungen), muss der Verkäufer den neuen Antrag z. B. durch Auftragsbestätigung noch annehmen. |
| **Aufgabe 7** | a) 1<br>b) 9<br>c) 9<br>d) 1<br>e) 1 |
| **Aufgabe 8** | • Nacherfüllung als Nachbesserung: kostenlose Beseitigung des Mangels<br>• Nacherfüllung als Neulieferung: kostenlose Lieferung einer mangelfreien Sache<br>• Ggf. Schadensersatz neben der Leistung: Der Anspruch auf Schadensersatz ist jedoch an die Voraussetzung einer Pflichtverletzung des Verkäufers gebunden, d. h., der Verkäufer leistet schuldhaft nicht so wie vereinbart (Schadensersatz wegen Pflichtverletzung). Der Käufer hat dann Anspruch auf Erfüllung des Vertrages und auf Ersatz der Kosten, die durch die mangelhafte Lieferung verursacht wurden. |
| **Aufgabe 9** | c |
| **Aufgabe 10** | **Vorteil:** kostengünstig, einfache Organisation, gute Dokumentation, ...<br>**Nachteil:** geringe Rücklaufquote, hoher Aufwand für die Teilnehmer, keine Erklärungen möglich, ...<br>Die Methode ist der Primärforschung zuzuordnen, da die Daten erstmalig erhoben werden und nicht auf bereits vorhandene Daten zurückgegriffen wird. |
| **Aufgabe 11** | a |
| **Aufgabe 12** | **Rabatt:** sofortiger Preisnachlass, z. B. hier: Neukundenrabatt<br>**Bonus:** nachträglicher Preisnachlass, z. B. hier: beim Erreichen eines bestimmten Umsatzziels<br>Der Bonus ist das geeignetere Instrument zur Kundenbindung, da ein Rabatt sofort auf den jeweiligen Auftrag gewährt wird. Ist der Kunde beim nächsten Auftrag mit der Rabatthöhe nicht zufrieden, wechselt er den Anbieter. Den Bonus erhält er erst bei Erreichen eines bestimmten Umsatzziels. Das Umsatzziel ist immer so gestaltet, dass mehrere Aufträge notwendig sind. |

## Situation 1

| | |
|---|---|
| **Aufgabe 13** | **Kosten:** Die eigenen Kosten (Selbstkosten) müssen langfristig gedeckt sein.<br>**Konkurrenz:** Die Preise müssen konkurrenzfähig sein, sich also an den Preisen der Mitbewerber orientieren.<br>**Nachfrager:** Genügend Kunden müssen bereit sein, den verlangten Preis zu zahlen. |
| **Aufgabe 14** | Bei der Prämienpreisstrategie werden langfristig (dauerhaft) hohe Preise für Produkte verlangt. Die Strategie kann nur funktionieren, wenn die Produktqualität dauerhaft hoch ist bzw. das Produkt/Unternehmen ein besonderes Image besitzt. |
| **Aufgabe 15** | b |
| **Aufgabe 16** | a) 2<br>b) 1<br>c) 1<br>d) 3<br>e) 3 |

## Situation 2

| | |
|---|---|
| **Aufgabe 1** | Sollbestand (12 Stellen) – voraussichtlicher Istbestand (9 Stellen - 2 Stellen + 2 Stellen) = voraussichtlicher Bedarf (3 Stellen)<br>Ersatzbedarf: 2 Stellen, Neubedarf: 1 Stelle |
| **Aufgabe 2** | Eine Stellenbeschreibung ist eine personenneutrale schriftliche Beschreibung einer Arbeitsstelle hinsichtlich der Arbeitsziele, Arbeitsinhalte, Aufgaben, Kompetenzen und Hierarchisierung. Sie ist ein internes Dokument.<br>Die Stellenanzeige ist die Ausschreibung einer Stelle, um sie neu zu besetzen. Die Ausschreibung kann intern oder extern erfolgen. |
| **Aufgabe 3** | **Interne Personalbeschaffung:** Der Mitarbeiter wird über eine interne Stellenausschreibung gewonnen. Es handelt sich um eine Versetzung innerhalb des Unternehmens.<br>**Externe Personalbeschaffung:** Der neue Mitarbeiter tritt von außen in das Unternehmen ein. |
| **Aufgabe 4** | b - e |
| **Aufgabe 5** | a) 3<br>b) 1<br>c) 2<br>d) 4<br>e) 5 |
| **Aufgabe 6** | **Einfaches Arbeitszeugnis:** Das einfache Arbeitszeugnis dient in der Regel dazu, die Lückenlosigkeit der beruflichen Tätigkeit zu belegen und enthält mindestens Angaben zur Person, zur Dauer der Beschäftigung und zur Art der Beschäftigung.<br>**Qualifiziertes Arbeitszeugnis:** Ein qualifiziertes Arbeitszeugnis enthält darüber hinaus noch Angaben zum Verhalten und zur Leistung. Direkt negative Beurteilungen sind nicht zulässig. |
| **Aufgabe 7** | b - c |
| **Aufgabe 8** | **Zeitlohn:** Die Arbeit wird in Abhängigkeit von der Dauer der Arbeitszeit vergütet (Lohn je Stunde, Tag, Woche oder Monat).<br>**Akkordlohn:** Die Entlohnung richtet sich nach der Menge der geleisteten Arbeit. Ein Grundlohn pro geleisteter Arbeitsstunde ist aber gewährleistet.<br>**Prämienlohn:** Der Lohn beinhaltet einen leistungsunabhängigen Grundlohn und eine leistungsbezogene Prämie. |

## Situation 2

| | |
|---|---|
| **Aufgabe 9** | Der neue Mitarbeiter soll die Verkaufsleitung entlasten und neue Marketinginstrumente in der Kommunikationspolitik implementieren. Die Leistung ist nicht mengenabhängig und die Leistungsmenge kann somit nicht vom Mitarbeiter beeinflusst werden. Damit kommt nur der Zeitlohn infrage. |
| **Aufgabe 10** | d |
| **Aufgabe 11** | c - d - b |

**Aufgabe 12**

a)

| | |
|---|---|
| Tariflöhne/-gehälter | 926 460,00 EUR |
| + VL-AG | 9 200,00 EUR |
| – Lohnsteuer | 128 740,20 EUR |
| – Kirchensteuer | 9 048,12 EUR |
| – Solidaritätszuschlag | 7 080,71 EUR |
| – AN-Anteil SV | 193 166,92 EUR |
| – VL-Überweisung | 16 400,00 EUR |
| = **Auszahlungsbetrag** | **581 224,05 EUR** |

b) Hinweis: Seit 01.01.2019 wird auch der Zusatzbeitrag zur KV paritätisch (= von AG und AN zu gleichen Teilen) geleistet.

| | |
|---|---|
| AN-Anteil SV | 193 166,92 EUR |
| + AG-Anteil SV | 193 166,92 EUR |
| = **Summe Sozialversicherungsträger** | **386 333,84 EUR** |

c)

| | |
|---|---|
| Lohnsteuer | 128 740,20 EUR |
| + Kirchensteuer | 9 048,12 EUR |
| + Solidaritätszuschlag | 7 080,71 EUR |
| = **Summe Finanzbehörde** | **144 869,03 EUR** |

d)

| | |
|---|---|
| Tariflöhne/-gehälter | 926 460,00 EUR |
| + VL-AG | 9 200,00 EUR |
| + AG-Anteil SV | 193 166,92 EUR |
| = **Personalkosten** | **1 128 826,92 EUR** |

| | |
|---|---|
| **Aufgabe 13** | b |
| **Aufgabe 14** | Die Beitragsbemessungsgrenzen geben das bei der Berechnung der Sozialversicherungsbeiträge maximal zu berücksichtigende Bruttoentgelt an. Die Beitragsbemessungsgrenzen sind jeweils identisch für die KV und PV sowie für die RV und AV. Die Grenzen werden jährlich angepasst. |

## Situation 3

### Aufgabe 1

| | Bezugs- bzw. Einstandspreis | | 633,38 EUR |
|---|---|---|---|
| + | Handlungskosten | 30 % | 190,01 EUR |
| = | Selbstkosten | | 823,39 EUR |
| + | Gewinnzuschlag | 15 % | 123,51 EUR |
| = | Barverkaufspreis | | 946,90 EUR |
| + | Vertreterprovision | 4,00 % | 40,51 EUR |
| + | Kundenskonto | 2,50 % | 25,32 EUR |
| = | Zielverkaufspreis | | 1012,72 EUR |
| + | Kundenrabatt | 15,00 % | 178,72 EUR |
| = | Listenverkaufspreis (netto) | | **1191,44 EUR** |

### Aufgabe 2

| | Bezugs- bzw. Einstandspreis | | **584,77 EUR** |
|---|---|---|---|
| + | Handlungskosten | 30 % | 175,43 EUR |
| = | Selbstkosten | | 760,20 EUR |
| + | Gewinnzuschlag | 15 % | 114,03 EUR |
| = | Barverkaufspreis | | 874,23 EUR |
| + | Vertreterprovision | 4,00 % | 37,40 EUR |
| + | Kundenskonto | 2,50 % | 23,38 EUR |
| = | Zielverkaufspreis | | 935,00 EUR |
| + | Kundenrabatt | 15,00 % | 165,00 EUR |
| = | Listenverkaufspreis (netto) | | 1100,00 EUR |

### Aufgabe 3

b

### Aufgabe 4

Ergibt sich ein Deckungsbeitrag von Null, so trägt das Produkt nichts zur Deckung der Fixkosten bei. Bei einem Deckungsbeitrag unter Null trägt das Produkt nicht zur Deckung der Fixkosten bei, aber zusätzlich werden auch die variablen Kosten (Stückkosten) nicht mehr vollständig gedeckt. Dies bedeutet, dass das Unternehmen (zusätzlich zu den nicht gedeckten Fixkosten) mit jedem weiteren produzierten Stück einen weiteren Verlust erzielt.

### Aufgabe 5

a) 4
b) 3
c) 2
d) 1
e) 5

### Aufgabe 6

Fixkostendegression bedeutet, dass sich die Fixkosten bei Erhöhung der Produktionsmenge auf eine größere Anzahl von Produkten verteilen. Dadurch sinken die fixen Stückkosten mit zunehmender Ausbringungsmenge degressiv.

### Aufgabe 7

| **Soll** | | | **Haben** |
|---|---|---|---|
| 6080 | Aufwendungen f. Waren | 4406 | Elektrosports GmbH |
| 6081 | Bezugskosten | | |
| 2400 | Vorsteuer | | |

Lösungen

## Situation 3

**Aufgabe 8**

| Soll | | Haben | |
|---|---|---|---|
| 4406 | Elektrosports GmbH | 2800 | Bank |
| | | 6082 | Nachlässe f. Waren |
| | | 2400 | Vorsteuer |

**Aufgabe 9**

eingespartes Nettoskonto (31 669,00 EUR · 3 %) = 950,07 EUR

zu zahlende Bankzinsen $\frac{36555{,}53 \cdot 11{,}15 \cdot 16}{100 \cdot 360} = 181{,}15$ EUR

(Hinweis: Der Kredit muss nur in Höhe des Überweisungsbetrages (37 686,11 EUR · 0,97 = 35 555,53 EUR) aufgenommen werden.)

Trotz Inanspruchnahme eines Bankkredites entsteht immer noch einen Kostenvorteil von 768,92 EUR (950,07 EUR – 181,15 EUR), wenn unter Abzug von Skonto gezahlt wird.

**Aufgabe 10**

Zu den Anschaffungskosten gehören alle einmalig anfallenden Kosten, die notwendig sind, um die Maschine vor Ort im Unternehmen in einen betriebsbereiten Zustand zu versetzen. Anschaffungspreisminderungen sind zu subtrahieren, Anschaffungsnebenkosten sind zu addieren.

**Aufgabe 11**

| | | | |
|---|---|---|---|
| Anschaffungspreis (brutto) | | 50 670,20 EUR | |
| Anschaffungspreis (netto) | | 42 580,00 EUR | |
| – Liefererrabatt | 12,50 % | 5 322,50 EUR | |
| = Zieleinkaufspreis | | 37 257,50 EUR | |
| – Liefererskonto | 3 % | 1 117,73 EUR | |
| = Bareinkaufspreis | | 36139,78 EUR | |
| + Transportkosten (netto) | | 1 250,00 EUR | Anschaffungsnebenkosten |
| + Transportversicherung | | 580,00 EUR | Anschaffungsnebenkosten |
| + Fundamentierungskosten | | 2 500,00 EUR | Anschaffungsnebenkosten |
| **= Anschaffungskosten** | | **40 469,78 EUR** | |

Die Personalschulung gehört nicht zu den Anschaffungskosten, weil sie zur betriebsbereiten Bestellung der Maschine im Unternehmen nichts beiträgt.

**Aufgabe 12**

| Soll | | Haben | |
|---|---|---|---|
| 0720 | Anlagen und Maschinen der Materialbearbeitung, -verarbeitung | 4407 | Maschinenbau Ludwig Müller GmbH |
| 2600 | Vorsteuer | | |

**Aufgabe 13**

| | |
|---|---|
| Anschaffungskosten | 40 469,78 EUR |
| jährliche AfA (12/12) | 3 372,48 EUR |
| AfA für 4 Monate (4/12) | **1 124,26 EUR** |

**Aufgabe 14**

| Soll | | Haben | |
|---|---|---|---|
| 6520 | Abschreibungen auf Sachanlagen | 0720 | Anlagen und Maschinen der Materialbearbeitung, -verarbeitung |

### Situation 3

| | |
|---|---|
| **Aufgabe 15** | c |
| **Aufgabe 16** | Buchwert am Ende des 1. Jahres: 39 345,52 EUR<br>– AfA Jahr 2: 3 372,48 EUR<br>= **Buchwert am Ende des 2. Jahres: 35 973,04 EUR** |
| **Aufgabe 17** | a) 1<br>b) 9<br>c) 9<br>d) 9<br>e) 1<br>f) 1 |
| **Aufgabe 18** | Wiederbeschaffungskosten: 55 000,00 EUR<br>Nutzungsdauer: 12 Jahre<br>kalkulatorische AfA/Jahr: 4 583,33 EUR (55 000,00 EUR : 12 Jahre) |

## Wirtschafts- und Sozialkunde

| | |
|---|---|
| **Aufgabe 1** | c - e |
| **Aufgabe 2** | a - d |
| **Aufgabe 3** | 22,22 % |
| **Aufgabe 4** | b |
| **Aufgabe 5** | d |
| **Aufgabe 6** | b - e |
| **Aufgabe 7** | d - e |
| **Aufgabe 8** | b - c |
| **Aufgabe 9** | c |
| **Aufgabe 10** | a) 5<br>b) 2<br>c) 1<br>d) 3<br>f) 4 |
| **Aufgabe 11** | c |
| **Aufgabe 12** | b |
| **Aufgabe 13** | d |
| **Aufgabe 14** | e - c - d - a - b |
| **Aufgabe 15** | a |
| **Aufgabe 16** | c |

## Wirtschafts- und Sozialkunde

| | |
|---|---|
| **Aufgabe 17** | 4 |
| **Aufgabe 18** | b - d |
| **Aufgabe 19** | b |
| **Aufgabe 20** | d |
| **Aufgabe 21** | c |
| **Aufgabe 22** | d |
| **Aufgabe 23** | d |
| **Aufgabe 24** | b |
| **Aufgabe 25** | a) 2<br>b) 1<br>c) 3 |
| **Aufgabe 26** | a) Grafik 2<br>b) Grafik 3<br>c) Grafik 1 |
| **Aufgabe 27** | a |
| **Aufgabe 28** | c |

# Industriekontenrahmen (IKR) – Auszug für den Schulgebrauch

## AKTIVA

### Anlagevermögen

### 0 Immaterielle Vermögensgegenstände und Sachanlagen

0500 Unbebaute Grundstücke
0510 Bebaute Grundstücke
0720 Anlagen und Maschinen der Materialbearbeitung, -verarbeitung
0840 Fuhrpark
0860 Büromaschinen, Kommunikationsanlagen/BMKA
0870 Büromöbel und sonstige Geschäftsausstattung/BGA

### 1 Finanzanlagen

13 Beteiligungen
15 Wertpapiere des Anlagevermögens

### Umlaufvermögen

### 2 Umlaufvermögen und aktive Rechnungsabgrenzung

2000 Rohstoffe/Fertigungsmaterial
- 2001 Bezugskosten
- 2002 Nachlässe

2020 Hilfsstoffe
- 2021 Bezugskosten
- 2022 Nachlässe

2030 Betriebsstoffe
- 2031 Bezugskosten
- 2032 Nachlässe

2100 Unfertige Erzeugnisse
2200 Fertige Erzeugnisse
2280 Waren/Handelswaren
- 2281 Bezugskosten
- 2282 Nachlässe

2400 Forderungen aus Lieferungen und Leistungen
2600 Vorsteuer (voller Steuersatz)
2610 Vorsteuer (ermäßigter Steuersatz)
2640 SV-Vorauszahlungen
2690 Sonstige Forderungen
2800 Guthaben bei Kreditinstituten/Bank
2850 Postbank
2880 Kasse

## PASSIVA

### 3 Eigenkapital und Rückstellungen

3000 Eigenkapital

### 4 Verbindlichkeiten und passive Rechnungsabgrenzung

4200 Kurzfristige Bankverbindlichkeiten
4250 Langfristige Bankverbindlichkeiten/Darlehen
4400 Verbindlichkeiten aus Lieferungen und Leistungen
4800 Umsatzsteuer (voller Steuersatz)
4810 Umsatzsteuer (ermäßigter Steuersatz)
4830 Sonstige Verbindlichkeiten gegenüber Finanzbehörden
4840 Verbindlichkeiten gegenüber Sozialversicherungsträgern
4890 Sonstige Verbindlichkeiten

## ERTRÄGE

### 5 Erträge

5000 Umsatzerlöse für eigene Erzeugnisse
- 5001 Erlösberichtigungen

5100 Umsatzerlöse für Waren
- 5101 Erlösberichtigungen

5200 Bestandsveränderungen
5401 Nebenerlöse aus Vermietung und Verpachtung[1]
5410 Sonstige Erlöse (z. B. aus Provisionen)
5430 Sonstige betriebliche Erträge
5460 Erträge aus dem Abgang von Vermögensgegenständen
5490 Periodenfremde Erträge
5710 Zinserträge
5800 Außerordentliche Erträge[2]

## AUFWENDUNGEN

### 6 Betriebliche Aufwendungen

6000 Aufwendungen für Rohstoffe/Fertigungsmaterial
- 6001 Bezugskosten
- 6002 Nachlässe

6020 Aufwendungen für Hilfsstoffe
- 6021 Bezugskosten
- 6022 Nachlässe

6030 Aufwendungen für Betriebsstoffe/Verbrauchswerkzeuge
- 6031 Bezugskosten
- 6032 Nachlässe

6040 Aufwendungen für Verpackungsmaterial
6050 Aufwendungen für Energie
6080 Aufwendungen für Waren
- 6081 Bezugskosten
- 6082 Nachlässe

6140 Frachten und Nebenkosten
6150 Vertriebsprovision
6160 Fremdinstandhaltung
6170 Sonstige Aufwendungen
6200 Löhne
6300 Gehälter
6400 Arbeitgeberanteil zur Sozialversicherung
6420 Beiträge zur Berufsgenossenschaft
6520 Abschreibungen auf Sachanlagen
6700 Mieten, Pachten
6750 Kosten des Geldverkehrs
6770 Rechts- und Beratungskosten
6800 Büromaterial
6810 Zeitungen und Fachliteratur
6820 Porto
6830 Telekommunikation
6850 Reisekosten
6860 Bewirtung und Repräsentation
6870 Werbung
6900 Versicherungsbeiträge
6920 Beiträge zu Wirtschaftsverbänden und Berufsvertretungen
6930 Verluste aus Schadensfällen
6960 Verluste aus dem Abgang von Vermögensgegenständen
6990 Periodenfremde Aufwendungen

### 7 Weitere Aufwendungen

7000 Betriebliche Steuern
7020 Grundsteuer
7030 Kraftfahrzeugsteuer
7510 Zinsaufwendungen
7600 Außerordentliche Aufwendungen[2]
7700 Gewerbesteuer

## ERGEBNISRECHNUNG

### 8 Ergebnisrechnungen

8000 Eröffnungsbilanzkonto
8010 Schlussbilanzkonto
8020 Gewinn- und Verlustkonto

[1] Je nach Unternehmensverhältnissen müssen die Erträge 5401 als Umsatzerlöse erfasst werden (vgl. § 277 HGB).
[2] Je nach Unternehmensverhältnissen entfallen die Konten 5800 und 7600 (vgl. § 275 HGB).

## Notizen

## Notizen

## Notizen